东盟法律研究丛书

2017年广西哲学社会科学规划研究课题"'一带一路'背景下中国—东盟自由贸易区国际投资法律机制研究"（课题编号：17BFX002）项目成果

"一带一路"背景下中国—东盟自贸区国际投资法律机制研究

杨海涛　著

WUHAN UNIVERSITY PRESS
武汉大学出版社

图书在版编目(CIP)数据

"一带一路"背景下中国-东盟自贸区国际投资法律机制研究/杨海涛
著.—武汉:武汉大学出版社,2023.5
东盟法律研究丛书
ISBN 978-7-307-23530-4

Ⅰ.一… Ⅱ.杨… Ⅲ.自由贸易区—国际投资法学—研究—中国、
东南亚国家联盟 Ⅳ.D996.4

中国版本图书馆 CIP 数据核字(2022)第 257958 号

责任编辑:田红恩   责任校对:汪欣怡   版式设计:马 佳

出版发行:**武汉大学出版社** (430072 武昌 珞珈山)
　　　　　(电子邮箱:cbs22@ whu.edu.cn 网址:www.wdp.com.cn)
印刷:武汉邮科印务有限公司
开本:720×1000 1/16 印张:21.5 字数:346 千字 插页:1
版次:2023 年 5 月第 1 版 2023 年 5 月第 1 次印刷
ISBN 978-7-307-23530-4 定价:88.00 元

序

2008 年美国爆发金融危机，随后危机席卷全球，造成全球经济衰退，世界经济面临 20 世纪 30 年代以来最严峻的挑战。这场危机表明，在现行国际经济秩序下，西方发达资本主义国家仍居主导地位，并借助经济全球化与区域经济一体化的发展之机，将自身无法克服的经济危机，向发展中国家转嫁。但世界经济至今复苏乏力的事实证明，经济危机的转嫁已在世界地缘范围内接近极限，现行经济全球化模式无力克服资本主义固有矛盾，难以推动世界经济可持续发展。自此背景之下，以英国脱欧与美国发动贸易战为代表的"逆全球化"潮流涌现。但这不仅无助于克服经济全球化与区域经济一体化的自身弊端，反而加剧了世界经济的萧条与衰退。实践证明，唯有重塑公平合理的国际经济新秩序，构建合作共赢的经济全球化与区域经济一体化发展模式，才是促进世界经济强劲复苏，实现可持续快速发展的根本出路。

中国与东盟对此率先做出努力。2010 年 1 月 1 日，双方携手建成中国—东盟自由贸易区（CAFTA）。这既是发展中国家间最大的自贸区，也是双方在地区层面谋求共建国际经济新秩序的重要尝试。2013 年 9 月和 10 月，中国国家主席习近平先后提出共建"新丝绸之路经济带"和"21 世纪海上丝绸之路"（简称"一带一路"）倡议。此倡议旨在改变西方传统殖民主义地缘政治下的国际经济旧秩序，以中国—东盟自由贸易区为重要起点，将共建国际经济新秩序的实践推向更为广阔的地域。

在此背景之下，中国与东盟正以"一带一路"合作倡议为契机，以中国—东盟自由贸易区为依托，携手推进国际投资立法改革，谋求克服传统地缘政治下双方间的投资利益失衡问题，推进建立公平合理的区域性国际投资新秩序。目前，中国与东盟各国已在国内法层面取得一系列投资立法成果，促进了中国—东盟自

1

由贸易区国际投资法律机制的发展，强化了机制在重塑自贸区国际投资秩序方面的法治功能，其成效值得肯定。

然而，这还不足以激活机制在此方面的全部功能。究其原因在于，中国与东盟缔结的各类投资条约早于中国—东盟自由贸易区之成立，条约很多内容既不能满足自贸区国际投资的现实发展需要，也与"一带一路"倡议谋求重塑国际投资秩序的发展目标脱节，因此无法根据条约形成更加公平高效的国际投资机制。而国家之间的关系本质上是一种协调关系，要重塑公平合理的国际投资新秩序，既不能依靠凌驾于国家之上的超级政府，也不能单纯依靠各国国内法，更需要各国依据条约协调共建国际投资机制，据此合理分配各国投资权利与义务，继而引导、保障和促进国际投资新秩序的形成与发展。

有鉴于此，本书将"中国—东盟自由贸易区国际投资法律机制"作为研究对象，以"一带一路"倡议为研究背景，基于马克思主义国际法思想、国际投资理论、系统论与博弈论的理论基础，以研究相关投资条约为突破口，兼析中国与东盟各国国内法，并选取投资保护、投资促进与投资监管领域为研究横轴，机制的实施规范、实施主体、实施方式及程序要素为研究纵轴，有机形成二维的研究体系，以此系统研究如何完善中国—东盟自由贸易区国际投资机制，包括完善机制应追求的基本目标，应遵循的基本路径与模式，应采取的具体策略与措施等内容，以期对于推动机制的发展有所裨益，并于"一带一路"背景下中国—东盟自由贸易区国际投资新秩序的构建有所贡献。

是为序。

杨海涛　谨识

2017 年 8 月

于广西民大相思湖畔

目　录

绪　　论

当前，世界经济全球化与区域经济一体化呈现出并行发展之势，尤其是区域经济一体化正向更高层次、更广阔领域发展。在此时代背景下，中国—东盟自由贸易区于2010年如期建成，由此开启了该区域经济一体化的历程。实践表明，自由贸易区投资与贸易的稳定有序发展，离不开法律机制的保障。有鉴于此，中国与东盟十国在中国—东盟自由贸易区成立前夕，于2009年8月15日共同签署了《中国与东盟成员国政府全面经济合作框架协议投资协议》（本书简称《中国—东盟投资协议》）。该协议的签署标志着中国与东盟就建立自由贸易区的谈判任务基本完成，由此确保了中国—东盟自由贸易区于次年顺利建成。与此同时，该协议的签署也标志着中国—东盟自由贸易区国际投资法律机制得以正式建立。这既为促进中国—东盟自由贸易区国际投资的自由化、便利化发展提供了有力的法治保障，也对积极落实"一带一路"倡议，推进构建中国—东盟自由贸易区的国际投资新秩序具有重要意义。

然而历史经验表明，任何新事物的发展都是在曲折和反复中前行，中国—东盟自由贸易区国际投资法律机制亦是如此。目前，该机制以中国—东盟自由贸易区为依托已运行近十年。机制虽然在宏观上仍然发挥着调整自贸区国际投资的重要作用，但在中、微观层面上的落实情况却不尽理想。这不仅体现在依据该机制解决的投资纠纷偏少，更体现在机制对于打破投资壁垒、维护投资者合法权益等方面的力不从心。然而，这些现实中的困境不能成为贬损机制法治价值的理由。历史已经证明，法律机制对于国际秩序的保障价值是不可磨灭的，即使诸如中国—东盟自由贸易区国际投资法律机制这样尚不成熟的新机制，其所具有的法治价值及其肩负的法治重任也是值得肯定和期待的。因此，全面、深入与系统地研究该机制的发展规律与完善策略，对于充分激发机制的法治功能，推动机制全面实现其肩负的法治重任，具有重要的理论指导意义与实践价值。

在基于马克思历史唯物主义视野，系统展开研究中国—东盟自由贸易区国际投资法律机制之前，我们首先需要厘清几个基本问题：这一研究应当顺应什么样的时代发展要求？应当基于何种科学理论展开对机制的研究？国内外学者对于机制的研究现状如何？我们应遵循何种目标与逻辑思路对机制开展研究？

第一节　机制研究背景与时代要求

本书对于中国—东盟自由贸易区国际投资法律机制的研究，无论是在理论上还是在实践上，都是对新时代背景下中国与世界经济发展要求所作的回应。实践上，中国顺应经济全球化与区域经济一体化的世界经济发展趋势，适时提出"一带一路"发展倡议，与东盟携手创建中国—东盟自由贸易区及其投资法律机制，由此开启了谋求建立公平合理的国际投资新秩序的伟大探索。这一实践呼唤着相关机制理论的指引，也对机制的理论研究提出了时代要求——立足于世界与中国新时代背景下的发展实践，在坚持历史唯物主义基本立场的基础之上，进一步继承和发展马克思主义的国际法思想与国际投资理论，推动马克思主义系统论与国际博弈论的理论创新，用贴近当今时代发展要求的马克思主义理论新成果，对中国—东盟自由贸易区国际投资法律机制这一新兴的区域性国际机制，做出富有时代性与创新性地解读与分析，以此为相关实践探索提供科学的理论指引，同时促进历史唯物主义理论的丰富与发展。这些时代发展要求，既是本书研究中国—东盟自由贸易区国际投资法律机制的出发点与立足点，也是本书所要努力实现的研究目标。

一、立足于世界经济发展趋势的研究要求

当今世界，谋求和平与发展既是世界人民的共同愿望，也是时代发展的两大主题。其中，世界和平是促进各国共同发展的前提条件，没有和平就没有发展。

发展经济是维护世界和平的有力保障，为和平事业提供了重要的物质基础。世界经济的发展也促进了国际分工与各国交流，提升了国家之间的相互依存度，有助于减少国家之间的军事冲突，抑制乃至阻止世界大战的爆发，因此发展经济

成为了绝大多数国家的首要任务。目前，世界经济发展日渐呈现出经济全球化与区域经济一体化并行发展的重要趋势。所谓经济全球化，是指世界经济活动超越国界，通过对外贸易、资本流动、技术转移、提供服务、相互依存、相互联系而形成的全球范围的有机经济整体的事实与过程。① 简言之，经济全球化即是生产要素以前所未有的速度和规模在全球范围内流动的事实与过程。目前支撑经济全球化的国际法支柱是以《世界贸易组织法》为代表的多边框架协定。区域经济一体化是指两个或两个以上的国家或地区，通过相互协商制定经济贸易政策和措施，并缔结经济条约或协定，在经济上结合起来形成一个区域性经济贸易联合体的事实与过程。②在当今世界经济日益全球化的同时，区域经济一体化的步伐也在不断加快。进入 21 世纪以来，经济全球化和区域经济一体化呈现出并行发展的态势，对世界经济发展格局产生了重大影响。

通常来说，根据经济一体化程度由低到高排序，区域经济一体化包括优惠贸易安排、自由贸易区、关税同盟、共同市场、经济联盟和完全的经济一体化形式。其中，自由贸易区是指由签订有自由贸易协定的两个或两个以上的国家或地区组成的贸易区域。自由贸易区内各国逐渐减免甚至取消关税、进口数量与投资限制，使商品和资本在各成员国之间可以自由流动。但是各成员国仍保留对来自非成员国进口商品与投资的限制政策及措施。中国与东盟携手建立的中国—东盟自由贸易区即是这一类区域经济一体化形式。双方签署的《中国—东盟投资协议》以及由此确立的投资法律机制，旨在协调和约束各方制定统一的投资法律与政策，消除彼此之间的投资壁垒，促进投资自由化与便利化发展，推动资本在区域内各国间的合理流动。

然而，国内外对于中国—东盟自由贸易区及其国际投资法律机制存有质疑，认为这种区域经济一体化形式及其法律机制的立法安排，在本质上排斥区域外其他国家与地区的贸易及投资利益，违反了世界贸易组织法所确立的最惠国待遇原则，与世贸组织的全球性多边安排相违背，并与经济全球化发展趋势相抵触。笔者认为，对中国—东盟自由贸易区国际投资法律机制进行科学研究，首先要正确

---

① 百度百科（https：//baike.baidu.com/item/经济全球化/）。
② 方士华：《国际贸易理论与实务》，东北财经大学出版社 2003 年版，第 11 页。

认识机制的自身功能与价值，消除否认机制价值的认识误区。为此需要正确认识和把握当今时代的发展趋势与规律，对经济全球化与区域经济一体化的关系予以合理把握。

不可否认，区域经济一体化与经济全球化确实存在一定程度的对立与矛盾。区域经济一体化旨在推动区域内各国间的经济协调发展，以此促进区域经济发展，因此在贸易与投资方面会制定一系列排他性的法律与政策，对区域外的国家及地区形成贸易与投资壁垒，这与全球化背景下的多边贸易与投资机制产生了矛盾，也在一定程度上阻碍了经济全球化的发展。然而，二者的矛盾并非根本性的。这种矛盾是可以在发展中被逐步调和，直至殊途同归、彻底化解的。究其原因在于，以马克思主义唯物辩证法来审视，区域经济一体化与经济全球化是相互联系、辩证统一的关系。

一方面，从长远发展来看，区域经济一体化是实现经济全球化的一个重要过程，前者有助于推动后者的全面实现。这是因为，经济全球化首先是世界市场的全球化。实现经济全球化需要打破世界市场的分割，形成统一的世界市场。在人类目前的发展形态下，世界市场的分割主要基于国家主权主导下的市场分割。当经济全球化的发展要求国际分工与经济活动突破国界与国家主权的限制，使各国的国内市场同国际市场更加紧密地结合时，需要各国通过逐步让渡部分经济方面的主权，采取共同的经济政策与法律来推动统一市场的形成，进而推动经济一体化的实现。由于地区性的此类合作较之全球范围的多边合作，更容易付诸实践且获取成功，因而区域经济一体化的发展较为迅猛。在此意义上来说，区域经济一体化有助于克服经济全球化的实施障碍，为经济全球化的最终实现准备了条件。区域经济一体化有助于促进国际分工的发展与深化，加强区域内各国的经济合作与交流，从而促进了生产要素的跨国流动与区域内统一市场的形成，这为促进生产要素的全球性流动，最终形成全球性的统一市场准备了条件。因此，虽然从近期来看，区域经济一体化对于经济全球化有一定的阻碍作用，但从长远发展来看，区域经济一体化是适合于推动经济全球化发展的，区域经济一体化的未来发展方向也必然是最终走向和融入经济全球化。另一方面，从近中期发展来看，经济全球化也推动和促进了区域经济一体化的快速发展。经济全球化的发展为各国的经济发展带来更多的机遇和挑战，也使得各国面临的国际竞争更为激烈。为了增强本国的经济实力与国际竞争力，各国必然会选择与其他国家开展区域性的经济合作，通过实施区域经济一体化的措施，推动本国进出口贸易的发展，增强自身吸引跨国投资的能力，以此提升本国的经济实力与国际竞争力。在此意义上来说，经济全球化为区域经济一体化的发展注入了强大的驱动力，促进区域经济一体化不断向其更高形式发展。

综上可见，经济全球化与区域经济一体化之间并不存在不可调和的矛盾，二者是可以彼此融合、相互促进的。有鉴于此，世贸组织对区域经济一体化持有一定限度的肯定态度。例如关贸总协定第 5 条、第 24 条允许区域经济一体化方式存在，其前提是有关区域性安排不应对区域外经济体设置壁垒和障碍，关税同盟也有义务向世贸组织进行通报。此外，世贸组织也鼓励区域经济联盟采取更高水平的经济开放措施，支持 WTO 成员方在区域范围内就服务贸易、知识产权保护、环境标准和投资等领域，推行旨在促进经济一体化的法律与政策。例如北美自由贸易区贸易协定中的许多规定后来也被世贸组织所采纳。这也在实践上证明，区域经济一体化与经济全球化之间是对立统一的辩证关系。

对此，笔者认为研究中国—东盟自由贸易区国际投资法律机制，应当遵循当今世界经济发展的上述形势，顺应时代的发展要求。具体来说：

第一，我们要坚持马克思辩证唯物主义与历史唯物主义的基本立场，客观辩证地认识到经济全球化与区域经济一体化之间的对立统一关系。一方面，我们要正确肯定中国—东盟自由贸易区国际投资法律机制的功能和价值，充分认识到该机制在促进实现区域经济一体化的同时，并不与世贸组织的全球性多边安排相违背，也不与经济全球化发展趋势相抵触。继而在此认识基础之上，进一步研究机制在促进区域内各国的投资合作、推动区域经济一体化与经济全球化发展方面存在哪些不足，尤其研究机制现行设计存在哪些阻碍资本要素自由流动、阻碍构建公平合理的国际投资新秩序的不利因素，进而顺应世界经济的发展要求，针对机制现存弊端提出有效的改革策略，推动实现机制在促进区域经济一体化与经济全球化方面的功能与价值。另一方面，我们还要正视区域经济一体化与经济全球化之间存在的矛盾，在研究中国—东盟自由贸易区国际投资法律机制时，要注意研究机制是否存在排斥区域外其他国家与地区投资利益的不合理规定，是否存在片面追求推进区域经济一体化而违背 WTO 多边投资规则的弊端，进而深入研究克服机制这些弊端的改革策略，以此顺应区域经济一体化与经济全球化平衡发展的时代潮流。

第二，我们要顺应当今经济全球化与区域经济一体化并行发展的世界发展形势，以马克思主义的系统观来把握和审视中国—东盟自由贸易区国际投资法律机制。经济全球化与区域经济一体化的发展历程充分印证了马克思、恩格斯的预言："各民族的原始封闭状态由于日益完善的生产方式、交往以及因交往而自然形成的不同民族之间的分工消灭得越是彻底，历史也就越是成为世界历史。"①经济全球化与区域经济一体化的产生和发展实践印证了世界历史是一个整体，也证明了马克思历史唯物主义的科学性与准确的预见性。有基于此，我们应坚持在经济全球化与区域经济一体化的发展背景下，以整体的、联系的、发展的马克思主义系统观，将中国—东盟自由贸易区国际投资法律机制作为一个有机系统进行研究，从机制的实施规范、实施主体、实施方式与程序要素方面着手，对机制存在问题进行系统性解构与分析，进而提出全面的解决方案，以此促进机制应有功能的充分发挥，为推进构建中国—东盟自由贸易区的国际投资新秩序注入动力。

二、立足于中国"一带一路"发展倡议的研究要求

尽管经济全球化与区域经济一体化并行发展已成为不可抗拒的世界经济发展趋势，但近年来受各种因素的影响，贸易与投资保护主义日渐抬头。如英国脱欧，美国频频发动贸易战，无不彰显这一势头。贸易与投资保护主义阻碍了经济全球化与区域经济一体化的发展，导致国际贸易持续低迷，国际投资增长乏力，世界经济复苏缓慢，因而其危害巨大。

贸易与投资保护主义近年来之所以呈现抬头之势，很大程度上是对经济全球化与区域经济一体化弊端的回应。客观地讲，无论是区域经济一体化还是经济全球化，对于世界经济发展总体上来看是有利的，但也不能忽视其中的弊端。从国际投资角度来看，二者的发展有助于扩大发达国家的对外投资，推动发达国家的剩余产能输出，为发达国家创造新的经济增长点。同时有助于发展中国家大量吸收外来投资，解决发展中国家的发展资金缺乏与剩余劳动力就业问题，推动发展

---

① 《马克思恩格斯选集》第 1 卷，人民出版社 2012 年版，第 169 页。

中国家建立现代企业制度与金融管理制度，加快向市场经济国家的转型进程，促进其经济快速发展。但经济全球化与区域经济一体化也是把双刃剑，在激发国际投资快速增长的同时，也产生了下述弊端：一方面对于发达国家来说，伴随着对外投资的快速增长，国内制造业也向发展中国家大量转移，由此造成了国内产业出现空心化问题，失业率上升。同时，自由贸易的果实大部分被大型跨国公司所享有，中小企业和社会中下层人群获益较少，由此导致其国内贫富差距加大，社会矛盾激化。另一方面对于发展中国家来说，外来投资的大量涌入容易加重其债务负担，引发国际债务危机，并对其民族资本和民族工业产生较大冲击。同时增大了国内金融市场的投机风险，产生爆发金融危机的隐患。此外，经济全球化与区域经济一体化还加速了发展中国家和发达国家之间经济发展的不平衡，使发展中国家生态环境和可持续发展的矛盾日益尖锐，并在一定程度上损害了发展中国家的经济主权。尽管如此，经济全球化与区域经济一体化的弊端并非不可克服，只要依托公平合理的国际经济新秩序，遵循正确的发展模式与路径，就能有效解决上述隐患与问题。

然而，欧美发达国家对此既不能予以辩证地认识，也不针对自身资本主义制度的弊端进行反省与改革，而是将其在发展中遇到的债务危机、贫富悬殊、社会分裂、难民危机、恐怖袭击等问题统统归咎于经济全球化与区域经济一体化，以此掀起逆全球化思潮，带头实行贸易与投资保护主义，导致贸易与投资保护主义不断升级，全球多边机制不振，各类区域性的贸易与投资协定碎片化。事实证明，这不但无法克服经济全球化与区域经济一体化的自身弊端，反而加剧了世界经济的萧条与衰退，导致世界经济陷入持续的结构性低迷。

针对世界经济复苏乏力，贸易与投资保护主义大行其道的不利局面，习近平主席于 2013 年高瞻远瞩地提出共同建设"一带一路"（"丝绸之路经济带"与"21 世纪海上丝绸之路"）的重大倡议。该倡议一经提出即赢得国际社会的广泛认同和积极参与。近几年的实践表明，"一带一路"倡议顺应了当今世界的发展趋势，既为区域及世界经济的增长注入了推动力，也为克服经济全球化与区域经济一体化的弊端，促进全球经济治理体系改革，推进构建公平合理的国际经济新秩序注入了强大的动力。

"一带一路"倡议的重要价值在于：它成功克服了经济全球化与区域经济一

体化的弊端，破解了全球发展不平衡、贫富差距日益增大的问题。当前贸易与投资保护主义抬头，其最直接的原因是全球经济发展与利益分配不平衡，引发了不少国家对于经济全球化与区域经济一体化的质疑。"一带一路"倡议基于互利互惠、合作共赢的发展理念，秉持共商、共建、共享的基本原则，在基础设施建设、投资贸易便利化和金融合作等方面，以五通（即政策沟通、道路联通、贸易畅通、货币流通、民心相通）为重点建设内容，同60多个参与"一带一路"建设的国家与地区积极开展合作，尤其是帮助沿线发展中国家搭上经济全球化与区域经济一体化的发展列车，参与到世界经济分工中，推动提升其经济发展水平，促进实现世界经济新平衡以及利益的公平分配。同时还促使沿线各国经济发展得到有效互补，通过协作创造有效供给来催生新的经济增长点，以此推动世界经济复苏，促进经济全球化与区域经济一体化的蓬勃发展。另外更为重要的是，"一带一路"倡议推动了全球经济治理机制的改革与完善，为新兴市场国家和发展中国家参与全球经济治理创造了广泛机会与便利条件，进一步提升了这些国家在全球经济治理中的代表性与话语权。这为打破发达国家主导下的国际经济旧秩序，推进建立公平合理的国际经济新秩序注入了强大动力，也推动着经济全球化与区域经济一体化朝着更加公正合理的方向发展，进而促进全球经济实现可持续健康发展。

中国—东盟自由贸易区是"一带一路"建设的重点区域，也是落实该倡议发展目标的重要区域。而中国—东盟自由贸易区国际投资法律机制，作为自贸区投资发展所依托的一项重要的区域性法律机制，同样肩负着落实"一带一路"发展倡议，推动构建自贸区公平合理的国际投资新秩序，推进经济全球化与区域经济一体化健康发展的重要使命。由此要求我们要坚持马克思辩证唯物主义与历史唯物主义的基本立场，正视经济全球化与区域经济一体化的自身弊端，充分运用马克思主义博弈理论，积极探索合作共赢的机制运行模式，并以此模式为衡量标准，重点研究现行机制能否切实保障区域内发展中国家的经济发展利益，能否对防范投资风险起到实质性的作用，能否有助于维护各国间的投资利益平衡，进而发现问题并提出相应的完善对策，以此克服经济全球化与区域经济一体化的自身弊端，有效解决区域内各国发展不平衡的问题，推动实现各国在国际投资领域的合作共赢。同时促进落实"一带一路"倡议的发展目标，助力中国—东盟自由贸易区构建公平合理的国际投资新秩序，推动自贸区国际投资实现可持续健康发展，进而为经济全球化与区域经济一体化的健康发展注入动力。

第二节　机制研究的理论基础

深入研究中国—东盟自由贸易区国际投资法律机制离不开科学理论的指引。实践证明，马克思主义国际法思想、国际投资理论、系统论与博弈理论是经得起实践检验的科学理论，能够为本书研究中国—东盟自由贸易区国际投资法律机制提供科学的世界观、价值观、认识论与方法论的指导。

一、马克思主义国际法思想

历史与实践表明，马克思主义的世界观和方法论是最为科学的，它是辩证唯物主义与历史唯物主义的根本统一。根据马克思主义的历史唯物主义史观，社会存在为第一性，社会意识为第二性，社会存在决定社会意识。中国—东盟自由贸易区国际投资法律机制作为一种社会意识，是国际社会长期发展的历史产物，是由国际社会存在所决定的。它是对国际社会存在的反映，并对国际社会发展起到促进或阻碍的作用。根据马克思辩证唯物主义观点，对立统一规律是包括中国—东盟自由贸易区国际投资法律机制在内的任何法律机制的根本发展规律。在多极化的当今世界，各国在国际交往中的合作与斗争在所难免。为了谋求各国的共同利益与发展，各国间必须通过合作，达成妥协，创设维护正常国际关系的国际法律机制。因此，机制的创设、维生、发展乃至消亡，都是关乎各国利益诉求及矛盾对立统一的运动过程与结果，中国—东盟自由贸易区国际投资法律机制也同样要遵循这一客观规律。有鉴于此，科学认识该机制必须坚持以马克思主义世界观和方法论作为指引，因而具体落实在国际法研究领域，我们应当以马克思主义的国际法思想作为本书研究的理论基础。在此需要特别指出的是，马克思主义国际法思想不是马克思一个人的思想，而是一个科学的国际法思想体系，包括了马克思恩格斯国际法思想、列宁国际法思想和中国化的马克思主义国际法思想。这些思想是经国际法实践证明了的客观真理，也是科学指引本书研究的重要理论指针与思想基石。

二、马克思主义国际投资理论

马克思主义国际投资理论是马克思主义政治经济学的重要组成部分。马克思站在世界唯物史观的历史高度上，第一次科学地揭示了世界市场总体的本质与投资全球化趋势，全面建立起关于国际投资市场总体与经济全球化的分析框架。马克思主义国际投资理论深刻揭示出国际投资的本质是剩余价值的国际资本化，是资本家为了不断追求境外剩余价值和超额剩余价值，而将剩余价值的一部分作为国际投资的资本来使用。"资本过剩"是资本输出与国际投资的物质基础和必要前提。追求高额利润率是资本输出与国际投资的根本原因。马克思主义国际投资理论还深刻指出国际投资具有二重效应：一方面，国际投资支出有助于促进投资东道国社会总需求增加，刺激投资领域生产的扩大，从而带动社会的产能与就业的提升。另一方面，当国际投资者发现无利可图或利润微薄时，会伺机撤离资本，导致投资东道国被投资领域生产陷入停滞，由此引发失业和国民收入的减少，进而助推经济萧条。因此本书在研究中国—东盟自由贸易区国际投资法律机制时，必须要以科学的马克思主义国际投资理论为指导，深刻把握国际投资与相应法律机制的基本规律，尤其是着重研究克服国际投资的自身弊端，采取行之有效的策略来构建完善的法律机制，以此激发国际投资对推动中国—东盟自由贸易区发展的正效应，有效抑制国际投资资本的自身弊端与负效应，从而为中国—东盟自由贸易区国际投资的可持续健康发展提供有效的法律机制保障。

三、马克思主义系统论

系统论，又称普通系统论或一般系统论，最初主要应用于机体生物学，随后逐步适用于其他学科领域中的系统模式与规律的研究。目前，系统论所提出的系统观点和系统方法已经从经验理论上升为了系统哲学，可以为包括法学在内的所有学科研究提供一般性的方法论指导。对现代系统论的发展源头进行考察可以看出，它源自马克思主义的辩证系统思想。① 关于系统的概念，恩格斯在《路德维希·费尔巴哈和德国古典哲学的终结》一文中便对之予以阐述，"一个伟大的基

---

① 乌杰：《系统辩证学》，中国财政经济出版社 2003 年版，第 16 页。

本思想，即认为世界不是既成事物的集合体，而是过程的集合体"。①他所指的"集合体"即是系统，而"过程"则是指系统中各个组成部分的相互作用和整体的发展变化。②

自1978年至今，在我国著名科学家钱学森的引领和推动下，经过40年来的研究、推广与应用，马克思主义系统论的思想与方法已经逐步融入我国自然科学、社会科学与工程技术科学等众多科学研究领域之中，为包括法学在内的众多学科提供了重要的方法论指导。在恩格斯的研究基础上，我国著名科学家钱学森对系统概念作了更为详细的解读。他指出，"系统是由相互作用和相互依赖的若干组成部分结合成具有特定功能的有机整体"。③以此为基础，我国马克思主义系统科学及系统哲学专家乌杰将系统进一步定义为"相互联系、相互作用的若干要素或部分结合在一起并具有特定功能、达到同一目的的有机整体。"④

根据马克思辩证唯物主义观点，现实世界的一切物质都不是既定的和一成不变的，而是历经生产与演化过程的，系统也同样如此。基于这一理念，马克思主义系统论围绕着系统的演化过程衍生出系统的生成论、构成论、维生论、发展论、消亡论等一系列系统演化理论。⑤ 笔者认为，研究中国—东盟自由贸易区国际投资法律机制，可以按照马克思主义系统论中有关系统的演化理论，以马克思辩证唯物主义与历史唯物主义的视角，对中国—东盟自由贸易区国际投资法律机制的产生、发展与完善进程进行全方位剖析，以此全面揭示该机制的运行机理与基本规律，并科学探究该机制的完善策略，最大化地实现该机制的功能与价值。

具体来说，根据马克思主义系统论，本书拟从以下几方面对中国—东盟自由贸易区国际投资法律机制进行系统性的研究：第一，根据马克思主义系统生成论，深入研究该机制的创设背景与创设基础等问题，以此揭示该机制从何而来、如何生成的基本问题。第二，根据马克思主义系统构成论，深入研究该机制的构

---

① 《马克思恩格斯选集》第4卷，人民出版社2012年版，第250页。

② 乌杰：《系统辩证学》，中国财政经济出版社2003年版，第2页。

③ 钱学森：《社会主义现代化建设的科学和系统工程》，中共中央党校出版社1987年版，第221页。

④ 乌杰：《系统辩证学》，中国财政经济出版社2003年版，第2页。

⑤ 苗东升：《系统科学精要》（第4版），中国人民大学出版社2016年版，第39~61页。

成要素，即分析机制的实施规范要素、实施主体要素、实施方式与程序要素，以及诸要素之间的相互联系，在此基础上进一步分析该机制的基本结构与模式，以此揭示机制由什么构成，如何构成等基本问题。第三，根据马克思主义系统维生论，深入研究该机制的现存状态，重点探究机制现存不足，进而在此基础上进一步探究该机制在中国—东盟自由贸易区国际投资新的发展形势下，如何继续维持机制的活力与存续价值，以此揭示该机制在内外部条件发生变化的情况下，如何作为系统保持自身良好存续状态的基本问题。第四，根据马克思主义系统发展论，深入研究如何针对机制现存不足，并从中国—东盟自由贸易区国际投资的发展实际需要出发，适度借鉴域内外相关成功经验，以保障和促进中国—东盟自由贸易区国际投资的可持续健康发展为出发点，以推进实现自贸区投资经济一体化为近期发展目标，以在自贸区内推动建立公平、合理的国际投资新秩序为远期发展目标，研究采取何种模式、路径与策略来全面完善中国—东盟自由贸易区国际投资法律机制，以此揭示该机制作为系统如何发展完善的基本问题。

四、马克思主义博弈论

博弈，最早出自中国儒家经典《论语》中"阳货"篇。"博"意指棋戏，"弈"指围棋，"博弈"意指下围棋一类的游戏。① 现代意义的博弈，是指一个组织或个人根据自身所掌握的信息，在一定的大环境以及约束条件下，从符合规则和自身选择的行为以及策略中做出抉择并加以实施，从中获得某种收益或者选择结果的过程。② 由此概念发展起来的理论被称为"博弈论"或"对策论"。该理论是研究具有斗争或竞争性质现象的数学理论和方法，重点研究竞争中个体的预测行为和实际行为，并研究它们的优化策略。目前，博弈论已经在经济学、政治学、国际法学、军事学和其他社会科学领域得到了广泛应用。

以博弈论来审视中国—东盟自由贸易区国际投资法律机制可以看出，该机制的运行过程也是中国与东盟各国在一定规则约束下投资利益的博弈过程。有鉴于

---

① 中国社会科学院语言研究所词典编辑室：《现代汉语词典（修订本）》，商务印书馆1996年版，第1494页。

② ［美］约翰·冯·诺依曼著，刘霞译：《博弈论》，沈阳出版社2020年版，第52页。

此，为了达到通过优化该机制促进实现中国与东盟互利共赢的研究目标，笔者也将借助博弈论来对机制的有关投资利益的博弈问题进行深入分析。但需要注意的是，现代西方的博弈理论是建立在追求私利最大化的"理性经济人"这一假定基础之上的。在此理论引导下，实践中产生出各方利益共损的"纳什均衡"博弈模型及结果，这与该"理性经济人"理论的假设前提产生了悖论。而为了摆脱这种悖论，指导实现博弈各方的利益共赢，必须坚持科学的马克思主义博弈理论。历史与现实证明，马克思主义博弈论是建立在辩证唯物主义与历史唯物主义真理之上的最科学的博弈理论，其思想范式充分体现出实践的唯物性与历史的辩证性，深刻揭示了国际博弈的本质与规律，能为国际投资博弈的理论与实践问题提供最科学的理论指引。因此本书认为，我们必须坚持从马克思主义博弈论的科学原理出发，来正确认识和分析在经济全球化与区域经济一体化的发展背景下，如何推进优化中国—东盟自由贸易区国际投资法律机制相关理论与实践问题。

第三节　机制研究现状评述

从国内外公开发表的文献资料来看，与中国—东盟自由贸易区国际投资法律机制相关的研究大致可以划分为三类：一是关于中国对外投资的国内法研究；二是关于东盟成员国对外投资的国内法研究；三是关于中国与东盟相互投资的国际法研究。下面分别阐述其研究现状。

一、关于中国对外投资的国内法研究

进入 21 世纪以来，中国的经济实力迅猛增长，对外投资增速很快，逐步由资本净输入国发展成为资本净输出国。在此背景下，国内外学者对于中国对东盟及其他域外投资的研究方兴未艾，由此产生出一大批卓有成效的研究成果。

在此方面，国外学者比较有代表的学术成果有：Karl P. Sauvant, Michael D. Nolan. "China's Outward FDI and International Investment Law" (Journal of International Economic Law, 2015 [3])；Ramasamy. B, Yeung, M. & Laforet, S. "China's Outward Foreign Direc Investment：Loacion Choice and Firm Ownership" (Journal of World Business, 2012 [1]) 等。上述国外研究成果对于中国对外投

资法律基本现状，以及中国对外投资（包括对东盟投资）的发展趋势和发展过程中面临的各类问题，从法学与经济学的综合视角进行了深入研究，具有重要的学术借鉴价值。

国内学者相关研究则更为全面，相关学术成果涉及以下几个方面：一是着重从投资保护法方面，对于对外投资风险防范即保险问题进行研究。如陈丽娟的《中国企业海外投资风险的法律保证制度研究——以中国企业在越南投资为例》（载《学理论》2012 年第 17 期），顾丽姝、王凯庆的《中国对东盟直接投资的风险防范》（载《云南社会科学》2009 年第 5 期），谭庆红的《新时代中国企业投资东盟风险防范的路径》（载《改革与战略》2020 年第 8 期）等。二是着重从投资促进法方面，对促进国际投资自由化与便利化问题进行研究。如温长庆的《我国外商投资准入规则的重构》（载《时代法学》2018 年第 6 期），张国平的《外资准入前国民待遇加负面清单的法律解读》（载《江苏社会科学》2015 年第 3 期）等。三是着重从投资监管方面，对国际投资的风险监管、外汇监管、环境监管等问题进行研究。如谭庆红的《新时代中国企业投资东盟风险防范的路径》（载《改革与战略》2020 年第 8 期），卫平东、孙瑾的《中国对"一带一路"沿线国家直接投资的风险监管体系研究》（载《国际贸易》2018 年第 11 期），刘佳的《个人境外投资外汇管理国际经验及我国开放路径研究》（载《北方金融》2018 年第 6 期）等。四是对中国对外投资法律制度与问题进行综合性研究。如张庆麟、彭忠波的《论我国外资法律体系的重构模式》（载《法学评论》2006 年第 1 期），解薇薇的《我国外资立法体系的现状与重构》（载《山东社会科学》2004 年第 11 期）等，都具有重要的学术借鉴价值。

二、关于东盟成员国对外投资的国内法研究

进入 21 世纪以后，伴随着东盟各国吸引外资与对外投资的迅猛发展，国内外学者对于东盟成员国对外投资的国内法研究也日益增多，由此产生出下述几方面研究成果：

首先，国外学者对东盟成员国投资法律的研究成果中比较有代表性的是：Mohammed Ameen Fadhila & Mahmoud Khalid Almsafir. "The Role of FDI Inflows in Economic Growth in Malaysia（Times Series：1975 – 2010）"（Procedia Economics and Finance，2015 ［23］），Michael Plummer．"ASEAN Economic Integration Trade，Foreign Direct Investment，and Finance"（Wiley/ Blackwell Publishing Inc，2010［12］）等。这些国外研究成果对于东盟及其成员国的对外投资基本现状及存在的问题，从法学与经济学的综合视角进行了深入研究，具有重要的学术借鉴价值。

其次，在国内学者关于东盟成员国投资法律的研究中，比较有代表性的研究成果大致可以分为三类：第一类是介绍性的研究成果，即主要是介绍东盟成员国投资法律基本内容的论文和著作，如吴迪、林诗婷的《缅甸投资法》（载《南洋资料译丛》2017 年第 3 期），张树兴主编的《东南亚法律制度概论》（中国人民大学出版社 2015 年版）等，具有重要的资料参考价值。第二类是分析性的研究成果，即主要是对东盟成员国投资法律的立法与实施状况及其存在的问题进行研究的论文和著作，如马俊的《缅甸最新投资法律对投资者的影响研究》（载《商业经济研究》2018 年第 17 期），王耀华、李忠的《越南投资法律风险及防范措施研究》（载《管理观察》2017 年第 31 期）等具有重要的学术借鉴价值。第三类是比较性的研究成果，即主要是对中国与东盟成员国之间投资法律进行比较法研究的论文和著作，如陶斌智的《中新外资银行监管比较研究及启示》（载《前沿》2011 年第 2 期），王红晓的《新加坡、马来西亚及菲律宾三国税收征管的特色及借鉴》（载《特区经济》2010 年第 9 期）等，都具有很高的学术借鉴价值。

三、关于中国与东盟相互投资的国内法研究

首先，在国外学者对中国与东盟成员国相互投资的国际法律研究成果中，有代表性的是：［日］我由美．The ASEAN-China Free Trade Area and Investment Policy："The 'Zou Chu Qu' Policy as the Driving Force behind the FTA"（Journal of Asian Studies，2016［3］），Kamal，M. A.，Li，Z.，Akhmat，G.，Bashir，M. F. & Khan，K．"What Determins China's FDI Inflow to Southeast Asia?"（Mediterranean Journal of Social Sciences，2014［23］）等。上述国外研究成果对于中国与东盟相互投资趋势与发展过程中面临的问题，从法学与经济学的视角进行了综合研究，具有重要的学术借鉴价值。

其次，国内学者在此方面的研究成果主要集中在以下领域：第一，在国际投

资的保护领域，有学者们撰文指出中国—东盟自由贸易区国际投资法律机制存在着投资保险立法不健全、仲裁适用的准据法模糊、仲裁裁决监督不完善投资争端解决机制适用范围受限、投资调解机制不健全等一系列问题，并对相关问题的解决之道进行了广泛探究，如沈四宝的《中国—东盟全面经济合作框架协议争端解决机制协议》（载《上海财经大学学报》2006 年第 2 期）；房沫撰文的《试论中国—东盟自由贸易区投资仲裁机制》（载《广西大学学报（哲学社会科学版）》2011 年第 6 期）；蒋德翠的《中国—东盟自贸区投资争端解决机制的困境与出路》（载《河北法学》2020 年第 5 期）；梁嘉铭的《区域投资中调解机制的完善与思考——以中国—东盟区域投资为例》（载《南方记刊》2022 年第 4 期）。第二，在国际投资的促进领域，有学者撰文指出中国—东盟自由贸易区国际投资法律机制在投资待遇、促进投资措施与投资准入设置等方面存在问题，并对相关解决对策进行了深入剖析，如鲁学武的《中国—东盟自由贸易区投资法制评析》，（载《广西社会科学》2013 年第 11 期），柯静嘉的《中国—东盟投资法律体系下投资者与东道国的利益平衡》（载《东南亚研究》2018 年第 3 期）。第三，在国际投资的监管领域，国内外学者们撰文指出中国—东盟自贸区国际投资法律机制在监管措施与程序方面尚存不足，并对完善相关监管的策略进行了深入分析，如魏艳茹的《中国—东盟框架下国际投资法律环境的比较研究——以〈中国—东盟投资协议〉的签订与生效为背景》（载《广西大学学报（哲学社会科学版）》2011 年第 1 期），呼书秀的《中国与东盟关于国际投资监管的法律调整》（载《国际商报》2005 年 8 月 2 日）等。国内外学者们的上述研究对于中国—东盟自由贸易区国际投资法律机制的有关重要问题进行了全面与深入的探索，具有重要的学术参考价值。

四、现行研究的不足与本书的创新之处

（一）现行研究的不足

上述与中国—东盟自由贸易区国际投资法律机制相关的研究成果，对涉及机制的一些重要法律问题进行了深入研究，这为本书的研究提供了丰富的资料与宝贵的学术启迪，但相关研究也存在着以下几点不足：

第一，绝大部分研究成果都是针对机制某一方面问题所作的专门性研究，缺少对于机制所作的系统性研究，尚未形成完整的研究体系，因而不能为完善机制、克服机制现存问题提供全方位与系统性的方案。

第二，一些研究成果缺乏对于机制理论基础的剖析，这使得相关研究的逻辑框架不够规范和严谨，缺乏坚实的理论支撑，且实证研究与对策研究的论证力与说服力不足。

第三，很多研究成果在分析机制现存问题及完善对策方面，没有充分考虑中国—东盟自由贸易区自身特点与实际情况，导致在借鉴和移植域外经验方面的论述缺乏说服力与严谨性，存在理论与实践相脱离情况。

（二）本书的创新之处

为克服机制研究的前述不足，实现本书的研究目标，笔者在下述几方面力求实现突破与创新：

第一，本书研究理论具有创新性。本书创新性地将马克思主义系统论与博弈论引入机制研究之中，并将之与马克思主义国际法理论、国际投资理论有机结合，通过跨学科的综合理论研究，夯实机制的理论研究基础，增强了研究结构的逻辑严谨性与完整性，并使机制的实证研究与对策研究更具理论深度与说服力。

第二，本书研究体系具有创新性。本书通过对机制内涵与要素进行创新性解读，形成了以机制所涉领域（投资保护、投资促进与投资监管）与机制基本要素（实施规范、实施主体、实施方式及程序要素）① 为向量的二维的综合研究体系（见下图），以此构建新的研究体系，进一步拓展出新的学术研究空间，并为相关分析与论证的科学性与严谨性提供坚实的基础与保障，确保相关研究成果的系统性与合理性。

第三，本书研究观点具有创新性。本书在研究中国—东盟自由贸易区国际投资法律机制的完善策略方面，注重从自贸区自身特点与实际情况出发，并综合运

---

①　笔者注：鉴于中国—东盟自由贸易区国际投资法律机制的实施方式通常都有其紧密对应的实施程序，故本书将实施方式要素与实施程序要素结合在一起进行研究，以此客观揭示和遵循两者间的紧密联系。

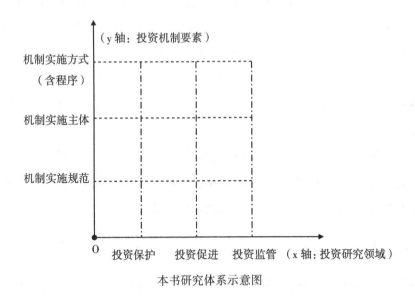

本书研究体系示意图

用法学与经济学的有关原理与研究方法，通过理论定性研究与实证定量研究的紧密结合，力求探索出具有自贸区自身特色的机制模式、发展路径与对策建议。

第四节　本书研究目标、方法与逻辑框架

一、本书的研究目标与方法

本书旨在以相关理论研究与实证研究为基础和依据，深入探究中国—东盟自由贸易区国际投资法律机制在"一带一路"背景下的创设与发展规律，从中重点分析机制的现存问题与成因，并以此为基础深入探究克服机制现存弊端的基本模式、发展路径与具体策略，从而为推动中国—东盟自由贸易区国际投资的可持续健康发展提供有力的法律机制保障，并为有关主管部门的改革决策提供科学的理论指引与智力支持。为达到这一研究目标，本书采用的主要研究方法包括：

第一，文献研究法与实地调研法相结合。一方面深入研究国内外公开发表的研究资料和成果，对本书所涉及的研究问题进行广泛的间接考察，归纳和剖析机制相关问题的成因与内在规律；另一方面深入中国—东盟自由贸易区的相关实务

部门，以及国内外相关高校与科研机构进行实地调研，获取第一手的真实信息与资料，为机制的完善策略研究奠定实证基础，以此确保理论研究与实践相统一。

第二，定性分析法与定量分析法相结合。综合运用马克思主义国际法学与政治经济学的研究方法，结合中国—东盟自由贸易区国际投资的相关数据与资料，对机制现存问题与成因，以及完善机制的相关策略等问题进行实证定量分析。在此基础之上，依据马克思主义国际法的基本立场与相关理论，对机制现状及其完善策略做出客观、合理的法律价值分析与判断，由此增强相关定性研究的科学性与客观性，增强论证的说服力与严谨性。

第三，比较分析法。通过将世贸组织、欧盟、北美自由贸易区的国际投资法律机制同中国—东盟自由贸易区相关机制进行全面系统的比较研究，从中汲取可供本书研究借鉴的成功经验。

第四，博弈分析法。以马克思主义博弈论为理论研究工具，辩证分析有利于推动中国—东盟自由贸易区国际投资发展，促进实现各方互利共赢的最佳机制发展模式。

第五，系统分析法。以马克思主义系统论为理论研究工具，基于辩证唯物主义的系统认识论与方法论，在宏观层面上系统分析完善中国—东盟自由贸易区国际投资法律机制应遵循的基本目标、模式与路径，在微观层面上系统分析该机制的构成要素及其完善措施与策略，以此对机制进行全方位研究，确保研究成果的系统性与完整性。

二、本书的逻辑框架

为实现本书的前述研究目标，本书紧紧围绕"中国—东盟自由贸易区国际投资法律机制"这一研究对象，基于马克思主义法学研究视野，以跨学科的综合研究方法对机制进行系统研究。全书除绪论和结论之外，共计分为以下五章：

第一章，深入研究中国—东盟自由贸易区国际投资法律机制的法理问题。主要研究内容包括：一是对"一带一路"背景下的中国—东盟自由贸易区国际投资法律机制的基本内涵予以科学界定；二是对该机制的创设背景与基础进行深入分析；三是对该机制的构成要素（实施规范要素、实施主体要素、实施方式与程序要素）进行系统性的分析。上述研究旨在结合"一带一路"倡议，深入剖析中国—东盟自由贸易区国际投资法律机制的基础理论问题，从而为后续研究该机制的现存问题及其成因奠定坚实的理论研究基础。

第二章，深入研究中国—东盟自由贸易区国际投资法律机制现存问题。主要研究内容包括：一是以多边条约、双边条约与各国国内投资法为视角，从国际投资保护、促进与监管领域，对"一带一路"倡议背景下中国—东盟自由贸易区国际投资法律机制的实施规范要素现存问题及成因进行深入分析。二是从机制的行政主管机构与国际投资仲裁机构的视角，对中国—东盟自由贸易区国际投资法律机制的实施主体要素现存问题及成因进行深入分析。三是从机制的行政与准司法实施方式及程序的视角，对中国—东盟自由贸易区国际投资法律机制的实施方式与程序要素现存问题及成因进行深入分析。上述研究旨在为后续策略研究提供必要的实证分析基础。

第三章，深入比较研究相关国际投资法律机制。主要研究内容包括：一是在国际投资法律机制的实施规范要素方面进行比较研究，将世贸组织、欧盟、北美自由贸易区与中国—东盟自由贸易区国际投资法律机制在国际投资保护、促进与监管领域的相关立法内容予以比较研究。二是从国际投资法律机制的实施主体要素进行比较研究，将世贸组织、欧盟、北美自由贸易区与中国—东盟自由贸易区国际投资法律机制的行政主管机构与投资仲裁机构进行比较研究。三是从国际投资法律机制的实施方式与程序要素进行比较研究，将世贸组织、欧盟、北美自由贸易区与中国—东盟自由贸易区国际投资法律机制的行政与投资实施方式及程序予以比较研究。上述研究旨在合理借鉴域外国际投资法律机制的成功经验，为课题后续的策略研究提供重要参考。

第四章，深入研究完善中国—东盟自由贸易区国际投资法律机制的宏观策略。主要研究内容包括：一是对机制完善策略的理论依据与现实依据进行系统分析，以此奠定必要的理论研究与实证研究基础。二是在科学把握中国—东盟自由贸易区国际投资法律机制自身价值与发展规律的基础上，对机制完善的宏观目标进行深入分析，从而为机制确立科学的发展方向。三是为推动实现机制完善的宏观目标，深入分析能切实推动自贸区国际投资可持续健康发展的最佳发展模式（正和博弈型模式）。四是通过充分借鉴域外相关成功经验，紧密结合"一带一路"倡议以及中国—东盟自由贸易区国际投资发展的实际情况与法治需求，深入研究完善机制应遵循的具有科学性与可行性的基本发展路径（层进式稳态完善的发展路径）。上述研究旨在为后续微观策略研究确立科学合理的发展方向与路径。

第五章，深入研究完善中国—东盟自由贸易区国际投资法律机制的微观策略。主要研究内容包括：一是从国际投资保护、促进与监管领域，系统研究机制在多边条约、双边条约与国内投资法方面的具体完善策略；二是深入研究机制在行政主管机构与国际投资仲裁机构方面的具体完善策略；三是深入研究机制在行政与准司法实施方式及程序方面的具体完善策略。上述研究旨在为完善相关机制的法律实践提供更为全面与具体的实施方案。

在上述研究内容中，本书努力探究和解决的重难点问题包括：第一，中国与东盟各国的法律文化与法律制度之间存在着巨大差异，彼此间在国际投资方面的法律协调与合作面临着诸多困难，如何在这种错综复杂的区域国际法律环境下寻求能被各方普遍接受的机制最佳模式？第二，中国—东盟自由贸易区国际投资法律机制现存问题诸多，改革难度较大，通过何种基本路径与具体策略才能有效克服相关的改革困难，促进该机制得以全面完善，从而更好地推进落实"一带一路"倡议，满足自由贸易区国际投资可持续健康发展的迫切法治需求？笔者对于上述重难点问题有着较为集中的研究与阐述。

第一章　中国—东盟自由贸易区国际投资法律机制的法理研究

在"一带一路"倡议背景下运行的中国—东盟自由贸易区国际投资法律机制，既是一个内涵丰富、结构复杂的动态法律系统，也是发展中国家谋求构建公正、合理的国际投资新秩序的实践产物。深入研究该机制的基础性问题，必须立足于马克思辩证唯物主义与历史唯物主义的基本立场、观点与方法，坚持马克思主义科学正义的世界观与价值观，将中国—东盟自由贸易区国际投资法律机制视为一个完整的法律系统，进行整体性的研究，以此全面、深刻地揭示其核心内涵、创设背景、创设基础与基本构成要素，以此为后续实证对策研究奠定坚实的法理基础。

第一节　机制概念的界定

本书的研究对象是中国—东盟自由贸易区国际投资法律机制。在对其进行全面、系统地分析之前，有必要首先对"中国—东盟自由贸易区""国际投资"与"法律机制"三个核心概念，以及"中国—东盟自由贸易区国际投资法律机制"这一整体概念作出清晰界定。

一、何为"中国—东盟自由贸易区"

"中国—东盟自由贸易区"（China-ASEAN Free Trade Area，CAFTA）是中国与东盟十国合作组建的自由贸易区。1996 年，中国成为东盟的全面对话伙伴国。2010 年 1 月 1 日，中国—东盟自由贸易区正式建立与启动。自贸区成立后，其贸易额占到世界贸易总额的 13%，是一个涵盖 11 个国家、19 亿人口、GDP 总量达到 6 万亿美元的巨大经济体。目前，中国—东盟自由贸易区是世界人口最多的自由贸易区，也是发展中国家间最大的自由贸易区。①

二、何为"国际投资"

"国际投资"意指投资者为获取预期的效益而将资本或其他资产在国际间进行投入或流动。通常来说，按照资本（或资金）运动特征和投资者在该运动中的地位来划分，国际投资可分为三类：一是投资者投于国外的企业，并对该企业的管理和经营进行控制的直接投资。二是通过金融中介或投资工具进行的间接投资。三是以上两类投资与其他国际经济活动混合而成的灵活形式投资。本书所研究的国际投资包含了上述三类投资类型。②

三、何为"法律机制"

（一）何为"机制"

"机制"一词起源于希腊语 mechare，原意是指工具或机械的构造方式和工作原理 ③ 。该词最初应用于工程学、生理学、医学等自然科学领域，近代以后逐渐应用于政治学、经济学、法学等社会科学领域。早先受到形而上学认识论的影响，很多研究者以孤立的、静止的与片面的眼光来审视事物，认为事物的整体等于其各部分之和，只要弄清楚事物由哪几部分组成，以及各部分的功能与工作原理如何，就能实现对该事物整体机制的认识。这种认识方法使机制研究者无法真正弄懂：为什么事物的各部分可以构成一个整体？而为什么整体具有各部分所不具备的功能？这种整体性的功能又是如何通过各部分之间的联系得以实现的？

为解决这些困惑，近现代以来的研究者逐渐摒弃形而上学认识论，转为以联系的、运动的与辩证的眼光来审视事物的机制，开始着重研究事物各组成部分之间的联结方式，以及由此产生的运作方式与整体功能的产生原理，以此真正弄清

---

① 百度百科（https：//baike. baidu. com/item/中国—东盟自由贸易区/）。

② 百度百科（https：//baike. baidu. com/item/）。

③ 夏征农、陈至立：《辞海》，上海辞书出版社 2009 年版，第 1125 页。

事物的整体何以形成，其功能何以产生与发挥等问题。在此研究背景之下，学者们基于不同的研究视角对"机制"概念做了不同界定。例如有的学者基于系统论认为，"机制"是机体内部诸环节、诸要素相互联系的有机整体。有的学者基于功能论认为，"机制"是事物本身一种自动调节、变应的功能。有的学者基于过程论认为，"机制"是事物发挥自身作用的过程。另有学者基于条件论认为，"机制"是事物发挥作用的诸条件的总称。① 上述概念虽然各异，但从不同角度揭示出了机制的整体性、多元性、关联性与运动性的基本特征。

从"机制"一词在我国现代社会科学领域的应用实践进行分析，笔者认为在上述观点之中，以系统论的视角分析社会科学研究范畴下的"机制"概念最为合理。其原因在于："机制"的概念在我国现代社会科学语境下已有了新的发展，不再仅仅指传统意义上的"事物组成部分之间的联结方式、实施方式与整体功能的产生原理"，而是包含有制度因素，是实现了制度化与系统化的"事物机理"。例如，党的十九大报告中有 26 处提及"机制"，相应表述为"领导机制""市场机制""协调价值""发展机制""决策机制""生态补偿机制""激励机制""评价考核机制""风险防控机制"等。这些"机制"概念的内涵都具有一个共性，即都旨在通过对制度的规范体系做出解构，并以此为基础设置相应的实施主体、方式与程序来促进相关制度的落实。如"生态补偿机制"即是为了实现生态补偿制度，而基于该制度的不同规范来构建相应的生态补偿实施机构（立法机构、行政执法机构、司法机构、监督机构等），继而由这些机构采取一定的方式与程序来具体落实生态补偿制度。

在此语境之下，机制已经围绕制度的实现问题形成了一个完整的有机系统，具备了构成系统的基本要件。根据贝塔朗菲的观点，所谓系统是指相互联系、相互作用的诸元素的综合体。某事物构成系统需要具备两个基本要件：一是该事物中至少包含两个不同对象；二是该事物中的对象按照一定方式相互联系而成为一个整体。②以这两个要件来衡量，机制已构成系统：第一，从实施角度来审视，机制包含着多个不同对象，其反映的客观对象包括机制实施的规范依据、实施主

① 宋瑞兰：《论法律调整机制》，载《法律科学》1998 年第 5 期。
② 苗东升：《系统科学精要》，中国人民大学出版社 2016 年版，第 20 页。

体、实施方式与程序，由此构成了机制的实施规范要素、实施主体要素、实施方式与程序要素。第二，机制所包含的对象之间相互联系，构成了一个整体。其中，机制的实施规范要素是形成其他要素的前提条件，并依赖其他要素实现其自身功能。机制的实施主体要素既是实施规范要素的实现载体，又是实现机制实施方式与程序要素的重要条件。与此同时，机制实施方式与程序要素既是机制实施规范要素的实现途径，也是机制实施主体要素的存在与作用形式。这几个要素相互联系、有机统一，共同构成了制度化的机制整体。通过上述分析可以看出，我国现代社会科学语境下的"机制"内涵已非传统理论中的"制度运行机理"，而是在实践中发展丰富成为了"制度的运行系统"，具备了系统的本质属性。有鉴于此，结合机制的系统内涵与机制的前述对象外延，本书将"机制"的概念界定为："机制是由规范依据、实施主体、实施方式与程序构成的制度运行系统。"这样定义既可以科学揭示机制的本质属性，也可以客观反映机制的整体性、多元性、关联性与运动性特征。

（二）何为"法律机制"

法律机制作为一种以权利、义务为核心内容与基本导向的社会规范性机制，对其概念的解读可以参照机制的前述概念，但不能忽视其自身特点。目前国内外学者尚未对"法律机制"做明确定义，但国内有学者对与之相近的"法律调整机制"概念做了定义。鉴于"法律机制"的根本功能也同样是调整社会关系，故可以适度参考和借鉴"法律调整机制"的下述定义。例如有学者认为，"法律调整机制是掌握国家政权的阶级按照一定的社会目的，通过一系列彼此间相互联系和相互制约的实体、职能性的法律手段作用于一定的社会关系，从而使法律功能得以发挥的有机过程"。[1] 另有学者提出，"法律调整机制是由法律调整主体、调整对象、调整行为（包括调整方法和调整过程）结合起来的整个系统的内部结构、内在联系和运作方式的统一"。[2] 还有学者认为，"法律调整机制是指对社会关系实施法律调整的法律手段和法律运行过程的统一，通过法律规范、法律关

---

[1]　宋瑞兰：《论法律调整机制》，载《法律科学》1998年第5期。
[2]　蔡守秋：《环境法调整对象研究》，中国人民大学出版社2008年版，第36页。

系、实现主体权利与义务的行为三个阶段体现出来"。①

上述定义虽然各异，但从不同侧面揭示出法律调整机制的一个共性，即它是法律实体规则（静态联系）与法律实施方式及程序（动态联系）的有机统一。而如前所述，机制的本质属性是制度的运行系统。因此本书综合分析上述定义，同时结合法律机制的社会调整功能，从系统论的角度将"法律机制"的概念界定为："法律机制是调整一定社会关系，由法律规范以及法律实施主体、实施方式与程序构成的法律制度运行系统。"这样定义既可以揭示法律机制作为法律制度运行系统的本质属性，也可以客观反映法律机制的特有功能。

（三）"法律机制"与"法律制度"、"法律体制"辨析

法律机制与法律制度、法律体制是三个既密切联系，又相互区别的法律概念。它们的具体区别如下：

首先，制度是指在一定历史条件下形成的政治、经济、文化等各方面的规范体系，如社会主义制度。② 基于制度的这一概念，法律制度通常是指调整一定社会关系的法律规范的总称，是由一系列具有普遍约束力的法律原则与规则构成的法律系统，属于静态性的法律概念。与之不同，法律机制是动态的法律概念，其本质属性是法律制度的运行系统。法律机制既包括法律规范，也包括为落实法律规范而设置的实施主体、实施方式与实施程序。法律机制具有法律制度的实施规范要素，其价值也在于实现法律制度。因此法律制度影响和制约着法律机制，同时法律制度也通过法律机制的设置与运行而得以实现。

其次，体制是指国家机关、企事业单位在机构设置、领导隶属关系和管理权限划分等方面的体系、制度、方法、形式等的总称。③根据这一定义可以看出，体制是制度的外在表现形式，是制度在机构与权限划分方面的具体形式。同理，法律体制意指这一方面的法律制度，同样属于静态的法律概念。法律制度决定法

---

① 邹瑜：《法学大辞典》，中国政法大学出版社1991年版，第12页。
② 夏征农、陈至立：《辞海》，上海辞书出版社2009年版，第2750页。
③ 夏征农、陈至立：《辞海》，上海辞书出版社2009年版，第2084页。

律体制的内容，并由法律体制表现和落实。

法律机制与法律体制的共同之处在于：二者都含有制度因素，都受到法律制度的制约，也都旨在落实法律制度。二者的不同之处在于：第一，二者的基本形态不同。法律机制是动态的法律概念，其形成和确立具有过程性的特点。法律体制是静态的法律概念，其形成和确立具有即时性的特点。第二，二者的构成要素不同。法律机制的构成要素包括法律规范、法律实施主体、法律实施方式与程序，它是推进法律制度得以全面实现的动态法律系统。法律体制的构成要素包括法律机构以及立法、执法与司法权限及隶属关系，它是推进法律制度在部分领域得以实现的静态法律系统。第三，二者的组成类型不同。法律机制包括监管式的运行机制、指导式的运行机制与服务式的运行机制等基本类型。而法律体制包括法律组织体制、法律人事体制与法律管理体制等基本类型。

四、何为"中国—东盟自由贸易区国际投资法律机制"

基于前述分析，笔者认为"中国—东盟自由贸易区国际投资法律机制"作为一种重要的区域性国际法律机制，在现代语境下可将其概念界定为：它是调整中国—东盟自由贸易区跨国投资法律关系的，由相关投资法律规范以及法律实施主体、方式与程序构成的法律制度运行系统。该概念中的"跨国投资法律关系"专指中国与东盟各国为谋求共同发展、互利共赢，而在国际投资领域发生的法律关系，包括国际投资的法律保护关系、法律促进关系与法律监管关系。其中，国际投资的法律保护关系涉及国际投资风险的防范与化解，投资待遇的保护与落实，投资争端的解决等方面问题。国际投资的法律促进关系涉及促进实现国际投资自由化与便利化方面的问题。国际投资的法律监管关系涉及对国际投资活动在立项、外汇、竞争行为、环境、劳动、知识产权等一系列领域的监管问题。这些都在本书研究的机制内涵范畴之内。

综上所述，本书正是基于对中国—东盟自由贸易区国际投资机制基本内涵的上述理解与界定，对该机制的相关问题及对策进行全面系统的分析与论证。

第二节　机制的创设背景

深入研究中国—东盟自由贸易区国际投资法律机制的创设基础，首先需要剖析机制生成的特定背景，包括经济全球化和区域经济一体化并行发展的经济背景，机制依托的中国—东盟自由贸易区的地缘背景，以及中国与东盟各国谋求推动自贸区国际投资发展的法律背景。

一、机制创设的经济背景

进入 21 世纪以来，经济全球化和区域经济一体化并行发展已经成为世界经济发展的重要趋势。

严格意义上的经济全球化形成于 20 世纪 80 年代末 90 年代初。它在本质上是资本的跨国流动，新科技革命是当代经济全球化浪潮的物质基础和重要推动力。① 经济全球化使各种生产要素在全球范围内得到优化配置，从而促进全球经济的迅速发展。但经济全球化是在国际经济旧秩序未发生根本改变的情况下发生和发展起来的，是由西方发达国家主导下的经济全球化，它在推动全球生产力快速发展的同时，也成为西方发达国家转嫁经济危机的隐蔽手段，由此加剧了南北国家的贫富差距，同时滋生了大量国际投机行为，增加了国际投资风险，并对发展中国家的主权和民族产业造成了严重冲击。因此经济全球化是一把"双刃剑"，对发展中国家来说既是一个难得的发展机遇，也是一个巨大的挑战。

与经济全球化相比，区域经济一体化早在 20 世纪 50 年代就已开始形成。所谓区域经济一体化，是指生产要素在超国界的一定区域内实现合理流动与有效配置，以此实现区域内各国优势互补、相互促进的经济发展形态与过程。进入到 20 世纪 80 年代以来，面对经济全球化带来的机遇与挑战，区域经济一体化的发展步伐显著加快，其中具有代表性的区域经济组织包括欧盟和北美自由贸易区，以及晚近成立的中国—东盟自由贸易区。区域经济一体化要求参与国之间消除各种贸易以及投资壁垒，取消阻碍生产要素自由流动的歧视性经济政策，并通过一

---

① 孙平：《经济全球化与区域经济一体化》，载《经济评论》2001 年第 4 期。

系列的协议形成具有一定法律约束力和行政管理职能的地区经济合作组织，从而在成员国之间达到权利和义务平衡，实现互惠共赢的经济发展目标。

应当辩证地看到，经济全球化与区域经济一体化并非两条互无关联的平行线，而是具有相互依存、相互联系、相互促进的紧密联系体。区域经济一体化是生产要素在一定地域内流动，它是经济全球化的初级阶段，为经济全球化体系的形成提供了必要的经济基础。经济全球化是生产要素在全球范围内流动，它是区域经济一体化的高级阶段，但不能完全取代区域经济一体化，因为经济全球化发展过程中出现的问题需要借助区域经济一体化解决，因而它也为区域经济一体化提供了发展动力。经济全球化与区域经济一体化虽处于不同的发展层次，但都旨在促进生产要素的跨国自由流动，实现资源的跨国优化配置，最终目的都是为了促进实现世界经济的一体化，因此二者呈现出相辅相成、共同发展的基本态势。

中国—东盟自由贸易区国际投资法律机制正是在这一背景下形成。该机制以中国—东盟自由贸易区为依托，根据《中国—东盟投资协议》正式形成，并在中国—东盟中心与中国—东盟商务理事会的协调下运作，其机制功能在于保障和促进中国与东盟各国合作实现相互投资的便利化、自由化与有序化，实现和维护各国的投资权利与义务平衡。该机制既是中国与东盟在国际投资领域推进区域经济一体化的法治成果，也是经济全球化发展的必然产物，因而其发展必然要遵循经济全球化与区域经济一体化的时代发展要求。

二、机制创设的地缘背景

地理位置深刻影响着国家与国际组织的战略选择。中国与东盟山水相连、互为近邻，在经济、政治与人文方面具有密切的地缘关系，这既为构建中国—东盟自由贸易区国际投资法律机制提供了良好的地缘条件，也由此形成了该机制发展过程中不可忽视的地缘因素。

首先从经济地缘来看，中国紧邻东南亚陆桥，与东盟各国山水相邻、海洋相依。中国的云南、广西两省区同越南、老挝、缅甸接壤，陆地边境线长达5000多公里，贸易口岸资源十分丰富。中国的广东、海南两省同菲律宾、马来西亚等东盟国家隔海相望，共同环抱南海黄金水道，海上交通非常方便。这些得天独厚的地缘优势使得双方间的投资与贸易往来较为便利，没有不可逾越的地缘阻隔。

这既为推动中国与东盟的经贸与投资合作提供了重要条件，也为双方共建和发展相应的国际投资法律机制提供了不可或缺的地缘便利。

其次从政治地缘来看，中国与东盟携手建立自由贸易区，共同构建中国—东盟自由贸易区国际投资法律机制，既是源自谋求"双赢"的投资发展诉求，也是出于维护地区稳定、提高双方国际地位的战略考虑。一方面对于中国来说，东盟所处的地理位置十分重要，处于三大洲（亚洲、非洲和大洋洲）和两大洋（太平洋和印度洋）的"十字路口"，是扼守东西方海运水道的要冲之地，并且濒临中国经济最为发达的东南沿海地带，对于中国现代化发展进程具有重要的地缘影响。[1] 有鉴于此，中国与东盟国家携手建构自由贸易区，并通过自贸区国际投资法律机制维护双方投资秩序的稳定，符合中国"稳定周边，立足亚太，面向世界"的地缘政治战略，有利于维护亚太地区的和平与稳定，为中国的现代化建设营造良好的周边环境。另一方面对东盟国家来说，中国的地缘位置同样重要。历史（中国从未侵占过东南亚地区）与现实（中国积极帮助东盟国家渡过 1997 年的东南亚金融危机）表明，中国的崛起与强盛，不仅不会对东盟国家造成威胁，反而会为东盟国家提供来自亚欧大陆桥的强力安全保障。与中国合作构建自贸区及其国际投资法律机制，携手维护彼此投资与经贸秩序的稳定，不仅有利于保障东盟地区的繁荣稳定，也有助于通过与中国的利益结合，进一步提升东盟在亚太地区乃至世界政治版图中的国际地位。

最后从人文地缘来看，东盟是华侨最早移居、人数最多的地区。这些华侨既为中国和东盟经贸与投资合作的发展作出了重要贡献，同时也为中国—东盟自由贸易区及其国际投资法律机制的运行发展提供了积极支持。此外，历史上东盟地区位于以中国儒家文化为核心的东亚文化圈，中国的传统文化对于东盟各国有着悠久深远的历史影响，这使得中国与东盟形成了文化上的"亲缘关系"，彼此间的文化具有许多近似性与相通性，这既为双方开展包括文化、旅游、投资在内的经贸合作建起了沟通的桥梁，也为双方在处理国际投资纠纷方面互谅互让、合作共建相关法律机制提供了有利的人文地缘基础。

与此同时我们还应清楚地看到，上述地缘背景也产生出中国—东盟自由贸易

---

[1]　叶自成：《地缘政治与中国外交》，北京出版社 1998 年版，第 379 页。

区国际投资法律机制发展过程中不可忽视的问题：第一，中国与部分东盟成员国环抱中国南海的地理位置，虽然提供了海运的便利条件，也产生了南海部分岛屿与海域的主权之争。历史与现实的法理表明，中国对南海具有无可争辩的主权。南海蕴藏着丰富的油气资源，经济价值不可估量，加之其具有重要的战略位置，由此引发了南海主权争议。这一问题如果得不到妥善解决，不仅会影响中国与东盟之间互利互信的合作伙伴关系，也将对中国—东盟自由贸易区的投资与经贸发展造成不利影响。第二，东盟部分国家的民族与宗教问题突出，国内局势动荡，这不仅给中国毗邻省份带来安全隐患，也给中国在这些国家的投资造成了安全威胁。上述两点问题对中国—东盟自由贸易区国际投资法律机制强化投资保护功能提出了现实需求。第三，东盟国家与中国部分南方省份的地理环境与气候相似，部分产业结构具有类似性（尤其表现在农业与能源产业方面），这加剧了这些类似产业的贸易与投资竞争，部分东盟国家由此滋生出各种投资壁垒，阻碍了中国与东盟投资自由化与便利化的发展，因此亟待强化中国—东盟自由贸易区国际投资法律机制的投资促进功能，以此克服投资壁垒问题。第四，东盟一部分成员国，因其法治状况不佳，国家治理水平不足，导致投资违法行为以及因投资引发的社会问题突出，直接影响到了中国及区域内其他国家投资者的投资利益，由此急需强化中国—东盟自由贸易区国际投资法律机制的投资监管功能，以此解决上述问题。

三、机制创设的法律背景

进入 21 世纪以来，中国与东盟各国相互投资发展形势良好，但也存在着一系列亟待通过法治手段解决的发展矛盾：第一，中国与东盟各成员国的合作属于典型的南南合作，彼此间的人力资本与产业结构相似，尤其是在劳动力密集型的产业方面，与马来西亚、菲律宾、印度尼西亚等东盟国家竞争激烈，由此导致彼此间的产业投资与并购的竞争性大于互补性，国际投资摩擦难以避免。第二，中国与东盟大部分成员国同属于发展中国家，大力引入外资是各国发展国民经济的重要手段。伴随着中国经济发展的国际化程度不断提高与劳动力成本优势的日趋减弱，中国进一步加大了吸引与利用外资的力度，而东盟新兴市场经济国家也在大力改善贸易和投资环境以争取更多外资，这使得中国与东盟国家之间在投资领域的竞争日趋激烈。如果这种竞争处理不当将会导致自贸区内产生恶性竞争的情况，继而影响整个自贸区国际贸易与投资的良性发展。第三，中国—东盟自由贸易区各国间的经济发展水平差异较大。在人均 GDP 方面，根据国际货币基金组织（IMF）发布的 2021 年世界各国人均 GDP 排名，① 中国—东盟自由贸易区成员国人均 GDP 最大差距近 60 倍，远高于欧盟成员国人均 GDP 最大差距（11 倍差距）与北美自由贸易区成员国人均 GDP 最大差距（6 倍差距）。经济发展水平的不平衡性导致各国对国际贸易与投资发展的诉求差异较大，经济政策与法律协调难度较大，需要相关国际投资法律机制予以强力调整。

然而在中国—东盟自由贸易区国际投资法律机制创立之前，中国与东盟依据的国际投资规则和双边投资协定存在着适用范围有限，内容陈旧等不足，难以有效解决上述投资问题。为此，在 2009 年 8 月 15 日，第八次中国-东盟经贸部长（10+1）会议在泰国首都曼谷举行，时任中国商务部长陈德铭与东盟十国经贸部长共同签署了《中国与东盟成员国政府全面经济合作框架协议投资协议》（下文简称《中国—东盟投资协议》），这标志着中国与东盟就建立自由贸易区的主要谈判任务业已完成。该协议的签署不仅为中国—东盟自由贸易区于次年如期建成提供了重要的国际法保障，而且也据此正式创设了中国—东盟自由贸易区国际投资法律机制，从而为中国与东盟的相互投资提供了专门性的法律保障，这对于解决中国与东盟前述投资发展问题，保障和促进双方国际投资的自由化、便利化发展，推进区域经济一体化进程都具有十分重要的法治意义。

第三节　机制的创设基础

中国—东盟自由贸易区国际投资法律机制的创设，有其深厚的经济、政治与法律基础。自 20 世纪 90 年代末至 21 世纪前 10 年，中国与东盟的经济一体化程度与政治互信度不断加深，并在国际投资领域签署了一系列重要的双边协定，这些构成了创设中国—东盟自由贸易区国际投资法律机制的重要基础。

---

① 国际货币基金组织（中文），网站（https：//www.imf.org/zh/home）。

一、机制创设的经济基础

如前所述，经济全球化和区域经济一体化并行发展是当今世界经济发展的重要趋势。在此宏观发展背景下，中国与东盟区域经济一体化的进程自20世纪90年代末开始启动。1997年，亚洲金融风暴先后席卷泰国、马来西亚、新加坡、印尼等东盟国家，引发东盟各国货币大幅贬值，许多大型企业倒闭，工人失业，社会经济萧条，一些国家的政局也开始混乱。中国政府在国际货币基金组织安排的框架内并通过双边渠道，向泰国等国提供了总额超过40亿美元的援助，向印尼等国提供了出口信贷和紧急无偿经济援助。与此同时，中国政府本着高度负责的态度，从维护亚太地区稳定和发展的大局出发，坚决采取措施保障人民币不贬值，为此承受了巨大压力，并付出了很大代价，但由此避免了货币危机的进一步扩大，减轻了已实行货币贬值的东盟国家的经济压力，维护了东南亚经济秩序的稳定，对亚洲乃至世界金融、经济的稳定和发展起到了重要作用，也由此树立了负责任大国的良好国际形象。在中国无私的帮助下，东盟各国最终克服了金融危机，实现了经济复苏，也使得东盟各国切实认识到，中国是一个值得信赖的合作伙伴。为有效防范类似危机的再次发生和冲击，东盟加快了同中国经济一体化的合作发展步伐，积极谋求与中国共建包括国际贸易与国际投资在内的区域性经济合作机制。

在此背景下，2000年11月，时任中国国务院总理的朱镕基在新加坡举行的中国与东盟领导人会议上，首次提出在WTO承诺基础上，建立互惠的中国—东盟自由贸易区的构想，得到了东盟国家领导人的积极回应。2001年11月，中国与东盟各国在10+1领导人会议上达成了建立中国—东盟自由贸易区的共识，宣布十年内建成该自由贸易区的目标。2002年11月4日，中国与东盟签署《中国与东盟全面经济合作框架协议》，正式启动中国—东盟自由贸易区的建设工作。2004年1月1日，中国与东盟正式启动"中国—东盟自由贸易区早期收获计划"，开

始下调部分农产品的关税，至2006年约600项农产品的关税降至为零。2004年12月，中国与东盟签署《中国—东盟全面经济合作框架协议货物贸易协议》（下文简称《中国—东盟货物贸易协议》）和《中国—东盟全面经济合作框

架协议争端解决机制协议》（下文简称《中国—东盟争端解决机制协议》），标志着中国—东盟自由贸易区建设进入实质性的执行阶段。2005 年 7 月 20 日，《中国—东盟货物贸易协议》降税计划开始实施，大约 7000 种产品降低关税。2009 年 8 月 15 日，中国与东盟签署《中国—东盟投资协议》，由此标志着中国—东盟自由贸易区建设谈判工作基本结束，双方间的相关国际投资法律机制基本形成。2010 年 1 月 1 日，中国—东盟自由贸易区正式建立，相关国际投资法律机制正式形成。①

马克思主义哲学已经十分科学地指出，经济基础决定上层建筑。中国—东盟自由贸易区国际投资法律机制作为法律上层建筑之一，其产生是中国与东盟此前 10 多年来经济一体化程度不断加深的重要成果。中国与东盟区域经济一体化的发展（尤其是国际投资的自由化与便利化发展），既对于创设中国—东盟自由贸易区国际投资法律机制提出了迫切需要，也为该机制的创设提供了坚实的物质基础。与此同时，上层建筑对于经济基础具有反作用。该机制的生成对于促进中国—东盟自由贸易区内各国投资与贸易增长，推动该区域经济融合与社会发展，推进实现中国与东盟互利共赢、共同发展的目标，产生了十分重要的推动作用。

二、机制创设的政治基础

伴随着中国与东盟经济一体化进程的不断加深，双方间的经济互信已逐步发展为政治互信，这为中国—东盟自由贸易区国际投资法律机制的创设提供了坚实的政治基础。具体来说，中国与东盟自 1991 年开启政治对话进程。经过双方 20 多年的共同努力，至中国—东盟自由贸易区及其国际投资法律机制创设前夕，双方政治互信明显增强，对话与交往频繁，各领域务实合作成果丰硕（详见表 1-1）。在国际地区事务上，中国与东盟协调与配合进一步加强。中国坚定支持东盟在东亚合作中的中心地位，双方在东盟与中日韩（10+3）合作、东亚峰会、东盟地区论坛、亚洲合作对话、亚太经合组织等合作机制下保持良好沟通与合作。中国与东盟关系已经成为亚太地区乃至世界范围内国家之间友好交往合作的典范，发展前景广阔，既为双方人民带来了实实在在的利益，也为促进亚洲地区和

---

① 见中国—东盟自由贸易区网（https：//www.cafta.org.cn/）。

世界的和平、稳定与繁荣做出了重要贡献。

表 1-1　　　　　　　中国与东盟政治互信与对话合作大事记①

时间	地点	内　容
1997 年 3 月	马来西亚吉隆坡	中国在东盟地区论坛上正式提出了以"互信、互利、平等、协作"为核心的新安全观，得到东盟各国的积极响应。
1997 年 12 月	马来西亚吉隆坡	中国与东盟各国领导人举行了第一次峰会（10 +1 峰会），时任中国国家主席的江泽民同志出席并发表了题为《建立面向 21 世纪的睦邻互信伙伴关系》的重要讲话。会议结束后，双方发表了《中华人民共和国与东盟国家首脑会晤联合声明》。联合声明确定了指导双方关系的原则，并将建立面向 21 世纪的睦邻互信伙伴关系作为共同的政策目标。
2001 年 11 月	文莱斯里巴加湾市	中国与东盟各国领导人举行了第五次峰会（10 +1 峰会），时任中国国务院总理朱镕基同志出席会议并发表题为《携手共创中国与东盟合作的新局面》的重要讲话。中国与东盟达成共识，一致同意在 10 年内建成中国—东盟自由贸易区。
2002 年 11 月	柬埔寨金边	中国与东盟各国领导人举行了第六次峰会（10 +1 峰会），中国国务院总理朱镕基出席会议。中国与东盟领导人发表了《中国—东盟关于非传统安全领域合作联合宣言》；此外，中国与东盟各国外长及外长代表还签署了《南海各方行为宣言》。宣言确认中国与东盟致力于加强睦邻互信伙伴关系，共同维护南海地区的和平与稳定。宣言强调通过友好协商和谈判，以和平方式解决南海有关争议。
2003 年 10 月	印度尼西亚巴厘岛	中国与东盟各国举行了第七次峰会（10+1 峰会）。时任中国国务院总理的温家宝出席会议，并发表了以《全面深入合作、促进和平繁荣》为主题的重要讲话。中国政府宣布加入《东南亚友好合作条约》，并与东盟签署了宣布建立"面向和平与繁荣的战略伙伴关系"的联合宣言。

---

①　资料来源：中华人民共和国外交部网站（https：//www.fmprc.gov.cn/）。

时间	地点	内　　容
2008 年 12 月	印尼雅加达	中国设立驻东盟大使
2011 年 11 月	中国北京	中国—东盟中心正式成立
2012 年 9 月	印尼雅加达	中国驻东盟使团成立

综上所述，中国与东盟政治关系的深化和发展，为中国—东盟自由贸易区的如期建立，以及中国—东盟自由贸易区国际投资法律机制的创设奠定了坚实的政治基础。

三、机制创设的法律基础

自 20 世纪 80 年代以来，伴随着中国改革开放带来的经济飞速发展，东盟各国与中国发展双边投资关系的愿望日益强烈。为了保障和促进中国与东盟各国相互投资的健康快速发展，推动中国与东盟各国经济的共同繁荣，中国自 1985 年至 2001 年先后与泰国、新加坡、马来西亚、菲律宾、越南、老挝、印尼、柬埔寨、文莱、缅甸东盟十国相继签署了一系列关于相互投资的双边协定（详见表 1-2）。

表 1-2　　　　　　　中国与东盟成员国双边投资协议一览表

签署方	签署时间	签署协议名称
中国—泰国	1985 年 3 月 12 日	《中华人民共和国政府和泰王国政府关于促进和保护投资的协定》
中国—新加坡	1985 年 11 月 21 日	《中华人民共和国政府和新加坡共和国政府关于促进和保护投资协定》
中国—马来西亚	1988 年 11 月 21 日	《中华人民共和国政府和马来西亚政府关于相互鼓励和保护投资协定》
中国—菲律宾	1992 年 7 月 20 日	《中华人民共和国政府和菲律宾共和国政府关于鼓励和相互保护投资协定》

续表

签署方	签署时间	签署协议名称
中国—越南	1992 年 12 月 2 日	《中华人民共和国政府和越南社会主义共和国政府关于鼓励和相互保护投资协定》
中国—老挝	1993 年 1 月 31 日	《中华人民共和国政府和老挝人民民主共和国政府关于鼓励和相互保护投资协定》
中国—印度尼西亚	1994 年 11 月 18 日	《中华人民共和国政府和印度尼西亚共和国政府关于促进和保护投资协定》
中国—柬埔寨	1996 年 7 月 19 日	《中华人民共和国政府和柬埔寨王国政府关于促进和保护投资协定》
中国—文莱	2000 年 11 月 17 日	《中华人民共和国政府和文莱达鲁萨兰国政府关于鼓励和相互保护投资协定》
中国—缅甸	2001 年 12 月 12 日	《中华人民共和国政府和缅甸联邦政府关于鼓励促进和保护投资协定》

综上，中国与东盟各国签署的上述一系列双边协定，为创设中国—东盟自由贸易区及其国际投资法律机制奠定了必要的双边条约基础。此外，中国与东盟各国共同参加的《多边投资担保机构公约》《关于解决国家与他国国民之间投资争端公约》、世界贸易组织《与贸易有关的投资措施协议》等涉及国际投资的多边协定，以及双方于 2009 年共同签署的《中国—东盟投资协议》，都为中国—东盟自由贸易区国际投资法律机制的创设奠定了坚实的多边条约基础。但需要特别指出的是，尽管中国与东盟之间存在上述一系列多边国际投资协定，但由于中国与东盟各成员国之间的经济发展水平差异较大，仍然需要通过双边投资协定来灵活、具体处理彼此间具有自身特殊情况的投资问题（如提供特殊待遇和差别待遇、合作防范特殊的投资风险等），因而中国与东盟各国业已签署的双边投资协定仍然具有多边国际投资协定难以取代的立法价值，至今也在实践中继续发挥着规范和指导中国—东盟自由贸易区国际投资法律机制合理运行的重要作用。

第四节 机制的实施规范要素分析

中国—东盟自由贸易区国际投资法律机制的实施规范要素，是由调整中国—东盟自由贸易区国际投资法律关系的各类国际条约与国内法所组成的机制要素，它是机制形成实施主体要素、实施方式与程序要素的前提条件，即后三者都要依据机制的实施规范要素来构建和运行。因此，机制的实施规范要素是机制得以构建和运行的基础性的、首要性的要素条件。从中国—东盟自由贸易区国际投资法律机制实施规范要素的发展现状来看，目前已涵盖了调整该机制的国际多边条约、双边条约与各国国内法，由此形成了一整套较为完整的机制规范体系，现对之分析如下：

一、机制的多边条约依据

（一）世界贸易组织《与贸易有关的投资措施协议》（简称 TRIMs 协议）

自 20 世纪 80 年代以来，国际经济形势发生了巨大变化，国际投资增速开始超越国际贸易的增速，日渐成为推动世界经济增长的主流因素。在此背景之下，发展中国家与发达国家在国际问题上通过历时八年的艰苦谈判，在共同努力与相互妥协的基础上，于 1994 年正式签署了世界贸易组织《与贸易有关的投资措施协议》。这是世界上第一个专门规范与贸易有关的投资关系的国际多边协议，由此打破了贸易与投资之间的隔离状态，有力地促进了国际贸易和投资的自由化发展，也为各国提供了国际投资的立法蓝本。该协议由序言和 9 个条款及 1 个附件组成。其条款主要有：协议适用范围、国民待遇和数量限制、例外、发展中国家成员、通知和过渡安排、透明度、与贸易有关的投资措施委员会、磋商与争端解决、货物贸易理事会的审议等条款。《与贸易有关的投资措施协议》旨在便利国际投资，以便在确保自由竞争的同时，提高所有贸易伙伴，尤其是发展中国家成员的经济增长水平。因而该协议的基本原则是各成员实施与贸易有关的投资措施不得违背《关贸总协定》的国民待遇和取消数量限制原则。目前，中国与绝大多数东盟国家已加入世贸组织，可通过《与贸易有关的投资措施协议》保障和促进彼此间的国际投资自由化，防范与化解各类国际投资壁垒。

（二）《多边投资担保机构公约》（简称《汉城公约》）

该公约于 1985 年 10 月 11 日在世界银行年会上通过，并于 1988 年 4 月 12 日正式生效。根据该公约建立了多边投资担保机构，属于世界银行集团的成员，但它同时又是独立的国际组织。《多边投资担保机构公约》及其多边投资担保机构的目标及宗旨是鼓励机构成员国之间的国际投资，尤其是鼓励向发展中国家会员国融通生产性投资，以此协同国际复兴开发银行、国际金融公司和其他国际开发金融机构的活动。为实现这一目标和宗旨，《多边投资担保机构公约》规制下的多边投资担保机构主要开展国际投资担保和与国际投资相关的咨询，其担保业务仅限于非商业性的投资风险（包括货币汇兑险、征收或类似措施险、东道国违约险、战争与内乱险等）。《多边投资担保机构公约》生效以后，通过多边投资担保机构对非商业性风险担保，对于补充国家及区域性和私人担保的不足，以鼓励会员国之间，特别是向发展中国家会员国融通生产性资金起到了积极作用。目前中国与大多数东盟国家已加入该公约，这为中国与东盟国家间的国际投资保护提供了重要的国际法依据。在中国—东盟自由贸易区发生国际投资非商业风险后，投资者可依据该公约以及投资担保合同向多边投资机构申请索赔，该机构代为赔付后有权代位取得投保人权利，继而向负有赔偿责任的投资东道国政府求偿。因此，《多边投资担保机构公约》为防范中国—东盟自由贸易区的国际投资非商业风险提供了有效的国际法保障。

（三）《关于解决国家与他国国民之间投资争端公约》（简称《华盛顿公约》）

该公约是关于解决投资者与东道国之间争议的专门性国际多边条约，其宗旨是为解决国家与他国国民之间的投资争议提供便利。目前，相关国际投资条约仲裁主要由根据《华盛顿公约》设立的"解决投资争端国际中心（ICSD）"管辖。目前中国与大多数东盟国家已加入了《华盛顿公约》，这为解决中国与东盟国家投资者与东道国之间的国际投资争议提供了重要的国际法渊源。依据《华盛顿公约》设立的"解决投资争端国际中心（ICSD）"迄今已解决了数十起海外投资者与东道国之间的投资争端①，为切实保护海外投资者的合法权利，促进国际投资交流与合作发挥了重要作用。《华盛顿公约》及其 ICSID 机制对于中国—东盟自由贸易区国际投资机制的重要法律意义在于：可以为中国—东盟自由贸易区国际投资争端提供调停与仲裁的法律解决途径，有助于切实保障国际投资者合法权益的同时，通过法律手段妥善解决投资者与东道国的利益冲突，有效防止二者间的投资争端升级为两国间的政治争端，以此避免引发外交冲突及国际紧张局势，维护中国与东盟之间国际投资环境的稳定。

例如，解决投资争端国际中心（下称"ICSID"或"中心"）秘书处 2011年 5 月 24 日登记受理了马来西亚"伊佳兰公司（Ekran Berhad）诉中华人民共和国政府仲裁案"（案号为 ICSID Case No. ARB/11/15）。该国际投资案涉及了《中华人民共和国政府和马来西亚政府关于相互鼓励和保护投资协定》，经过 ICSID仲裁庭的审理后，最终以和解结案，由此妥善解决了双方间的投资纠纷，维护了中国与马来西亚这一重要东盟成员国的友好合作关系。

（四）《中国与东盟成员国政府全面经济合作框架协议投资协议》（简称《中国—东盟投资协议》）

2009 年 8 月 15 日，中国—东盟第八次部长级经贸会议在泰国首都曼谷举行，时任我国商务部长陈德铭与东盟十国经贸部长共同签署了《中国与东盟成员国政府全面经济合作框架协议投资协议》（以下简称《中国—东盟投资协议》）。这项协议在《中国与东盟成员国政府全面经济合作框架协议》（2002 年 11 月签署）基础上，对多边投资关系作了更为详尽的专门性规定，并规定《中国—东盟全面经济合作框架协议争端解决机制协议》（2004 年签署，下文简称《中国—东盟争端解决机制协议》）适用于该协议缔约方之间的投资争端解决。《中国—东盟投资协议》的签署标志着双方正式形成了中国—东盟自由贸易区国际投资的多边条约基础。该协议旨在推动实现中国—东盟自由贸易区国际投资自由化，为建立一

---

① 参见 UNCTAD, "Latest Development in Investor-State Disputes Settlement", IIA Monitor, 4 (2006), 87.

个自由、便利、透明及良性竞争的投资环境提供更为坚实、广泛的多边条约基础。该协议自签署以来，便肩负起了中国—东盟自由贸易区国际投资法律机制赋予其的三项重要职能：保护、监管和促进自贸区的国际投资活动。具体来说：

第一，在投资保护方面，《中国—东盟投资协议》通过关于"投资待遇""征收""转移和利润汇回""国际收支平衡保障措施""损失补偿""缔约方与投资者间争端解决"等方面的规定，对保护区域内国际投资者的合法权益，防范下述主要的投资风险起到了重要的调整作用：一是投资东道国政府非法征收风险。以东盟国家为例，一些东盟成员国由于法治化发展程度不高，政府难以受到民主与法律制度的有效制约，腐败问题较为突出，施政效率不高，导致因政府违约与违法征收引发的投资风险较高，因此急需《中国—东盟投资协议》的"征收"条款防范此类风险。二是外汇管制风险。目前绝大部分东盟成员国的汇率监管体制还不完善，一旦遇到外汇短缺等国际收支困难或突发事件，往往会采取苛严的外汇管制措施，限制乃至禁止外国投资者将其投资资本及利润转移出境，因而外汇管制风险普遍存在，急需《中国—东盟投资协议》的"转移和利润汇回"与"国际收支平衡保障措施"条款防范此类外汇管制风险。三是战争与内乱风险。东盟地区的国际投资环境总体上较为和平稳定，但局部战争与内乱仍时有发生，战争与内乱风险长期存在。一方面，因历史积怨和领土主权纷争，部分东盟成员国之间纷争不断，如 2008 年泰国与柬埔寨为争夺柏威夏寺主权而多次发生大规模的军事冲突；2014 年马来西亚与印尼在卡里曼丹主权争议海域发生了军事对峙，这反映出东盟地区局部争端与战争风险依存，不容忽视。另一方面，一些东盟成员国政局不稳，党派林立，纷争不断，政府更迭频繁，军事政变与恐怖袭击事件时有发生。例如泰国 21 世纪以来已于 2006 年、2014 年先后发生过两次军事政变。再如印度尼西亚境内存在"基地组织""ISIS"等多个恐怖组织活动，先后策划发动了多起恐怖袭击事件，严重影响了印度尼西亚的社会治安与投资环境。又如缅甸自 2011—2016 年经历了长达 6 年的内战，给缅甸人民带来了巨大创伤。这些战争与内乱既给投资者人身与财产安全造成了巨大威胁与损害，也导致了一些对东盟投资项目的流产（如缅甸内战导致中缅密松大坝投资工程停工，泰国政变导致中泰高铁投资计划搁浅），因此亟需《中国—东盟投资协议》的"损失补偿"条款对这类投资风险的补偿问题予以调整。此外，该协议的"缔约方与投资者间争端解决"条款适用于解决一缔约方政府与另一缔约方的投资者之间的争端，在发生缔约方政府违反协议规定的投资义务而给投资者造成损害的情况下，该协议可以为投资者提供必要的保护性救济，有效弥补投资者的利益损失。

第二，在投资监管方面，《中国—东盟投资协议》通过关于"征收""转移和利润汇回""国际收支平衡保障措施""透明度"等方面的条款，对缔约方的相关投资管理活动也起到了重要的监管作用，有助于促进缔约方政府在协议的监管下避免实施不当的征收、外汇管制、侵犯商业秘密等行为，以此维护中国—东盟自由贸易区良好的投资环境与秩序，保护国际投资者的合法权益。

第三，在投资促进方面，《中国—东盟投资协议》通过"投资促进"与"投资便利化"条款，积极鼓励和倡导缔约方积极采取措施，推动开展各类投资合作，以此保障和促进实现中国—东盟自由贸易区国际投资自由化与便利化发展目标。

综上所述，《中国—东盟投资协议》自签署以来，发挥了对于中国—东盟自由贸易区国际投资活动的保护、监管与促进功能，这为在中国—东盟自由贸易区构建公平合理的国际投资新秩序提供了坚实的多边条约基础。

（五）《中国—东盟全面经济合作框架协议争端解决机制协议》（简称《中国—东盟争端解决机制协议》）

中国与东盟于 2004 年 11 月签署了《中国—东盟全面经济合作框架协议争端解决机制协议》（简称《中国—东盟争端解决机制协议》），并于 2005 年 1 月 1 日正式生效。该协议是落实《中国—东盟全面经济合作框架协议》（简称《中国—东盟框架协议》）的重要步骤和措施。与《中国—东盟投资协议》中的"缔约方与投资者间争端解决"条款适用于解决一缔约方政府与另一缔约方的投资者之间的争端不同，《中国—东盟争端解决机制协议》适用于《框架协议》下各缔约方之间发生的投资争议。该协议包含了 18 个条款和 1 个附件，对争端适用的范围、磋商程度、调停和调解、仲裁、仲裁的执行、补偿及中止减让等问题作了一系列的规定。《中国—东盟争端解决机制协议》的签署为各缔约方政府根据该协议解决彼此间的投资争端、保护合法者的合法利益、维护自贸区良好的投资秩序提供了重要的多边条约依据。

（六）　中国与东盟在税收方面的多边协定

目前中国已与东盟成员国中的 9 个国家（除缅甸外）签署了双边税收协定，但还未与东盟整体签署多边税收协定，仅在《中国—东盟投资协议》中对税收协调问题作了原则性的规定，这方面尚存多边条约立法空白，亟待今后弥补。

（七）　中国与东盟在国际投资诉讼司法合作方面的多边协定

目前中国仅与东盟成员国中的 4 个国家（新加坡、泰国、越南、老挝）签署了民商事司法合作的双边协定，但中国还未与东盟整体签署此类多边协定，这使得双方间在国际投资诉讼中的司法合作缺乏必要的多边条约依据，这不利于通过推进司法诉讼来化解彼此间的国际投资纠纷，亟待弥补这方面的立法空白。

二、机制的双边条约依据

中国自 1985 年至 2001 年先后与泰国、新加坡、马来西亚、菲律宾、越南、老挝、印尼、柬埔寨、文莱、缅甸东盟十国相继签署了一系列关于相互投资的双边协定，至今仍对调整中国与东盟各国的相互投资发挥着重要作用，从而成为指导和规范中国—东盟自由贸易区国际投资法律机制运行的重要实施规范要素之一。具体来说，除本章第三节中介绍的投资双边协定之外，中国与东盟十国还分别签署了以下与投资有关的双边协议，笔者对之梳理如下[1]：

第一，中国与新加坡于 1986 年 4 月签署了《避免双重征税和防止漏税协定》，以此避免国际投资与贸易领域的双重征税与漏税。双方还于 1999 年 10 月签署了《经济合作和促进贸易与投资的谅解备忘录》，建立了两国在贸易与投资领域的磋商合作机制。此外双方还签署了《海运协定》《邮电和电信合作协议》《成立中新双方投资促进委员会协议》等多项贸易与投资合作协议。

第二，中国与泰国于 1986 年签订《关于避免双重征税和防止偷漏税的协定》以此避免国际投资与贸易领域的双重征税，防止偷税与漏税。还于 1994 年签订

---

① 见中华人民共和国商务部网站（http：//www.mofcom.gov.cn/）。

了《关于民商事司法合作和仲裁合作的协定》。又于 2003 年签署了《中泰两国政府关于成立贸易、投资和经济合作联合委员会的协定》。另于 2013 年签署了《中泰关系发展远景规划》，内容涉及政治、经贸、投资、防务安全、互联互通等多个领域的合作。

第三，中国与马来西亚于 1985 年 11 月签署了《关于对所得避免双重征税和防止偷漏税的协定》，以此避免国际投资与贸易领域的双重征税，防止偷税与漏税。还于 1999 年签署了《中华政府和马来西亚政府关于迈向 21 世纪全方位合作的框架文件》，内容涉及政治、经贸、投资、防务安全、互联互通等诸多领域的合作。于 2009 年签署了《中马双边本币互换协议》。于 2011 年签署了《中华人民共和国政府和马来西亚政府关于扩大和深化经济贸易合作的协定》。于 2012 年签署了《中华人民共和国政府和马来西亚政府关于马中关丹产业园合作的协定》。又于 2013 年签署了《中华人民共和国政府与马来西亚政府经贸合作五年规划（2013—2017 年）》，内容涉及国际投资与贸易领域的多方面合作事项。

第四，中国与菲律宾于 1999 年 11 月签署了《关于对所得避免双重征税和防止偷漏税的协定》（自 2002 年 1 月 1 日生效），以此避免国际投资与贸易领域的双重征税，防止偷税与漏税。还于 2005 年签署了《关于促进贸易和投资合作的谅解备忘录》。于 2006 年签署了《关于建立中菲经济合作伙伴关系的谅解备忘录》。于 2007 年签署了《关于扩大和深化双边经济贸易合作的框架协定》。另于 2011 年签署了《经贸合作五年发展规划》，内容涉及相互投资与贸易领域的多方面合作事项。

第五，中国与印度尼西亚于 2001 年签署了《避免双重征税和防止偷漏税协定》，以此避免国际投资与贸易领域的双重征税，防止偷税与漏税。双方还于 2018 年 11 月签署了《中国与印尼双边本币互换协议》，该协议旨在便利两国贸易和投资，维护金融市场稳定。协议有效期 3 年，经双方同意可以展期。

第六，中国与越南于 1995 年 5 月签署了《关于对所得避免双重征税和防止偷漏税的协定》，以此避免国际投资与贸易领域的双重征税，防止偷税与漏税。还于 2006 年 11 月签署了《关于扩大和深化双边经贸合作的协定》。于 2011 年 10 月签署了《中越经贸合作五年发展规划》。又于 2013 年 10 月签署了《中华商务部与越南工贸部关于成立协助中国企业在越南实施项目联合工作组的备忘录》，中越双方据此成立协助中国企业在越南实施项目联合工作组，中方由中国驻越南大使馆经商参处负责，越方由工贸部亚太司负责。该协议旨在促进和保障中资企业在越南投资项目的顺利实施。

第七，中国与缅甸于 1995 年 6 月签署了《中国政府和缅甸政府关于农业合作的协定》。于 2001 年 12 月签署了《中国政府和缅甸政府渔业合作协定》。于 2004 年 3 月签署了《中国政府和缅甸政府关于促进贸易、投资和经济合作的谅解备忘录》，内容涉及相互贸易、投资及其他经济领域的多方面合作事项。

第八，中国与柬埔寨于 2000 年 11 月签署了《中柬农业合作谅解备忘录》，内容涉及农业领域的国际投资合作事项。又于 2004 年 4 月签署了《中柬关于旅游规划合作的谅解备忘录》，内容涉及旅游领域的国际投资合作事项。另于 2016 年 10 月签署了《中柬避免双重征税协定》，以此避免国际投资与贸易领域的双重征税，防止偷税与避税。

第九，中国与老挝于 1994 年 11 月签署了《中老澜沧江—湄公河客货运输协定》，内容涉及运输方面的投资保护与合作事项。又于 1996 年 10 月签署了《中老旅游合作协定》，内容涉及旅游领域的国际投资合作事项。另于 1999 年 1 月签署了《中老避免双重征税协定》，以此避免国际投资与贸易领域的双重征税，防止偷税与避税。

第十，中国与文莱于 1993 年签署了《民用航空运输协定》；于 1996 年签署了《卫生合作谅解备忘录》；于 1999 年签署了《文化合作谅解备忘录》；于 2006 年签署了《旅游合作谅解备忘录》。上述协定涉及民航、卫生、文化、旅游领域的投资与贸易合作事项。双方还于 2002 年签署了《最高人民检察院和文莱达鲁萨兰国总检察署合作协议》，于 2004 年签署了《促进贸易、投资和经济合作谅解备忘录》《避免双重征税和防止偷漏税的协定》与《最高法院合作谅解备忘录》，据此全方位调整彼此间的投资与贸易合作事项，以及相关的司法合作事项。

此外，中国与新加坡、泰国、越南、老挝四个东盟成员国先后签署了民商事司法合作双边条约，这为中国与东盟国家在国际投资诉讼领域开展司法合作，提供了明确的国际法依据。

三、机制的国内法依据

从国内法的层面上来看，中国与东盟各国都制定有相关法律法规，以调整国际投资法律关系，由此构成了中国—东盟自由贸易区国际投资法律机制依据的国内法实施规范要素，现简析如下：

（一）我国涉外投资法律法规

我国关于涉外投资的规定散见于宪法以及一些经济法之中。《宪法》第 18 条关于保护投资的规定为中国—东盟自由贸易区国际投资保护问题奠定了必要的宪法基础。在此宪法条文指引下，中国自实施改革开放政策以来积极制定了一系列旨在调整对外投资的法律法规，先后颁布了《中外合资经营企业法》《中外合作经营企业法》与《外资企业法》，这为来自东盟国家的国际投资者营造公正、公平与开放的投资环境提供了重要的法律指引。此外，国务院及其所属部委还发布了一系列调整国际投资的行政法规及部门规章，如《关于鼓励外商投资的规定》（1986 年）、《境外投资外汇管理办法》（1989 年）、《指导外商投资方向规定》（2002 年）、《境内机构境外直接投资外汇管理规定》（2009 年）、《境外投资项目核准和备案管理办法》（2014 年）、《企业投资项目核准和备案管理条例》（2016 年）、《外商投资产业指导目录》（2017 年最新修订）、《企业境外投资管理办法》（2017 年）等为调整中国与东盟相互投资提供了必要的国内法指引与保障。现从国际投资保护、国际投资促进与国际投资监管三个方面对我国现行涉外投资法律法规的现状作如下分析：

1. 我国在国际投资保护方面的国内法

为了加强对包括东盟国家在内的外商投资合法权益的保护，2019 年 3 月 15 日，十三届全国人大二次会议表决通过了《中华人民共和国外商投资法》（下文简称《外商投资法》），并于 2020 年 1 月 1 日起施行。该法将分散在《中外合资经营企业法》《外资企业法》和《中外合作经营企业法》中对外商的优惠供给整合升级为整体一致的制度优惠供给，有利于更好地为包括东盟国家在内的外商提供公平化的营商环境，并为外商的合法权益提供全方位的保护。该法在对外商投资保护方面主要做了五方面规定：一是强化了对外商投资企业的知识产权保护，明确规定了对外国投资者和外商投资企业的知识产权权益进行保护，并由此确立了对外商企业知识产权采取自愿合作原则、不征收原则、平等保护原则、外汇自由原则、负面清单管理原则与平等参与标准原则，明确规定不得利用行政手段强制转让技术。二是强化对涉及外商投资规范性文件制定的约束，规定各级政府及其职能部门在制定涉及外商投资的规范性文件时，不得违反法律法规的规定，违法设置市场准入和退出条件，或违法减损外商投资企业合法权益或增加其义务，也不得违法干预外商投资企业的正常生产经营活动。三是敦促地方政府应当严格履行与外商企业依法订立的合同或给予的政策承诺，因国家或公共利益确实需要变更合同或承诺的，应对外商企业的相应损失依法予以补偿。四是完善外商投资企业的维权投诉工作机制，及时处理和解决外商投资企业反映的问题，协调完善相关政策措施。上述规定对于保护包括东盟国家在内的外国投资者的合法权益具有重要的规范和指引作用。五是对外商投资实行准入前国民待遇加负面清单管理制度，由此确保了外商投资在企业设立、取得、管理、经营、出售和其他处置等发照过程中能全方位地享受国民待遇，并通过保护外国投资者在中国境内的投资、收益和其他合法权益，构建起了对外商利益的立体性和无缝式保护与保障体系，也保护了外商投资者的投资信心与热忱。①《外商投资法》上述规定对于充分保护包括东盟国家在内的外商投资的合法权益，有效促进和监管外商在我国的投资活动，推动落实"一带一路"倡议，具有重要的规范作用。此外，我国的《仲裁法》也对规范和指导涉外投资仲裁起到了重要作用，有利于通过国际仲裁途径保护投资者的合法权益。

2. 我国在国际投资促进方面的国内法

近年来，我国与东盟相互投资发展迅猛。据商务部统计，截至 2018 年底，中国对东盟非金融类直接投资流量 99.5 亿美元，同比增长 5.1%，高于上一年 1.7% 的增幅。东盟对华投资流量 57.2 亿美元，同比增长 12.5%，大幅度高于上一年 3.88% 的增速。中国对东盟累计投资额 890.1 亿美元，东盟对中国累计投资额 1167 亿美元，双向投资存量 15 年间增长 22 倍，尤其是中国对东盟投资呈加快增长势头。截至 2018 年，东盟首次超过英属维尔京群岛，跻身中国第二大对

---

① 中国人大网（http：//www.npc.gov.cn/）。

外投资目的地。目前，东盟也仅次于欧盟，位列中国第二大投资来源地。①另以紧邻东盟的广西为例，根据笔者在广西投资促进局调研获得的信息统计，在国家及广西地区对外投资促进法与相关政策的引导和驱动下，近年来广西与东盟相互投资发展形势良好，2018 年东盟国家在广西新设企业 21 家，合同外资额 3.1 亿美元，实际利用外资 375 万美元。截至 2018 年底，东盟国家累计在广西投资企业共 560 家，占全区的比重为 5.02%，合同外资额 34.26 亿美元，占全区的比重为 8.17%，实际利用外资 23.18 亿美元，占全区的比重为 12.03%。广西利用东盟国家以新加坡、印度尼西亚、马来西亚、泰国等国投资为主（四国项目数、合同外资额和实际利用外资额分别占东盟国家在广西投资的 89.11%、91.83%、98.1%）。

中国与东盟相互投资的迅猛发展催生出了巨大的立法需要。为此，我国自 21 世纪以来已在投资产业指导、投资审批、税收优惠、金融支持、技术与信息服务等各方面出台了一系列旨在促进国际投资的法律法规，现已形成以《外商投资法》为龙头的、较为完整的国内法律体系，为有效促进中国—东盟自由贸易区国际投资发展，推动落实"一带一路"倡议提供了有力的法律保障，现对之作如下简要梳理:②

（1）《外商投资法》的投资促进规定

第十三届全国人大二次会议于 2019 年 3 月审议通过了《外商投资法》，规定了一系列旨在促进包括东盟企业在内的外商投资条款，例如规定鼓励基于自愿原则和商业规则开展技术合作，严禁通过行政手段强制技术转让。再如规定外商投资企业可以依法通过公开发行股票、公司债券等证券以及其他方式进行融资。又如规定鼓励外商来华投资，不得对其非法设置市场准入和退出条件等，为此还规定引资主体违背这些禁止性规定，给外商投资企业造成损失的，要依法进行赔偿或补偿，并对政府有关部门的责任人员依法给予行政处分。构成犯罪的，还要依法追究其刑事责任。这些规定严格约束了政府的相应管理行为，为维护外商合法

---

① 中华人民共和国商务部网站（http://kuching.mofcom.gov.cn/）。

② 下述立法文件见中国人大网（http://www.npc.gov.cn/）；中央人民政府网（http://www.gov.cn/）；国家发展和改革委员会网站（http://www.ndrc.gov.cn/）；国家商务部网站（http://www.mofcom.gov.cn/）。

权益构筑起了坚实的法律屏障，有力地保护和提升了包括东盟国家在内的外国投资者来华投资的积极性。

（2）投资产业指导方面的立法

为合理指引和鼓励外来投资，我国的国家发展和改革委员会、商务部在2017年7月联合制定颁布了《外商投资产业指导目录（2017年修订）》（2017年第四号令）。与修订前的2015年版目录相比，2017年版目录将"鼓励外资投资产业"增至24大类348项（政府对其实施财政支持、税收优惠、外汇支持、海关便利、信息提供等方面鼓励政策），限制性措施减少到63条。2017年版目录还吸收了此前自贸试验区开放试点和负面清单管理模式经验，首次规定了在全国范围内实施的外商投资准入负面清单。在该负面清单之外的领域，原则上实行备案管理，不得限制外资准入。同时降低服务业、制造业的市场准入门槛，让东盟及其他外资企业在华有了更大的施展空间。根据《外商投资产业指导目录（2017年修订）》，我国服务业、制造业、采矿业开放水平大幅提高，其中一般制造业已基本放开。其后，国家发展和改革委员会、商务部又于2019年6月联合发布了《鼓励外商投资产业目录（2019年）版》，较大幅度增加了鼓励外商投资领域支持外资更多投向高端制造、智能制造、绿色制造等领域。

（3）税收优惠方面的立法

为吸引东盟和其他国家及地区的外来投资，同时激励中资企业扩大对东盟及其他海外地区的直接投资，我国同包括东盟成员国在内的90个国家和地区签订了避免双重征税的双边税收协定外，还在国际投资税收优惠方面制定了一系列法律法规，内容涉及进出口关税优惠、亏损税收减免和退税、税收抵免、税收饶让等诸多领域。例如，我国于2018年12月修改的《企业所得税法》第23条规定，我国企业来源于境外的应税所得已在境外缴纳的所得税税额，可以从其当期应纳税额中抵免，抵免限额为该项所得依照本法规定计算的应纳税额；超过抵免限额的部分，可在以后五个年度内用每年度抵免限额抵免当年应抵税额后的余额进行抵补。由此正式确立了税收抵免制度，即通过扣除在来源国的已缴纳税费，来避免向我国投资海外的企业双重征税，以此减轻企业税收负担，激励其扩大对外投资。我国财政部与税务总局还曾于2009年12月下发了《财政部、国家税务总局关于企业境外所得税收抵免有关问题的通知》，对境外税收抵免做出进一步的规定。又于 2010 年下发了《财政部、国家税务总局关于高新技术企业境外所得适用税率及税收抵免问题的通知》，突破了境外所得不享受境内税收优惠的旧有规定。2017 年 8 月，国务院发布《国务院关于促进外资增长若干措施的通知》规定，对境外投资者从中国境内居民企业分配的利润、直接投资于鼓励类投资项目，凡符合规定条件的，实行递延纳税政策，暂不征收预提所得税。2022 年 1 月，财政部与税务总局联合发布《关于延续境外机构投资境内债券市场企业所得税、增值税政策的公告》，对境外机构投资境内债券市场取得的利息收入，五年内免征企业所得税和增值税。此外，我国的现行税法还对进出口关税优惠、亏损税收减免和退税、税收饶让等方面做出了一系列规定，促进了我国与东盟及其他海外地区的相互投资发展。

（4）金融支持方面的立法

我国目前在对于中资企业开展境外直接投资的金融支持方面尚无法律与行政法规，而是通过国务院所属部门的规范性文件对之加以调整。例如 2004 年 10 月国家发展和改革委员会与中国进出口银行联合发布了《关于对国家鼓励的海外投资重点项目给予信贷支持政策的通知》，明确规定中国进出口银行每年都安排"境外投资专项贷款"用于支持国家鼓励的海外投资重点项目，符合条件的企业可享受出口信贷优惠利率。2005 年 11 月，国家发展和改革委员会与国家开发银行又联合发布了《关于进一步加强对海外投资重点项目融资支持有关问题的通知》，拟定年度海外投资重点项目融资支持计划，并由国家开发银行在每年的股本贷款规模中，专门安排"海外投资股本贷款"，用于支持国家鼓励的海外投资重点项目扩大资本金，提高融资能力。2005 年 8 月，商务部和中国出口信用保险公司发布的《关于实行出口信用保险专项优惠措施支持个体私营等非公有制企业开拓国际市场的通知》提出加强政策支持，加强引导与服务，为非公有制企业对外投资合作创造条件，促进非公有制企业对外投资合作，推动非公有制企业积极开拓国际市场。此外，国家外汇管理局于 2005 年 5 月发布了《关于扩大境外投资外汇管理改革试点有关问题的通知》明确规定，将境外投资外汇管理改革试点扩大到全国，将地方的外汇审批权限从 300 万美元提高到 1000 万美元，将境外投资外汇购汇额度从 33 亿美元提升到 50 亿美元。又于 2005 年 8 月发布了《关于调整境内银行为境外投资企业提供融资性对外担保管理方式的通知》，取消对境外投资企业融资性对外担保的逐笔审批制度，改为余额控制，方便了企业对外投资的融资。2022 年 1 月，中国人民银行会同外汇局联合发布《关于银行业金融机构境外货款业务有关事宜的通知》，要求建立本外币一体化的银行境外贷款政策框架，以此推动境内银行切实发挥跨境业务服务实体经济、促进贸易投资便利化的积极作用。国务院所属部委的上述规范性文件从海外投资专项贷款、股本贷款、金融服务、外汇鼓励等方面为中资企业投资东盟及其他海外地区提供了较为全面的金融支持。

（5）技术与信息服务方面的立法

我国目前在对于中资企业对外直接投资的技术与信息服务方面尚无法律与行政法规，多是通过国务院所属部门的规范性文件对之加以调整。例如 2003 年 11 月商务部发布了《关于建立企业海外投资意向信息库的通知》。通知要求在商务部政府网站合作司子网站上搭建企业海外投资意向信息库。信息库的主要功能是发布我国企业海外投资意向信息，为境内外各类机构和企业提供一个相互了解和沟通的信息平台，以加强中外企业间投资信息交流，促进我国对外经济合作业务的发展。同年 12 月，商务部又发布了《关于在驻外经商机构子站上建立驻在国（地区）投资项目招商信息库栏目的通知》，要求建立驻在国（地区）投资项目招商信息库，其目的是通过驻外机构收集当地引资信息，为国内企业到当地投资提供信息服务。

此外，商务部自 2004 年起开始每年汇同国家统计局、国家外汇管理局定期发布中国对外直接投资统计公报。商务部还汇同外交部、国家发展和改革委员会不定期发布《对外投资国别产业导向目录》，这些对社会各界了解中国对外投资概况，把握对外投资国别和产业选择，提高政府管理效率和投资效率起到了积极的指导作用。商务部还于 2004 年颁布了《国别投资经营障碍报告制度》，要求我驻外经济商务机构、商会及企业等以撰写年度报告和不定期报告的形式，反映海外投资企业在东道国（地区）投资经营中遇到的各类障碍、壁垒及相关问题，以此作为商务部制定并发布年度《国别贸易投资环境报告》的基础材料之一，并供国内主管部门及有关部门参考。2017 年 8 月，国家发展改革委、商务部、中国人民银行、外交部联合发布《关于进一步引导和规范境外投资方向的指导意见》规定有关部门定期发布《国别投资经营便利化状况报告》，加强对企业赴高风险国家和地区投资的指导和监督，切实维护我国企业境外投资合法权益。上述规范性文件对于指导有关部门为中国企业投资东盟及其他海外地区搭建信息平台，帮助企业把握海外投资机遇、规避投资风险、克服投资障碍发挥了重要的作用，并为促进中国企业扩大对东盟投资提供了技术与信息领域内不可或缺的服务。

3. 我国在国际投资监管方面的国内法

近年来，伴随着我国与东盟相互投资的快速增长，我国也强化了对相关国际投资活动的监管，以维护中国—东盟自由贸易区良好的国际投资秩序与环境，并由此形成了较为完整的国内法监管体系，其内容涉及对国际投资活动在项目审批、竞争行为、外汇、税收、环境、劳动、知识产权等一系列领域的监管问题。现从监管中国与东盟相互投资的视角，对我国在国际投资监管方面的国内法现状作如下分析：

（1）投资项目审批监管方面的立法现状①

自改革开放伊始至21世纪初以来，我国对于国际投资项目一直实行审批制度。2004年7月，国务院发布了《关于投资体制改革的决定》，标志着我国开始正式实施以核准制为主的对外投资管理体制。根据该规定，国家发展和改革委员会负责境外投资项目的管理，商务部门负责对境外设立企业的管理。2004年10月，国家发展和改革委员会发布了《海外投资项目核准暂行管理办法》（由此取代1991年的《关于编制、审批境外投资项目的项目建议书和可行性研究报告的规定》）。新办法取消了政府境外投资的审批制，代之以核准制和备案制，明确了政府在企业境外投资问题上主要发挥引导、服务和支持作用。2009年3月，商务部颁布了《境外投资管理办法》（由此取代了2004年的《关于境外投资开办企业核准事项的规定》）。该办法下放了核准权限，规定国家根据不同情况对境外投资项目分别实行核准和备案管理，由此加大简政放权力度，取消对特定金额

---

① 见国家发展和改革委员会网站（http：//www.ndrc.gov.cn/）；国家商务部网站（http：//www.mofcom.gov.cn/）。

以上境外投资、在境外设立特殊目的公司实行核准的要求，确立了"备案为主，核准为辅"的管理模式。在此模式下，除企业境外投资涉及国家和地区以及敏感行业（新近参见国务院 2016 年 12 月 2 日发布的《政府核准的投资项目目录》）需要报请商务部核准之外，其他情况的境外投资一律采取备案管理制度。此外该《办法》还简化了境外投资核准程序和企业申报材料，缩短了核准时限，旨在继续推进和完善对外投资的便利化，落实企业投资决策权。

2014 年，国家发展和改革委员会先后发布了《境外投资项目核准和备案管理办法》和《关于修改〈境外投资项目核准和备案管理办法〉和〈外商投资项目核准和备案管理办法〉有关条款的决定》。根据上述规范性文件的规定，国家发展改革委对境外投资项目实施以"备案为主，核准为辅"的管理方式。除涉及敏感国家和地区以及敏感行业的投资项目需核准外，其他境外投资项目均实行备案管理。同年 9 月，商务部发布了《境外投资管理办法》。根据该办法的规定，商务主管部门对境内企业境外投资的管理转变为"备案为主，核准为辅"的模式，除境内企业境外投资涉及敏感国家和地区或敏感行业的实行核准管理外，其他境内企业境外投资均实施备案管理，相关办理程序也较之前得到了较大的简化，进一步缩短了商务部门对境外投资核准及备案的办理时限。该办法规定对需备案的境外投资，无需驻外使（领）馆（经商处室）意见，申报材料也得以简化，企业只需提交两个文件，即《境外投资备案表》和企业营业执照复印件，并确保材料真实、完整、符合法定形式，就可在 3 个工作日内获得备案。对于需要报请核准的事项，仍需征求驻外使（领）馆（经商处室）意见，但征求意见时间包含在商务主管部门办理核准的总时限中，且答复时限从原来的 10 个工作日内限缩至 7 个工作日内。国务院上述两部委的规范性文件标志着中国对外投资管理模式正式由"核准为主"模式转变为"备案为主，核准为辅"模式，大幅简化了审核手续，并将更多的权限下放（见表 1-3）①，由此适应了新形势下我国对东盟及其他海外地区投资的管理需要，对于促进中国—东盟自由贸易区国际投资发展，起到了十分积极的推动作用。

---

① 国家发展和改革委员会：《中国对外投资报告》，人民出版社 2017 年版，第 11 页。

表 1-3　　　　21 世纪以来我国政府对境外投资项目管理简政放权历程表

时间	管理方式	管　理　权　限
2004 年之前	审批制	中方投资额在 100 万美元以上项目需报国家发展改革委审批。
2004 年 7 月	核准制	1000 万美元以上的非资源开发类项目、3000 万美元以上资源开发类项目由国家发展改革委核准或报国务院核准。
2011 年 2 月	核准制	1 亿美元以上的非资源开发类项目、3 亿美元以上资源开发类项目由国家发展改革委核准或报国务院核准。
2014 年 4 月	备案+核准	10 亿美元以上项目和敏感类项目由国家发展改革委核准或报国务院核准，其他项目实行备案制。
2014 年 12 月	备案+核准	除敏感类项目需国家发展改革委核准外，其他项目一律实行备案制。

　　上述投资审批权限与程序的立法改革有利于政府进一步加大简政放权、放管结合、优化服务改革力度，使市场在资源配置中起决定性作用，促进优化政府投资管理职能，加强和改进宏观调控，确立企业投资主体地位，激发市场主体扩大有效投资和创新创业的活力，对扩大东盟及其他海外地区的投资起到了显著的促进作用。

　　（2）反垄断法方面的立法现状

　　自中国—东盟自由贸易区建立以来，我国面向东盟国家的开放程度进一步加深，东盟国家的企业不断进入中国市场。这些企业不仅带来了我国一部分地区发展所需的资金、技术和管理经验，也对提高我国经济的对外开放程度，促进我国产业结构调整产生了积极影响。但与此同时，东盟及其他海外企业进入中国市场也存在一定的负面影响，垄断便是负面效应之一。目前外资企业在我国的垄断行为主要表现为滥用市场支配地位与通过外资并购达到经营者集中。对此中国于2007 年 8 月颁布了《中华人民共和国反垄断法》，并于 2022 年 6 月修订，进一步完善了我国反垄断法律体系，对维护社会主义市场经济秩序，防范和惩治垄断行为具有重大意义。现针对滥用市场支配地位与通过外资并购达到经营者集中行为，对相关立法作如下分析：

　　第一，对于外资企业滥用市场支配地位问题，我国最新修订的《反垄断法》

从四个方面做了相应规定：首先，对"相关市场"概念作出界定。鉴于任何分析市场竞争的出发点都要从对"相关市场"的界定开始①，修订后的《反垄断法》第15条第2款从时间、商品范围、地域范围对相关市场的概念进行了界定，即"经营者在一定时期内就特定商品或者服务进行竞争的商品范围和地域范围"。为此国务院反垄断委员会还曾于2009年5月颁布了《关于相关市场界定的指南》，对如何界定相关市场进行了进一步指导性的说明。其次，对"市场支配地位"概念做出界定。界定"市场支配地位"的最重要标准是市场占有率或市场份额。②据此，修订后的《反垄断法》根据经营者在相关市场销售相同产品或服务的比例或份额，在第24条中将"市场支配地位"界定为：一个经营者的市场占有率达到1/2以上的；两个经营者的市场占有率达到2/3以上的；多个经营者的市场占有率达到3/4以上的。在多个经营者的情形，所涉及的经营者之一在该相关市场的占有率未达1/10的，不应推定该经营者具有市场支配地位的，不应当认定其具有市场支配地位"。并在该法第23条规定判断"市场支配地位"的其他标准，包括"经营者在相关市场的市场份额，以及相关市场的竞争状况；经营者控制销售市场或者原材料采购市场的能力；经营者的财力和技术条件；其他经营者对该经营者在交易上的依赖程度以及其他经营者进入相关市场的难易程度"。这为实践中执法机关认定"市场支配地位"提供了较为全面的法律依据。最后，对滥用市场支配地位行为的界定。修订后的《反垄断法》第22条以列举与兜底条款相结合的立法方式规定了七种滥用市场支配地位的行为，包括以不公平的高价销售商品或者以不公平的低价购买商品；没有正当理由，以低于成本的价格销售商品；没有正当理由，拒绝与交易相对人进行交易；没有正当理由，限定交易相对人只能与其进行交易或者只能与其指定的经营者进行交易；没有正当理由搭售商品，或者在交易时附加其他不合理的交易条件；没有正当理由，对条件相同的交易相对人在交易价格等交易条件上实行差别待遇；国务院反垄断执法机构认定的其他滥用市场支配地位的行为。修订后的《反垄断法》第56—67条分别规定了滥用市场支配地位的民事责任、行政责任与刑事责任，这对于依法防范和处理东

---

① 尚明：《反垄断法理论与中外案例评析》，北京出版社2008年版，第156页。
② 郑泰安、郑錤：《反垄断法律制度研究》，四川人民出版社2008年版，第137页。

盟等海外在华投资企业滥用市场支配地位的垄断行为具有重要作用。

第二，对于外资企业通过并购达到经营者集中的问题，修订后的《反垄断法》的相关规定包括：首先，关于企业并购的申报标准问题，《反垄断法》第 26 条规定，"经营者集中达到国务院规定的申报标准的，经营者应当事先向国务院反垄断执法机构申报，未申报的不得实施集中"。第 34 条规定，"经营者集中具有或者可能具有排除、限制竞争效果的，国务院反垄断执法机构应当作出禁止经营者集中的决定"。对此，国务院曾于 2008 年颁布了《国务院关于经营者集中申报标准的规定》，将企业营业额、并购数量、市场占有率等确立为具体的申报标准，由此使得《反垄断法》第 26 条与第 34 条具有可操作性。其次，关于企业并购的申报程序，《反垄断法》第 28 条规定，申请者须向国务院反垄断执法机构提交的申报材料包括申报书（应当载明参与集中的经营者的名称、住所、经营范围、预定实施集中的日期和国务院反垄断执法机构规定的其他事项）、集中对相关市场竞争状况影响的说明、集中协议、参与集中的经营者经会计师事务所审计的上一会计年度财务会计报告以及国务院反垄断执法机构规定的其他文件资料。再次，关于企业并购的审查程序，《反垄断法》第 30 条规定的初步审查期限是——国务院反垄断执法机构应当自收到经营者提交的符合本法第 28 条规定的文件、资料之日起 30 日内，对申报的经营者集中进行初步审查，作出是否实施进一步审查的决定，并且书面通知经营者。《反垄断法》第 31 条规定实质性审查的期限是——自决定进一步审查之日起 90 日内审查完毕，作出是否禁止经营者集中的决定，并书面通知经营者。作出禁止经营者集中的决定，应当说明理由。审查期间，经营者不得实施集中。《反垄断法》第 33 条规定审查经营者集中应当考虑的因素包括：参与集中的经营者在相关市场的市场份额及其对市场的控制力；相关市场的市场集中度；经营者集中对市场进入、技术进步的影响；经营者集中对消费者和其他有关经营者的影响；经营者集中对国民经济发展的影响以及国务院反垄断执法机构认为应当考虑的影响市场竞争的其他因素。最后，关于企业并购的审查机构。根据《反垄断法》第 13 条的规定，国务院反垄断执法机构是反垄断法的执法部门。目前，国家市场监督管理总局下辖的反垄断局是我国专门负责反垄断执法的机构，下设竞争政策协调司、反垄断执法一司与反垄断执法二司。其中，反垄断执法一司主要负责调查处理垄断协议，滥用市场支配地位等案件。反垄断执法二司主要负责调查处理经营者违法集中等案件。《反垄断法》的上述规定为防范和处理东盟等海外地区在华投资企业通过并购达到经营者集中这一垄断行为，提供了明确的法律依据。

（3）反不正当竞争监管方面的国内法现状

我国对来自东盟等海外地区的外来投资实施不正当竞争监管的主要国内法律依据是1993年制定的《反不正当竞争法》。目前该法已于2017年11月经过全国人大常委会修订，自2018年1月1日起施行。《反不正当竞争法》的此次修订将原法中反垄断的立法内容删除（删除了公用企业限制竞争行为、搭售行为、低于成本价销售行为、行政性垄断行为、串通招投标行为的规定），由此进一步确定了反不正当竞争法与反垄断法在竞争法体系中二元分立格局。修订后的《反不正当竞争法》修改完善了七种不正当竞争行为的认定规则，对包括东盟国家在内的外资企业在华运营产生了深刻影响。

具体来说：第一，补充了关于混淆行为的认定规则。修订后的《反不正当竞争法》第6条规定，"经营者不得实施下列混淆行为，引人误认为是他人商品或者与他人存在特定联系：（一）擅自使用与他人有一定影响的商品名称、包装、装潢等相同或者近似的标识；（二）擅自使用他人有一定影响的企业名称（包括简称、字号等）、社会组织名称（包括简称等）、姓名（包括笔名、艺名、译名等）；（三）擅自使用他人有一定影响的域名主体部分、网站名称、网页等；（四）其他足以引人误认为是他人商品或者与他人存在特定联系的混淆行为"。根据这一规定，判断某项经营行为是否属于混淆行为的标准相比旧法更为简单明确，只要经营者的行为"足以引人误认为是他人商品或者与他人存在特定联系的"即可认定为是混淆行为。这一修订有利于打击直接抄袭外国知名商品的商标或外观专利的违法行为，或将具有一定知名度的外国商品名称、企业名称、包装、装潢等用于自己的产品、企业名称或服务等混淆性或者误导性行为，同时也对惩治外商投资者此类不正当竞争行为提供了更为明确的法律依据。此外该条款扩大了受保护商业标识的范围，将与商品名称、包装、装潢等相同或者近似的标识、域名主体部分、网站名称、网页等都纳入了保护范围。这种修改适应了互联网经济发展的新形势，有利于规制网络环境下的不正当竞争行为。

第二，重新界定了关于商业贿赂的认定规则。修订后的《反不正当竞争法》

第 7 条规定，"经营者不得采用财物或者其他手段贿赂下列单位或者个人，以谋取交易机会或者竞争优势：（一）交易相对方的工作人员；（二）受交易相对方委托办理相关事务的单位或者个人；（三）利用职权或者影响力影响交易的单位或者个人"。与原法相比，不再将交易对方单位纳入商业贿赂受贿对象予以规制，由此将交易对象本身被排除在商业贿赂对象之外，有助于明确商业贿赂与正常的市场竞争行为之间的界限，从而在立法根源上避免了实践中许多外资企业因向交易对方单位支付促销费用、提供折扣、免费商品或者器材等促销行为受到行政处罚的问题。另外该条第 3 款还规定，"经营者的工作人员进行贿赂的，应当认定为经营者的行为；经营者有证据证明该工作人员的行为与为经营者谋取交易机会或者竞争优势无关的除外"。这有利于防止不当扩大受贿主体的范围。

第三，完善了关于虚假宣传行为的认定规则。修订后的《反不正当竞争法》第 8 条规定，"经营者不得对其商品的性能、功能、质量、销售状况、用户评价、曾获荣誉等作虚假或者引人误解的商业宣传，欺骗、误导消费者"。与原法相比，新法将原来对虚假宣传行为的认定条件由"引人误解"改为"作虚假或者引人误解的"两个选言条件，以此扩大了虚假宣传行为的认定范围，并对此类违法行为进行了详细列举，提高了该条款的可操作性。此外，该条第 2 款还规定"经营者不得通过组织虚假交易等方式，帮助其他经营者进行虚假或者引人误解的商业宣传"。这一规定有利于惩治类似于刷单、组织进行虚假评价和虚假交易等在网络销售中欺骗消费者的违法行为。修订后的虚假宣传行为认定规则既有利于打击一些针对外资知名企业或品牌的"傍名牌""搭便车"等虚假宣传行为，也对在华投资的东盟等海外企业投资宣传推广行为，提出了更严格的法律要求。

第四，完善了关于商业秘密保护的相关规定。修订后的《反不正当竞争法》第 9 条对原法作了两处修改：一是删除了原法中对于商业秘密构成要件中关于"实用价值"的要求，由此扩大了商业秘密的保护范围；二是更加细致地规定："第三人明知或者应知商业秘密权利人的员工、前员工或者其他单位、个人实施前款所列违法行为，仍获取、披露、使用或者允许他人使用该商业秘密的，视为侵犯商业秘密。"并新增了第 15 条，要求"监督检查部门及其工作人员对调查过程中知悉的商业秘密负有保密义务"。由此扩大了商业秘密的责任主体，有利于对在华投资的东盟等海外企业的商业秘密提供更为全面的保护。

第五，完善了关于有奖销售行为的认定规则。与原法相比，修订后的《反不正当竞争法》第 10 条补充规定了不正当有奖销售的表现形式，即"所设奖的种类、兑奖条件、奖金金额或者奖品等有奖销售信息不明确，影响兑奖"。另外，对于抽奖式的有奖销售最高奖的金额由原法"不得超过五千元"提高到了"不得超过五万元"。鉴于有奖销售一直是外资企业常用的营销手段，上述关于提高最高奖励金额的规定有利于在一定程度上扩大了外来投资经营者灵活开展有奖销售活动的空间，但同时也对在华投资的东盟等海外企业开展有奖销售活动，提出了更严格的法律要求。

第六，完善了关于商业诋毁行为的认定规则。修订后的《反不正当竞争法》第 11 条规定："经营者不得编造、传播虚假信息或者误导性信息，损害竞争对手的商业信誉、商品声誉。"由此将原法规定的仅限于"捏造、散布虚伪事实损害竞争对手"的行为扩大为"编造、传播虚假信息或者误导性信息，损害竞争对手"。由此适度扩大了商业诋毁行为的认定范围，有利于打击诋毁商业信誉或商品声誉的各类违法行为。另外，修改后的《反不正当竞争法》第 23 条规定了商业诋毁行为的处罚措施，由此弥补了原法中缺少关于商业诋毁行为处罚规定的立法缺失，这也对于依法防范和处理在华投资的东盟等海外企业此类不正当竞争行为具有重要作用。

第七，增设了关于互联网不正当竞争行为的规定。修订后的《反不正当竞争法》第 12 条对利用软件等技术手段在互联网领域干扰、限制、影响其他经营者及用户的行为作了禁止性规定。这对于依法处理互联网领域特有的、利用技术手段进行的不正当竞争行为具有重要意义，有利于在网络经济的时代背景下规范在华投资的东盟等海外企业的网络经济活动，契合网络时代下国际投资的监管需要。

（4）税收征管方面的国内法现状

目前我国调整对在华投资的东盟及其他海外企业税收征管的法律，主要是《税收征管法》。该法由第九届全国人民代表大会常务委员会第二十一次会议于 1992 年 9 月 4 日通过，自 1993 年 1 月 1 日起施行。现行版本为 2015 年 4 月 24 日第十二届全国人民代表大会常务委员会第十四次会议修正。该法颁行后对于加强税收征收管理，规范税收征收和缴纳行为，保障国家税收收入，保护纳税人的合法权益，促进经济和社会发展，推动中国与东盟相互投资的可持续健康发展，发挥了重要作用。

（5）外汇监管方面的国内法现状

21世纪初以来，我国对境外直接投资的外汇管理制度，先后经历了数次较大幅度的改革：

2003年10月，国家外汇管理局发布了《关于进一步深化境外投资外汇管理改革有关问题的管理体制通知》，正式取消了境外投资外汇风险审查和境外投资汇回利润保证金制度，放宽了企业购汇对外投资的限制，并且简化了境外投资外汇管理审批手续。2005年5月，国家外汇管理局又发布了《关于扩大境外投资外汇管理改革试点有关问题的通知》，将境外投资改革试点扩展到全国，省级外汇管理分局依据该通知对境外投资外汇资金来源的审查权限从300万美元提高至1000万美元。2006年6月，国家外汇管理局公布了《关于调整部分境外投资外汇管理政策的通知》，对境外投资外汇管理作出了重大调整，取消境内机构境外投资购汇额度的限制，规定境外投资用汇采取核准制，彻底下放境外投资外汇资金来源审查权，并进一步简化境外投资外汇管理手续。2008年8月，国务院修订《中华人民共和国外汇管理条例》，再次简化了对境外直接投资外汇管理的行政审批，由强制结售汇转为实行自愿结售汇的外汇管理新体制。2009年7月，外汇管理总局出台了《关于境外机构境内外账号管理有关问题的通知》，将原境外直接投资外汇资金来源审查和资金汇出核准行政审批改为备案登记，由此开启了外汇监管向备案登记制度的转变。2011年1月，中国人民银行发布了《关于境外直接投资人民币结算试点管理办法》，由此便利了境内机构以人民币开展境外直接投资业务。2014年，国家外汇管理局先后出台了《关于进一步改进和调整资本项目外汇管理政策的通知》《跨国公司外汇资金集中运营管理规定》《跨境担保外汇管理规定》《境内居民通过特殊目的公司境外投融资及返程投资外汇管理有关问题的通知》等规定，不断加强外汇管理改革政策措施以促进境外投资便利化。2022年5月，商务部、中国人民银行与国家外汇管理局联合发布《关于支持外经贸企业提升汇率风险管理能力的通知》，要求完善汇率避险产品服务，进一步提升跨境贸易投资使用人民币结算的便利性，支持外经贸企业提升汇率风险管理能力。① 经过上述十多年的改革完善，我国对于外汇管理制度由审批制逐步到核准制，直至现今的备案制（见表1-4），境外直接投资在外汇管理方面不再设置前置性审核，这及时顺应了我国企业投资东盟及其他海外地区的发展要求，便利了企业参与国际经济技术合作与竞争，有效促进了中国—东盟自由贸易区国际投资便利化的实现，积极配合了"一带一路"发展倡议的落实。

表1-4　　　　　　　21世纪以来我国政府对外汇管理简政放权历程表

时间	管理方式	管 理 权 限
2002—2005 年	审批制	国家外汇管理局下放对境外投资外汇资金来源的审批权限，省级国家外汇管理局的审批权限从 300 万美元提高至 1000 万美元。
2006—2008 年	核准制	国家外汇管理局取消境内机构境外投资购汇额度的限制，对境外投资用汇采取核准制，彻底下放境外投资外汇资金来源审查权。
2009 年至今	备案制	国家外汇管理局将原境外直接投资外汇资金来源审查和资金汇出核准行政审批改为备案登记。

（6）环境监管方面的国内法现状

目前我国对于在华投资的东盟及其他海外企业进行环境监管所依据的专项法律，主要包括《宪法》《环境保护法》等法律法规：

第一，我国现行《宪法》第 26 条规定，"国家保护和改善生活环境和生态环境，防治污染和其他公害"。《宪法》第 18 条第 2 款规定，"在中国境内的外国企业和其他外国经济组织以及中外合资经营的企业，都必须遵守中华人民共和国的法律"。因此在华投资的东盟及其他海外企业必须遵守包括环境保护法律在内的一切中国法律，接受中国环保部门的环境监管。

第二，我国已制定有一系列环境法律，如《环境保护法》《海洋环境保护法》《水污染防治法》《大气污染防治法》《固体废物污染防治法》《噪声污染防

---

① 国家外汇管理局网站（https：//www. safe. gov. cn/）。

治法》《环境影响评价法》《清洁生产促进法》《循环经济促进法》等规定的"三同时制度"（同时设计、同时施工、同时投产）、环境信息公开制度、排污权交易制度、环境责任保险制度、排污收费制度、许可证制度、现场检查等环境监管制度，都对在华投资的东盟及其他海外企业在环境保护方面具有规制作用。

第三，我国对外投资的行政主管部门制定了有关行政法规与规范性文件，如国家发展和改革委员会、商务部联合制定的《外商投资产业指导目录（2017年版）》，从市场准入着手对在华投资的东盟及其他海外企业进行相应的环境监管。根据我国环境法与外资相关法律的规定，《外商投资产业指导目录（2017年版）》将外商投资项目分为鼓励、限制和禁止三大类，其中涉及环境保护的包括：首先是鼓励类——我国鼓励东盟及其他海外地区的投资者积极投资我国的环保产业领域。例如在农、林、牧、渔业领域，积极鼓励外资投向绿色、有机蔬菜（含食用菌、西甜瓜）、干鲜果品、茶叶栽培技术开发及产品生产；防治荒漠化及水土流失的植树种草等生态环境保护工程建设、经营；提高矿山尾矿利用率的新技术开发和应用及矿山生态恢复技术的综合应用方面等投资项目。在制造业领域，鼓励外资投向采用先进节能减排技术和装备的高档织物印染及后整理加工项目；符合生态、资源综合利用与环保要求的特种天然纤维产品加工；环保用无机、有机和生物膜开发与生产；海上石油污染清理与生态修复技术及相关产品开发，海水富营养化防治技术，海洋生物爆发性生长灾害防治技术，海岸带生态环境修复技术；环境污染治理及监测技术等项目。其次是限制类项目——我国限制从事稀有、贵重矿产资源勘探、开采等不利于环境保护或可能造成环境污染的外商投资项目。最后是禁止类项目——我国禁止放射性矿产的勘查、开采、选矿等对环境造成污染损害、破坏资源或损害人体健康的外商投资项目。其后，国家发展改革委与商务部又于2020年12月28日发布《鼓励外商投资产业目录（2020年版）》，进一步扩大了鼓励外商投资范围，旨在进一步发挥外资在产业链供应链中的积极作用，进一步鼓励外资投向生产性服务业，尤其是投向环保新业态建设领域。①

（7）劳动监察方面的国内法现状

---

① 见国家发展和改革委员会网站（https：//www.ndrc.gov.cn/）。

我国目前对于在华投资的东盟及其他海外企业进行劳动监察的法律依据包括：一是《劳动法》（1994 年制定，2009 年修订），该法专门设有"监督检查"一章，使我国劳动监察有了最早的实体法依据。二是《劳动合同法》（2008 年制定，2012 年修订）、《就业促进法》（2007 年制定，2015 年修订）、《社会保险法》（2010 年制定，2018 年修订）等均专设"监督检查"一章，对劳动监督检查作了相应规定，全面构建了我国的劳动保障监察法律体系。三是国务院于 2004 年颁布实施的《劳动保障监察条例》，对劳动保障监察的主体、对象、范围、方式、程序以及监察机构的职责、法律责任等方面作出了全面规定，为我国劳动保障监察工作提供了专门性的法律依据和可操作性较强的处理规则，因而该条例是目前我国劳动保障监察部门开展相关执法工作最重要的行政法律依据。

（8）知识产权监管方面的国内法现状

目前，由于知识产权保护国际公约与国际区域性的知识产权保护协定存在着诸多局限性，难以促进形成大多数国家一致认可的知识产权保护标准与措施，由此提升了各国国内法在国际投资领域为知识产权监管提供法律依据的重要性。我国人大于 2019 年制定了《外商投资法》，明确规定国家依法保护外国投资者和外商投资企业的知识产权，鼓励基于自愿原则和商业规则开展技术合作，禁止利用行政手段强制转让技术，规定地方各级人民政府及其有关部门应严格履行依法作出的政策承诺和依法订立的各类合同。这些规定为规范和调整我国与东盟相互投资领域中的知识产权保护提供了重要的立法依据。

（二）新加坡涉外投资法律法规

新加坡是东盟成员国中经济与法治发展程度最高的国家，但因其具有被英美长久殖民的历史，因而其法律体系的英美法特征十分明显，习惯法和判例法在其法律体系中占据着主导地位，关于涉外投资的成文法则相对少见，但立法起步比其他东盟国家要早，相关法律法规主要有《1967 年外汇管理法令》《1969 年自由贸易区法令》《1973 年海关法》《1975 年商业注册法》《1982 年进出口商品管理法》《2005 年有限责任合伙法令》等。由于新加坡面积小、人口少、资源匮乏，吸引外资是其经济增长的重要保障，因而新加坡上述投资法律法规对外来投资规定了许多优惠待遇，加之新加坡良好的法治状况与高效廉洁的政治环境，使得新加坡投资环境远胜其他东盟国家，因而成为中国投资者在东盟地区的首选投资之地。①

具体来说，新加坡涉外投资法律法规的主要内容包括：② 第一，在市场准入方面，新加坡法律对外资准入限制较少，除国防相关行业及个别特殊行业外，对外资的进入基本没有限制。此外，根据新加坡政府公布的 2010 年长期战略发展计划，电子、石油化工、生命科学、工程、物流等 9 个行业被列为奖励投资领域。第二，在投资方式方面，新加坡法律对外资进入新加坡的方式没有太多限制。除金融、保险、证券等特殊领域需向主管部门报备外，绝大多数产业领域对外资的股权比例等无限制性要求。第三，在个人投资方面，新加坡法律给予外资以国民待遇，外国自然人依照新加坡法律可以申请设立独资企业或合伙企业。第四，在外资并购方面，新加坡法律一般要求普通私人有限公司在收购兼并活动中需要遵守《公司法》及公司章程的相关规定。对收购兼并的目标，需要由第三方独立机构进行公允评估，作为收购或者兼并的依据，同时在兼并收购过程中，也需要遵守《合同法》《竞争法》等相关法律法规的要求，以此确保企业在运营、经营中公平竞争。第五，在投资优惠政策方面，新加坡的《公司所得税法案》和《经济扩展法案》以及每年政府财政预算案中涉及一些优惠政策。优惠对象与方式包括对涉及特殊产业和服务（如高技术、高附加值企业）、大型跨国公司、研发机构、区域总部、国际船运以及出口企业等给予一定期限的减、免税优惠或资金扶持等，如产业优惠、环球贸易补贴、中小企业优惠、创新优惠、特殊经济区域优惠等。依照新加坡法律规定，外资企业基本上可以和本土企业一样享受这些优惠政策。第六，在外汇资金管理方面，新加坡法律主要限制非居民持有新元的规模，内容包括：银行向非居民提供 500 万新元以上融资，用于新加坡境内的股票、债券、存款、商业投资等，银行需向金管局申请；非居民通过发行股票筹集的新元资金，如用于金管局许可范围外的境内经济活动，必须兑换为外汇并事前通知金管局；对非居民超过 500 万的新元贷款或发行的新元股票及债券，如所融

---

① 陈志波、米良编著：《东盟国家对外经济法律制度研究》，云南大学出版社 2006 年版，第 156~157 页。

② 参见中国驻新加坡大使馆经济商务参赞处网站（http：//sg. mofcom. gov. cn/）。

资金不在新加坡境内使用，汇出时必须转换成所需外币或外币掉期等。第七，在外资企业参与证券交易方面，根据新加坡的有关法律，在该国注册的外国公司参与证券交易（包括股权并购）与本土公司享受同等待遇。第八，在承揽工程方面，新加坡法律规定外国承包商可承揽与其建筑资质相符合的工程项目，无禁止领域限制。外国承包商在新加坡承包工程需首先在新注册分公司、个人所有或合伙制的企业，并向新加坡建设局申请相应的建筑资质。首次注册的个人所有或合伙制企业原则上最高只能定位 C1 或 L1 级。对从事某些特定行业工程的承包商（如电力及通讯工程承包商），其人员或企业须获得政府主管部门颁发的许可方可进行资质评定。

（三）泰国涉外投资法律法规

泰国历来重视吸收外国投资，积极利用外国资本发展其国民经济。为创造良好的国际投资环境，泰国自 20 世纪 60 年代起就已制定了一系列投资法律法规。例如 1960 年制定了《外国企业法》，1962 年制定了《促进工业投资法案》，1972 年颁布了《外资投资奖励法案》，后于 1977 年与 2000 年两度修改了该法案，1999 年制定了《外商经营企业法》，对外国投资者提供了一系列较为优惠的投资条件。泰国上述这些投资法律法规，对于鼓励、引导、保护和监管国际投资发挥了重要的法律规范作用。①

具体来说，泰国涉外投资法律法规的主要内容包括：② 第一，投资方式。根据泰国的法律规定，在泰国投资的方式主要有股权投资、上市、并购三种方式。其中在股权投资方面，外国投资者可依据泰国《民商法典》在泰国注册为独资企业、合伙企业、私人有限公司和大众有限公司等。在上市方面，根据泰国《证券交易法》和泰国证券交易委员会的有关规定，大众有限公司才有资格申请登记加入证券交易市场，有限公司转为大众有限公司才可申请上市。在并购方面，通常包括全资并购、股票收购和资产收购三种方式。收购私人有限公司须符合《民商

---

① 陈志波、米良编著：《东盟国家对外经济法律制度研究》，云南大学出版社 2006 年版，第 145 页。

② 参见中国驻泰国大使馆经济商务参赞处网站（http：//th. mofcom. gov. cn/）。

法典》与《证券交易法》。第二，投资准入方面，泰国《外商经营企业法》规定，限制外国人投资的行业有以下三类：第一类是因特殊理由禁止外国人投资的业务，包括报业、广播电台、电视台等。第二类是须经商业部长批准的项目，涉及国家安全稳定或对艺术文化、风俗习惯、民间手工业、自然资源、生态环境造成不良影响的投资业务。第三类是本国人对外国人未具竞争能力的投资业务，须经外籍人经商营业委员会批准，这类行业包括：碾米业、水产养殖业、会计、法律、建筑、工程服务业等。如果外国人属于《投资促进法》《工业园管理条例》或其他有关法律规定可享受投资优惠或得到经营许可的投资者，则可以从事第二、三类中规定的某些行业。另外根据泰国《外商经营企业法》的规定，该国鼓励投资的行业分为七大类，分别是农业及农产品加工业；矿业、陶瓷及基础金属工业；轻工业；金属产品、机械设备和运输设备制造业；电子与电器国内工业；化工产品、造纸及塑胶和服务业及公用事业。第三，投资优惠方面，根据泰国投资促进法的有关规定，在泰国获得投资优惠的企业，投资额在 1000 泰铢以上（不包括土地费和流动资金），须获得 ISO9000 国际质量标准或其他相等的国际标准的认证。泰国政府向投资者提供两种形式的优惠政策：一是根据项目所在地和所属行业等不同情况，提供税收方面的优惠权益，主要包括免缴或减免法人所得税及红利税、免缴或减免机器进口税、减免必需的原材料进口税、免缴出口产品所需要的原材料进口税等。税务优惠享受相应的优惠。二是非税收方面的优惠权益，主要包括允许引进专家技术人员、允许获得土地所有权、允许汇出外汇以及其他保障和保护措施等。非税收优惠权益适用于所有获政府批准的外资项目。第四，外汇管制方面，泰国《外汇管制法》对投资者带入泰国的外汇如投资基金、离岸贷款等没有限制，规定这些外汇需在收到或进入泰国 7 天内出售或兑换成泰铢，或存入一家授权银行的外汇账户。另外根据该法规定，泰国政府对于外资公司向其海外总部汇出利润将征收 10% 的汇款税，汇出款项的公司在汇款 7 天内须付清税金。

（四）马来西亚涉外投资法律法规

马来西亚涉外投资法律体系是由《1986 年促进投资法》《1967 年关税法》《1967 年所得税法》《1972 年销售税法》《1990 年自由区法》等法律所组成，立法内容涵盖了对制造业、农业、旅游业等领域投资活动的批准程序和各种鼓励与促进措施。① 2010 年，马来西亚为吸引更多投资，修订了《促进行动及产品列表》（即鼓励外商投资产业目录），以此推动吸收更多外来投资，进一步提升马来西亚的外向型经济发展实力，强化马来西亚同中国—东盟自由贸易区各国的经济联系。具体来说，马来西亚涉外投资法律法规的主要内容包括：②

第一，投资准入方面，马来西亚《投资促进法》规定，限制外国投资的行业包括金融、保险、法律服务、电信、直销及分销等。一般外资持股比例不能超过50%或30%。鼓励外国投资的行业包括农业生产、农产品加工、橡胶制品、石油化工、医药、木材、纸浆制品、纺织、钢铁、有色金属、机械设备及零部件、电子电器、医疗器械、科学测量仪器制造、塑料制品、防护设备仪器、可再生能源、研发、食品加工、冷链设备、酒店旅游及其他与制造业相关的服务业等。

第二，投资方式方面，马来西亚《投资促进法》规定的外资投资方式包括三类：第一类是直接投资。外商可直接在马来西亚投资设立各类企业，开展业务。直接投资包括现金投入、设备入股、技术合作以及特许权等。第二类是跨国并购。马来西亚允许外资收购本地注册企业股份，并购当地企业。一般而言，在制造业、采矿业、超级多媒体地位公司、伊斯兰银行等领域，以及鼓励外商投资的五大经济发展走廊，外资可获得 100% 股份。第三类是股权收购。马来西亚股票市场向外国投资者开放，允许外国企业或投资者收购本地企业上市，但外资公司在马来西亚上市必须分配 30% 土著（Bumiputera）股权的限制，这一比例要求在2009 年被降至 12.5%。此外，马来西亚在 20 世纪 80 年代修订《宪法》并通过《联邦道路法案》，规定高速公路项目可采取 BOT（build-operate-transfer，即建设—经营—转让）的投资方式。又于 20 世纪 90 年代修订了《电力供应法案》和《电力管理条例》，规定私营电站建设和运营可采取 BOT 的投资方式。根据上述法律规定，马来西亚公路、轨道交通、港口、电站等 BOT 项目专营年限一般为30 年左右。

---

① 陈志波、米良编著：《东盟国家对外经济法律制度研究》，云南大学出版社 2006 年版，第 72 页。

② 参见中国驻马来西亚大使馆经济商务参赞处网站（http：//my. mofcom. gov. cn/）。

此外，外国投资者在马来西亚国内市场可以选定的商业主体形式主要有以下几种：一是合伙。马来西亚合伙分为合伙和有限责任合伙。两种合伙分别由不同的法律调整。合伙由《合伙法》（1961 年）调整。有限责任合伙由《有限责任合伙法》（2012 年）调整。依照《合伙法》的相关规定，各个合伙人要对合伙对外经营期间发生的各类债务承担共同连带责任，不允许合伙人承担有限责任。合伙一般不具备独立的法人资格。而《有限责任合伙法》第六章第 44 条至第 48 条专门就外商有限责任合伙作了明确规定——外资有限责任合伙非经依法注册不得从事商业经营活动。合伙人并不直接承担有限合伙对外产生的合同、侵权等责任，也不承担因有限合伙其他合伙人的不当行为或过失造成的损失。二是外商独资公司。在服务领域，马来西亚对外商设立独资公司有较多的限制。如前面所提到的银行、保险、电信等服务行业。在制造业领域，从 2003 年 6 月开始，除纸类包装、塑料包装、塑料射出模具组件、金属冲压与金属铸造、电线、印刷以及钢铁片剪切七个行业外，马来西亚取消外商持股限制，外商投资者投资新项目可以持有 100% 的股权。三是合资公司。自 1957 年至 1980 年期间，外商多以合资公司的形式进入马来西亚国内市场，按照马来西亚《公司法》（2016 年）规定的方式、条件和程序申请、登记和注册，依法获得经营执照。四是外国公司分支机构。《公司法》第 561 条至 579 条详细规定了外国公司分支机构在马来西亚境内有关设立、注册、管理、职责等方面的内容。

第三，投资优惠方面。马来西亚政府想鼓励投资政策和优惠措施主要采取税务减免的形式，分为直接税激励和间接税激励两种。直接税激励是指对一定时期内的所得税进行部分或全部减免；间接税激励则以免除进口税、销售税或国内税为主。此外，马来西亚政府还在伊斯干达开发区、北部经济走廊、东海岸经济区、沙巴发展走廊、砂捞越再生能源走廊、马中关丹产业园（MCKIP）等经济特殊区域，通过行政立法赋予上述地区一系列旨在吸引外来投资的优惠待遇。

第四，外汇管理方面，马来西亚的《外汇管制条例》规定，在马来西亚注册的外国企业可以在当地商业银行开设外汇账户，用于国际商业往来支付。外汇进出马来西亚需要核准，但不需缴纳特别税金。马来西亚原则上规定外国公民在入境或离境时携带超过 1 万美元或等值的其他货币，需向海关申报。

（五）菲律宾的投资法律法规

菲律宾的投资法律体系主要由国会制定的投资法律与总统及政府发布的相关总统令、行政命令构成。其中主要的投资法律包括《1992 年基地转型及发展法案》《1987 年综合投资法》及其相关的修改法案、《1991 年外国投资法》及其相关的修改法案、《1993 年投资者租赁法案》《1993 年 BOT 法》《1995 年经济特区法》《1998 年金融公司法案》《2000 年零售商业自由化法案》等。主要的总统令和行政命令包括第 166 号总统令（1981 年）、第 1786 号总统令（1995 年）、226号行政命令（1987 年）等。① 在上述法律法规基础上，菲律宾国家投资署（BOI，Board of Investment）每几年会不定期公布一个旨在鼓励国外投资的"投资优先计划"（IPP，Investment Zone Authority），如 2016 年 11 月发布的《2017—2019 年投资优先计》，旨在以更优惠的补助政策和待遇扩大菲律宾的外来投资规模，这也为有关投资法律法规提供了有益的规范性补充。具体来说，菲律宾涉外投资法律法规的主要内容包括:②

第一，投资准入方面，菲律宾有关法律将其投资领域划分为三类。第一类是鼓励投资领域。根据菲律宾的《2017—2019 年投资优先计》，鼓励投资的领域包括：出口产业、农业、农业企业、渔业、创意产业、知识型服务产业、造船业、住宅建设、钢铁行业、能源行业、基础设施、研发中心、绿色产业、汽车行业、医疗卫生行业、抗灾、安置和灾后重建项目等。第二类是限制投资领域，包括勘探、发展和利用自然资源；私人土地所有权；教育机构（由宗教团体建立的教育机构除外）；经营公共事业（发电、向可竞争市场供电以及不属于公共事业定义的业务或服务除外）；培育、生产、碾磨、加工、贸易（零售除外）大米和玉米，以及以物易物、购买或其他方式获取大米和玉米及其副产品；承包政府所有或控制的公司、机构或市政公司的物料、货物和商品供应项目；经营深海商业渔

---

①　陈志波、米良编著：《东盟国家对外经济法律制度研究》，云南大学出版社 2006 年版，第 2 页。

②　参见中国驻菲律宾大使馆经济商务参赞处网站（http：//ph. mofcom. gov. cn/）。

船；专用无线电通信装置等。第三类是禁止投资领域，包括大众传媒（录音除外）以及互联网业务；相关专业执业活动，包括放射学和 X 射线技术、法律、海员和船舶轮机员；实缴股本少于 250 万美元的零售贸易企业；合作社；私家侦探、安全警卫服务机构；小型采矿；利用群岛水域、领海及专属经济区内的海洋资源，以及小规模利用河流、湖泊、海湾与舄湖的自然资源；拥有、经营及管理斗鸡场；制造、维修、堆存及/或销售核武；制造、维修、堆存及/或销售生物、化学及放射性武器和具杀伤性地雷；制造鞭炮和其他烟火装置。

第二，跨国并购方面，菲律宾《公司法》对并购的手续和流程进行了相关规定，《反垄断和限制贸易的合并法》明确规定了由于并购等行为造成的垄断或贸易阻碍的情形及相关处罚措施。

第三，投资优惠方面，菲律宾政府通过行政立法规定的财政优惠待遇包括：新注册的优先项目企业将免除 6 年的所得税，传统企业免交 4 年所得税；可征税收入中减去人工费用；减免用于制造、加工或生产出口商品的原材料的赋税；可征税收入中减去必要和主要的基建费用；进口设备的相关材料和零部件减免关税；减免码头费用以及出口关税；自投资署注册起免除 4—6 年地方营业税。另外还在特殊经济区域采取一系列相应不同的投资优惠政策。

第四，在 BOT（build-operate-transfer，即建设—经营—转让投资方式）方面，菲律宾《BOT 法》（1993 年）对投资承建商的资格、拥有股份、投资领域、投资形式、偿还计划、收益分配、融资、鼓励措施和项目监察等细节作了严格的规定。根据该法案，特许经营年限最高为 50 年。

第五，外资企业获得土地方面，菲律宾《投资者租赁法案（第 7652 号共和国法案）》允许外国投资者在菲律宾租用商业用地最长不超过 75 年，租赁的土地仅做投资用途，租赁合同应符合《综合土地改革法》和《地方政府法案》。

（六）印度尼西亚的投资法律法规

印度尼西亚政府自 20 世纪 50 年代起就开始注重对外开放，积极引进外国资本来发展本国经济，先后颁布的主要投资法律法规包括《1958 年外国投资法案》

《1967 年外国投资法案》《1994 年第 20 号政府法令》等。① 2007 年印度尼西亚政府颁布了《投资法》的衍生规定，即《2007 年关于有条件的封闭式和开放式投资行业的标准与条件的第 76 号总统决定》与《2007 年关于有条件的封闭式和开放式名单的第 77 号总统决定》等。上述这些法律法规通过规定减轻进口关税、免除印花税、避免双重课税、保证投资利润与投资资本的汇出、扩大外资准入领域等举措，有效地促进了印度尼西亚近年来外来投资的迅猛增长。具体来说，印度尼西亚涉外投资法律法规的主要内容包括：②

第一，投资准入方面，印度尼西亚《投资法》（2007 年）规定，国内外投资者可自由投资任何营业部门，除非法令限制与禁止投资的部门，包括生产武器、火药、爆炸工具与战争设备的部门。另外根据该法规定，基于健康、道德、文化、环境、国家安全和其他国家利益的标准，政府可依据总统令对国内与国外投资者规定禁止行业。根据该国《2007 年关于有条件的封闭式和开放式投资行业的标准与条件的第 76 号总统决定》和《2007 年关于有条件的封闭式和开放式行业名单的第 77 号总统决定》，印尼政府宣布 25 个行业为禁止投资行业，仅能由政府从事经营。这些行业包括：毒品种植交易业、受保护鱼类捕捞业、以珊瑚或珊瑚礁制造建筑材料、含酒精饮料工业、水银氯碱业、污染环境的化学工业、生物武器工业，机动车型号和定期检验、海运通信或支持设施、舰载通讯系统、空中导航服务、无线电与卫星轨道电波指挥系统、地铁站、公立博物馆、历史文化遗产和古迹、纪念碑以及赌博业。但印度尼西亚政府于 2013 年 12 月公布了最新修订的投资负面清单，扩大了外商投资的领域，开放了部分原先仅限当地投资的行业，并对外资的持股比例要求放宽，允许外商可以控股一些行业。新开放的投资领域包括固定通讯、多媒体综合网络电信、多媒体服务业等，目前清单中完全禁止类的产业有部分化学品、特殊交通设施和博彩业等，部分禁止类的产业有制糖、矿业和医药等。

第二，投资方式方面，根据印度尼西亚《投资法》（2007 年）的规定，外国

---

① 陈志波、米良编著：《东盟国家对外经济法律制度研究》，云南大学出版社 2006 年版，第 129 页。

② 参见中国驻印度尼西亚大使馆经济商务参赞处网站（http://id.mofcom.gov.cn/）。

投资者可与印度尼西亚的个人、公司成立合资企业。外国直接投资还可以设立独资企业，但须参照《非鼓励投资目录》规定，属于没有被该《目录》禁止或限制外资持股比例的行业。此外，外国投资者可以通过公开市场操作，购买上市公司的股票，但受到投资法律关于对外资开放行业相关规定的限制。

第三，投资优惠方面，2007 年为吸引外商进入印度尼西亚，与当地企业合作从事渔类加工业，印尼政府规定了多项税收优惠待遇，具体包括规定免除国内加工鱼产品的出口税，减轻渔业加工机械进口税，减免收入税及增值税，在综合经济开发区和东部地区投资的企业还可获得土地建设税减免优惠。2009 年，印度尼西亚政府进一步明确对工业发展用机器、货物和原料免征进口税。2011 年以来，印度尼西亚政府推出财政奖励政策，大力支持资本和劳动力密集型产业的发展。同时对符合印度尼西亚产业导向和优先发展领域的 120 个产业和地区提供相应的税收优惠待遇，包括规定鼓励钢铁工业和炼油厂的投资建设，给予外商长达 15 年的免税期，并给予 2 年期的减税 50% 优惠。此外，印度尼西亚中央与地方政府实行投资审批一站式服务，以便加快办理外商投资审批手续。

第四，外资企业用地方面，印度尼西亚实行土地私有，规定外国人或外国公司在印度尼西亚都不能拥有土地，但外商直接投资企业可以拥有以下三种受限制的权利：建筑权，允许在土地上建筑并拥有该建筑物 30 年，并可再延期 20 年；使用权，允许为特定目的使用土地 25 年，可以再延期 20 年；开发权，允许为多种目的开发土地，如农业、渔业和畜牧业等，使用期 35 年，可再延长 25 年。

此外，印度尼西亚实行相对自由的外汇管理制度，国际资本可自由转移。

(七) 越南的投资法律法规

为了扩大外来投资，促进实现国家现代化的发展目标，越南自 20 世纪 80 年代起就开始积极引进外资，不断完善其关于外资投资的法律体系。1987 年，越南制定颁行了《外国投资法》，该法已前后修改 4 次（1990 年、1992 年、1996 年与 2000 年），主要修改方向为丰富外资投资方式、减少办理程序、增加优惠税率。越南政府多次修改外资投资相关法律法规，力争实现降低市场进入门槛，提供税率优惠，缩短各种行政手续等目的，体现了越南鼓励外资企业进入越南市场的立法目的。2005 年越南制定颁布了《投资法》，正式取代了《外国投资法》，

进一步完善和统一了外资投资法律体系,其立法经验值得我们借鉴。① 具体来说,越南涉外投资法律法规的主要内容包括:②

第一,投资准入方面,越南《投资法》规定鼓励外商投资的领域包括:新材料、新能源的生产领域,以及高科技产品的生产、生物技术、信息技术、机械制造等领域。限制外商投资的领域包括:对国防、国家安全、社会秩序有影响的项目;财政、金融项目;影响大众健康的项目;文化、通信、报纸、出版等项目;娱乐项目;房地产项目;自然资源的考察、寻找、勘探、开采及生态环境项目;教育和培训项目。禁止外商投资的领域包括:危害国防、国家安全和公共利益的项目;危害越南文化历史遗迹、道德和风俗的项目;危害人民身体健康、破坏资源和环境的项目;处理从国外输入越南的有毒废弃物、生产有毒化学品或使用国际条约禁用毒素的项目。

第二,投资优惠方面,越南《投资法》规定享受投资优惠的行业、领域包括优先投资行业、领域的投资项目;投资优惠地区包括社会经济条件困难地区;社会经济条件特别困难地区;工业区;加工出口区;高科技区;经济区。主要的投资优惠措施包括规定外商投资高新技术产业,可长期适用10%的企业所得税税率(园区外高科技项目为15%,一般性生产项目为20%—25%),并从盈利之时起,享受4年免税和随后9年减半征税的优惠政策。外国投资者和越南国内投资者适用统一租地价格。此外,投资高新技术项目的外国投资者根据其他投资优惠政策法规文件的规定享受最高的优惠政策待遇。

第三,投资方式方面,越南《投资法》规定外国直接投资方式包括:外商独资企业;成立与当地投资商合资的企业;按 BOO、BOT、BTO 和 BT 合同方式进行投资;通过购买股份或融资方式参与投资活动管理;通过合并、并购当地企业的方式投资;其他直接投资方式。外国间接投资方式包括:购买股份、股票、债券和其他有价证券;通过证券投资基金进行投资;通过其他中介金融机构进行投资;通过对当地企业和个人的股份、股票、债券和其他有价证券进行买卖的方式

① 陈志波、米良编著:《东盟国家对外经济法律制度研究》,云南大学出版社2006年版,第79页。

② 参见中国驻越南大使馆经济商务参赞处网站(http://vn.mofcom.gov.cn/)。

投资。间接投资的手续根据证券法和其他相关法律的规定办理。

第四，外资企业用地方面，越南现行土地法规定，土地所有权属于国家，不承认私人拥有土地所有权，但集体和个人可对国有的土地享有使用权。外国投资者不能在越南购买土地，可租赁土地并获得土地使用权，使用期限一般为 50 年，特殊情况可申请延期，但最长不超过 70 年。

第五，外汇管理方面，根据越南外汇管理规定，外国投资者可以在越南金融机构开设越盾或外汇账户。如需在国外银行开设账户，需经越南国家银行批准。外国投资者可向从事外汇经营的金融机构购买外汇，以满足项目往来交易、资金交易及其他交易的需求。如外汇金融机构不能满足投资者的需要，政府将根据项目情况解决其外汇平衡问题。

第六，外资企业参与证券交易方面，根据越南 2007 年《证券法》的规定，除金融、银行、电信等少数有限制的领域外，越南逐步取消外国个人和企业在越南上市公司中的股份不得超过 30% 的限制。

（八）缅甸的投资法律法规

缅甸自 20 世纪 80 年代末起，经济对外逐步开放。为吸引和扩大外来投资，缅甸于 1988 年制定颁布了《缅甸联邦外国人投资法》，同年颁布了《缅甸联邦外国人投资法实施条例》，1989 年制定了《缅甸联邦外国投资项目条例》。[①] 进入 21 世纪后，该国又于 2012 年制定了《缅甸公民投资法》，2016 年 10 月，缅甸国家议会正式通过颁行了《缅甸投资法》，以此取代先前制定的《缅甸联邦外国人投资法》与《缅甸公民投资法》，以此实现对于投资立法的统一整合。[②]缅甸上述投资法律法规有助于促进吸收以平等互利为基础的外国投资，以此开放国家的丰富资源，发展国内各地区的经济，从而达到政府在《缅甸联邦外国人投资法的说明》中提出的"致力于改善人民生活条件和促进国家经济的全面发展，以提高人民的生活水平"的经济发展目标。具体来说，缅甸涉外投资法律法规的主要内

---

① 陈志波、米良编著：《东盟国家对外经济法律制度研究》，云南大学出版社 2006 年版，第 112~113 页。

② 参见中国驻缅甸大使馆经济商务参赞处网站（http：//mm. mofcom. gov. cn/）。

容包括:①

第一，投资准入方面，缅甸《投资法》规定鼓励外商投资的领域包括有助于弥补国家发展规划不足及因国家及国民财力、技术无力实施的项目。限制或禁止外商投资的项目包括影响民族传统及习俗的项目、影响民众健康的项目、影响和破坏自然环境及生态链的项目以及玉石、宝石相关矿业的开采项目等。

第二，投资方式方面，缅甸《投资法》规定的外国企业在缅甸投资方式有独资、与缅甸国民或相关政府部门或组织进行合作、根据双方合同进行合作等方式。酒店以及房地产项目可以采取 BOT（建造、运营和转让）方式，而自然资源的开发和开采则可以采用 PSC（产品分成合同）方式。因缅甸金融市场并不完善，尚无正规的证券交易市场，外商无法通过并购上市的方式进行外商投资。

第三，投资优惠方面，为鼓励外国在本国投资，缅甸投资委员会给予所有投资者税收减免优惠：任何生产性或服务性企业，从开业的第一年起，连续三年免征所得税。如果对国家有所贡献，可根据投资项目的效益，继续适当地减免税收；此外，根据具体情况，还可减免其他的一个或多个或全部的税收。

第四，外资企业用地方面，据现行的缅甸土地法，任何外国的个人和公司不得拥有土地，但可以长期租用土地用于其投资活动。新投资法规定，土地使用期限为五十年并视情况延长两个十年等。目前中资企业在缅甸投资主要注册独资或合资公司，投资领域主要集中在油气资源勘探开发、水电、矿业以及加工制造业等领域，投资项目主要采用 BOT 或产品分成合同的方式运营。

第五，外汇管理方面，缅甸的《投资法》规定，未经外汇管理局负责人的许可，任何人在国内不得买卖、借贷、兑换外汇；居住在国外的任何在籍人员不得买卖、借贷、暂时支付、转让、兑换外币。除外汇管制当局特别批准保留外汇的情况外，非贸易外汇收入必须上交。外汇当局仅对居住在缅甸，与官方业务有关的外国国民给予这种特许。此外符合法定条件的外国企业的资金（包括外资输入人应得的外币、外资输入人应提取的外币、从外资输入人年利润中扣除税收及其他费用后的纯收入、扣除税收及家庭成员生活费用后的外籍职员的收入）可通过涉外银行按汇率汇往国外。

---

① 参见中国驻缅甸大使馆经济商务参赞处网站（http：//mm. mofcom. gov. cn/）。

(九) 柬埔寨的投资法律法规

柬埔寨自 20 世纪 90 年代起顺应世界经济体制改革潮流，开始实行市场经济体制，国家对外开放，努力凭借优惠条件大力吸收外资，积极利用外资参与经济重建，为此柬埔寨借鉴西方发达国家的立法经验，于 1994 年制定了《柬埔寨王国投资法》，并于 1997 年、1999 年先后两次修订，并于 2005 年制定了《柬埔寨王国投资法修正法实施细则》（下文简称《投资法》）。柬埔寨这种统一的投资立法模式有利于降低立法成本，提高立法效率，避免繁琐的立法造成各法律、法规之间的立法矛盾以及由此带来的执法与司法困难，有利于对国际投资实施统一的法律调整与监管，其经验值得借鉴。[1] 具体来说，柬埔寨涉外投资法律法规的主要内容包括:[2]

第一，投资准入方面，柬埔寨《投资法》规定柬埔寨政府鼓励投资的重点领域包括：创新和高科技产业；创造就业机会；出口导向型；旅游业；农工业及加工业；基础设施及能源；各省及农村发展；环境保护；在依法设立的特别开发区投资。限制或禁止投资的领域包括：神经及麻醉物质生产及加工；使用国际规则或世界卫生组织禁止使用、影响公众健康及环境的化学物质生产有毒化学品、农药、杀虫剂及其他产品；使用外国进口废料加工发电；森林法禁止的森林开发业务；法律禁止的其他投资活动。

第二，投资方式方面，柬埔寨《投资法》规定外商投资方式包括外国直接投资、合资企业、合格投资项目合并、收购合格投资项目等。

第三，投资优惠方面，柬埔寨《投资法》规定经柬埔寨发展委员会审批同意，获投资许可的投资项目称为"合格投资项目"，可免征大部分进口关税和出口税；企业投资后可享受 3—8 年的免税期（经济特区最长可达 9 年），免税期后按 9% 的税率缴纳利润税，若利润用于再投资，则免征利润税。

第四，外资企业用地方面，柬埔寨《土地法》（2001 年）规定，禁止任何外

---

[1] 陈志波、米良编著：《东盟国家对外经济法律制度研究》，云南大学出版社 2006 年版，第 28 页。

[2] 参见中国驻柬埔寨大使馆经济商务参赞处网站（http://cb.mofcom.gov.cn/）。

国人（包括自然人和外商控制的法人）拥有土地，但合资企业可以拥有土地，其中外方合计持股比例最高不得超过49%。

第五，外汇管理方面，根据柬埔寨《外汇法》规定，只要在柬埔寨商业主管部门注册的企业均可开立外汇账户。通过授权银行进行的外汇业务不受管制，但单笔转账金额在1万美元（含）以上的，授权银行应向国家银行报告。

第六，外资企业参与证券交易方面，根据柬埔寨《非政府债券发行和交易法》（2007年）规定，政府鼓励境外投资和参与柬埔寨证券市场。

（十）老挝的投资法律法规

老挝引进外资的工作始于20世纪80年代。为扩大对外经济关系，改善投资环境，争取引进更多的外来资金、现金技术和管理经验，老挝最高人民议会于1988年通过了《外国在老挝投资法》，1989年颁布了《外国在老挝投资法实施细则》，1994年颁布了《管理和促进外国在老挝投资法》，2001年颁布了《投资法实施细则》。[1] 该国又于2009年颁布了《国际投资促进法》，将原来的《国内国际投资促进管理法》与《外国国际投资促进管理法》合并，2016年12月又颁布实施了《国际投资促进法》（修订版）。这些投资法律法规旨在鼓励外国组织和个人，以及老挝侨民在遵守老挝法律和互惠互利基础上向老挝投资，以此推动老挝的经济发展。具体来说，老挝涉外投资法律法规的主要内容包括：[2]

第一，投资准入方面，老挝《国际投资促进法》规定，除危及国家稳定，严重影响环境、人民身体健康和民族文化的行业和领域之外，老挝政府鼓励外国公司及个人对各行业各领域投资。其中，鼓励外商投资的领域包括出口商品生产；农林、农林加工及手工业；加工、使用先进工艺和技术、研究科学和发展、生态环境和生物保护；人力资源开发、劳动者素质提高、医疗保健；基础设施建设；重要工业用原料及设备生产；旅游及过境服务等。

第二，投资方式方面，老挝《国际投资促进法》规定，外国投资者可以按照

---

[1]　陈志波、米良编著：《东盟国家对外经济法律制度研究》，云南大学出版社2006年版，第53~54页。

[2]　参见中国驻老挝大使馆经济商务参赞处网站（http：//la. mofcom. gov. cn/）。

"协议联合经营"、与老挝投资者成立"混合企业"和"外国独资企业"等三种方式到老挝投资。其中，"协议联合经营"是指老挝投资法人与外方在不成立新法人的基础上联合经营。"混合企业"是指由外国投资者和老挝投资者依照老挝法律成立、注册并共同经营、共同拥有所有权的企业。外国投资者所持股份不得低于注册资金的30%。"外国独资企业"是指由外国投资者独立在老挝成立的企业，形式可以是新法人或者分公司。

第三，投资优惠方面，老挝《国际投资促进法》规定，如有外国企业在基础设施建设不完善的贫困地区（Ⅰ区）投资经营，可免缴10年的利润税；在贫困地区投资的企业在免缴10年利润税外，可再额外5年期限免缴利润税，即可以免缴利润税15年。如有外国企业在基础建设和设施发展中地区（Ⅱ区）投资，在这些地区投资享受4年免税政策，推动企业在这里投资额外获得3年免税期限，即7年免征利润税。除了利润税的激励外，政府还提供了关税、增值税、土地租赁和特许权费的优惠。

第四，外资企业用地方面，老挝《国际投资促进法》规定，外国人以及其他组织没有土地的使用权，只享有土地租赁权。如果需要从老挝公民手中租赁已开发的土地，则应由土地所在地的省、市或特区政府向财政部建议审批。至于外国人及上述个人的组织，是由土地所在地的省、市或特区政府向财政部建议决定。根据外国人投资的项目、产业、规模、特性，最长租赁期限不得超过50年，但可按政府的决定视情形续租。

第五，根据老挝外汇管理规定，在老挝注册的外国企业可以在老挝银行开设外汇账户，用于进出口结算。外汇进出老挝需要申报。携带现金如超过10000美元，需要申报并获得同意方可出入境。在老挝工作的外国人，其合法税后收入可全部转出。

（十一）文莱的投资法律法规

文莱为扩大外来投资，先后于1975年和2001年颁布了《国际投资促进法》，规定以投资项目可能带来的实际经济利益来确定适当的税务优惠，并由此划定飞机食品、药品、铝业、轧钢、化工、船务、水泥等十个工业项目以及这些工业所生产产品为"先驱工业"和"先驱工业产品"，可在一定期限内免交30%的公司税，并可在一定期限内免征出口税、制造税与销售税，以此吸引这些领域的外来投资，力争改变过分依赖石油和天然气的单一经济结构，力争实现经济发展的多元化。①

具体来说，文莱涉外投资法律法规的主要内容包括：②第一，投资准入方面，根据文莱《国际投资促进法》的规定，该国鼓励外国投资的领域包括化工、制药、制铝、建筑材料及金融业等行业。限制与禁止的投资领域包括武器、毒品、林业以及与伊斯兰教义相悖的行业等。第二，投资方式方面，文莱《国际投资促进法》规定，外资在文莱投资可成立私人有限公司、公众公司或办事处，但文莱本地的工程一般仅向本地私人有限公司发放。此外，文莱《国际投资促进法》对大部分行业外资企业投资没有明确的本地股份占比规定，对外国自然人投资亦无特殊限制，仅要求公司董事至少1人为当地居民。第三，投资优惠方面，文莱《国际投资促进法》规定先锋企业及其产品（即符合公众的利益、未达到饱和程度、具有良好的发展前景、具有该产业领先性的企业与产品）可享受20年免征营业所得税和进口关税等优惠政策。第四，外汇管理方面，文莱无外汇管制。文莱银行允许非居民开户和借款。外资企业在当地开立外汇账户须提供公司注册文件及护照复印等材料。个人可自由携带现金出入境，不需要申报。个人及公司外汇可自由汇出，但须在汇出时说明原因。

四、机制实施规范要素的内外部关系

（一）机制实施规范要素的外部关系

马克思主义系统论认为，同一系统的不同要素之间按一定方式相互联系、相互作用，不存在与其他要素无任何联系的孤立元，不可能把系统划分为若干彼此孤立的部分。③ 同理，中国—东盟自由贸易区国际投资法律机制作为一套重要的国际法律制度运行系统，其实施规范要素与其他要素之间也是相互联系、相互作

---

① 陈志波、米良编著：《东盟国家对外经济法律制度研究》，云南大学出版社 2006 年版，第 167 页。

② 参见中国驻文莱大使馆经济商务参赞处网站（http：//bn. mofcom. gov. cn/）。

③ 苗东升：《系统科学精要》（第 4 版），中国人民大学出版社 2016 年版，第 21 页。

用的系统性关系。

具体来说：一方面，该机制的实施规范要素是形成其他要素（机制的实施主体要素、实施方式与程序要素）的前提条件，对其他要素的产生与运行具有指引、调整与评价作用。首先，机制的实施规范要素对于其他要素具有指引作用，即机制的实施主体（主要是实施机构）、实施方式与实施程序都必须依照既定规范的指引予以依法设定和运行，否则会因缺乏合法依据而被质疑与否定。例如，中国与东盟之间设立有关国际投资的多边管理机构，必须严格遵循有关双边条约或其他国际法规范的指引。如果其中一国无视这些国际法规范的指引作用，擅自单方面成立这一机构，将会因缺乏必要的法律授权而无效。其次，机制的实施规范要素对于其他要素具有调整作用，即机制的实施主体、实施方式与程序的设立与运行都要受到既定规范的法律约束，不能与实施规范要素相违背，否则产生不利的法律后果。例如，中国与东盟各国的投资主管机构都必须接受有关投资法律规范的调整，严格依法行使权力。而任何违反法律规范的管理行为（如对外商企业的资产非法征收与征用）都是无效并应承担相应赔偿责任的。最后，机制的实施规范要素对于其他要素具有评价作用，这种评价是法律上的评价，即如果机制的实施主体、实施方式与程序要素符合既定实施规范要素，则将获得来自法律的肯定性评价，进而获得法律的认可与保护。但如果前述这些要素不符合既定实施规范要素，则将获得来自法律的否定性评价，进而被法律认定无效乃至违法，从而承担相应的法律责任。例如，中国与东盟各国投资主管机构对于外商投资的审批工作必须依法进行，任何违背审批权限与程序的审批行为都可能受到申请者的投诉乃至起诉，进而承担相应的行政违法责任。

另一方面，机制的实施主体、实施方式与程序要素对于机制的实施规范要素也具有重要作用。其中，机制的实施主体要素是实施规范要素的实现载体，机制的实施规范要素需要机制的实施主体予以落实。例如中国与东盟签署的双边投资协定，需要依据该协定成立相应的国际投资主管、协调或咨询机构，以此推进实施该协定中的法律规范。此外，机制的实施方式与程序要素是实施规范要素的实现形式。机制的实施规范要素是否能够得以有效落实，在很大程度上取决于实施方式与程序要素。例如，当中国与东盟国家之间发生国际投资争议时，双方间有关投资协定中的争议解决条款能否得到有效落实，十分有赖于双方选择的争端解决方式是否合法且适当，相关争议解决程序是否公正、高效，这些因素对于能否有效落实投资争议解决条款，进而高效合理地解决各方间的国际投资争议，具有十分重要的影响。

（二）机制实施规范要素的内部关系

如前所述，中国—东盟自由贸易区国际投资法律机制的实施规范要素包括国际法律实施规范要素（多边和双边条约实施规范要素）与国内法律实施规范要素。在这两者之间的相互关系之中有一个比较核心的问题，即当国内投资法同国际投资条约的法律规范之间发生不一致的情况时，应当以何者为准？对于这个问题，国际法学界一直存在不同的主张，归纳起来主要有三种学说主张：

第一种学术主张被学界称之为"一元论"。该学说主张国际法与国内法属于同一个法律体系，效力上有高低之分。对于是国际法优先，还是国内法优先的问题，持"一元论"的国际法学者之间产生了分歧，由此形成两派观点。一派以耶利内克等人为代表的观点，主张国内法优先，其理论依据是黑格尔的"国家至上"思想。由于这派观点实际上否定了国际法的地位和价值，与当前全球化的国际发展趋势不相符合，因而已被基本摈弃。另一派以凯尔森为代表的观点，主张国际法优先，其理论基础是康德的法哲学思想，认为"国际法律秩序中的基本规范是国内法律秩序发生效力的最终的原因"①，因此认为国际法应当具有优先适用的地位。

第二种学术主张被学界称之为"二元论"。该学说主张国际法与国内法分属于不同的法律体系，但效力上是平行的，二者之间没有高低之分。持该学说者多属于实证法学派，如英国的奥本海、德国的特里佩尔等。他们认为当国际法不能直接在一国适用，必须转化为该国的国内法后才能适用。

第三种学术主张被学界称之为"协调论"。该学说以我国著名国际法学家周鲠生、王铁崖等人为代表，主张国际法与国内法即是各自独立，又是相互联系的，二者之间没有谁属优先的问题。但二者发生冲突时，应当根据实际情况予以

① Ian Brownlie, Principles of Public International Law, Oxford: Oxford University Press, 1973, p. 35.

合理调整。

对于上述观点,笔者认为,主张国际法优先的"一元论"忽视了对一国主权的尊重与保障。而主张国际法必须转化为国内法才能适用的"二元论",观点有些机械和僵化,割裂了国际法与国内法之间的内在联系。与之相比,"协调论"坚持了马克思辩证唯物主义的基本哲学立场,科学地揭示了国际法与国内法之间的对立统一关系,有助于合理指引相关的法治实践,因而最为科学合理。有鉴于此,我国现行的《民事诉讼法》第267条规定,"中华人民共和国缔结或者参加的国际条约同本法有不同规定的,适用该国际条约的规定,但中华人民共和国声明保留的条款除外",由此表明我国基于"有约必守"的国际法准则,在立法上主张如果中国缔结或参加的国际条约与国内法有不同规定的,可直接适用国际条约的规定,但前提是相关条款未被中国声明保留。这样就妥善协调了国际法与国内法之间的立法矛盾,既维护了我国的国家主权,避免了"一元论"对国家主权的漠视,又维护了国际法的价值与地位,避免了"二元论"的僵化弊端。基于上述立场,当中国有关涉外投资的国内法律规范,同中国缔结或参加的国际投资双边与多边协定规范不一致时,应当坚持优先地直接适用国际法律规范(但我国声明保留的国际条款除外),同时也要及时根据国际条约修改我国的相应国内法律规范。

此外,当中国与东盟各国此前分别签署的双边投资协定,与各方随后签署的多边投资协定发生不一致时,笔者认为应基于"后法优于前法"的基本原则,以中国与东盟间的多边投资协定为准(但中国声明保留的国际条款除外)。对于中国与东盟间的多边投资协定未规定的事项,则可依然适用中国与东盟各国此前分别签署的双边投资协定,除非该协定已终止。

第五节 机制的实施主体要素分析

机制的实施主体要素是中国—东盟自由贸易区国际投资法律机制的三个基本要素之一。机制的实施主体是参与和落实机制的各类法律主体,通常包括享有机制权利、承担机制义务的各类自然人、法人与其他组织。在机制实施主体之中,笔者重点探究两个重要的法人实体:一个是负责机制运行的行政主管机构(我国

《民法总则》将其归类为机关法人）。这类机构对于中国与东盟间的国际投资法律活动，通常发挥了最为直接的监管、保护与促进作用，也是推动机制落实的重要载体之一。另一个是保障机制运行秩序的国际仲裁机构（我国《仲裁法》将其归类为社会团体法人）。这类机构对于化解中国与东盟间的国际投资争端，保护投资者合法权益，通常发挥着比司法机关更为便捷、高效的作用，也是保障机制正常运行秩序的重要载体之一。有鉴于此，笔者对这两类重要的机制实施主体作以下简要分析：

一、机制的行政主管机构

（一）我国的国际投资主管机构

我国负责主管国际投资事项的中央政府机构主要包括国务院发展和改革委员会（简称"发改委"）、商务部、外汇管理局。这些机构在实践中也承担着主管和落实中国—东盟自由贸易区国际投资法律机制的职能。具体来说，其职权分别为：发改委负责规划、监管和协调中国经济发展和行业政策，主管对外投资项目的立项审批。商务部负责具体境外投资事项审批，并发放中国企业境外投资证书。外汇管理局负责对境外投资的外汇登记及备案。此外，中国还专门设立了促进对东盟及其他国家和地区投资的主管机构，即商务部国际投资促进事务局与商务部外国投资管理局。这两个投资促进机构的职能分工是：商务部外国投资管理司主要承担的是促进对外投资的战略规划职能，即负责研究、拟定和下发全国投资促进战略和年度投资促进工作指导意见等战略规划工作。商务部投资促进事务局主要承担的是投资促进的执行职能，即负责落实投资促进战略规划的具体执行性工作，现对这两个机构简介如下：

1. 商务部外国投资管理司①

该局主要负责管理全国吸收外商投资工作。外国投资管理司下设一室七处，分别是：办公室、综合处、服务业处、制造业处、统计信息处、开发区处、国际

---

① 参见中华人民共和国商务部外国投资管理司网站（http://wzs.mofcom.gov.cn/article/gywm/）。

投资促进处、区域经济发展处。具体来说：（1）办公室负责全司人事干部管理、人员培训、办公自动化、政务信息、文电管理、行政、预算等工作。（2）综合处负责参与研究制定全国利用外资的发展战略及中长期规划，研究制定利用外资综合性方针、政策、法律、法规，负责利用外资综合性课题调研；研究国际组织有关外国直接投资的规则，参与国际多、双边涉及投资议题谈判，组织落实与国际组织、机构共同研究有关外资政策的合作项目；研究并组织实施吸收外商投资新方式的政策规定；协调国务院综合部门研究解决执行外商投资企业合同、章程以及企业运营过程中的问题；研究拟订外商投资审批制度等改革方案；联系外商投资企业协会，指导投资性公司工作委员会工作。（3）服务业处负责牵头研究制定服务业利用外资政策、中长期规划及发展战略和总体方案，协调指导全国在农林牧渔业，城市公用事业及各类管网，海上、陆地石油、天然气、煤层气勘探开发，铁路、码头、公路、桥梁、机场等基础设施，矿产勘探开采（包括煤炭及各种矿产的勘探开采），建筑、交通运输、仓储、邮电通信、房地产、旅游、商业（包括各种分销）、特许经营、外贸、会计、广告、印刷、物流、创业投资、教育文化及广播电影电视、信息咨询、计算机应用服务业、医疗卫生体育福利、社会服务业、科学研究和综合技术服务、维修和租赁等各项服务业利用外资项目、企业设立及各类外商投资企业增加服务业经营范围的审批、备案和管理工作；联系金融、保险、证券、基金领域的对外开放工作。参与WTO新一轮服务贸易谈判。（4）制造业处负责牵头研究制定分管行业领域利用外资政策、中长期规划及发展战略，会同有关部门研究制定吸收外商投资高新技术的政策、规定，并组织实施；会同国家发展改革委修订实施《外商投资产业指导目录》；协调指导全国在炼油、石化、汽车、电子、医药、机械、粮食产业（种子、种植、运输、加工），农、林、牧、渔业等领域以及电站等能源领域利用外资的项目审批和管理工作。（5）统计信息处负责指导和管理全国外商投资企业进出口工作。编报外商投资企业涉及国家实行配额、关税配额管理的进出口商品的年度计划并组织实施，监督计划执行情况；指导和管理外商投资企业自动进口许可证的审核发证工作，指导、监督和管理外商投资企业其他进出口管制商品的审核发证工作；核定外商投资企业涉及配额、关税配额、许可证管理商品的进出口规模；参与拟定加工贸易、进出口商品配额招标、公平贸易及其他进出口贸易政策、法律、法规、规章。指导和监督全国外商投资统计工作。拟订外商投资统计制度并组织实施；负责外商投资统计资料的汇总、分析、编报、发布；向中央国务院报送《外资动态》。指导和协调全国外商投资企业联合年检工作。负责外商投资企业联合年检资料的汇总、分析和编报。（6）开发区处负责综合协调和指导全国国家经济技术开发区（简称国家级开发区）的有关具体工作。牵头并协调相关部门制定国家级开发区发展战略、法律法规及政策并组织实施；负责国家级开发区和相关经济区域综合调研工作；负责新设国家级开发区和拓展建设现有国家级开发区的协调、审核；负责国家级开发区综合统计和综合投资环境评价工作，定期编报国家级开发区综合经济发展统计分析报告和国家级开发区综合投资环境评价报告；负责宏观协调国家级开发区信息化及网站建设；负责国家级开发区全国性重大活动的协调组织工作；组织跨行政区域和同一经济区域国家级开发区间的协作与交流；综合协调国家级开发区吸收外商投资工作并负责相关改革方案的制定与实施；负责原外资领导小组办公室日常工作，向中央国务院报送《简报》、开发区专刊。参与区域发展政策的制定和国务院批准设立的特殊经济区域（包括特区、经济开发区、保税区、出口加工区等）的相关协调工作；负责指导并协调边境合作区、跨境经济合作区有关工作。联系中国开发区协会。（7）国际投资促进处负责与国际组织合作，参与国际投资规则的研究与制定；负责多双边自贸区投资议题、中日韩投资安排等多双边投资议题的谈判和磋商；牵头与对华投资的主要国家和地区建立多双边国际投资促进机制并开展工作，参与其他多双边国际投资促进机制的活动，管理、协调、联系外国政府与我地方政府之间的投资合作机制等相关工作；参加、协调多双边混（联）委会与投资有关的工作；与国际组织开展投资领域的合作等；负责国际投资合作的调研与信息工作。（8）区域经济发展处负责编制全国中长期国际投资促进规划和年度国际投资促进工作计划，并组织实施和检查落实；指导和协调各地方根据全国中长期国际投资促进规划和年度国际投资促进工作计划开展国际投资促进工作。组织编制产业转移中长期规划；研究制定促进区域经贸投资合作、推动产业转移相关政策；组织区域间开展产业转移的相关专题活动。牵头负责"九八"投洽会、中部博览会等重大国际投资促进会活动；协调参与其他展会的国际投资促进有关工作。开展全国和各地投资环境研究和评估工作，推动投资环境改善；负责协调区域规划、海关特殊监管区等工作。开展国际投资促进方式、内容、趋势等研究和交流；开展外商投资信息整理与交流。负责联系国际投资促进事务局、中国国际投资促进会、外资协会等机构；负责联系各地国际投资促进部门和机构，开展和实施其他国际投资促进工作。

商务部外国投资管理司的主要职能包括：（1）宏观指导和综合管理全国吸收外商投资工作。分析、研究跨国投资趋势和全国外商投资总体情况，定期向国务院报送有关动态，协调各部门的意见，提出吸收外商投资重大问题的建议；参与制订利用外资的发展战略及中长期规划和产业区域结构优化目标。（2）起草吸收外商投资的法律、法规，拟订相关规章、政策和改革方案并组织实施，监督检查执行情况；参与拟订《外商投资产业指导目录》并共同发布；拟订向外商转让资产、股权、经营权以及相关的兼并、承包、租赁工作的有关政策；协调相关部门拟订服务贸易领域利用外资方案并组织实施。（3）管理和指导全国外商投资审批、备案工作。依法核准国家规定的限额以上限制外商投资及法规规章规定的外商投资企业的设立、合同、章程及变更；核准重大外商投资项目合同、章程及法律特别规定的重大变更；会同有关司局核准商业流通领域外商投资项目。（4）负责统一受理并答复外国投资者并购境内企业申请；会同有关部门建立外国投资者并购境内企业安全审查部际联席会议，参与拟订外国投资者并购境内企业安全审查目录；负责将属于安全审查范围内的并购案提交安全审查部际联席会议进行安全审查。（5）监督检查外商投资企业执行有关法律法规和合同、章程的情况，协调解决外商投资企业运行过程中的问题；牵头外商投资企业联合年检工作；负责外商投资统计和综合分析工作。（6）研究拟订国际投资促进战略、规划和标准，指导和管理全国国际投资促进工作。建立多双边国际投资促进机制并开展相关工作，筹划跨地区大型国际投资促进和外资政策宣传活动；牵头协调多双边、区域谈判中涉及投资议题的中方立场，拟订谈判方案，负责对外谈判工作，参与双边国际投资保护协定谈判工作。（7）指导并协调国家级经济技术开发区、苏州工业园区、边境（跨境）经济合作区等经济合作区的有关工作，制订相关发展战略、政策和法律规范并组织实施；联系经济特区、保税区、综合保税区、保税港区、出口加工区等特殊经济区域吸收外商投资工作。（8）牵头研究推进区域对外开放的政策，协调、推动沿边开放和其他各类区域对外开放。（9）研究制定区域吸收外资、区域投资合作的规划、政策并组织实施；指导协调产业转移国际投资促进中心和示范园区等平台建设，优化外资区域布局；协调、指导和监督全国外商投资企业投诉工作。

2. 商务部国际投资促进事务局①

该部门主要负责执行我国"引进来""走出去"相关政策，为我国吸收外资和企业对外投资提供双向国际投资促进服务，其主要内设机构包括：主任委员会、自贸区投资合作部、产业一部（农业与能源产业部）、产业二部（机械产业部）、产业三部（医药化工产业部）、产业四部（电子信息产业部）、产业五部（现代服务产业部）、中国国际投资促进中心等。其职权包括：（1）执行吸收外资和对外国际投资促进战略、规划及指导性意见。（2）研究产业国际投资促进方案、计划和建议并组织实施；成立行业国际投资促进专业委员会并开展工作；为中外企业提供国际投资促进服务。（3）指导各地国际投资促进机构的工作；与地方政府及其他部门、机构和企业合作开展国际投资促进活动；与我驻外中资企业商协会建立联系机制；参与多双边投资工作机制有关活动；与境外国际投资促进机构及商协会建立合作机制并组织实施有关活动；与相关国际经济组织开展国际投资促进业务合作，参加世界国际投资促进机构协会相关活动并开展工作。（4）根据开发区发展战略和各园区产业规划，开展国家级经济技术开发区、边境（跨境）经济合作区等各级各类经济园区的国际投资促进工作。（5）组织实施跨地区大型国际投资促进和"引进来""走出去"政策宣传推介活动，承担商务部主办/联合主办的国际投资促进活动和相关工作；承办"中国国际投资贸易洽谈会""中国中部投资贸易博览会"；承担有关国际性展览的组织实施工作。（6）负责"中国投资指南""投资项目信息库"等国际投资促进网站的建设和管理；提供双向投资公共信息和咨询服务；建设、运营、管理、协调全国网上招商工作；组织开展各类网上国际投资促进活动。（7）开展双向投资调研，为政策制定提供支持和建议；编制发布国际投资促进宣传推广资料和出版物。（8）组织实施双向国际投资促进境内外培训。（9）负责中韩雇佣制劳务合作的执行工作。（10）开展产业转移国际投资促进工作，负责产业转移促进中心日常管理和全国外商投资企业投诉中心的日常工作。（11）独立或合作设立、运营、管理境内外的国际投资

---

① 参见商务部国际投资促进事务局官方网站（http：//tzswj. mofcom. gov. cn/）。

促进机构。(12) 承办商务部交办的其他事项。

(二) 东盟各国的国际投资主管机构

1. 新加坡的国际投资主管机构

新加坡负责主管和落实中国—东盟自由贸易区国际投资法律机制的中央政府机构主要是经济发展局与国际企业发展局,现对之简介如下①:

(1) 新加坡经济发展局 (EDB, 简称经发局) 是新加坡政府贸工部隶属的法定机构。该机构成立于 1961 年,新加坡经发局是负责制订和实施商业与投资策略的主导机构,协助加强新加坡作为商业与投资环球中枢的地位。其主要职能在于通过为本地及海外投资者提供一站式的服务,使之在制造业和服务业领域寻求更高增值、获得更高的永续回报和新的商机。同时为投资者和企业作出构想和设计,并提供解决方案以创造价值,藉此吸引更多商机,创造优良的就业机会,增强新加坡未来的投资竞争力。经济发展局在与投资者互动、积极吸引海外投资的同时,也负责向其他政府机构提供反馈意见,确保基础设施和公共服务保持高效和成本上的竞争力,以此保障新加坡持续拥有最优质的外商投资环境。

(2) 新加坡国际企业发展局 (IE Singapore) 是新加坡的官方国际贸易与国际投资促进机构,其前身为 1983 年成立的新加坡贸易发展局 (TDB, 简称贸发局),2002 年 4 月更名,简称企发局。企发局内设最高决策机构——理事会。理事会设主席、副主席各 1 人,首席执行官 1 人,理事会成员至少 5 人,至多 9 人。另有首席执行官助理 1 人,协助首席执行官处理日常事务。企发局内设 8 个部,分别为产业部 (Corporate Group)、创业部 (Enterprise Group)、国际业务部 (International Operations Group)、能力发展部 (Capability Development Group)、组织机构部 (Organisational Groups)、企业计划部 (Corporate Planning Group)、全球商业观察部 (Global Business Insights) 和内部审计部 (Internal Audit)。前 4 个部为主要业务部门。此外企发局还在全球设有超过 35 个办事处及联络点。企发局的主要职能是在新加坡国内和海外为企业提供广泛服务,帮助企业熟悉国际商务规则,建立商务与投资联系,提供市场信息,寻找海外合作伙伴。同时,通过

---

① 参见中国驻新加坡大使馆经济商务参赞处网站 (https://sg.mofcom.gov.sg/)。

协助国外企业与本地企业扩大交流合作，利用新加坡独有的战略位置、稳定的政治环境、劳动力优势和有利于企业发展的商业环境，运用优惠政策吸引更多投资，发展国际贸易、航运和物流、国际展览管理、基础服务和电子商务等领域，将新加坡建设成为亚洲服务中心，不断增强新加坡的国际竞争力。

2. 泰国的国际投资主管机构

泰国负责主管和落实中国—东盟自由贸易区国际投资法律机制的中央政府机构主要是国际投资促进委员会，现对之简介如下①：

泰国国际投资促进委员会（Board of Investment，简称 BOI）是泰国主管投资的政府部门，或者更准确地说是泰国政府负责制定投资奖励优惠政策并为投资者提供协助服务的机构。泰国国际投资促进委员会负责根据 1977 年颁布的《国际投资促进法（Investment Promotion Act）》以及 1991 年和 2001 年两次修正的版本制定投资政策。国际投资促进委员会办公厅（Office of the Board of Investment）是隶属于泰国工业部的国家厅局级单位，负责审核和批准享受泰国投资优惠政策的项目、提供投资咨询和服务等。它分为两个等级：国际投资促进委员会及国际投资促进委员会办公厅。国际投资促进委员会由总理任主席，工业部长任副主席，各经济部长及政府高级官员，民间重要机构的代表、学者、专家任委员或顾问。主要职责是促进泰国的投资事业、制定投资奖励优惠政策及相关的指导政策、向投资者提供奖励并为投资者提供相关的服务。国际投资促进委员会办公厅是执行 BOI 的政策的机构，或者说是 BOI 的办事机构，秘书长为最高行政长官。该厅内设秘书局、计划发展部、投资服务中心、国际业务部、区域促进投资部、泰国内地事务所、海外事务所、促进投资一至七部等部门。BOI 办公厅总部设在曼谷，全国有 6 个分支机构，海外有 5 个分支机构，分别设在纽约、巴黎、法兰克福、东京和上海。泰国国际投资促进委员会担负的主要服务职能包括：协助企业的建立；提供投资的桥梁服务；投资机会及信息；进行吸引外资的宣传活动；申请奖励投资咨询服务等。

3. 马来西亚的国际投资主管机构

---

① 参见中国驻泰国大使馆经济商务参赞处网站（http：//th. mofcom. gov. cn/article/ddfg/）。

长期以来，马来西亚一直没有一个专门的政府机构对外商投资进行全面统一管理，其主管部门因行业而异，有多个行政主管机构共同负责和落实中国—东盟自由贸易区国际投资法律机制。马来西亚国际贸易及工业部（MITI）及其下属的马来西亚工业发展局（MIDA）负责制造业的吸引外资工作，其他行业和领域由马来西亚外资委员会（Malaysia Foreign Investment Committee，简称FIC）及有关部委负责管理，FIC只负责审批外资的持股比例，而有关部委则负责其他相关事宜。如涉及金融、保险行业的外资，由FIC和财政部、国家银行主管；涉及交通运输行业的外资，由FIC和交通部主管；马来西亚重大的对外投资工业项目须由国家银行批准；农业吸收外资由马来西亚农业部负责管理；旅游业由马来西亚文化旅游部管理等。但有关马来西亚吸引外资政策的重大调整，由马政府内阁集体讨论决定。2010年，马来西亚联邦政府出台了一系列新的举措，以促进投资增长。包括设立国家投资委员会（NCI），由马来西亚贸工部部长和总理府绩效管理实施署署长作为联席主席，委员由财政部、总理府经济计划署、央行、绩效管理实施署、贸工部、投资发展局、统计局的官员组成，负责审批投资项目，并被授予较多自由裁量权限，以提高该机构施政灵活性，吸引更多投资。①

4. 菲律宾的国际投资主管机构

菲律宾政府负责主管和落实中国—东盟自由贸易区国际投资法律机制的中央机构主要有投资委员会（BOI）、经济区管理署（PEZA）、证券与外汇委员会（SEC）与贸易管理与消费者保护局（BTRCP）等②，现对之简介如下：

（1）投资委员会（BOI）：根据菲律宾《1987年综合投资法》规定，菲律宾政府下辖的投资委员会负责指导、鼓励和批准本国和外国资本在菲律宾投资事宜。投资委员会由7名理事组成：1名由总统选定的贸易与工业部部长（兼任投资委员会委员长）、3名贸易与工业部副部长（兼任投资委员会副委员长和常务首脑）、3名来自其他政府机构和私营部门的代表（一届任期为4年）。投资委员会一般每周开会1次，出席会议的理事法定人数为4人以上，且必须有4名以上的理事投赞成票形成的决议方为有效。投资委员会的职能包括：按年度编制《投

---

① 参见中华人民共和国商务部网站（http：//kuching. mofcom. gov. cn/）。
② 何勤华：《东南亚七国法律发达史》，法律出版社2002年版，第27~31页。

资优先计划》；制定实施条例；处理和批复投资者向委员会提出的注册申请，要求投资者出具履约保函和其他担保，支付申请、注册、出版及其他必要的费用等裁决登记企业或投资者与政府机构之间的纠纷；向移民与驱逐出境局局长推荐根据《1987 年综合投资法》规定受聘进入菲律宾工作的外国人；定期检查、核实菲律宾国民参与投资者登记企业的比例；定期检查、核实登记企业是否遵守法律规定的规章制度和注册条件；在外商投资企业违反法律的规定，取消企业的登记，或暂停优惠，或处以罚金；对符合条件的企业延长其享受优惠的期限；管理外国人全资或部分拥有的商业组织在菲律宾所做的投资。

（2）经济区管理署（PEZA）：根据菲律宾《1995 年经济特区法》的规定，菲律宾贸易工业部于 1996 年成立经济区管理署。管理署设 1 名署长，由总统委派。另设委员会，由 12 名委员组成，包括贸易工业部部长任主席、菲律宾经济区管理署署长任副主席、财政部副部长、劳工及就业部副部长、内政部副部长、环境与自然资源部副部长、农业部副部长、公共设施及公路部副部长、科技部副部长、能源部副部长、国家经济及发展署副署长，以及 1 名来自经济特区投资者或经营部门的代表。在贸易工业部部长不能出席委员会会议的情况下，由菲律宾经济区署署长代行主席职务。经济区管理署的职能包括：根据法律的规定，运营、管理、维持和发展经济特区；对经济特区内的企业以有效、分散的方式进行注册、规范和监督；与地方政府部门协调，监督经济特区、工业园区、出口加工区、自由贸易区及其他类似区域的开发、规划活动和经营活动，为经济特区的发展提供良好的条件；向总统建议各经济特区的边界和范围的建议权，以及与地方自治会或市议会、全国或地区用地协调委员会协调区内相关工作。

（3）证券与外汇委员会（SEC）、贸易管理与消费者保护局（BTRCP）：这两个机构是菲律宾政府负责管理国内外投资者的企业注册活动的专门性机构。根据菲律宾《综合投资法》（1987 年）规定，国内外投资者在向菲律宾投资委员会递交投资申请得到批准后，15 天内再须根据其投资形式分别向这两个部门办理登记，其中证券与外汇委员会是专门负责在菲律宾进行合资的本国与外国企业的注册，贸易管理与消费者保护局则负责在菲律宾进行独资的外国与本国企业的注册。此外证券与外汇委员会还享有对外国商业实体在菲律宾设立区域或地区总部或者区域运营总部的许可权。

5. 印尼的国际投资主管机构

印尼负责主管运行中国—东盟自由贸易区国际投资法律机制的中央机构是投资协调委员会（BKPM），该委员会负责监督和执行国内投资法与国外投资法。①投资协调委员会隶属于印尼总统并直接对总统负责。委员会设主席1人，同时兼任投资部长。投资协调委员会的职能是协助总统制定投资政策，办理投资批准许可，监督实施投资项目，具体职能包括：（1）起草投资政策，交总统批准。（2）根据投资法律法规，协调行业和地区投资计划，制定出全国投资总规划。（3）定期会同有关行业的主管部委整理审议"禁止和限制投资行业目录"。（4）将上述目录提交总统批准后以总统令形式颁布。（5）依据国家发展政策推动各省的投资活动。（6）就投资项目咨询提供广泛的信息。（7）与投资者和商界保持联系，建立有效的促进和交流机制。（8）依照投资政策、法律、法规对投资申请进行评估。（9）将外资申请项目遴选和评估结果呈报总统批准。（10）审批内资和外资的投资申请和变更。（11）代表有关行业的主管部门办法执照和投资许可。（12）会同地方协调投资协调委员会与其他有关部门监督实施已批准的投资项目。（13）总务、执行、组织、人力资源、教育与培训、财政、法律、公共关系、档案管理、数据和信息管理的培育和服务。（14）根据印尼法律落实其他的投资服务功能。

6. 越南的国际投资主管机构

越南负责主管和落实中国—东盟自由贸易区国际投资法律机制的中央机构是计划投资部（Ministry of Planning and Investment，简称 MPI），它是越南政府规划管理国内投资、外商投资越南和越南对外投资的政府机构②，其职权包括：（1）向总理提交有关投资的政府议案、年度投资计划的决议草案以及项目实施方案等。（2）向政府提出投资发展战略，制定投资宏观调控政策、总体规划、中期和年度公共投资计划、国家投资目标项目、实施计划以及政府规定的其他项目的投资政策。（3）公布国家管理投资的有关通告、决定、指示。（4）指导、检查和组织实施国家管理范围内的有关投资法律文件、投资发展战略、投资总体规划、

---

① 参见中国—印尼经贸合作网（http：//www.cic.mofcom.gov.cn）。
② 参见越南计划投资部官方网站（http：//www.mpi.gov.vn/en/Pages/cnnv.aspx）。

计划等。（5）指导各部门、分支机构和地方对其投资计划的执行情况进行监测和评估；组织每月、季度和年度对投资发展计划执行情况的监测、评估和报告。（6）制定中期和年度公共投资计划；制定优先吸引外资、ODA、优惠贷款项目和项目清单、国家重点投资项目清单等。（7）确定整个社会发展投资资本的总量和结构；维持公共投资资本的总量和平衡。

7. 缅甸的国际投资主管机构

缅甸负责主管和落实中国—东盟自由贸易区国际投资法律机制的中央机构是缅甸联邦投资委员会（MIC）。[①] 根据 2017 年《缅甸投资法》，国家总统在政府内阁中甄选 1 名合适人选提名，由政府内阁任命其为投资委员会主席。政府内阁直接任命委员会副主席。政府内阁选任来自各部委、政府部门、政府组织的成员，或甄选个人专家、学者、有威望的人事作为投资委员会委员。政府内阁根据《缅甸投资法》第 6 条选任包括秘书长在内的 9 名以上的单数成员。除了秘书长之外，委员会的其他成员的任职期与政府的任职期一致。秘书长作为国家公务员，需遵守国家公务员法。委员会的成员任期不得连续超过两届。

缅甸联邦投资委员会的主要职能包括：（1）提升国家的投资。（2）作为向在缅甸国家范围内的投资者和有兴趣的潜在投资者提供协调和帮助的主要职责部门。（3）为使得投资者及其投资变得简便顺利提供帮助。（4）在各联邦部委、各省邦政府制定经济计划及实施执行时，提供投资领域的政策意见。（5）向委员会成员提供政策指导或者参考。（6）将委员会的工作执行情况向总统和政府内阁每三个月做一次报告。（7）通过政府内阁将委员会所批准的投资项目的执行完成情况、进度状况向国家议会做年度审核报告。（8）为了促进联邦范围内所有省、邦经济的发展，与内比都委员会、各省、邦政府协调，根据投资种类、资源种类、就业机会情况，对各省、邦的审批职权做出划分。（9）为促进国内外投资更加简便和帮助其实施，向政府内阁提供建议。（10）对于投资者发现自然矿产、文物等后不进行通知而进行买卖、占有、改变其原貌、破坏等行为，使用法律条款和规章对其进行追责。（11）审核投资者及其投资是否遵守本法或根据本法所制定的细则、条例、规定、命令，是否符合常规、合同条款等。对于不符合及不

---

① 参见《缅甸投资法》（中华人民共和国商务部网站 http：//www. mofcom. gov. cn/）。

遵守，令其遵守，或进行依法追究。（12）对于享受免税、减税及受限的投资项目种类进行重新考评，并将考评意见递交政府内阁审核。（13）制定需增加投资的领域、限制投资的领域、禁止投资的领域并向政府内阁报批后进行颁布。（14）获得政府内阁的批准后，根据国家战略需要，规定出重要投资项目种类、金额巨大的投资项目种类、对自然环境和地方居民具有重大影响的投资种类。（15）审核投资者向委员会所递交的项目申请是否符合国家利益和是否符合法律，如符合，则向投资者签发许可，如不符合，则进行否决。（16）对其投资者向委员会递交材料齐全的项目申请书进行审核。如与法律没有冲突的，向投资者颁发批准命令。（17）对投资者申请延长或修改其许可或批准的申请审核后予以批准或否决。（18）如有需要，向投资者要求递交其投资相关的证明或者材料。（19）对于投资者申请许可或者批准时向委员会递交的合同、证明材料不实，或者未遵守许可、批准中的规定的情况，在获得可靠的证据后依据法律对其进行追究。（20）在投资者根据本法条例申请减税或免税时，审核后批准。（21）规定不能享受免税、减税或者两者兼并减免的投资种类，并向政府内阁报批。（22）为了履行委员会的责任，向相关的政府部门、政府组织和包括投资者在内的其他组织，获取与委员会工作职责有关的协助和信息。（23）制定和实施计划，以使得本法所颁布的条款能够成功有效地实施。（24）根据投资种类进行审核后批准给予适当的建设期或者筹备期。（25）对从国外进口的机械、设备，根据税务部门颁发的临时进口条例，与相关政府部门协调后，审批其免税或减税申请。（26）为了本法的有效执行成立一套管理制度，对投资中产生的尚未达到司法诉讼级别的争执事件进行有序审核、查找原因、响应、调查、损失调解等。

8. 老挝的国际投资主管机构

老挝负责主管和落实中国—东盟自由贸易区国际投资法律机制的中央机构是外国投资管理委员会（CPMI），该委员会由总理、副总理等人组成。外国投资管理委员会的主要职能是负责管理、保护与促进外国在老挝的投资，本着"服务、监督、管理"的宗旨鼓励老挝厂商与外商加强投资合作。此外，老挝具体管理投资的常设机构是国内国外投资管理局，隶属于老挝国家计划与合作委员会。国内国外投资管理局下设外国投资管理促进处、项目评估处等机构。老挝还设有国内外国际投资促进管理局（DDFI），它的前身是老挝国外投资管理委员会办公室

（FIMC）。国内外国际投资促进管理局的主要职能是负责会同有关部委，评估投资申请，随之提交外国投资管理委员会批准。该局还负责监控投资委员会（CIC）认可的投资项目，并向国内外投资者提供投资信息与优惠待遇。①

9. 柬埔寨的国际投资主管机构

根据《柬埔寨王国投资法》的相关，"柬埔寨发展理事会"（COUNCIL FOR THE DEVELOPMENT OF CAMBODIA，简称 CDC）是柬埔寨政府唯一负责柬投资和重建发展综合事务的政府机构，也是负责主管和落实中国—东盟自由贸易区国际投资法律机制的中央政府机构。②该理事会主席由柬埔寨首相兼任，国务兼财经大臣吉分别兼任副主席；其日常事务由秘书长负责。理事会下设"柬埔寨投资委员会"（CAMBODIAN INVETMENT BOARD，CIB）和"柬埔寨重建与发展委员会"（CAMBODIAN REHABILITATION & DEVELOPMENT BOARD，CRDB）两个委员会，其职能是分别主管私人投资（包括外资）与公共投资（政府发展项目、接受外援等）业务。委员会成员由王国政府相关部门负责人组成，两个委员会均设有各自的秘书处、秘书长及相关办事机构，负责日常事务。作为柬投资主管机构的 CIB，由柬涉及投资的各部门代表组成，对重建、发展和国际投资监管事务实行"一站式"审批。投资者要享受优惠待遇，必须向该会提交申请，以供其审议和决定。理事会负责对全部重建、发展工作和投资项目活动进行评估和决策，批准投资人注册申请的合格投资项目。该机构对申请的格式、内容，审议的程序和时限都有较严格的要求，待其审核通过后对投资者颁发最终注册证书。

10. 文莱的国际投资主管机构

文莱负责主管和落实中国—东盟自由贸易区国际投资法律机制的中央政府机构主要是工业与初级资源部，其中招商引资工作主要由工业与初级资源部的经济发展局负责。文莱工业与初级资源部下辖五个执行局：农业局、森林局、渔业局、工业发展局和旅游局，其主要职责是鼓励和支持当地企业及外国投资者开展商品生产和服务，保障国家食品安全和就业，推动经济持续、多元化发展。此外，文莱财政部、经济发展理事会等其他有关部门也参与有关国际投资合作政策

---

① 参见老挝国际投资促进局官网（http：//www.investlaos.gov.la/）。

② 参见柬埔寨发展理事会官网（www.cambodiainvestment.gov.kh）。

的制定和实施。①

综上，中国与东盟各国的国际投资主管机构是直接负责相应法律机制运行的重要载体，其基本设置情况汇总如下（见表1-5）：

表1-5　　　　　　　　中国与东盟各国的国际投资主管机构一览表

国　家	国际投资主管机构
中国	商务部国际投资促进事务局 与商务部外国投资管理局
印度尼西亚	投资协调委员会（BKPM）
新加坡	经济发展局（EDB）与国际企业发展局（IES）
泰国	国际投资促进委员会（BOI）
菲律宾	投资委员会（BOI）、经济区管理署（PEZA）、证券与外汇委员会（SEC）、贸易管理与消费者保护局（BTRCP）
马来西亚	国际贸易及工业部（MITI）、外资委员会（FIC）、国家投资委员会（NCI）
老挝	外国投资管理委员会（CPMI）
柬埔寨	柬埔寨发展理事会（CDC）
文莱	工业与初级资源部（MIPR）
越南	计划投资部（MPI）
缅甸	投资委员会（MIC）

（三）中国与东盟跨国间的国际投资机制实施机构

我国与东盟各国现已协力组建了一系列旨在保障和促进彼此间国际投资法律机制运行的机构。这些机构既为促进和发展中国—东盟自由贸易区国际投资提供了信息与技术服务，也为完善自贸区国际投资机制提供了强有力的智力支持，其主要机构详见下表（表1-6）：

①　参见文莱工业与初级资源部官网（www.brubeimipr.gov.bn）。

表 1-6　　　　　　　　　　中国与东盟跨国投资合作机构一览表

机构名称	机构性质与主要职能
中国与东盟成员国领导人会议	最高级别的合作机制，决定中国和东盟合作的总体方案与基本内容
中国与东盟成员国部长级会议	中国与东盟各国的外长每年均举行会议，就中国与东盟关系以及其他双方感兴趣的问题交换意见
中国—东盟高官磋商会议	中国与东盟在高官副部级层次就共同关心的政治与安全问题举行年度磋商，加强双方在政治、安全等领域的相互了解与信任
中国—东盟经贸联委会	主要就国际和地区经济贸易问题交换意见，并讨论如何推动中国与东盟贸易和投资合作
中国—东盟科技联委会	双方就科技方面的合作问题展开讨论的会议平台
东盟北京委员会	由东盟十国驻华大使组成，旨在促进东盟驻华机构与我国政府部门的交流与合作
中国—东盟联合合作委员会	旨在促进双方各领域合作的协调发展并着力推动双方在人力资源开发、人员和文化交流等方面的合作
中国—东盟贸易谈判委员会	负责谈判的订立与执行和《自由贸易协定》的订立
中国—东盟中心	政府间国际组织，旨在促进中国和东盟在贸易、投资、旅游、教育和文化领域的合作
中国—东盟商务理事会	半官方的多边与双边商务合作协调组织，为中国与东盟代表商界提供了合作对话机制与交流平台
中国—东盟经济合作专家组	为中国与东盟经济合作发展提供专家意见与智力支持

　　鉴于笔者已在本章第三节对中国与东盟成员国领导人会议以及部长级会议进行了介绍，现从其他上述机构中择取下述两个具有代表性的机构作如下简介：

　　1. 中国—东盟中心①

---

　　①　百度百科（https：//baike. baidu. com/item/中国—东盟中心）。

2009 年，在第十二次中国—东盟领导人会议期间，中国政府和文莱达鲁萨兰国、柬埔寨王国、印度尼西亚共和国、老挝人民民主共和国、马来西亚、缅甸联邦、菲律宾共和国、新加坡共和国、泰王国和越南社会主义共和国等东盟十国签署了《中华人民共和国政府和东南亚国家联盟成员国政府关于建立中国—东盟中心的谅解备忘录》（下文简称《谅解备忘录》）。缔约各方据此建立一个信息和活动中心，即中国—东盟中心。中国—东盟中心是一个政府间国际组织，旨在促进中国和东盟在贸易、投资、旅游、教育和文化领域的合作，中心总部设在北京，并东盟各成员国和中国的其他地区设立了分中心。根据《谅解备忘录》，中国和东盟十个成员国是中心成员，中国和东盟的企业和社会团体可通过向中心秘书处提出申请成为联系会员。

中国—东盟中心根据《谅解备忘录》规定的如下职责，推动中国—东盟各领域的务实合作：（1）成为信息、咨询和活动的核心协调机构，为中国和东盟的商务人士和民众提供一个关于贸易、投资、旅游、文化和教育的综合信息库。（2）成为中国与东盟就有关促进贸易、投资、旅游和教育信息进行有益交流的渠道，包括涉及市场准入，特别是支持中小企业发展的规章制度。（3）通过对数据和信息的广泛收集、分析，以及对市场趋势的预测，开展贸易和投资领域的研究，彰显中国—东盟自由贸易区的益处。（4）通过宣传中国和东盟的传统艺术、手工艺品、音乐、舞蹈、戏剧、电影和语言，以及在中国和东盟的教育机会，促进文化和教育。（5）通过征询意见、提供教育咨询服务和组织贸易投资交易会、旅游展、食品节、艺术展和教育展，向中国和东盟的公司、投资者和民众介绍和宣传中国和东盟的产品、产业和投资机会、旅游资源、文化及教育。（6）开展市场调查活动，确定潜在市场和合作领域。（7）管理中心框架内设立的永久性东盟贸易、投资和旅游展厅。（8）成为核心的国际投资促进机构，建立行业联系，向中国和东盟企业推介商机，特别是协助投资者和公司寻找当地的商业伙伴。（9）与中国政府、东盟各成员国政府，以及相关区域和国际组织在贸易、投资和旅游领域保持密切合作。（10）为中国和东盟之间的贸易和投资活动提供便利。（11）提供中国和东盟与贸易、投资和旅游领域有关的机构和政府官员名录。（12）开展能力建设活动以支持中国和东盟之间的贸易、投资和旅游促进活动。（13）支持中小文化企业发展，促进文化旅游。（14）组织中国与东盟成员国之间关于贸易、投资和旅游便利化等问题的研讨会或研修班。（15）建立一个艺术、文化和语言的学习中心，以加强民间交流，增进中国和东盟民众和社会之间的相互了解。（16）研究开展与贸易、投资和旅游领域相关的人员交流项目的可能性。（17）支持关于缩小东盟国家间发展差距的项目。（18）开展中心实现其目标所需其他活动。

2. 中国—东盟商务理事会①

中国—东盟商务理事会（CABC）成立于 2001 年 11 月 8 日，由中国贸促会、东盟工商会以及东盟各国全国性工商会领导人和本国国内知名企业家、专家组成，该机构是一个半官方的多边与双边商务合作协调组织，为中国与东盟代表商界提供了合作对话机制与交流平台。

目前，中国—东盟商务理事会中方主席由中国贸促会会长担任。该机构的中方理事单位由中国知名企业组成，包括中信集团、中国钢铁工贸集团公司、海尔集团、中国建设银行、华夏银行、中国港湾建设（集团）总公司、中兴通讯股份有限公司、中国石油天然气集团公司、中国电子进出口总公司、中实集团、新希望集团、中国东方电器集团公司、北京东盟之友商务顾问中心、中首国际贸易工程公司、中国农垦（集团）总公司、江苏正昌集团有限公司、中国技术投资贸易（香港）有限公司等。中国—东盟商务理事会的东盟合作方为东盟工商会。东盟工商会由东盟十国最具代表性的商会组成：文莱国家工商会、柬埔寨金边总商会、印尼工商会、老挝全国工商会、马来西亚国家工商会、缅甸工商联合会、菲律宾工商会、新加坡工商联合会、泰国工业联合会、越南工商会。为推动各项工作的顺利开展，更好地为理事单位提供服务，中国贸促会授权北京东盟之友商务顾问中心具体承担中国—东盟商务理事会中方秘书处的工作。

中国—东盟商务理事会的职能是旨在促进中国与东盟之间的企业对话与合作；保持并加强中国与东盟之间的贸易与投资联系；促进各自国家的经济发展；支持东盟地区的一体化进程。为实现上述职能，中国—东盟商务理事会通常定期或不定期地向理事会成员和成员国提供贸易与投资的信息服务；定期举办商务论坛，交流贸易与投资方面的经验，探讨如何排除阻碍双方进一步合作的障碍；促

---

① 百度百科（https：//baike.baidu.com/item/中国—东盟商务理事会）。

进互办展览会，并提供一切必要的帮助；促进双方企业家代表团的互访、人员培训以及各种其他形式的人员交流；提供包括调解、仲裁在内的法律服务以使双方的企业能在友好的气氛中有效地解决贸易纠纷。

除上述机构外，自1995年4月起，中国与东盟开始每年举行中国—东盟经贸部长会议，会议轮流在中国和东盟国家举行，主要讨论中国与东盟关系以及共同关心的国际贸易与投资问题。此外，中国还与东盟于1995年8月合作成立了中国—东盟经济贸易合作联合委员会，其职能是审议中国与东盟之间的贸易和投资合作的执行情况，研究进一步扩大经贸合作的措施并提出建议，讨论中国与东盟共同关心的区域和国际经济问题。在中国—东盟自由贸易区成立之后，机构也可凭借其在国际投资领域的专家人才与信息资源优势为完善中国—东盟自由贸易区国际投资法律机制提供强有力的智力支持。

（四）机制行政主管机构的基本职能

纵观中国—东盟自由贸易区国际投资法律机制的上述行政主管机构，其具体职能虽然各异，但在总体上都涵盖了下述三类基本职能，即投资监管职能、投资保护职能与投资促进职能：

第一，投资监管职能。这类职能是有关主管机构依法享有的，对中国—东盟自由贸易区国际投资进行监督与管理的职责与权能。以我国为例，相关投资监管主体机构可分为三级：国家政府机构、行业自律机构及市场主体内设监管机构。例如，我国负责监管涉外投资的中央政府机构包括中央银行、财政部、国家计委、建设部、国家外汇管理局、国家证券委员会等，负责投资监管工作。另外，我国各投资行业还设有行业自律机构，如中国证券业协会、中国国债协会等。除此之外，我国的投资市场主体自身也具有自我监管的功能，如银行系统自身的风险管理、证券交易所的自我监管等。在上述三级投资监管主体中，国家政府机构居于最高层次，是负责监管中国—东盟自由贸易区国际投资的重要主体，也是本书重点研究的内容。行业自律机构居于中间，是沟通政府主管机构与市场主体内设监管机构的桥梁和纽带，而市场主体内设监管机构居于最低层次。通常来说，负责监管中国—东盟自由贸易区国际投资的政府机构，其监管对象包括参与中国和东盟国际投资的各类投资主体、投资中介机构及其工作人员组成。投资主体既可以是自然人，也可以是法人和其他组织。此外，投资中介机构及其工作人员的投资服务活动，也在投资监管的范围之内。需要特别指出的是，相关监管目的是为了规范相关市场与投资活动，为促进相关国际投资的发展提供高层次的服务。因此，负责监管中国—东盟自由贸易区国际投资的政府机构，应当注意避免不当的行政干预，坚持通过法治方式对相关国际投资市场活动进行适度调节。

第二，投资保护职能。这类职能通常是投资国、受资国通过单独或共同采取某种形式的法律保护措施或其他形式的允诺和担保，来保证国际投资者的财产和利益在正当范围内不受到非商业风险的损害。为有效行使这类投资保护职能，充分保护中国—东盟自由贸易区国际投资者的合法权益，中国与东盟各国通常会由政府专门机构或公营公司行使投资保护职能，如我国政府主导成立的中国出口信用保险公司（简称"中国信保"），其职能基本特点是：1. 由政府机构或公营公司承保的，它不是以营利为目的，而是以保护投资为目的。2. 投资保险对象只限于海外私人直接投资，而且被保险的私人直接投资必须符合特定的条件。3. 投资保险的范围，只限于政治风险，如不能自由汇兑的风险，征用、没收或国有化的风险，战争、革命、暴动风险，政府停止支付或迟延支付的风险等，不包括一般商业风险。4. 投资保险的任务不单是像民间保险那样在于进行事后补偿，而更重要的是防患于未然，而这一职能通常是结合两国间投资保证协定来完成的。中国—东盟自由贸易区内肩负国际投资保护职能的政府机关或公营公司，其能否切实发挥自身职能，对于能否有效保护相关国际投资者的合法权益，以及能否切实保障中国—东盟自由贸易区国际投资的有序发展具有重要意义。

第三，投资促进职能。这类职能是一个国家或地区为了吸引外国的资金、技术，或者引导本国、本地区企业向境外投资，拉动本国、本地区经济和促进社会发展，而由特定行政主管部门承担的推动投资发展的相关职责与权能，是政府经济管理职能之一。与履行其他经济工作职能不同，在履行国际投资促进职能过程中，政府部门扮演的角色是"投资市场"的形象塑造者和推销者，政府公共服务的提供者和社会专业服务的组织者，而不是行政管理者，因此政府为投资者所做的工作更多的是服务性的，即为投资者提供完整、及时、准确、到位的公共服务和社会专业化服务，这是国际投资促进职能的根本性质。为此，各国政府通常会设立专门性的投资促进主管机关，如我国商务部专门设立了投资促进事务局。从中国—东盟自由贸易区内各国的投资促进机关肩负的职能来看，其在促进中国与东盟相互投资方面的具体职能主要包括：1. 塑造国家与地区良好形象，根据本国或者本地区的优势和发展规划，塑造和宣传本国、本地区的投资环境。2. 招商引资，通过多条渠道和运用多种手段及工具，引进外国的资金、技术和销售网络。3. 提供服务，为潜在和现存的投资者服务，吸引和扩大他们的投资。4. 政策反馈，推动政府改进和完善投资政策。上述投资促进职能对于打破投资壁垒，促进中国—东盟自由贸易区国际投资的快速发展，推动落实"一带一路"发展倡议，推进实现该区域国际投资的自由化与便利化发展目标都具有重要意义。

二、机制的国际仲裁机构

(一) 机制的国际仲裁机构现状

常设性国际仲裁机构是保障中国—东盟自由贸易区国际投资法律机制有序运行的重要载体。目前在中国—东盟自贸区已形成和发展起几个较为重要的国际仲裁机构。这些国际仲裁机构在化解中国—东盟自由贸易区投资争端方面发挥了重要作用，现对之简要评价如下：

1. 中国国际经济贸易仲裁委员会（CIETAC）①

中国国际经济贸易仲裁委员会（China International Economic and Trade Arbitration Commission，简称中国贸仲委，CIETAC）是世界上主要的常设国际商事仲裁机构之一。中国贸仲委于 1956 年 4 月由中国国际贸易促进委员会（简称"中国贸促会"）组织设立，当时名称为"对外贸易仲裁委员会"。中国实行对外开放政策以后，为了适应国际经济贸易关系不断发展的需要，对外贸易仲裁委员会于 1980 年改名为"对外经济贸易仲裁委员会"，又于 1988 年改名为"中国国际经济贸易仲裁委员会"。2000 年，中国贸仲委同时启用"中国国际商会仲裁院"的名称。中国贸仲委以仲裁的方式，独立、公正地解决经济贸易争议。贸仲委总部设在北京，并在深圳、上海、天津、重庆、杭州、武汉和福州分别设有华南分会、上海分会、天津分会、西南分会、浙江分会、湖北分会和福建分会。贸仲委

---

① 参见中国国际经济贸易仲裁委员会网站（http：//www.cietac.org.cn/）。

在香港特别行政区设立贸仲委香港仲裁中心。

中国贸仲委在组织机构上实行委员会制度，设主任 1 人，副主任若干人，委员若干人。主任履行仲裁规则赋予的职责，副主任受主任的委托可以履行主任的职责。中国贸仲委总会和分会设立秘书局与秘书处，各有秘书长 1 人，副秘书长若干人，负责处理仲裁委员会总会和分会的日常行政事务。仲裁委员会还设立 3 个专门仲裁委员会：专家咨询委员会（就仲裁程序和实体上的重大疑难问题的研究和提供专家咨询意见）、案例编辑委员会（负责案例编辑和仲裁委员会的年刊编辑工作）和仲裁员资格审查考核委员会（负责对仲裁员的行为进行监督考核）。

根据《中国国际经济贸易仲裁委员会仲裁规则》（2014 年 11 月 4 日修订并通过，2015 年 1 月 1 日施行）第 3 条第 2 款的规定，中国贸仲委受案范围包括：1. 国际的案件或涉外的争议案件。2. 涉及香港特别行政区、澳门特别行政区及台湾地区的争议。3. 国内争议案件。经过六十多年的不懈努力。中国贸仲委以其独立、公正、高效的仲裁工作在国内外享有广泛的声誉，赢得了中外当事人的普遍信赖，仲裁裁决依据联合国《承认和执行外国仲裁裁决的公约》（纽约公约）在世界上 140 多个国家得到承认和执行，现已发展成为世界上重要的国际商事仲裁机构之一。

2. 中国香港国际仲裁中心（HKIAC）[①]

香港国际仲裁中心（Hong Kong International Arbitration Centre，HKIAC，以下简称为"仲裁中心"）成立于 1985 年 9 月，是一个民间非营利性中立机构。仲裁中心由理事会领导，理事会由来自不同国家的商人和其他具备不同专长和经验的专业人士组成，仲裁中心的业务活动由理事会管理委员会通过秘书长进行管理，而秘书长则是仲裁中心的行政首长和登记官。香港国际仲裁中心是居于世界领先地位的纠纷解决机构之一，专门从事仲裁、调解、裁决和域名纠纷解决。根据伦敦大学玛丽皇后和伟凯律师事务所 2015 年国际仲裁调查，香港国际仲裁中心是全球第三大最受欢迎和使用的仲裁机构，也是欧洲以外最受欢迎的仲裁机构。在 2014 获得全球仲裁评审创新奖后，香港国际仲裁中心始终处于创新仲裁

---

① 参见中国香港国际仲裁中心网站（http：//www.hkiac.org/）。

实践的前沿。此外香港国际仲裁中心还提供最先进的听证设施，这些设施在地理位置、物有所值、资讯科技服务和工作人员的帮助方面均位列世界第一。

香港国际仲裁中心的设立主要是为了满足中国与东盟各国间的贸易与投资仲裁需要，同时也为中国内地当事人和外国当事人之间的经济争端提供"第三地"的仲裁服务，于 2000 年 1 月 13 日正式公布了修订后的《香港国际仲裁中心仲裁条例》，废除了原版条例（1990 年）中与《基本法》相抵触的规定，以此保证香港回归后内地和香港国际仲裁中心裁决的相互承认和执行。2010 年，香港国际仲裁中心再次修订了《香港国际仲裁中心仲裁条例》。根据新的仲裁条例，香港国际仲裁中心推荐采用《联合国国际贸易法委员会仲裁规则》处理国际仲裁案件。

3. 新加坡国际仲裁中心（SIAC）①

新加坡国际仲裁中心（Singapore International Arbitration Centre，简称 SIAC）成立于 1991 年，是依据《新加坡共和国公司法》设立的担保有限公司，其设立宗旨是服务与促进仲裁和调解广泛应用于解决商事争议，并培养一批精通国际仲裁法律和实践的仲裁员与专家。新加坡国际仲裁中心的主要职能包括：仲裁员的确认和委任、财务管理、案件管理、根据新加坡仲裁规则行使监管职能以及审查并作出裁决。新加坡国际仲裁中心目前受理事会（由新加坡及国际仲裁领域人士组成）管理，仲裁中心主簿官和秘书处负责仲裁案件的日常管理。根据新加坡仲裁法律的相关规定，新加坡国际仲裁中心的主席和副主席在当事人未能指定仲裁员时担任委任机构、确认当事人选定的仲裁员以及对当事人对仲裁员提出的异议作出最终决定。新加坡国际仲裁中心主簿官和助理主簿官的主要职责包括：接收当事人的文件（例如仲裁申请书、仲裁答辩书、关于仲裁员指定的异议、证人证言等）；决定仲裁庭的费用；以及审查仲裁裁决草案。新加坡国际仲裁中心秘书处为主席和主簿官提供行政服务，并负责新加坡国际仲裁中心的日常运营工作。

新加坡于 1986 年 8 月加入 1958 年《纽约公约》，因此其国际仲裁中心的裁决可在所有缔约国得到承认和执行。新加坡国际仲裁中心的仲裁规则主要依据《联合国贸法会仲裁规则》《新加坡国际仲裁中心仲裁规则》（2016 年第 6 版）、

---

① 参见许杰：《国际商事仲裁实务》，法律出版社 2017 年版，第 17 页。

《新加坡航运货物索赔程序》以及《新加坡国际仲裁中心新加坡交易所衍生商品交易仲裁规则》，当事人可根据实际情况在仲裁协议或条款中指定采用其中之一作为仲裁依据。《新加坡国际仲裁中心仲裁规则》（2016年第6版）对仲裁协议、仲裁员的选定、仲裁庭的组成、仲裁程序、仲裁裁决以及裁决的执行、裁决的撤消、仲裁监督等方面进行了较为全面细致的规定，这为该国际仲裁中心开展仲裁工作提供了明确的立法指引，也十分方便当事人了解仲裁具体的操作流程。

新加坡国际仲裁中心自成立以来一直凭借高效、公正和完善的仲裁服务而位居国际仲裁发展的前沿，现已发展成为亚洲的国际仲裁中心之一。目前新加坡国际仲裁中心拥有仲裁员400多名，来自全球40多个法域，其中不仅有来自普通法系的仲裁员，也有来自大陆法系的仲裁员。近年来该仲裁中心每年受理的仲裁案件平均约为200多件，案件标的额达300亿元人民币。其中80%以上案件为国际仲裁案件，约50%以上案件当事人与新加坡没有任何关联。新加坡国际仲裁中心案件来源于世界将近60个司法法域，案件种类更是涵盖了包括商业、公司、建筑、海事海商、贸易等经济领域的各个方面，国际影响力与日俱增。

（二）机制的国际仲裁机构基本职能

从宏观层面来看，中国—东盟自由贸易区内上述常设性国际仲裁机构担负着保障国际投资秩序、维护投资者合法权益的基本职能。从微观层面来看，上述常设性国际仲裁机构负责对中国与东盟国家间的投资仲裁案件予以行政管理。具体来说，机制的国际仲裁机构通常具有下述基本职能：

第一，接受当事人提出的国际投资仲裁申请，对仲裁管辖权问题进行初步审理。该机构若认定其有管辖权的话，即可决定受理当事人提交的案件，并按仲裁规则及其有关的收费标准收取仲裁费。第二，协助仲裁庭的组成工作。如果当事人就其约定的独任仲裁员或首席仲裁员不能达成一致，或者在由3位仲裁员组成仲裁庭的情况下，被申请人在仲裁规则规定的期限内未能指定仲裁员，仲裁机构可依照自身的仲裁规则指定上述各仲裁员。此外存在国际投资临时仲裁的情况下，这些仲裁机构还可以为临时仲裁指定仲裁员，或依照当事人的申请作为临时仲裁的管理机构。第三，撤销对仲裁员的指定和指定替代仲裁员。如《中国国际经济贸易仲裁委员会仲裁规则》规定，如果仲裁员故意违背仲裁协议或应当适用的仲裁规则，无故拖延仲裁程序，或者存在着对某一仲裁员的公正性和独立性产生正当怀疑的情况，仲裁委员会有权作出撤回对该仲裁员的指定或要求其回避的规定。另外因仲裁员死亡、仲裁机构接受仲裁员辞职或回避，或根据双方当事人的请求，仲裁机构也可以对替代仲裁员作出指定。除了以上三项基本职能外，有些仲裁机构还有其他一些职能，如确认仲裁庭的组成；批准仲裁庭与当事人之间共同签署的审理事项；对仲裁裁决的草案进行审查等。

综上，国际仲裁机构的上述基本职能对于切实保障中国—东盟自由贸易区国际投资机制的有序秩序，保护相关国际投资者的合法权益，维护自贸区内各国间的投资利益平衡具有重要意义。

第六节 机制的实施方式与程序要素分析

中国—东盟自由贸易区国际投资法律机制的实施方式与要素，既是机制实施规范要素的实现途径，也是机制实施主体要素的存在与运行形式。深入研究该机制的实施方式与程序要素，对于科学揭示机制的运行规律与机理具有十分重要的意义。通常来说，中国—东盟自由贸易区国际投资法律机制不同类型的实施主体都有其相应不同的实施方式与程序，如立法方式与程序、行政方式与程序、司法及准司法方式与程序等。现对之简要分析如下：

一、机制的实施方式①

（一）机制的立法实施方式

纵观中国与东盟各国的中央立法机构在组织运行中国—东盟自由贸易区国际投资法律机制方面，通常采取下述几种立法方式：

第一，制定统一性的投资立法，例如马来西亚议会于 1986 年制定了《马来西亚促进投资法》。菲律宾议会于 1987 年制定了《菲律宾综合投资法》，1991 年

---

① 本部分中的东盟各国立法文件信息源自：陈志波、米良编著《东盟国家对外经济法律制度研究》，云南大学出版社 2006 年版。

制定了《外国投资法》。印度尼西亚议会于 2007 年制定了《印度尼西亚投资法》。越南国会于 2005 年制定了《投资法》。缅甸国家议会于 2016 年制定了《缅甸投资法》。柬埔寨议会于 1994 年制定了《柬埔寨王国投资法》，并于 1997年、1999 年先后两次修订该法，又于 2005 年制定了《柬埔寨王国投资法修正法实施细则》。老挝国会于 2009 年将原来的《国内国际投资促进管理法》与《外国国际投资促进管理法》合并颁布了《国际投资促进法》（后于 2016 年修订）。文莱议会于 2001 年颁布了《国际投资促进法》。上述东盟国家都通过专门性的投资立法典对实施中国—东盟自由贸易区国际投资法律机制做了统一的立法规制。

第二，通过分立式的投资立法方式实施机制。例如中国关于对外投资的规定散见于全国人大制定的《宪法》《中外合资经营企业法》《中外合作经营企业法》与《外资企业法》等一些经济法之中。再如新加坡国会通过制定《1969 年自由贸易区法令》《1975 年商业注册法》《2005 年有限责任合伙法令》等一系列经济法来调整和规范对外投资活动。又如泰国国会于 1960 年制定了《外国企业法》，1962 年制定了《促进工业投资法案》，1972 年颁布了《外资投资奖励法案》，1999 年制定了《外国商业法》，通过这一系列分立式的投资立法来鼓励、引导、保护和监管国际投资活动。上述这些立法至今仍对运行中国—东盟自由贸易区国际投资法律机制发挥了重要的法律规范作用。

第三，通过签订双边投资协定来为实施机制。例如中国自 1985 年至 2001 年先后与泰国、新加坡、马来西亚等东盟十国签署了一系列调整相互投资的双边协定，这为实施相关国际投资法律机制奠定了重要的双边协定基础。

第四，通过签署和加入多边投资协定来实施机制。例如 2009 年 8 月，中国与东盟十国的经贸部长在泰国首都曼谷举行了中国—东盟第八次部长级经贸会议上，共同签署了《中国与东盟成员国政府全面经济合作框架协议投资协议》，这为各国协力实施中国—东盟自由贸易区国际投资法律机制奠定了重要的多边协定基础。再如中国与东盟大部分成员国业已签署和加入了《多边投资担保机构公约》（《汉城公约》）、《关于解决国家与他国国民之间投资争端公约》（《华盛顿公约》）与世界贸易组织的《与贸易有关的投资措施协议》等调整和规范国际投资的重要多边协定，这为中国与东盟各国合理实施中国—东盟自由贸易区国际投资法律机制提供了世界范围内的多边立法指引。

（二）机制的行政实施方式

如前所述，中国—东盟自由贸易区国际投资法律机制的行政主管机构肩负着三项基本职能——投资监管职能、投资保护职能与投资促进职能，行政主管机构通常会采取下述实施方式来履行相应职能：

1. 投资监管方式

国际投资是一把双刃剑，既可以促进投资东道国的经济发展与繁荣，也可能给投资东道国带来本土产业受冲击、环境受到污染、资源遭受破坏等诸多不利影响，由此决定了中国与东盟各成员国在积极促进和保护外来投资的同时，也会采取各种行政执法方式对外来投资予以必要监管。例如投资东道国政府对外来投资准入项目予以事先审批，对境内外资企业的经营活动进行监督管理，对违法投资行为予以行政处罚和行政强制，或基于公共利益对外来投资项目予以合法征收、征用等。以中国为例，设立中外合资企业要经过政府核准，各级工商行政管理机关对境内外资企业的投资情况进行检查和监督，对违法行为予以行政处罚。再例如菲律宾贸工部及其下设的投资署负责外资管理事宜，依法对外商比例占30%以上的新投资项目，以及在已有的外资比例占30%以上的企业所作的扩大和增加投资事项进行审批。又例如越南政府专设国家合作和投资委员会，对外资准入进行审批，要求外国投资者在越南申请开办企业须向国家合作和投资委员会报送协议、合同与章程三个文件，其中在越南设立合营企业要提交合同、章程；设立外资企业要提交章程；设立企业合作要提交合同。① 从实践情况来看，中国—东盟自由贸易区国际投资法律机制的各类行政主管机构，在行使投资监管职能方面通常会依法采取三种基本方式：

一是法律性的监管方式，即行政主管机构依据国家立法机关制定的法律，以及政府依法制定的行政法规，监管中国—东盟自由贸易区的投资活动。例如中国国务院及其所属部委于1986年制定了《关于鼓励外商投资的规定》、1989年制定了《境外投资外汇管理办法》、2002年制定了《指导外商投资方向规定》、

---

① 参见呼书秀：《中国与东盟关于国际投资监管的法律调整》，载《国际商报》2005年8月2日，第7版。

2016 年制定了《企业投资项目核准和备案管理条例》等。中国国务院新近于 2017 年修订了《外商投资产业指导目录》。明确规定了 348 项鼓励外商投资的产业、35 项限制外商投资的产业与 28 项禁止外商投资的产业，并将投资限制性措施减少到 63 条，放宽服务业、制造业的市场准入门槛，让外资在华有了更大的施展空间。该目录还吸收了此前自贸试验区开放试点和负面清单管理模式经验，首次提出在全国范围内实施的外商投资准入负面清单，负面清单之外的领域原则上实行备案管理，不得限制外资准入。再如柬埔寨政府于 2005 年制定了《柬埔寨王国投资法修正法实施细则》。又如印度尼西亚政府于 2007 年颁布了《关于有条件的封闭式和开放式投资行业的标准与条件的第 76 号总统决定》与《关于有条件的封闭式和开放式名单的第 77 号总统决定》。另如菲律宾政府在 2017 年修订了《外商投资产业指导目录》。行政主管机构依据上述行政法规进行监管的方式，具有严格的强制性、普遍约束性、相对稳定性以及反复适用性等优点，但也存在着自主性、灵活性与效率性不足等弊端，因而还需要结合其他监管方式。

二是政策性的监管方式，即行政主管机构依据政府颁布的有关投资政策，监管中国—东盟自由贸易区的投资活动。例如中国国务院于 2016 年 11 月颁布了《"十三五"国家战略性新兴产业发展规划》（以下简称《规划》），对"十三五"期间我国战略性新兴产业发展目标、重点任务、政策措施等作出全面部署安排。行政主管机构依据上述政策进行监管的方式，具有较高的灵活性、主动性、效率性与执行力，但其不足之处是主观性强，稳定性不足，需要在法律法规的指导与监督下运用。

三是经济性的监管方式，即行政主管机构运用价值规律和各种经济杠杆，引导各类投资主体遵照监管要求开展投资活动，如政府采取财政手段、金融手段、价格手段等方式进行监管。这类监管方式的优点是灵活高效，尊重市场规律，能充分反映和满足市场经济条件下的国际投资发展要求，不足之处是由于市场反馈信号（如价格）具有时滞、偏差与扭曲的缺点，容易导致经济性的监管手段出现失误与偏差。

鉴于上述投资监管方式各有利弊，在现实的投资监管过程中，中国—东盟自由贸易区国际投资法律机制的各类行政主管机构通常会综合运用上述投资监管方式，促使不同监管手段之间实现互制互动、互为条件、互相补充，在作用过程中彼此交织，取长补短，从而对复杂的国际投资经济活动进行综合性的监督与管理，以此确保中国—东盟自由贸易区国际投资实现稳健、有序发展。

2. 投资保护方式

实践中，中国—东盟自由贸易区国际投资法律机制的各类行政主管机构，对于自贸区内合法的国际投资活动以及投资者的合法权益，通常采取下述基本方式予以保护：

第一，受资国政府依据国内法给予外国投资者以投资承诺与保证，即按照本国有关国际投资的法律法规，给予和保护外国投资者的合法待遇与权益，并采取措施保证不对外国投资者的资产予以非法征收、征用或实行国有化，不对外国投资者的投资准入或资金转出设置不合法的障碍等。第二，投资国政府为本国投资者的海外投资提供非商业风险的保险。实践中，中国与东盟各国通常由政府主导下的公营保险机构来为投资者提供海外投资的保险服务。海外私人投资者向本国投资保险机构申请非商业风险的保险，保险机构经审查批准后，同投保者订立保险合同，承担保险责任，约定当承保的非商业风险发生且投资者因此受到损失时，由国内保险机构给予补偿。第三，投资国和受资国政府缔结关于投资鼓励与保护的双边或多边协定，并据此给予外国投资者以相应的投资待遇，并按照条约规定的原则与规则处理彼此间的国际投资争议。

3. 投资促进方式

为促进外来投资，中国—东盟自由贸易区国际投资法律机制的各类行政主管机构一般会制定扩大投资准入范围与提供投资优惠待遇的政策或法令，以此吸引和促进外来投资。例如我国的发改委会同商务部在 2017 年联合颁布了《外商投资产业指导目录》。该目录进一步减少了外资限制性措施，保留 63 条（包括限制类条目 35 条、禁止类条目 28 条），比 2015 年版目录规定的限制性措施（包括鼓励类有股比要求条目 19 条、限制类条目 38 条、禁止类条目 36 条）减少了 30 条。该目录规定的鼓励类条目共 348 条，与 2015 年版目录相比新增 6 条，以此继续鼓励外商投资符合我国产业结构调整优化方向的领域，并为之提供包括进出口税收优惠、外商税收企业优惠、地区税收优惠等在内的一系列投资税收优惠待遇。具体来说：一是税收优惠，对符合《外商投资产业指导目录》的鼓励类的外商投资项目，在投资总额内进口的自用设备，除《外商投资项目不予免税的进口商品目录》所列商品外，免征进口关税和进口环节增值税。二是外商企业税收优惠。新办生产性外商投资企业，经营期在 10 年以上的，从开始获利的年度起，第 1 年和第 2 年免征所得税，第 3 至第 5 年减半征收所得税。从事农业、林业、牧业的外商投资企业和投资在经济不发达的边远地区的外商投资企业，依照前两条规定享受免税、减税待遇期满后，经企业申请，国务院税务主管部门批准，在以后的 10 年内可以继续按应纳税额减征 15% 到 30% 的企业所得税。而外商投资企业投资能源、交通行业，不受区域限制，均减按 15% 的税率征收企业所得税。三是地区税收优惠，包括经济特区税收优惠、沿海开放城市与地区税收优惠、经济技术开发区税收优惠、高新技术产业开发区优惠等。再如菲律宾国家投资署于 2016 年公布了旨在鼓励国外投资的《2017—2019 年投资优先计划》，规定了一系列投资优先项目和政府鼓励政策的具体准则，旨在以更优惠的补助政策和待遇引导扩大菲律宾的外来投资规模。①

　　此外，为吸引和促进外来投资，促进实现投资的便利化，中国—东盟自由贸易区国际投资法律机制的各类行政主管机构通常会简化外资审批程序，提高审批效率。有的行政主管机构在国际投资促进工作中扮演服务者的角色，通过各种渠道积极为外来投资者提供完整、及时、准确的公共服务和社会专业服务。有的行政主管机构还在国际投资促进工作中直接扮演推销者的角色，通过组织中国—东盟自由贸易区投资研讨会与投资招商会，塑造和提升本国或本地区的投资品牌形象，扩大知名度，吸引和鼓励外商前来投资。例如中国各省、自治区、直辖市和计划单列市均成立了外商投资服务中心，为外国投资者提供全过程的服务，即"一条龙服务"。具体服务包括在前期帮助寻找合作伙伴；协助选择厂址；编制项目建议书并代理上报；代办企业名称登记；编制可行性研究报告，代拟合同、章程，代办申请营业执照；中期可代办规划设计、工程建设和用地、环保、消防以及公用事业等有关建设手续和协调工作；后期可代聘员

---

① 参见中华人民共和国国家发展和改革委员会网站（http：//www.ndrc.gov.cn/）。

工，提供相关信息等。

（三）机制的司法与准司法实施方式

1. 司法实施方式

从中国与东盟各国的司法实践来看，诉讼方式对于有效解决各方间的投资纠纷，合理维护投资东道国与国际投资者的利益平衡，保障中国—东盟自由贸易区国际投资秩序发挥着具有权威性的重要作用。实践中，中国与东盟间的国际投资诉讼通常需要开展跨国间的司法合作，以协作推进诉讼程序的进行，切实保障诉讼当事人的合法权益。鉴于相关司法合作对于妥善化解有关的国际投资纠纷较为重要，笔者现就相关司法合作方式作下述简要分析：

（1）司法文书域外送达方式

根据我国《民事诉讼法》第 274 条的规定，以及我国最高人民法院、外交部、司法部联合发布的《关于我国法院和外国法院通过外交途径相互委托送达法律文书若干问题的通知》，以及最高人民法院发布的《关于依据国际公约和双边司法合作条约办理民商事案件司法文书送达和调查取证司法合作请求的规定》，中国与东盟各国可通过司法机关送达、中央机关送达与外交途径送达三种途径来实施司法文书送达，采用的基本方式包括委托送达（如委托中国驻东盟受送达人所在国的使领馆向中国公民送达；委托东盟各国在中国领域内设立的代表机构、业务代办人等向域外公民送达等）、邮寄送达、网络送达以及中国同东盟各国缔结或参加的国际条约规定的其他送达方式，具体来说：

第一，司法机关送达，即中国与东盟各国的司法机关在不违背双边协定与对方相关国内法的前提下，通过邮寄的方式、电子网络的方式（电子传真、E-mail 等）、公告的方式（在受送达人地址不详或有误而无法送达，或因下落不明以及用其他方式无法送达的情况下适用）向域外的受送达人直接或间接的送达相关司法文书。

第二，中央机关送达，即通过中国与东盟各国的中央机关间的互助来送达相关司法文书。目前，中国的相关中央机关是其司法部（及其下辖的司法合作局），泰国方面是其司法部（及其下辖的司法事务办公室），新加坡方面是其最高法院，越南方面是其司法部和最高人民检察院，老挝方面是其司法部。①

第三，外交机关送达，即受案国的司法机关将司法文书经由本国的外交部转交给被送达人所在国的外交代表，再由其转交给该国主管司法机关，由其提供司法合作；或者受案国的司法机关将司法文书交给被送达人所在国的本国使领馆，再由其交给该国主管司法机关以获取相关司法合作。

（2）域外调查取证方式

根据《民事诉讼法》（第 276 条、第 277 条）的规定，最高人民法院、外交部、司法部《关于我国法院和外国法院通过外交途径相互委托送达法律文书若干问题的通知》的规定，我国最高人民法院发布的《关于依据国际公约和双边司法合作条约办理民商事案件司法文书送达和调查取证司法合作请求的规定》，以及我国 1997 年缔结的《关于从国外调取民事或商事证据的公约》（简称《海牙取证公约》）的相关规定，中国与东盟成员国依据彼此间缔结的双边、多边条约或双方共同参加的有关国际公约，通过下述两种基本方式开展域外调查取证工作：

第一，由中国与东盟成员国受案法院向证据所在国的司法机关提出申请由其代为取证。例如《中国与泰国司法合作协定》第 11 条规定，"缔约一方的法院可以根据本国的法律规定以请求书的方式请求缔约另一方主管机关就民事或商事案件调查取证"。

第二，通过中国与东盟成员国家的外交或领事人员于驻在国直接调查取证，这种方式一般限于向本国国民调查取证。例如《中国与新加坡司法合作协定》第 14 条规定，"缔约一方可通过其外交或领事机构向居住在缔约另一方境内的本国公民调查取证，但此种取证不得违反缔约另一方的法律，亦不得采取任何强制措施"。

值得注意的是，我国法院、驻外的外交或领事机构在通过前述两种途径开展域外调查取证工作时，应当查明我国与被请求的东盟成员国之间有无司法合作协议，是否有共同参加的国际公约以及各自保留的内容和要求。

（3）承认与执行域外民商事裁决方式

---

① 参见刘晓巧：《中国与东盟国家的民商事司法合作》，载《桂海论丛》2005 年第 4 期。

中国与东盟各国在承认与执行法院民事裁决方面采用的基本方式包括：按照双边条约承认与执行（如根据《中越关于民事和刑事司法合作的条约》第 15 条第 1 款之规定）、按国际公约承认与执行（如中国与东盟国家根据《承认与执行外国仲裁裁决的公约》之规定），以及当事人直接向有管辖权的法院申请承认与执行。具体来说：

第一，根据我国与东盟各国国内法的规定实施。根据我国《民事诉讼法》第 280 条的规定，对于我国法院作出的发生法律效力的判决和裁定以及涉外仲裁机构作出的发生法律效力的仲裁裁决，如果被执行人或者其财产在东盟成员国境内的，当事人可以直接向有管辖权的东盟成员国法院申请承认和执行，也可以由我国依照中华人民共和国缔结或者参加的国际条约的规定或者按照互惠原则，请求东盟成员国法院承认和执行。

在东盟成员国的国内法中，新加坡的《外国判决相互执行法》适用于给予新加坡判决在该外国的承认与执行以互惠待遇的非英联邦成员的国家，根据该法律，英联邦国家以外的外国民商事判决可以根据在新加坡得到有条件的承认与执行。①菲律宾的《法院规则》为该国承认和执行外国法院判决提供了明确的内国法依据。②越南的《民事诉讼法》规定了承认并准许执行外国法院民事判决、裁定的一些原则，据此越南法院承认并允许执行该外国法院的民事判决、裁定。③东盟其他国家的国内法大多有关于承认与执行外国法院民事判决的相关规定，在此不予赘述。

第二，根据我国与东盟成员国签订的双边协定实施。根据我国《民事诉讼法》第 280 条规定，我国法院可以依据我国同东盟成员国缔结的国际条约或按照互惠原则，请求东盟成员国法院承认和执行我国已经发生法律效力的判决、裁定。目前，我国已先后与泰国、新加坡、越南与老挝签订了相关司法合作协定，为双方承认与执行域外民商事裁决奠定了必要的双边条约基础。

---

① 参见欧永福：《外国判决在新加坡的承认与执行》，载《河北法学》2007 年第 3 期。

② 参见欧永福、王岚岚：《菲律宾对外国法院判决的承认与执行》，载《河北法学》2004 年第 3 期。

③ 参见米良、安明：《越南、泰国民事诉讼法典》，云南大学出版社 2010 年版，第 89 页。

第三，根据我国与东盟成员国共同参加的国际公约实施。我国已于 1987 年正式加入了联合国 1958 年《承认及执行外国仲裁裁决公约》，东盟成员国中目前已加入该公约的国家有泰国（1959 年加入）、柬埔寨（1960 年加入）、菲律宾（1967 年加入）、新加坡（1986 年加入）、越南（1995 年加入）、文莱（1996 年加入），中国与上述东盟成员国可以依据双方共同参加的相关公约开展承认与执行域外民商事裁决的司法合作工作。

2. 准司法实施方式

仲裁作为一种重要的准司法实施方式，在落实中国—东盟自由贸易区国际投资法律机制方面发挥了重要作用。从自贸区内主要的国际投资机构运行情况来看，其认可和采取的国际仲裁方式大多是机构仲裁方式。所谓机构仲裁是指当事人协商一致选择常设性仲裁机构解决其争议的商事仲裁，即由该常设仲裁机构按照自己的仲裁规则来管理仲裁程序。① 其优点是：第一，仲裁机构制定的仲裁规则较为严谨、科学，有助于保障案件的裁决质量。第二，仲裁机构为当事人选定的仲裁员的专业性水平普遍较高，有助于保障案件得以公正合理的解决。第三，仲裁机构的管理水准普遍较高，能为仲裁员提供工作便利，有助于保障仲裁审理的高效进行。特别是在当事人缺乏具有拘束力的仲裁协议情况下，仲裁申请一经提出，仲裁机构有权就其效力作出初步或最终决定，可以及时终止仲裁程序以减少当事人的无谓支出，促进争议问题得到及时解决。第四，仲裁机构的费用有明文规定，公开透明。第五，机构仲裁比起其他仲裁方式（如临时仲裁）更能得到司法机关的信任与执行支持。但与此同时，机构仲裁也存在着仲裁程序规则复杂且缺乏弹性，仲裁员的人选受限（仅限定在仲裁机构名册中），手续繁多，费用较高等不足。

为弥补这些不足，中国—东盟自由贸易区内一些主要的国际投资机构（如中国香港国际仲裁中心、新加坡国际仲裁中心等）同时认可和采取临时仲裁方式，以此来作为对机构仲裁的重要补充。所谓临时仲裁是指争议双方当事人自愿将其争议提交机构以外的第三方解决的仲裁方式。②该方式的优点是能最大限度地体

---

① 邓瑞平等著：《国际商事仲裁法学》，厦门大学出版社 2010 年版，第 9 页。
② 参见高菲、徐国建：《中国临时仲裁实务指南》，法律出版社 2017 年版，第 1 页。

现当事人的意思自治，因为当事人可以自由选定和制定仲裁规则，自由选定仲裁员组成仲裁庭，自主约定和掌握仲裁程序。此外临时仲裁比起机构仲裁更为便捷、高效与节省费用，有助于弥补仲裁机构的前述不足。在临时仲裁的情况下，常设性的仲裁机构对于当事人和仲裁庭来说，扮演的不再是管理者的角色，而是服务者的角色，包括为当事人提供推荐仲裁员的服务，为仲裁庭提供仲裁场所与设备的服务等。但与机构仲裁相比，临时仲裁也存在着专业性与公信力不足的缺点，司法机关对其信任与支持的力度也不及机构仲裁，因而临时仲裁还难以取代机构仲裁的主导地位。目前我国尚未立法认可临时仲裁方式，例如现行《仲裁法》第16条规定，仲裁协议应当包括选定的仲裁委员会，由此排除了临时仲裁。但由于临时仲裁在解决涉外的贸易与投资纠纷中具有机构仲裁难以取代的优势，并且实践中也有引入临时仲裁解决涉外贸易与投资纠纷的需要，因此我国最高人民法院在2016年发布的《最高人民法院关于为自由贸易试验区建设提供司法保障的意见》（以下简称《意见》）提出："充分发挥审判职能作用，为促进自贸试验区健康发展提供司法保障；依法支持自贸试验区企业的创新做法，鼓励其探索新的经营模式；重视自贸试验区的特点，探索审判程序的改革与创新。"以此为基础，我国近年来已开始自贸区内制定和试行临时仲裁制度，如广东横琴自贸区管委会在2017年3月正式发布了《横琴自由贸易试验区临时仲裁规则》，这是我国首部临时仲裁规则，该《规则》的颁布实施标志着临时仲裁方式开始在我国自贸区正式试行。这是中国仲裁发展的里程碑事件，也是中国仲裁制度改革的重要创新成果。临时仲裁规则的试行，为推进中国—东盟自由贸易区国际投资争议的解决，保障相关机制运行秩序提供了新的仲裁方式。

二、机制的主要实施程序

从中国—东盟自由贸易区内各国实施国际投资法律机制的实践情况来看，各国立法机构、司法机构与国际仲裁机构的有关程序具有普遍共性，而行政机构的国际投资审批程序各具特色，值得特别关注。此外，我国已经在国内部分自贸试验区试行临时裁决程序，这是涉及中国—东盟自由贸易区国际投资法律机制实施程序的另一值得关注的热点，故笔者择取这两类机制实施程序作如下简要分析：

（一）各国的国际投资审批程序

中国与东盟各国为创造良好的投资环境，吸引外来者的投资，在对外商投资项目的审批程序方面通常会采取较为简便和快捷的程序，客观上有利于推动实现中国—东盟自由贸易区国际投资自由化与便利化目标，具体来说：

1. 中国的国际投资审批程序

根据中国现行法律规定，外商投资企业的设立实行政府逐项审批登记制度。投资总额大小和《外商投资产业指导目录》的项目分类是划分中央政府和地方政府审批外商投资企业权限的主要依据。其中，国家发展与改革委员会、商务部负责审批投资总额在 3000 万美元（含 3000 万美元）以上的生产性外商投资项目和需由国务院主管部门审批的其他项目。省、自治区、直辖市及计划单列市人民政府的相应主管部门负责审批：（1）投资总额在 3000 万美元以下的非限制类外商投资项目；（2）投资总额在 3000 万美元以下的限制类外商投资项目，并报国务院主管部门和行业主管部门备案；涉及配额、许可证的外商投资项目，须先向商务部门申请配额、许可证；（3）投资总额在 3000 万美元以上，属鼓励类且无需国家综合平衡的项目，并报国务院主管部门备案。①

根据中国现行《外资企业法》及其实施细则的规定，外商投资企业设立程序如下：项目建议书的申报审批（中外投资者编写项目建议书，报发展改革委员会审批。项目建议书批准后，中方投资者向工商行政管理部门申请企业名称登记）→可行性研究报告的申报审批（中外投资者在项目建议书批准后，共同编制可行性报告，报发展改革委员会审批）→合同、章程的申报审批及申领外商投资企业批准证书（可行性研究报告经批准后，由中方投资者将合同、章程等法律文件报送商务部或地方相应政府机构审批。审批部门在收到可行性研究报告和合同、章程等文件之日起，90 日内决定批准或不批准。经批准后，由审批部门颁发外商投资企业批准证书）→营业执照的申领（中外投资者在领取外商投资企业批准证书之日起，30 日内向工商行政管理部门办理登记注册手续，并领取营业

---

① 参见国家发展改革委发布《关于办理外商投资项目的〈国家鼓励发展的内外资项目确认书〉有关问题的通知》，国家发展和改革委员会网站（https：//www. ndrc. gov. cn/）。

执照）→银行、税务、海关、外汇、商检、劳动局办理登记（外商投资企业在领取营业执照起 30 日内，还需到银行开立外汇及人民币账户；到税务部门办理税务登记；到海关办理海关登记；到外汇管理部门办理外汇管理登记；到商检局办理商检登记；到劳动局办理招工、招聘手续，境外人员就业手续）。为方便中外投资者办理审批手续，提高政府工作效率，目前，许多地方政府可提供"一站式审批"，商务部门和相关政府部门采取联合办公形式，对外商投资事项进行集中受理。

此外，根据商务部于 2014 年颁布的《境外投资管理办法》，国家发展与改革委员会于 2014 年颁布的《境外投资项目核准和备案管理办法》的规定，以及国家外汇管理局于 2015 年颁布的《关于进一步简化和改进直接投资外汇管理政策的通知》，上述三个主管机构对于中国境内企业境外直接投资审批程序主要为：首先，中国企业投资者需获得国家发改委对项目的核准。如果项目涉及能源开发或使用大量外汇，则需上报国家发改委核准。其次，履行上述审批程序后，中国企业投资者还需获得商务部门的核准，取得中国企业境外投资证书；对于某些国家或行业的投资，还需获得商务部的核准。最后，中国企业投资者需到外管局办理外汇登记，以将外汇汇出中国。对于境外并购类项目，投资者需根据规定向商务部及外管局履行前期报告的义务。我国在对国际投资审批程序方面采取的上述简政放权的改革措施，对于有效激发中国与东盟国际投资发展的活力具有重要意义。

2. 新加坡的国际投资审批程序

新加坡是世界上投资最为便利的国家之一，拥有 600 多家本地和国外金融机构，为国内外企业家投资创业提供了各种便利条件，与中国—东盟自由贸易区内各国相比，新加坡无论是在创新力，还是在企业效率方面都具有明显的国际竞争优势，因此吸引了中国及东盟成员国很多企业投资新加坡，在新加坡注册公司开办企业。[1]根据新加坡《商业注册法》，在新加坡投资注册公司的程序较为简便，只需要在新加坡企业注册局完成相关手续即可，且注册时间很短，一般情况下，

---

[1]　参见陈志波、米良编著：《东盟国家对外经济法律制度研究》，云南大学出版社 2006 年版，第 159 页。

15—20 天即可注册成功,程序包括:填写公司注册申请表→公司名称的查册,并确定公司名称→签署相关的委托协议→预付注册费用→提交至新加坡企业注册局申请注册→新加坡企业注册局审核通过,发放公司注册文件,并扫描给客户确认→客户支付尾款→企业注册局寄送公司注册所得文件给客户。

3. 泰国的国际投资审批程序

泰国国际投资促进委员会(Board of Investment,简称 BOI)是泰国政府负责制定投资奖励优惠政策并为投资者提供协助服务的组织。为了使投资委的工作更富有成效,更快捷地为投资者提供服务,投资委根据泰国国际投资促进委员会 2017 年第 1/2553 号公告,制定了下述申请享受投资优惠权益办理程序。① 根据相关程序,国际投资促进委员会办公厅对于权利范围内符合规定的项目,在收到申请文件正确齐全的前提下,审批投资额不超过 2 亿铢的项目,在 40 个工作日内完成审批工作;投资额超过 2 亿铢但是少于 7.5 亿铢的项目,由小组委员会审批,在 60 个工作日内完成审批;投资额超过 7.5 亿铢的项目,由小组委员会和国际投资促进委员会分别审批,在 90 个工作日内完成审批工作。②

4. 马来西亚的国际投资审批程序

根据马来西亚《促进投资法》的规定,外国投资者在马来西亚从事任何性质的商业活动均须向马来西亚公司注册委员会进行登记注册,并设立符合法律规定的商业主体③,其主要程序包括:注册申请→ 注册审查 → 提交材料 → 批准申请→开设银行账户。同时《促进投资法》还规定,外国公司在马来西亚申请设立分支机构,应当向马来西亚公司注册委员会提交 13—A 类申请表,并支付一定数额的注册费。投资者在马来西亚境内设立外国公司分支机构时,必须要在马来西亚境内拥有依法注册的办事处或业务处,并且要在办事处或业务处显耀位置展示该外国公司的名称、号码、印章和必要文件及证书。外国公司应当对其分支机构在马来西亚境内实施的所有活动、事务、商业经营以及违法行为承担责任。外国公司分支机构必须按照规定向公司注册官提交年度公司财务报告。如果外国公司

---

① 参见 Thailand Board of Investment(http://www. boi. go. th)。

② 参见 Thailand Board of Investment(http://www. boi. go. th)。

③ 参见中国驻马来西亚大使馆经济商务参赞处网站(http://my. mofcom. gov. cn/)。

在马来西亚境内依法设立的分支机构停止相关业务时，应当在 7 日内向公司登记官提交报告。

5. 菲律宾的国际投资审批程序

外国投资者在菲律宾申请企业登记注册，按照是否申请优惠分属或涉及不同职能部门。目前，菲律宾政府负责国内外投资登记注册的部门包括投资委员会（BOI）、经济区管理署（PEZA）、证券与外汇委员会（SEC）等，现对相关程序简介如下①：

（1）不申请优惠待遇的外国投资企业，须在投资委员会（BOI）提出注册申请，提交的文件材料包括：申请表格、企业名称、公司章程、外方股东常住身份证明、出资证明等，投资委员会（BOI）自接受申请文件之日起 15 个工作日完成审批，逾期将视为自动生效。

（2）申请优惠待遇的外国投资企业有以下两种情况：一是属于经济区管理署（PEZA）范围内的投资，须向其申请办理登记注册手续，其基本程序是投资者向经济区管理署（PEZA）提交申请表格，并向 PEZA 下属的项目评估机构（PRED）提交立项可行性报告两份，待项目评估机构（PRED）评估合格后，将评估意见及相关文件转呈经济区管理署（PEZA）董事会，后者在两周内完成审批。自批准之日起，申办企业有 20 天时间作出决定，是否在登记注册协议上签字。二是不属于经济区管理署（PEZA）范围内的投资，须向投资委员会（BOI）申请办理登记注册手续，其基本程序是：申请人提交申请文件材料，包括申请表一式四份、立项可行性报告四份、申请人国内公司章程及细则、申请人国内公司过去三年财务审计报告及所得税返还证明书四份（企业运营不满 3 年的，按照实际经营时间提交相关证明）。随后在投资委员会（BOI）审批期间，由申办人在当地报纸公开其项目可行性报告。如果该项目对公共秩序、经济秩序、环境等没有损害，且不存在侵权行为，则自动进入审核程序。如果符合审核要求，投资委员会（BOI）自接受申请文件之日起 20 个工作日内完成审批，逾期视为自动生效。外国投资者如需对其母国返回资本和汇出利润及红利等收入，而且是以银行

---

① 参见陈志波、米良编著：《东盟国家对外经济法律制度研究》，云南大学出版社 2006 年版，第 159 页。

系统走账所得的外汇返回或汇出，还需在获得投资委员会（BOI）审批通过后，再向证券与外汇委员会（SEC）申请办理登记手续。证券与外汇委员会（SEC）自收到此类申请后，如果申报者所提交文件材料符合要求，则可在1—3个工作日完成审批工作。

6. 越南的国际投资审批程序

根据越南《投资法》之规定，外国投资者在越南投资项目须由越南计划投资部获准并签发投资许可证。投资许可证依照计划投资部统一的式样颁布，包括两种许可证形式：登记申请签发投资许可证和审批投资许可证。前者适用于依据《投资法》规定不需要审批的投资项目，后者适用于依据《投资法》规定需要审批或进行环境影响评估的投资项目。外国投资者申办投资许可证的基本程序如下①：

（1）登记申请签发投资许可证。第一，申办登记投资许可证的资料包括：投资许可证申请登记书；联营合同和联营企业章程或独资企业章程或经营合同；确认各方的法律资格及财政状况的文本。登记申请投资许可证的资料须编制为五份，其中至少有一份是正本，报送投资许可证签发机关。投资许可证签发机关必须在收到符合规定的资料后15天之内，以投资许可证的形式通知核准决定。计划投资部颁布文本指引编制投资许可证申请登记所需资料。第二，申办审核签发投资许可证所需材料包括：投资许可证签发申请书；联营合同和联营企业章程或独资企业章程或合作经营合同；经济、技术论证；有关联营各方、合营各方、外国投资者的法律资格、财政状况之文本确认；与工艺转让有关的资料。对甲类投资项目资料编制成两份。对乙类投资项目资料编制成八份，其中至少有一份是正本。所有资料报送投资许可证签发机关。计划投资部颁布编制外国投资项目资料的文本。

（2）计划投资部对于《投资法》实施细则114条规定的甲类投资项目，采纳有关各部、各行业和省人民委员会的意见，呈报政府总理审核、决定。在对项目重大问题上持有异议，计划投资部在呈报政府总理之前，要请有关部门权限代

---

① 参见陈志波、米良编著：《东盟国家对外经济法律制度研究》，云南大学出版社2006年版，第99页。

表参加咨询会，审核项目。根据各个具体情况，政府总理可以要求国家审定委员会对有关投资项目予以研究和咨询，以便政府总理审核，决定。审核的内容包括：外国投资者和越方的法律资格和财政能力；项目与规划符合的程度；经济、社会效益（造就新生产力的可能，新行业和新产品；扩大市场；为劳动者造就就业机会的能力；项目的经济效益和缴纳国家财政的款项等）；采用的技术工艺程度，合理利用及保护资源和生态环境；土地使用的合理性，对越方资产出资的作价等。

（3）计划投资部对于《投资法》实施细则114条规定的乙类投资项目，自收到齐全的资料起，在3天工作日之内，计划投资部须将资料寄至各部、各行业和省人民委员会征求意见；自收到齐备的资料起，在15天工作日之内，各部、各行业和省人民委员会不属于自己管理范围的对项目内容的意见以文本寄给计划投资部，超过上述期限而无文本回复，则视为同意该项目。

（4）审核完毕后，由越南计划投资部为外来投资者签发登记申请签发投资许可证或审批投资许可证。

7. 柬埔寨的国际投资审批程序

根据《柬埔寨王国投资法》的规定，国内外投资者在柬埔寨投资须向柬埔寨发展理事会（CDC）递交投资申请，该理事会必须自收到齐全完备的投资申请材料之日起45日内对投资者的申请作出答复，否则逾期不答复将被追究法律责任。外国投资者在柬埔寨取得投资许可证需要遵循以下审批程序①：

（1）投资者向柬埔寨发展理事会（CDC）递交投资申请表、投资企业章程、投资合同、投资项目的经济技术可行性报告等申报文件。（2）投资者向柬埔寨发展理事会（CDC）申请备案，并交纳第一阶段申请费。（3）投资者向柬埔寨发展理事会（CDC）陈述项目情况，接受质询并应理事会要求提供补充文件。（4）投资者在获得柬埔寨发展理事会（CDC）原则性批文后，交纳第二阶段申请费。（5）投资者向柬埔寨国家银行交纳占投资资金总额1.5%—2.0%的履约保证金。（6）投资者依法在柬埔寨商业部登记。（7）柬埔寨发展理事会（CDC）向投资者颁发正式投资许可证。

---

① 参见中国驻柬埔寨大使馆经济商务参赞处官网（http：//cb. mofcom. gov. cn/）。

8. 老挝的国际投资审批程序

老挝于 2016 年 12 月颁布实施了修订后的《国际投资促进法》，进一步实现了投资程序的法律化与审批程序的简约化。① 根据《国际投资促进法》及《关于外国投资项目在老挝人民民主共和国审批程序的规定》（投资委第 013 号）。投资者可按在国际投资促进局（DDFI）的国际投资促进处无偿获取投资申请格式、文件卷宗提供的方法介绍和有关在老挝人民民主共和国的各项投资数据等。外国投资申请文件卷宗须向国际投资促进处呈递，无须交纳手续费。投资申请文件卷宗齐全准确后，国际投资促进处须向投资者出具接收上述文件的证明，时间不超过 3 个工作日。

此外，老挝对于不同的投资项目有不同的程序规定。比如，列入《国际投资促进法》附件一的投资项目（主要是外国投资鼓励项目）审批，如果投资额在 100 万美元以下，国际投资促进局提交由有关部门（视情况而定）参加的投资委会议通过，在接到投资申请文件卷宗的 1 个工作日内审批或否决；金额在 100 万至 500 万美元之间，投资局在 3 个工作日内，呈送复印件征求有关部委和地方政府意见。有关部委和地方应根据本部委和地方所担负的职责提出研究意见，并在 20 个工作日内书面答复投资局。如果在上述规定的时间内不予答复，可视作有关部委和地方同意。金额在 500 万至 1000 万美元之间的项目，国际投资促进局在 3 个工作日内，呈送复印件征求有关部委和地方意见，有关部委和地方应按照本部委和地方所担负的职责提出研究意见，并在 20 个工作日内书面答复投资局。如果在上述规定的时间内不予答复，可视作有关部委和地方同意。对列入《国际投资促进法》附件一的投资项目（主要是有条件开放项目）审批，投资局在 3 个工作日内，呈送复印件征求有关部委和地方意见。有关部委和地方应按照本部委和地方政府所担负的职责提出研究意见，并在 20 个工作日内书面答复投资局。如果在上述规定的工作日内不予答复，可视作有关部委和地方同意。国际投资促进局在审议时可直接以有关部委的技术意见为准，然后提交投资委（CIC）会议通过，在收到投资申请文件卷宗的 60 个工作日内予以审批或否决。最后，对于审批合格的项目，由投资委颁发投资许可证。许可证颁发后，国际投资促进局须

---

① 参见老挝国际投资促进局官网（http：//www.investlaos.gov.la/）。

在 3 个工作日内书面通知投资者。如果在 60 日内三次通知投资者，投资者仍不领取许可证或不书面答复投资局，投资委可视作上述批复失效或主观上已被取消投资许可证。

9. 缅甸的国际投资审批程序

缅甸负责审批国际投资的主管机构是缅甸联邦投资委员会（MIC）。根据 2017 年《缅甸投资法》的规定，自 2017 年仅涉及国家战略项目、投资规模巨大的项目、有环境及社会影响的项目、使用国有土地和建筑进行投资的项目等政府规定的项目需向邦投资委员会（MIC）。具体来说，外国投资项目的申办情况分为以下三类：第一类是国家战略项目、投资规模巨大的项目、有环境及社会影响的项目需要获得缅甸投资委员会（MIC）发布的许可证后，才能到缅甸投资与企业管理局（DICA）进行注册；第二类是使用国有土地和建筑进行投资的项目等政府规定的项目，无需经过投资委员会（MIC）许可，但需要申请批准令，并通过投资与企业管理局（DICA）注册公司；第三类是对于规模较小、经营常规行业的公司和企业，无需经过投资委员会（MIC）许可，直接通过投资与企业管理局（DICA）注册公司。外来投资者向缅甸投资委员会（MIC）申请许可证的基本程序如下①：

（1）外来投资者向缅甸投资委员会（MIC）递交申请材料，材料包括申请书、企业业务概况和财务信用文件、外国投资者在缅甸开户银行推荐信、投资项目的经济可行性报告、投资项目的合同草案、外国投资者的税务减免申请表等。

（2）缅甸投资委员会（MIC）对投资申请进行初步审查，审查内容包括实施项目是否符合被推选文件、申请文件是否齐全完备、投资项目的经济可行性与商业期限是否合理、投资项目的技术适用性、市场状况、提供本地就业机会以及对环境的影响如何等。

（3）缅甸投资委员会（MIC）初步审查通过后，向联邦检察长办公室推荐，由其对项目作法律评审，待法律评审通过后由投资委员会报内阁会议批准，投资委员会对外来投资项目颁发批准书，并明确该投资项目所能享受的相应优惠政策，上述审批时限为自申请者提交齐全的申请资料之日起 2 个月。

---

① 参见中国驻缅甸大使馆经济商务参赞处官网（http：//mm. mofcom. gov. cn/）。

10. 印度尼西亚的国际投资审批程序

外国投资者申请在印度尼西亚设立公司企业可以在雅加达由投资协调委员会（BKPM）批准，也可以由其该委员会在印度尼西亚各地和驻国外的代表机构批准。但是，外资欲在保税区内投资项目，必须经过各保税区管理机构向投资协调委员会（BKPM）递交投资申请，进而获得投资管理委员会的批准。投资协调委员会（BKPM）审批外国投资企业注册的主要程序包括：（1）查阅投资目录，即投资者在印度尼西亚投资前，首先应查阅《非鼓励投资目录》（DNI），该目录包含了对国外投资者禁止和限制经营的业务范围。如在印度尼西亚进行资金投资，投资者必须专门查阅《资金投资技术指南》（PTPPM），该《指南》中的一些章节列明了允许投资的具体经营范围，资金投资的申请和运作行为，必须按有关规定操作。（2）提交申请材料，材料包括投资申请表、投资立项可行性报告、公司章程、外方股东常住身份证明、出资证明等。（3）如材料符合规定，投资协调委员会（BKPM）自收到申请之日起 10 个工作日内批准该申请，并由投资协调委员会（BKPM）主席、印度尼西亚政府海外代表机构首席代表、或地区投资协调委员会（BKPMD）主席颁布投资批准证书。（4）在颁布投资批准证书后，外国投资公司即可按照有限责任公司的有关条款，以章程公证的形式，到税务等政府部门依法注册成立。[1]　上述审批程序详见图 1-1：

11. 文莱的国际投资审批程序

外国投资者在文莱投资注册企业需要向该国工业与初级资源部的经济发展局申请，其基本程序是[2]：（1）外来投资者向文莱经济发展局递交投资申请书、投资企业章程、投资合同、企业财务信用文件、投资项目的经济技术可行性报告等申报文件，并按投资比例缴纳注册费。（2）经济发展局对投资者递交的材料进行审核，审核内容包括申请文件是否齐全完备、投资项目是否具有经济可行性与技术适用性、投资项目是否有利于扩大投资地就业机会、投资项目对环境是否具有不利影响等。（3）经济发展局自投资者递交申报材料完备之日起 60 日内作出审批决定，审批通过的对投资者签发投资许可证，投资者随即将企业信息登记在工

---

① 　参见中国驻印尼大使馆经济商务参赞处网站（http：//id. mofcom. gov. cn/）。

② 　参见文莱工业与初级资源部官网（www. brubeimipr. gov. bn）。

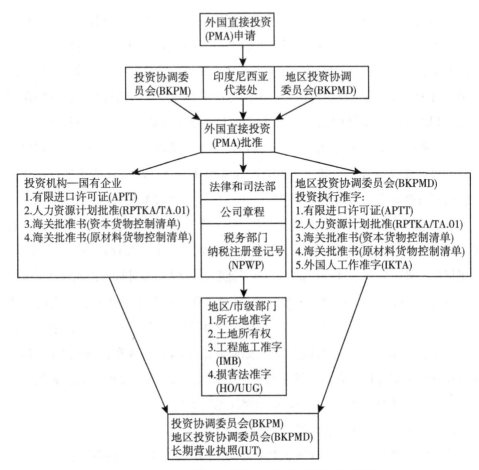

图 1-1　印尼投资协调委员会审批外国投资项目程序

业与初级资源部的的企业登记处。

(二) 国际投资仲裁程序

目前中国与东盟先后签署了两个有关国际仲裁的多边协议，即《中国—东盟争端解决机制协议》与《中国—东盟投资协议》，可以据此规范和调整中国—东盟自由贸易区国际投资法律机制的投资仲裁程序。其中，《中国—东盟投资协议》适用于调整投资东道国政府（协议缔约国政府）与投资者之间的投资仲裁。该协议未对这类仲裁设定专门性的程序，而是规定争端方可选择适用《国际投资争端解决中心仲裁程序规则》与《联合国国际贸易法委员会的规则》规定的仲裁程序。与之不同，《中国—东盟争端解决机制协议》适用于中国与东盟成员国政府（协议缔约国政府）之间的投资仲裁，该协议专门为这类仲裁设定了下述程序：

1. 设立仲裁庭的程序：《中国—东盟争端解决机制协议》第 6 条至第 8 条规定，在磋商请求提出 60 之日内，如果争端双方磋商无果，起诉方可书面通知被诉方请求依据《中国—东盟争端解决机制协议》的规定，双方选定 3 名仲裁员组成仲裁庭，由该仲裁庭负责审理和裁决双方的投资纠纷。仲裁员的选定程序是在被诉方收到设立仲裁庭请求的 20 日内，起诉方为仲裁庭指定 1 名仲裁员。被诉方收到设立仲裁庭请求的 30 日内，被诉方为仲裁庭指定第 2 名仲裁员。其后双方协商确定第 3 名仲裁员（作为仲裁庭主席），双方达不成共识的，则应请求世界贸易组织（WTO）总干事来指定仲裁庭主席。如果争端当事方不是 WTO 成员的，则应请求国际法院院长指定仲裁庭主席。

2. 仲裁庭的审理与裁决程序：《中国—东盟争端解决机制协议》第 9 条至第 11 条规定，仲裁庭组成后 15 日内应确定仲裁程序的时间表，仲裁庭的审议和提交仲裁庭的文件都应当保密。在仲裁庭组成 120 日内影响争端方散发最终报告（紧急案件为 60 日），并在散发争端的 10 日后公开最终报告。在仲裁庭审理期间，经争端双方同意，仲裁庭可在任何时间中止审理，也可以随时建议争端双方和解。在仲裁庭散发最终报告之前，如果争端双方达成解决方案，经争端双方同意，仲裁庭可裁定终止仲裁程序。

3. 仲裁执行程序：《中国—东盟争端解决机制协议》第 12 条至第 13 条规定，仲裁庭的裁决做出后，争端双方应当在仲裁庭报告散发后 30 日内就被诉方的执行期限达成协议。如果双方协商不成，应提仲裁庭决定执行期限，仲裁庭应在 30—45 日内予以答复。在执行期限确定后，如果被诉方未在此期限内执行仲裁庭的裁决，起诉方可请求被诉方与其达成必要的补充调整协议。如果双方在谈判的 20 日内未达成协议，则起诉方可请求仲裁庭申请实施中止减让或利益，仲裁庭在接到申请后 30—45 日内对此提交报告予以答复。经仲裁庭批准后，起诉方可对被诉方临时采取中止减让或利益措施，作为敦促被诉方执行协议的必要反制措施，以此维护起诉方的自身利益与仲裁裁决的权威。

第二章 中国—东盟自由贸易区国际投资法律机制的现状研究

中国—东盟自由贸易区国际投资法律机制，是中国与东盟在国际投资领域一项重要的法律制度运行系统。为科学揭示该系统的发展与完善规律，需要深入到机制的微观结构之中，针对机制的实施规范要素、实施主体要素、实施方式与程序要素的发展现状，进行全方位的解构，以此科学揭示机制现存问题及其成因，从而为后续研究该机制的完善策略奠定必要的实证研究基础。

第一节 机制的实施规范要素现存问题

中国—东盟自由贸易区国际投资法律机制的实施规范要素，是由调整中国—东盟自由贸易区国际投资法律关系的各类国际条约与国内法所构成的机制要素。它是机制实施主体要素、实施方式与程序要素得以存在和作用的前提条件，即后三者都要依据机制的实施规范要素来构建和运行。因此，机制的实施规范要素是机制最为基础性与首要性的要素。从中国—东盟自由贸易区国际投资法律机制实施规范要素的发展现状来看，其存在的主要问题如下：

一、机制多边条约现存问题

（一）世界贸易组织《与贸易有关的投资措施协议》现存问题

目前，中国与绝大多数东盟国家已加入世贸组织，由此可以在 WTO 框架下，通过《与贸易有关的投资措施协议》保障和促进彼此间的国际投资自由化，化解彼此间的国际投资纠纷。但该协议并不是一部专门性的多边国际投资协议，而仅是与贸易有关的投资措施协议，它是发达国家与发展中国家博弈妥协后的结果，自其签订起便存在下述几点不足：

第一，协议未对"投资"概念做出明确界定，仅在协议第 1 条"范围"中笼统规定了"与贸易有关的投资措施"这一重要概念，但对于该概念的内涵也未予以界定。这并非是立法者的疏漏，而是由于在谈判起草 TRIMs 过程中，发达国家与发展中国家对于"投资"以及"与贸易有关的投资措施"的内涵理解分歧较大，难以形成一致意见，故有意回避了这一问题，由此使得相关概念的内涵模糊，增加了该协议的不确定性与执行难度。

第二，TRIMs 作为 WTO 框架之下与贸易有关投资措施的多边条约，在世界范围内第一次引入了国民待遇原则作为法定的投资待遇原则，这在国际投资法的领域中具有里程碑的意义，也为后续的多边投资协议提供了可供参考的立法典范。但由于发达国家与发展中国家在投资待遇方面的分歧巨大，TRIMs 协议仅在其第 2 条第 1 款中原则性地规定，"在不妨碍由 1994 年关贸总协定所规定的其他权利和义务的前提下，任一成员方不得实施任何与 1994 年关贸总协定第 3 条（即国民待遇条款）或第 11 条各项规定不相符的投资措施"，并通过该条第 2 款规定，与国民待遇不相符投资措施单列在协议附件中，即附件一规定的违反国民待遇原则的与贸易有关的两项——当地成分要求措施和贸易平衡要求措施。①但除此之外，TRIMs 协议没有明确规定两个问题：一是适用国民待遇的"投资措施"与"贸易"的"有关"是何种关联，仅指直接联系还是包括间接联系？二是违背国民待遇的禁止性投资措施如何判断，是否仅限于附件规定的两种情形？由于 TRIMs 协议第 2 条没有对这些问题做出明确的界定，导致条款的透明度不足，给实际操作带来诸多困难（例如在印度尼西亚影响汽车工业措施案中就引发了相关争议）。这既不利于为投资者提供充分的国际投资保护，也不利于促进相关投资纠纷的解决，因此亟待完善有关条款。

---

① 对于违反国民待遇原则的与贸易有关的投资措施，TRIMs 协定的附件一列举了两项：（1）当地成分要求，即要求企业购买或使用国内产品或来源于国内渠道供应的产品，不论这种具体要求是规定特定产品、产品数量或价值，还是规定购买与使用当地产品的数量或价值的比例；（2）贸易平衡要求，即限制企业购买或使用进口产品的数量，或与其出口当地产品的数量或价值相关。

(二)《多边投资担保机构公约》现存问题

如前所述,《多边投资担保机构公约》为防范中国—东盟自由贸易区的国际投资非商业风险提供了国际法保障,但在为国际投资提供担保方面还有其一定的局限性。具体来说:该公约出于推动投资东道国经济发展的考虑,在其第 12 条第 4 款规定,该公约在担保前必须查清该投资的经济合理性、对东道国发展所作的贡献以及该投资与东道国宣布的发展目标和重点是否相一致,并据此在《多边投资担保机构业务规则》(简称《业务规则》)中规定了一系列衡量相关投资贡献的判断标准。但值得关注的是,近年来在西方一些环保组织与劳工组织等非政府组织的压力之下,多边投资担保机构在《业务规则》中增设了有关环境保护和劳工标准的评估标准,相关规定也得到了公约的认可。然而,由于发达国家和发展中国家在环境保护和劳工标准问题上一直存在着较大分歧,而多边投资担保机构在此方面的修订又具有一定程度的政治倾向性,这不仅与《多边投资担保机构公约》"非政治化"特点与属性相违背,也会因采纳了发达国家过高的环境保护和劳工标准,而对发展中国家做出不合理的投资担保评估,从而不当限制发展中国家依据公约获得投资担保的权利,因此相关评估标准值得重新审视。

(三)《华盛顿公约》现存问题

虽然《华盛顿公约》为切实保护海外投资者的合法权利,促进国际投资交流与合作发挥了重要作用,但也存在一个较为突出的问题,即公约的管辖权有被不当扩大的问题与趋势。根据公约第 1 条第 2 款的规定,该公约调整关于缔约国与其他缔约国国民之间关于投资争端的解决机制。另根据其第 25 条第 1 款的规定,解决投资争端国际中心(简称 ICSID 或"中心")对投资争议案件的管辖"适用于缔约国(或缔约国向中心指定的该国的任何组成部分或机构)和另一缔约国国民之间直接因投资而产生并经双方书面同意提交给中心的任何法律争端。当双方表示同意后,任何一方不得单方面撤销其同意"。据此规定,解决投资争端国际中心对投资争议案件的管辖权基于三个要件:第一是主体要件,即争议主体中一方须为《华盛顿公约》缔约国,另一方须为另一缔约国国民;二是客体要件,即争议事项必须是直接因投资而产生的法律争端;三是主观要件,即争端当事人同意接受"中心"管辖，且有书面同意证明。其中"当事人书面同意"是核心要件，因为《华盛顿公约》序言中已明确指出"宣告不能仅仅由于缔约国批准、接受或核准本公约这一事实而不经其同意就认为该缔约国具有将任何特定的争端交付调解或仲裁的义务"，由此可见"同意"是"中心"对投资纠纷行使管辖权的核心要件。由于《华盛顿公约》对于"同意"要件的规定比较笼统，没有规定具体的判断标准，也缺乏有效的事前审查手段，使得实践中，"中心"对于"同意"逐步做出了扩大化的解释，由此不当地扩大了公约的管辖权。

例如实践中，"中心"的仲裁庭根据 BIT 条款中的最惠国待遇条款扩展"同意"的范围，认定一国对另一特定缔约国作出的同意 ICSID 管辖的承诺，视为该国对所有其他缔约国的承诺，如此则使得投资东道国被推上 ICSID 仲裁庭的风险大幅增加。再如，在外国投资者将其在投资协议中的权益转让给第三方，第三方或与投资者控股关系的利益相关方，援引投资协议中 ICSID 条款对投资东道国提起仲裁时，"中心"ICSID 仲裁庭倾向于延伸同意的主体，以此扩大其管辖权，这一问题在中国香港的 Pan AmericanAmco 公司诉印度尼西亚政府投资仲裁案中（案件号：ICSID case ARB /72 /1）反映得尤为突出。其基本案情是：美国的 Amco 公司将其在 P. T. Amco 的部分股权转让给中国香港的 Pan AmericanAmco 公司，后发生投资争议，Pan AmericanAmco 公司依据 Amco 公司与印度尼西亚政府的投资仲裁条款向"中心"的 ICSID 仲裁庭提起仲裁。印度尼西亚政府就 ICSID 仲裁庭的管辖权提出异议。仲裁庭认为，股份的转让视为请求仲裁权利的转让，因此裁定有权受理此案，由此扩大了其受案主体，遭到印度尼西亚政府的强烈反对，也由此引发了较大的国际争议。通过上述案例可见，由于公约对解决投资争端国际中心的管辖权限定不明确，加之缺失相关审查制度，使得 ICSID 仲裁庭在实践中出现扩大管辖权的问题，由此忽视了投资东道国必要的经济管制权，容易引发投资者的滥诉，给投资东道国带来频繁被诉的风险，并对东道国的社会公共利益产生不良影响，并由此引发国际争议。①

值得注意的是，《华盛顿公约》第 52 条第 1 款确立了撤销 ICSID 仲裁庭裁决

---

① 参见李路根：《ICSID 仲裁庭法律解释的正当性困境及其消解的制度对策》，载《社会科学家》2012 年第 8 期。

的五项法定事由，其中仲裁庭"明显越权"这一撤销理由为 ICSID 专门委员会审查仲裁庭的管辖权提供了规范依据。据此，当事人可以在裁决作出之日起 120 日内，以仲裁庭超越管辖权为事由向 ICSID 秘书长提出撤销仲裁裁决的申请。ICSID 行政理事会主席在收到当事方撤裁请求后，从仲裁员名单中任命 3 人组成专门委员会，负责审查撤销申请并作出决定。虽然这一事后审查机制可以一定程度地纠正 ICSID 仲裁庭管辖权不当扩大的问题，当由于是事后审查，此前已经耗费了投资东道国大量人力、物力、财力与时间来应对仲裁，因投资者滥诉而给投资东道国带来的不利影响与损失已经形成，ICSID 又没有弥补投资东道国损失利益的法律规定或机制，因而还是难以有效消除 ICSID 管辖权不当扩大造成的弊端，仍需另外采取措施对该问题予以解决。

（四）《中国—东盟投资协议》现存问题

《中国—东盟投资协议》自签署以来，一定程度地发挥了对于中国—东盟自由贸易区国际投资活动的保护、监管与促进功能，但从协议的实施情况来看，实践中存在着部分协议条款落实情况不理想的问题，尤其是协议中有关"缔约方与投资者间争端解决"条款实施情况不佳，受其调整的投资仲裁案件偏少。公开资料显示，近年来受该机制调整的仲裁案件仅两起，即马来西亚伊佳兰公司与中国政府投资仲裁案（2011 年由解决投资争端国际中心受理）、中国澳门世能公司与老挝政府投资仲裁案（2012 年由海牙常设仲裁法院新加坡临时仲裁庭受理）。这些情况反映出《中国—东盟投资协议》在下述几方面存在着立法不足：

第一，协议确立的立法价值目标不够全面。该协议第 2 条规定"本协议的目标是旨在通过下列途径，促进东盟与中国之间投资流动，建立自由、便利、透明和竞争的投资体制"。该条规定的立法价值目标仅仅强调了建立自由、便利、透明和竞争的投资体制，却未将"平等互利"确立其中，由此会忽视各缔约方之间，以及缔约方政府与投资者之间的投资利益平衡问题，实践中容易引发缔约方政府为片面追求投资自由与便利，而忽视彼此间的利益平衡，继而引发投资东道国与投资者母国及投资者之间的利益失衡问题，因此亟待弥补相关立法价值目标。

第二，对缔约方行为的约束范围过窄。该协议第 1 条第 7 款规定协议约束的缔约方的措施是"影响投资者和/或投资的，任何普遍适用的法律、法规、规则、程序、行政决定或行政行为"。据此，该协议约束的缔约方的公权力行为仅包括立法行为与抽象的行政行为，而不包括具体行政行为，导致外国投资者一旦受到缔约国的具体行政行为或不公司法行为的侵犯，难以依据该协议获取法律救济，这对于国际投资者的保护显然不利。

第三，适用"国民待遇"范围较窄。该协议第 4 条"国民待遇"与第 5 条"最惠国待遇"规定的范畴不相一致。协议规定最惠国待遇对于国际投资准入前后阶段都可以适用，但协议规定国民待遇只在国际投资准入后实行，而未将国民待遇的保护纳入到投资准入阶段，这不利于保障投资者在投资设立前期阶段的风险防范，也与"国民待遇""最惠国待遇"与"公平、公正待遇"三位一体的国际投资保护惯例不符。此外该协议第 6 条规定了"不符措施"作为"国民待遇"的例外情形，如前所述相关"措施"存在调整范围过窄的问题，因而"国民待遇"受此影响也存在着不当受限的问题。

第四，对"投资待遇"内涵界定不清。该协议第 7 条"投资待遇"对于"公正和公平待遇"的定义为"各方在任何法定或行政程序中有义务不拒绝给予公正待遇"，内涵界定不清楚，过于宏观与粗略，且未明确规定此种待遇与"最惠国待遇"和"国民待遇"是什么关系，由此难以为有关司法与仲裁等争端解决措施提供明确的法律指引，这不利于为有关国际投资者提供充分的法律救济，因而急待细化相关立法规定，以此增强其可操作性。

第五，征收条件规定不明确。该协议第 8 条关于"征收"的条款没有对"公共利益"的内涵域外外延做出没有明确的界定，由此降低了征收条款适用的确定性，增加了该条款被投资东道国滥用的风险，这显然不利于对于投资者正当权益的保护。

第六，缔约方与投资者间争端解决条款的适用范围不全面。协议第 14 条第 1款通过列举式的方式规定了缔约方与投资者间争端解决条款的适用范围，即缔约方因违反该协议规定的国民待遇、最惠国待遇、投资待遇、征收、损失补偿、转移和利润汇回六个方面的义务而给投资者造成损害的，投资者可诉诸该协议寻求救济。这种列举式的立法方式有助于明确划定条款的适用范围，对投资者的争端解决申请权予以必要限制，防范投资者的滥诉对东道国主权与公共利益形成不当挑战。但其弊端在于不当限制了争端解决的适用范围，导致协议范围之外的缔约方侵权行为得不到调整与纠正，也使得被侵权的投资者难以获得机制的仲裁救济。具体来说，缔约方除《中国—东盟投资协议》第 14 条第 1 款所规定的 6 种义务之外，还肩负着投资透明度义务（协议第 19 条）、其他义务（协议第 18 条规定，"各方应遵守其对另一方投资者的投资业已做出的任何承诺"），缔约方违反这些义务而给投资者利益造成损害的，也应纳入机制的调整范围之内，唯此才能充分维护投资者与东道国的利益平衡。

第七，协议的"一般例外"条款不明确。该协议第 16 条"一般例外"条款仅笼统地规定，投资东道国的措施"构成任意或不合理歧视的手段"，则构成了对投资者的"变相限制"，在此情况下不能援引一般例外条款获取豁免。该规定对东道国实施公共利益保留措施予以了必要限制，有助于保护投资者的合法权益。但该条款没有明确规定，依据何种标准判断东道国的投资管制措施构成"任意或不合理歧视的变相限制"，由此导致仲裁庭对东道国投资管制措施的审查缺乏统一性和确定性的标准，实践中出现仲裁庭基于片面保护投资的目的，而将东道国保护公共利益的正当管制措施不当认定为间接征收，继而裁决东道国对投资者进行赔偿，如此会破坏双方利益平衡，不利于维护中国—东盟自贸区国际投资秩序的稳定。

此外，《中国—东盟投资协议》在投资促进方面未对禁止数量限制做出规定，对投资透明化义务的规定还不完善（笔者在第三章第一节对此问题详细分析），另在投资仲裁的常设主管机构、仲裁机构、仲裁裁决执行方式与程序方面的规定也不完善（笔者在本章第五、六节对之详细分析）。

(五)《中国—东盟争端解决机制协议》现存问题

该协议自 2004 年签署以来，对于指导解决中国与东盟各国的投资争端、维护良好的投资秩序发挥了重要作用。但实践中，该协议也存在着条款适用不平衡的问题，即协议中的磋商条款、调解或调停条款适用相对较多，但仲裁条款适用很少，罕有相关仲裁案例。造成这一不平衡问题的原因很多，其中法律方面的原因在于《中国—东盟争端解决机制协议》自身尚存一些不足，现对之分析如下：

第一，协议对仲裁庭主席的指定方式规定的不尽合理。仲裁庭主席作为拥有最终决定权的首席仲裁员，在国际仲裁庭中的作用与地位是举足轻重的，因而对其任命是国际仲裁庭组成工作的重中之重。根据《中国—东盟争端解决机制协议》第 7 条第 3 款之规定，"有关当事方未能就仲裁庭主席人选达成一致，则应请求世界贸易组织（WTO）总干事来指定仲裁庭主席，且争端当事方应接受此种指定……若任何一争端当事方并非 WTO 成员，则是争端当事方应请求国际法院院长指定仲裁庭主席，争端当事方应接受此种指定"。笔者认为这一规定不尽合理，原因是中国—东盟自由贸易区的相关协调机构作为负责协助组建国际仲裁庭的机构，它并非 WTO 的附属机构，二者之间没有组织上或业务上的从属关系，由 WTO 总干事来指定中国与东盟国际仲裁庭的主席，既超出了 WTO 总干事的职权，也损害了中国—东盟自由贸易区及其国际仲裁庭独立性与自主性。同理，由国际法院院长指定中国与东盟国际仲裁庭主席也是不合理的，这也超出了《国际法院规约》所规定的国际法院的职权范围，因此相关条款亟待修改。

第二，协议对仲裁员回避的规定也不尽合理。该协议第 7 条第 6 款对仲裁庭主席的回避问题进行了规定，即"主席不应为任何争端当事方的国民，且不得在任何争端当事方的境内具有经常居住地或者为其所雇佣"，但对其他仲裁员的回避问题却没有规定，这难以为相关国际投资仲裁裁决的公正性予以必要的保障，也容易被个别仲裁员利用谋求权力寻租，进而损害相关国际投资仲裁的公信力与权威性，因而急需完善相关规定。

此外，该协议未规定临时性的国际仲裁保全方式与国际仲裁异议程序，且规定的仲裁方式也较为单一，笔者对此将在本章第六节对之予以详细分析。

（六）中国与东盟多边税收协定问题

目前，中国与东盟尚未签署多边税收协定，签约至今面临着下述几方面制约因素与困难：

第一，中国—东盟自由贸易区内各国经济发展水平存在巨大差异，经济一体化程度较低，由此制约了多边税收协定的签署。在中国—东盟自由贸易区内，中国、新加坡、马来西亚、泰国属于经济相对发达的新兴工业化国家，而缅甸、老挝、柬埔寨是世界上最不发达的国家，各成员之间的经济发展水平和所处的经济发展阶段差异较大，其程度远超欧盟与北美自由贸易区，由此决定区域内各国在实施税收协调时的承受能力差异较大，短期内很难形成经济一体化程度较高的税收同盟，也难以在短期内签署多边性的税收协定。

第二，中国—东盟自由贸易区内各国税制差异较大，协调困难，由此增加了签署多边税收协定的困难。中国与东盟各国经济发展水平不平衡，彼此之间的税制也存在着较大差异。首先在税制结构方面，东盟多数是以直接税和间接税为双重主体的税制结构，而中国目前仍然是以间接税为主体的税制结构。其次在税种方面，中国、新加坡、印度尼西亚、菲律宾、泰国、柬埔寨和越南等国在间接税方面开征了增值税，但马来西亚、文莱、老挝和缅甸四国尚未开征增值税；新加坡、马来西亚、泰国和印度尼西亚等国家在直接税方面开征了财产税，但文莱至今尚未开征公司所得税与个人所得税。最后在税基和税率方面，区域内各国也存在着较多差异，致使各国之间宏观税负水平不一致，很难协调，难以在短期内就征收协调问题达成多边共识。

第三，中国—东盟自由贸易区内各国的投资发展战略存在一定的竞合性，这也为签署多边税收协定带来了阻力。目前中国和东盟各国都在普遍实施对外开放、出口输出战略的经济发展政策，为了在全球范围吸引更多的外来投资，各成员国通常通过更加优惠的税收政策来吸引资本和人才的流入，由此形成了彼此间税收优惠措施方面的竞争，这对于区域内各国间的税收协调与多边税收协定的签署构成了现实性的制约。

尽管中国与东盟之间在签署多边投资协定方面还存在着诸多障碍与困难，但由于此类协定中涉及所得税的协调问题，如果中国与东盟不能通过签订税收协定解决所得税的重复征税与国际逃、避税问题，将会严重影响资本、劳务、知识产权及人员在中国—东盟自由贸易区内的合理投资与流动，影响"一带一路"倡议在自贸区的顺利实施，阻碍中国—东盟自由贸易区国际投资法律机制的顺畅发展，因此积极采取措施推进中国与东盟签署多边税收协定已势在必行。

（七）中国与东盟多边司法合作协定问题

目前受下述三方面因素的制约，中国与东盟尚未签署与国际投资诉讼相关的多边司法合作协定。具体来说：

第一，中国—东盟自由贸易区内许多国家的经济发展水平不高，难以为多边司法合作协定的签署提供必要的经济支持。通常来说，与国际投资诉讼相关的多边司法合作需要相应的经济基础作为支撑，否则难以有效开展。例如域外调查与取证，以及司法文书的送达，需要各国投入大量财力来协作建设相应的电子网络信息系统与通讯平台。但目前部分东盟国家的经济还比较落后，难以承受这方面的经济负担。

第二，中国—东盟自由贸易区内各国的司法制度差异较大，且受到国家制度与法律文化的影响，短期之内很难有效弥合司法方式与程序方面的差异，这使得各方签署统一的多边民商事司法合作协定面临不少困难。

第三，由于与国际投资诉讼有关的多边司法合作涉及各国司法主权的博弈问题，通常需要各国在司法主权方面做出必要的妥协与让渡，唯此才能促成相关司法协定的签署。然而中国—东盟自由贸易区内各国在历史上大多遭受过长期的殖民统治（尤其是遭受治外法权的侵害），因而各国对其司法主权非常重视，对于司法主权的让渡问题非常敏感与慎重，轻易不肯做出妥协，这也为各方达成统一的多边民商事司法合作协定带来了不小的阻力。

然而，伴随着中国—东盟自由贸易区经济一体化与国际投资的快速发展，以及国际投资纠纷与相关诉讼的与日俱增，民商司法合作的法治需求将会随着激增，因而从保障中国—东盟自由贸易区国际投资可持续健康发展的长远考虑，区域内各国还是需要在今后不断通力合作，努力克服上述不利因素，适时达成多边司法合作协定，从而为国际投资诉讼的顺利开展注入动力，助力化解区域内各国间的国际投资纠纷，推动实现中国与东盟间的投资合作与互利共赢。

二、机制的双边条约现存问题

（一）双边投资协议问题

中国自 1985 年至 2001 年相继与泰国、新加坡等东盟十国签署了一系列双边投资协定，对中国与东盟国家间的相互投资起到了保护与促进作用，保障和推动了彼此间相互投资的快速发展。但与此同时，我们还应客观地看到，在中国与东盟十国签署的一系列双边投资保护协定中，最后签署的中缅投资协议距今也近 20 年之久了，许多内容较《中国—东盟投资协议》相比较为陈旧和不够规范，已不能适应中国—东盟自由贸易区国际投资的发展新形势，无法有效发挥其应有功能，亟待对之加以完善。具体来说，相关双边条约主要存在以下几点不足：

第一，投资定义不够严谨。在投资定义方面，中国与东盟成员国间的双边投资保护协定大多基于"资产"概念，对"投资"采用开放式的定义方式。如《中国与泰国关于促进和保护投资的协定》第1条第3款规定，"'投资'一词系指缔约任何一方依照其法律和法律所许可的各种财产"。又如《中国与新加坡关于促进和保护投资的协定》第1条第1款规定，"'投资'一词系指缔约一方根据其法律和法规允许的各种资产"。这种投资定义方式旨在将"投资"解释为投资者直接或间接拥有、控制的具有投资特征的各类资产。其优点在于明确承认了缔约方投资者作为间接投资者的权利，有利于扩大对外国投资者的保护范围。其不足在于：将"投资"定义完全建立在"资产"概念基础上，使得协定对投资资产的投资特征提出的要求变得没有任何实质意义，因为是否具备投资特征要求并不影响协定规范直接投资和间接投资这一法律事实。此外这也导致投资范围过于广泛，容易引发投资者的滥诉，影响东道国与投资者的利益平衡，因此晚近以来的国际投资协定大都已经摒弃了上述的"投资"定义方式，转为追求投资定义全面性与严谨性相平衡的新型定义方式。有鉴于此，笔者认为中国与东盟成员国间的双边投资保护协定在投资定义方面，应当积极借鉴国际立法新趋势予以适时完善。

第二，投资待遇规定不完善。这方面的问题具体表现在：虽然中国与东盟十国的双边投资协定中都规定了"公平公正待遇"，但未明确规定该待遇的具体范围，相关条文过于抽象。例如中缅投资协定第3条第1款规定"缔约一方的投资者在缔约另一方的领土内的投资应始终享受公平与平等的待遇"。再如中国与印度尼西亚的投资协定第2条第2款规定"缔约任何一方投资者在缔约另一方领土内的投资应始终受到公正与公平的待遇并享受充分的保护和保障"。虽然规定了公平公正待遇，但未对其内涵作出明确规定，由此减弱了相关条款的适用性，使得公平公正待遇条款不具备必要的可预见性与可操作性。其次，虽然中国与东盟十国的双边投资协定中都规定了"最惠国待遇"，但适用范围不够全面，没有涵盖投资准入阶段。此外，除中国与缅甸签署的投资协定中规定有"国民待遇"之外，中国与其他东盟国家签署的投资协定中都缺少"国民待遇"的条款，这不利于防范投资东道国对于外国投资者采取歧视性的措施，不利于全面保护外国投资者的合法权益，因而亟需弥补"国民待遇"条款。

第三，投资征收规定不完善。这方面的问题具体表现在：首先，在对国际投资征收的司法审查方面，除中国与新加坡、泰国、菲律宾与文莱四国的投资协定中规定了投资东道国政府的征收行为应由法院进行审查外，其他协定中都缺少司法审查条款，这不利于有效认定和防范投资东道国的不当征收行为，也不利于保护外国投资者的合法权益，亟待弥补相关司法审查条款。其次，在投资损失补偿标准方面，除中国与缅甸投资协定中规定了投资东道国给予投资者损失补偿享有国民待遇之外，中国与其他东盟国家的投资协定中都没有此类规定，这不利于防范投资东道国对外国投资者给予歧视性的投资损失补偿待遇，容易滋生投资矛盾与纠纷。最后，在征收补偿的保障措施方面，除中国与缅甸、文莱的双边投资协定中规定了投资东道国迟延向受偿者支付征收补偿的，须另外支付受偿者补偿金利息，以此敦促投资东道国履行协定义务。但中国与其他八个东盟国家的投资协定中缺少这一规定，这不利于惩戒投资东道国故意拖延支付征收补偿的违约行为，也不利于保护相关投资者的合法权益，急需补充相关规定。

此外，中国与东盟国家签署的双边投资协定普遍缺少投资壁垒的禁止性条款，以及推动协议得以履行的强制性条款。这不利于推动实现协议在投资促进与保护方面的立法目标，也不利于保障实现中国—东盟自由贸易区国际投资法律机制的功能与价值，因此急需补充相关规定。

（二）与投资有关的税收双边协定问题

在与投资有关的税收协定方面，中国迄今已和除缅甸之外的其他东盟国家签署了税收双边协定。这些协定对于各国合作避免双重收税，协力防范和惩治偷税、避税违法行为，保护投资者的合法权益，保障中国—东盟自由贸易区国际投资秩序的稳定，都具有十分重要的作用。但这些税收双边协定都还不够完备，存在的主要问题是调整范围狭窄，仅仅涉及了关税协调、避免双重征税和防止偷税漏税的问题，但对于社会保障税与财产税的征收协调、税收管辖权的协调、税制的协调、税收信息的共享、税收征管的合作机制度等重要方面并未涉及，这使得中国与东盟国家签署的税收双边协定在深度与广度方面，距离成熟的双边税收协定还有较大差距，整体上仅处于国际税收协调的初级阶段，尚不能充分适应"一带一路"背景下中国—东盟自由贸易区国际投资领域内生产要素、资本、商品自由流动的需要，因此急需在推进加深中国与东盟经济一体化程度的基础上，适度借鉴域外的相关经验，不断深化彼此间的税收征管合作，持续推动完善彼此间的投资税收双边协定，为促进中国—东盟自由贸易区国际投资发展提供日臻完善的税收双边条约保障。

（三）国际投资诉讼的双边司法合作协定问题

中国与东盟国家在国际投资诉讼的双边合作方面，开展了有关司法文书域外送达、域外调查取证、承认与执行域外的民商事裁决等方面的合作，并签署了一系列双边协定。从近年来司法合作的实践情况来看，相关协定还存在下述不足：

第一，已有双边协定内容不完善。从中国与新加坡、泰国、越南与老挝四个东盟成员国签署的司法合作双边协定内容来看，部分条约内容较为粗略、宏观，缺少细则性的规定（尤其在实施程序方面），导致部分条款的可操作性不强，影响了合作效果。例如中国与越南于1998年签订的《中越司法合作协定》第12条第1款规定域外调查取证的适用范围是"进行与调查取证有关的必要诉讼行为"，至于何种行为是可以适用域外调查取证的"必要诉讼行为"，协定中没有给出明确的限定，导致相关机制的实施范围较为模糊，条款的可操作性不强。中国与泰国等国签订的相关双边条约也存在着类似问题，亟待加以完善。

第二，双边协定签署范围不够广泛。中国目前仅与新加坡、泰国、越南与老挝四国达成有关民商事司法合作的双边条约，签约范围仅涉及不到半数东盟成员国，签约范围还不够广泛。由于很多东盟成员国尚未加入《海牙域外送达公约》《海牙域外取证公约》等司法合作多边条约，中国也未与东盟签订民商事司法合作多边条约，由此导致中国同过半数的东盟成员国在国际投资诉讼中的司法合作缺乏法律依据，这使得相关合作大多通过外交途径进行，这势必会弱化相关合作的稳定性，并从长远上制约国际投资诉讼的司法合作发展，因而亟待弥补相关双边条约的缺失。

三、机制的国内法现存问题

笔者现从国际投资保护、国际投资促进与国际投资监管三个领域，对我国现行涉外投资法律法规的现存问题做如下分析：

（一）我国在国际投资保护方面的立法问题

我国在国际投资保护领域的国内法层面还存在着不足，这突出表现在我国的海外投资保险立法明显滞后，缺失专门性的海外投资保险立法。我国自 2001 年底起由中国出口信用保险公司开展海外投资保险业务，为中资企业的海外投资提供保险。该公司是我国唯一承办出口信用保险业务的政策性保险企业，也是我国四家政策性金融机构之一，其资本来源为出口信用保险风险基金，由国家财政预算安排。中国出口信用保险公司制定有《投保指南》（目前更新至 2014 年版），但内容相对简单，难以有效涵盖海外保险的所有重要问题，且法律位阶不高，法律权威性不足。此外我国全国人大 1995 年制定颁布的《中华人民共和国保险法》对外国投资者在我国的投资保险问题提供了法律指引，但未对我国企业在海外投资的保险问题作出规定，因而我国至今尚未建立起有效的海外投资保险制度，海外投资保险立法处于空白状态。由于我国海外投资保险立法的严重滞后，导致许多海外投资保险问题缺少必要的国内法依据，使得许多投资东盟的中国企业得不到充分的保险法律保护，且难以有效防范和化解相关的海外投资风险。具体来说，以中国出口信用保险公司制定的《投保指南》为例，我国现行海外投资立法存在以下几点明显不足：

第一，承保对象的规定不尽合理。根据中国出口信用保险公司关于承保对象的规定，对于合格投资项目的认定，并未要求必须投资于与中国签订双边投资协定的国家，这不利于相关保险机构理赔后代位求偿权的实际有效行使。

第二，承保机构模式不尽合理。目前中国出口信用保险公司对拟投保项目的审批和承保全权负责，由此采用保险审批机构和业务经营机构合一的模式。这一模式的弊端在于由中国出口信用公司行使审批职能，与其独立公司法人的身份不相符，不能充分体现和发挥海外投资保险作为"国家保险"的性质与应有功能，也不利于该保险公司对海外投资保险进行商业化运作。

第三，保险范围不尽合理。中国出口信用保险公司制定的《投保指南》中规定的保险范围包括征收险、汇兑限制险、战争险和政府违约险。由于当前东盟部分国家的内部党派为实现其政治目的而发生"政治骚乱"或"敌对行为"的风险远大于爆发战争的风险，因而中国出口信用保险公司制定的《投保指南》没有明确将"政治骚乱"和"敌对行为"列入保险范围是不合理的，也不符合中国企业投资东盟国家的现实需要。

第四，保险对象的合格标准不够全面。中国出口信用保险公司《投保指南》要求合格投资必须是符合中国国家政策和经济、战略利益的投资项目，但对于东道国经济发展的影响则没有提出任何要求。而从中国企业投资东盟的实践情况来看，只有对东道国经济发展有利的海外投资才会受到东道国的欢迎和保护，因而应当将其补充为判断海外保险对象是否合格的标准之一。

第五，投保人范围的界定不尽合理。中国出口信用保险公司制定的《投保指南》规定，依据外国法设立的95%以上的股权属中方的企业可以作为投保人，这实质上是允许外国公司、企业或其他经济组织作为中国海外投资保险的合格投资者。实践中，这类企业因其不具有中国国籍而导致中国出口信用保险公司难以行使代位权，无法充分达到实现代位求偿权和保护投保人利益的目。此外中国出口信用保险公司制定的《投保指南》规定：投保人既包括来华或到海外设立新企业的投资者，以及向现有企业注资、购并当地企业和提供股东贷款或担保业务等直接投资者，也包括金融机构为支持有关投资活动而进行贷款等业务的间接投资者。这与《多边投资担保机构公约》为代表的国际通行立法例（投保人限定为直接投资者）相违背。此外，中国出口信用保险公司《投保指南》对有关代位求偿权的实现和索赔以及争端的解决方法缺乏相应细致性的规定，导致这方面的立法可操作性不强。

综上所述，我国现有的投资保险法律法规尚不能有效防范和化解我国面向东盟的国际投资风险，也不能为保护国际投资者的合法权益提供充分的法律保障，因而亟需制定专门性的海外投资保险法律。

（二）我国在国际投资促进方面的立法问题

我国在国际投资促进方面的立法不足问题主要体现在税收优惠与金融支持方

面，具体来说：

1. 税收规定有待完善

从促进中国—东盟自由贸易区国际投资视角来审视，我国目前的税收立法尚存在以下几点不足：第一，我国《企业所得税法实施条例》第78条规定，"除国务院财政、税务主管部门另有规定外，该抵免限额应当分国（地区）不分项计算"。根据此项规定，我国对境外已缴纳所得税税款的抵免方法采用的是分国不分项抵免法或定率抵扣，即根据企业来自不同来源国的所得，分别计算其各自的抵免限额，各来源国的超限额与抵免余额不能相互冲抵。由于居住国和来源国关于收入确认、成本费用列支标准以及资产税务处理规则等不同，往往会造成按居住国和来源国税法计算的应纳税所得额差异较大，以至于造成国际重复征税或免税，因而会导致投资东盟及其他海外地区的企业总负税额上升，这在一定程度上会抑制企业投资海外的积极性。第二，我国的间接抵免规定对持股比例要求过高，制约了间接抵免制度的有效适用。根据我国《企业所得税法实施条例》第80条的规定，享受间接抵免的境内纳税总公司须拥有境外子公司股权比例达20%以上，这对于股份有限公司而言是相当高的持股比例，势必会增加境外企业的所得税负担，并形成较多的重复征税，这不利于我国企业在东盟投资以开拓国际市场。第三，我国《企业所得税法》第18条规定，"企业纳税年度发生的亏损，准予向以后年度结转，用以后年度的所得弥补，但结转年限最长不得超过五年"。这确立了亏损单向向后结转的处理方法。与世界上许多国家税法规定的亏损双向结转处理方向相比，我国《企业所得税法》的现行规定缺少关于亏损向前结转的规定，这在我国企业投资东盟国家的初期易于面临暂时性亏损的形势下，不利于保障和促进我国对外投资企业及时弥补亏损，因此急需对此规定予以完善，及时增设允许对外投资企业亏损向前结转的规定。第四，我国现行《企业所得税法》没有关于投资风险准备金制度的规定。该制度是为鼓励本国企业对外直接投资而为设定的税收激励制度，即允许对外直接投资的企业依法按照一定比例提取投资风险准备金，若该企业在对外直接投资的初期发生亏损后，可利用相关投资风险准备金弥补企业的损失。当企业渡过风险期后，如果投资风险准备金还有剩余，就将其余额合并在企业利润中进行征税。投资风险准备金制度既可以降低企业对外直接投资的风险，又能够保证国家的税收收益，因此被许多国家所规定。但我国现行的《企业所得税法》缺乏此类规定，这既不利于降低和化解企业对外投资风险，也不利于鼓励企业对东盟及其他海外地区进行直接投资，因而亟待增设规定投资风险准备金制度。

2. 金融支持方面的规定有待完善

我国在金融支持方面的法律规制存在的最突出问题是尚无专门性的法律与行政法规，而是通过国务院所属部门的一系列规范性文件对之加以调整，因而相关金融支持规定的政策性较强，稳定性与权威性不足，尚需加强有关立法。另外现有金融支持政策也存在两点主要不足：一是由于国务院尚未建立对外投资合作的常设协调机构和工作机制，导致实践中对海外投资的金融支持政策政出多门，各家金融机构大多是从自身的角度制定政策，一些金融政策措施协调性不足且存在冲突而难以形成合力，由此影响金融支持政策的实施效果。二是大多数金融支持政策侧重于对大企业（尤其是国有大型企业）的扶持，而对广大中小企业的支持力度有限。鉴于中小企业是我国企业海外经营的主体，因而笔者建议应当适度借鉴域外有益经验，大力支持中小企业的海外投资及经营活动，有针对性地扶持面向东盟及其他海外地区的投资，使其在更深、更广的范围内得到政策性金融机构的扶持，以此促进中小企业海外业务的发展，推动扩大我国在东盟及其他海外地区的投资规模与效益。

（三）我国在国际投资监管方面的立法问题

从对监管"一带一路"背景下中国—东盟自由贸易区国际投资视角来审视，我们目前在对国际投资项目的审批监管、反垄断监管、反不正当竞争监管、外汇监管、税收监管、环境监管、劳动监察、知识产权监管等方面的国内法还存在着下述不足：

1. 国际投资项目审批监管方面的立法问题

目前，我国在对国际投资项目的审批方面虽然实现了管理制度的成功转型（由"审批制"向"备案+核准制"转型），但相关规定都是通过部门规章和各职能部门的规范性文件形式确定的，法律层级和法律效力较低，并且相关管理文件的制定与执行机构涵盖了商务部、发改委、中国人民银行、外汇管理局、国资委、财政部、外交部等10多个部门，实践中各部门通常在各自的职责范围内出台文件并负责实施，由于缺失统一性的立法规范和引领，导致相关审批政策缺乏稳定性和统一性。对此，国务院所属部委自 2017 年以后已注重在新出台的规范性文件中对各部门的有关职责进行明确规定，尤其注重强调各部门之间的协调配合。但由于部门规章和规范性文件的立法层级和法律效力较低，其实施效果还不太理想，这一问题的解决还是有待通过今后制定具有较高位阶的、统一性的法律规范来从立法根源上加以解决。

2. 反垄断监管方面的立法问题

目前，我国《反垄断法》在对东盟等海外地区在华投资企业的反垄断监管方面存在的不足在于：《反垄断法》在外资并购中反垄断审查方面，没有规定必要的听证程序。对于反垄断监管来说，听证程序是以程序公正保障实体公正的最重要手段。[①]通常来说，在反垄断审查中，审查机构和被审查的并购方地位并不平等，设置听证程序是被审查的并购方行使抗辩权的重要保障方式。听证程序可以给予被审查当事方对反垄断执法机构的指控进行回应的机会，有助于执法者全面与公平地考虑和审查其回应，从而对被审查对象做出慎重与公允的判断，以此确保调查结果的客观性、公正性与合法性。但《反垄断法》对此未作规定，这不利于充分保障并购中的国际投资者权益，因而亟待弥补相关立法缺失。

3. 反不正当竞争监管方面的立法问题

我国修订后的《反不正当竞争法》对于"一带一路"发展背景下合理调整和规范在华投资的东盟及其他海外企业的竞争行为，提供了更为完善的法律依据。但值得注意的是，虽然修订后的《反不正当竞争法》在其第 2 条第 2 款中对反不正当竞争行为进行了概括性的规定："本法所称的不正当竞争行为，是指经营者在生产经营活动中，违反本法规定，扰乱市场竞争秩序，损害其他经营者或者消费者的合法权益的行为。"但该一般性条款仅仅是一个有限条款，不能涵盖所有的不正当竞争行为。因为该条款对于不正当竞争行为的兜底认定依据是"违反本法规定"，即违反《反不正当竞争法》的规定。而该法对其禁止的不正当竞争行为采取的是有限的列举方式（即混淆行为等 7 种不正当竞争行为）。除此之

---

① 参见卫新江：《欧盟、美国企业合并反垄断规制比较研究》，北京大学出版社 2005 年版，第 65 页。

外，其他未被《反不正当竞争法》禁止的行为因缺乏法律依据，故不能定性为不正当竞争行为。有鉴于此，修订后的《反不正当竞争法》的第 2 条第 2 款属于有限的一般性条款。但现实经济生活中的不正当竞争行为是复杂多变、隐蔽难测的，如果仅仅依据《反不正当竞争法》现行规定的一般性条款，无法囊括今后发生的新型的不正当竞争行为。因此从约束国际投资竞争行为视角予以审视，这会不当限制该法对于在华投资的东盟及其他海外企业不正当竞争行为的认定与处理，因此有必要参照域外有关立法经验，对《反不正当竞争法》的一般性条款予以修订，将其完善成为更具兜底性的一般性条款，从而对不正当竞争行为作出全面的规制、约束与制裁，以此维护中国—东盟自由贸易区国际投资竞争环境与秩序。

4. 税收征管方面的立法问题

对在华投资的东盟及其他海外企业进行税收征管方面，我国现行《税收征管法》尚存下述几点不足：

第一，我国现行《税收征管法》缺少关于税收评定制度的规定。税收评定制度是发达国家普遍采用的一种税收管理制度，它的推行体现了以"权利义务对等观"为核心的现代税收治税理念，落实了"税收信赖合作主义"的现代税收管理法治原则，因而实践中，该制度在我国的土地增值税的清算程序中得到了应用。但我国现行《税收征管法》尚未规定税收评定制度，仅在国务院 2005 年颁布、2010 年修订的《纳税评估管理办法》中对纳税评估的对象、方法以及评估结果的处理等问题进行了详细规定。但该办法目前存在着立法层级低、约束力不强、纳税评估职能定位不明确、配套制度不完善等问题，亟待通过在立法层次较高的《税收征管法》中对税收评定制度予以正式确认和规定，以此推动我国构建现代化的税收管理新模式，进一步提升对在华投资的东盟及其他海外企业的税收征管水平。

第二，我国现行《税收征管法》在税收信息管理方面的规定不完善。税收信息管理是对在华投资的东盟及其他海外企业实行税收征管的重要环节之一，税收评定制度通常需要以现代化的税收信息管理为其重要依托。税收信息管理与企业的金融信贷、保险、劳动和社会保障等方面的监管也密切相关，由此形成了一个对企业全方位的税收监督保障体系。我国现行《税收征管法》仅在第 6 条原则性地规定了"国家有计划地用现代信息技术装备各级税务机关，加强税收征收管理信息系统的现代化建设，建立、健全税务机关与政府其他管理机关的信息共享制度。纳税人、扣缴义务人和其他有关单位应当按照国家有关规定如实向税务机关提供与纳税和代扣代缴、代收代缴税款有关信息"。此规定过于宏观，缺少必要的具体性规定，由此使得相关条款的适用性与可操作性不强。实践中，税收征收管理信息内容包括从纳税人信息采集、申报纳税到审核评定，再到税务局税收征收、管理、稽查、处罚、执行与救济等多方面环节，绝非一言可以蔽之。即使《税收征管法》秉承宜粗不宜细的立法原则，也应对税收信息管理的上述重要内容予以必要规定，否则难以对税收信息管理工作进行有效调整。

第三，我国现行《税收征管法》在纳税人权利的保护方面还不完善。虽然《税收征管法》第8条赋予了纳税人以知情权、保密权、减免退税申请权、陈述权、申辩权、行政复议申请权、行政诉讼权、控告权等一系列合法权益，但还缺乏关于纳税人诚信推定权的规定。纳税人诚信推定权源自民法的诚实信用原则，是现代税收管理体系中税收人基本权利之一。该权利意指税务机关在没有相反证据的情况下，应推定纳税义务人申报内容真实可信，否则税务机关须负担举证责任，以证明纳税人有漏税、避税或逃税行为。鉴于增设规定纳税人诚信推定权对于全面保护纳税人合法权益具有重要意义，故笔者建议《税收征管法》应当补充规定这一权利。

综上，从优化我国对在华投资的东盟及其他海外企业税收征管的工作考虑，笔者认为有必要基于"一带一路"背景下中国—东盟自由贸易区国际投资发展需要，并根据对相关国际投资者合法权益的保护需要，对现行《税收征管法》在税收评定、税收信息管理与纳税人权利保护方面做进一步的完善。

5. 外汇监管方面的立法问题

目前，我国在外汇监管方面虽然实现了由"审批制"向"备案+核准制"的成功转型，但由于外汇监管实施简政放权，促进了银行自主审核业务的激增，而中国与东盟国际投资发展形势的复杂性使得外汇跨境流动方式日益多样化，这使得过去由外汇局明确审核单据和审核要求的单一监管模式，已经不能满足当前的外汇监管需求，急需促进银行业发挥其在外汇监管方面的作用，从而与外汇主管部门积极配合，形成综合性、立体式的外汇监管体系，形成合力共同提升我国外汇监管水平。然而目前我国银行业在与外汇监管的"展业三原则"（即银行办理业务应遵循"了解你的客户""了解你的业务"和"尽职审查"三项基本原则）方面，缺乏完善的配套法律法规，难以适应"一带一路"背景下中国与东盟国际投资领域的外汇监管需要，急需借鉴域外经验，适时推动有关立法的完善。

6. 环境监管方面的立法问题

我国目前对在华投资的东盟及其他海外企业进行环境监管方面存在的突出问题在于，现行立法针对外企环境责任保险方面的规定很不完善，具体来说：

第一，我国的环境立法尚未将环境责任保险普遍规定为强制性的法定险种，目前该险种仍然属于自愿险种。由于环境责任保险的风险过大，保险公司与外企对于环境责任保险普遍缺乏投保动力。我国目前仅有少数法律法规规定了环境责任保险，如《海洋环境保护法》第 28 条第 2 款规定，"运载 2000t 以上的散装货油的船舶，应当持有有效的油污损害民事责任保险"；第 66 条第 1 款规定，"国家完善并实施船舶油污损害民事赔偿责任制度；按照船舶油污损害赔偿责任由船东和货主共同承担风险的原则，建立船舶油污保险、油污损害赔偿基金制度"。又如《海洋石油勘探开发环境保护管理条例》第 9 条规定，"企业、事业单位和作业者应具有有关污染损害民事责任保险或其他财务保证"。但上述规定过于原则化，可操作性不强，且仅局限于海洋污染领域，覆盖面有限，难以为环境责任保险的落实提供充分的立法规范和指引。

第二，目前我国大多数环境污染责任保险险种存在着承保范围过窄的问题。这突出表现在通常只承保突发性的环境污染事故，而把累积性的排污行为排除在外。究其原因在于，突发性的环境污染事故不具有潜伏期，在环境污染评估测定方面所需的技术力度比较低，责任赔偿范围界定比较清晰，保险公司相对容易处理。然而在实践中，一些在华投资的东盟企业的排污行为是累积性的。这类污染对于环境以及民众的身心健康及财产造成的损害也是很大的，如果将其排除在承保范围之外，则难以达到有效的环境监管目的，因此应当适度扩大承保范围。

第三，我国目前缺少关于环境污染责任限制的立法规定，导致环境责任保险的风险过大，保险公司对环境责任保险缺乏投资动力。实践中，环境责任保险标的是被保险企业污染环境后的损害赔偿责任，其价值没有客观依据，无法预计赔偿金额大小，导致保险金额难以确定。此外企业因污染环境而对第三者造成人身伤害和财产损失所应承担的赔偿责任，以及为清除污染物而支出的费用一般金额巨大，由此导致承担环境责任保险的风险巨大，造成许多保险公司不愿承担巨额风险，对投保此类险种的积极性不高。针对这一问题，2008 年国家环保总局和中国保监会联合发布了《关于开展环境污染责任保险试点工作的指导意见》，正式启动了环境污染责任限制的试点工作。其后，环境保护部与中国保险监督管理委员会又于 2013 年联合发布了《关于开展环境污染强制责任保险试点工作的指导意见》，要求明确环境污染强制责任保险的试点企业范围，合理设计环境污染强制责任保险条款和保险费率，健全环境风险评估和投保程序，建立健全环境风险防范和污染事故理赔机制，强化信息公开，完善促进企业投保的保障措施等，有力地指导和推动相关试点工作取得一系列良好成效。① 对此笔者认为，应当积极采取措施，推动试点工作中的成功经验被列入立法草案之中，并以此为基础，推动我国有关环境与保险法律法规增设规定环境污染责任限制的有关规定，对企业承担环境保险责任作出合理的限制性规定，从而将有关保险风险设置在可控范围之内，维护保险公司投保环境保险责任险的积极性，从而优化我国对东盟来华投资企业的环境监管效果。

7. 劳动监察方面的立法问题

目前，我国的《劳动保障监察条例》在规范和调整对于来华投资的东盟及其他海外企业的劳动监察方面，还存在着几方面亟待解决的问题：

第一，《劳动保障监察条例》在对劳动保障监察部门职能规定方面不够完善。虽然该条例赋予了劳动保障行政部门对外资企业违法行为的监督处罚权，但没有赋予劳动保障监察部门以查封、扣押的强制措施执行权，由此使得劳动保障监察部门无法及时阻止外资企业的逃匿、毁灭、隐匿证据材料以及转移财产等违法行为，致使相关调查取证和查处工作难以顺利展开，这既不利于依法处理违法企业，也不利于保护劳动者的合法权益，因此应当考虑赋予劳动保障监察部门以必要的强制措施执行权。

第二，《劳动保障监察条例》在对法律责任的规定方面不够完善。一方面，条例对于违法行为的处罚力度较低。该条例第四章中规定了被监察对象的法律责

---

① 见中华人民共和国生态环境部网站（https：//www.mee.gov.cn/）。

任多数是"责令改正",而罚款较少且数额较低,致使企业的违法成本较低,对违法行为不能引起足够的惩戒与威慑作用。另一方面,该条例赋予劳动保障监察部门自由裁量权的幅度过大。例如条例第 30 条规定罚款数额幅度为 2000 元至 20000 元,上下限相差达 10 倍之多,这既在客观上加大了执法者合理行使裁量权的难度,也容易造成权力滥用,因此应当合理调整罚款的自由裁量权幅度。

第三,《劳动保障监察条例》与《劳动争议调解仲裁法》的调整范围过度重合,法律竞合问题突出。《劳动保障监察条例》第 11 条规定条例的调整范围包括用人单位制定内部劳动保障规章制度的情况;用人单位与劳动者订立劳动合同的情况;用人单位遵守禁止使用童工规定的情况;用人单位遵守女职工和未成年工特殊劳动保护规定的情况;用人单位遵守工作时间和休息休假规定的情况;用人单位支付劳动者工资和执行最低工资标准的情况;用人单位参加各项社会保险和缴纳社会保险费的情况;职业介绍机构、职业技能培训机构和职业技能考核鉴定机构遵守国家有关职业介绍、职业技能培训和职业技能考核鉴定的规定的情况以及法律、法规规定的其他劳动保障监察事项。而《劳动争议调解仲裁法》第 2 条规定劳动争议的受案范围包括因确认劳动关系发生的争议;因订立、履行、变更、解除和终止劳动合同发生的争议;因除名、辞退和辞职、离职发生的争议;因工作时间、休息休假、社会保险、福利、培训以及劳动保护发生的争议;因劳动报酬、工伤医疗费、经济补偿或者赔偿金等发生的争议以及法律、法规规定的其他劳动争议。此外该法第 9 条还规定"用人单位违反国家规定,拖欠或者未足额支付劳动报酬,或者拖欠工伤医疗费、经济补偿或者赔偿金的,劳动者可以向劳动行政部门投诉,劳动行政部门应当依法处理"。通过比较可以发现,《劳动保障监察条例》与《劳动争议调解仲裁法》的调整范围存在大范围重合,由此产生两个弊端:一是导致同一案件重复受理的情况大幅增加,导致司法与执法资源的浪费。二是因劳动监察的权威性与执行力通常强于劳动仲裁,实践中当二者发生竞合时,当事人通常会倾向于选择劳动监察寻求权利救济,由此导致劳动保障监察部门任务量过重,而劳动仲裁被大幅削弱,致使二者受案量严重失衡。如果为了扭转这种失衡而依据监察部门的行政力量将案件转送劳动仲裁机构,又会造成一案重复受理的资源浪费问题,因此在立法上清晰划分劳动监察与劳动仲裁的调整范围,避免二者适用范围的过度重合是十分必要的。

8. 知识产权监管方面的立法问题

我国现行知识产权法所确立的分散式监管模式存在许多问题，难以为中国与东盟相互投资领域的知识产权提供高效的监管与保护，具体来说：

我国《商标法》第 2 条规定，"国务院工商行政管理部门商标局主管全国商标注册和管理的工作。国务院工商行政管理部门设立商标评审委员会，负责处理商标争议事宜"。《著作权法》第 7 条规定，"国务院著作权行政管理部门主管全国的著作权管理工作；各省、自治区、直辖市人民政府的著作权行政管理部门主管本行政区域的著作权管理工作"。《专利法》第 3 条规定，"国务院专利行政部门负责管理全国的专利工作；统一受理和审查专利申请，依法授予专利权。省、自治区、直辖市人民政府管理专利工作的部门负责本行政区域内的专利管理工作"。根据上述法律规定，我国形成了分散式的知识产权监管模式。实践中，商标权的监管工作由国家工商行政管理总局下属的国家商标局负责；著作权的监管工作由国家新闻出版广电总局下属的国家版权局负责；与科技创新有关的专利权事务由国家科技部负责；电信知识产权、软件与集成电路、互联网域名及知识产权标准化问题由国家工业和信息化部负责。此外，知识产权的监管机构还包括农业、林业、海关、文化、质检等众多机构。这种分散式的知识产权监管模式导致监管权力过于分散，在"一带一路"背景下缺乏推进我国涉外（尤其在对东盟投资领域）知识产权保护与监管的整合力与执行力。而且该监管模式还引发了职能重叠问题，既加大了监管成本，降低了监管效率，又容易引发监管推诿与执法冲突问题，因此急需改进现行模式。

第二节　机制的实施主体要素现存问题

中国—东盟自由贸易区国际投资法律机制的实施主体要素，既是机制的实施规范要素得以实现的重要载体，也是机制实施方式与程序要素得以发挥作用的重要条件。从机制实施主体要素的发展现状来看，其存在的问题主要集中在两个方面：一是负责机制运行的行政主管机构，二是保障机制运行秩序的国际投资仲裁机构。现对这两类机制主体要素存在的问题作下述分析：

一、机制的行政主管机构问题

（一）中国与东盟间的国际投资主管机构问题

目前，在中国与东盟跨国间的国际投资机制实施机构方面的主要问题在于，现有的组织机构主要是磋商性和决策型的，缺乏常设性的主管与执行机构。《中国—东盟投资协议》尚未规定设立常设性的主管与执行机构，仅规定由临时性的中国—东盟经济部长会议负责监督协议的实施，并由东盟秘书处协助工作。从实践效果来看，这类临时性的主管与协调机构显然无法替代统一的常设机构。客观地来讲，《中国—东盟投资协议》不设统一的常设主管机构是针对中国—东盟自贸区经济一体化程度不高这一现状所作的务实安排。但长期缺失统一的常设主管机构，不仅使得《中国—东盟投资协议》中的国际投资促进与保障措施难以得到有效落实，而且从长远来看也会削弱有关法律机制的权威性与向心力，导致机制呈现出存在松散性与发展的无序性，难以引领和保障机制实现可持续的良性发展。有鉴于此，笔者认为从促进和保障机制的权威性、高效性、稳定性、公信力与凝聚力的角度来审视，保障和促进机制的顺畅运行与可持续健康发展，在今后发展时机成熟时应适时修改《中国—东盟投资协议》，对设置常设性的主管机构作出具有前瞻性的立法安排。

（二）我国的国际投资促进机构问题

在当前我国积极推动实施"一带一路"发展倡议与"走出去"的发展策略背景下，我国在国际投资促进机构方面的设置还不尽完善，这尤其表现在省、市、县地方层级的投资促进机构的设置方面不尽完善，存在以下几方面问题：

第一，机构名称不规范。实践中，我国省、市、县地方层级的投资促进机构的名称繁多，包括"投资促进局""投资服务中心""投资促进中心""招商局""外国投资管理处""招商引资局""招商合作局""投资贸易促进局"等10多种名称，而且有些地方机构的投资促进机构的名称（如"招商引资局""招商局""投资贸易促进局"等）看似是地方政府的职能机构，其实是事业单位性质，并不具备政府的有关职权及权威性，但名称却容易给外商造成误解，并出此产生相关问题。

第二，机构归属不规范。实践中，地方政府的投资促进机构归属商务厅、发改委、国资委、外经贸委、外事办、侨办等多个部门主管，由此引发职能重叠、各自为政、信息缺乏共享、工作缺乏协调等问题，难以为来自东盟及其他海外地区的外商投资提供高效、统一的服务，也由此影响了投资促进工作的效率与质量。

第三，机构职能不完善。一些地方投资促进机构的职能设定重管理与主导，轻服务与引导，由此容易引发相关机构对招商引资活动过度干预，忽视市场机制的作用，影响投资环境。此外有些地方投资促进机构在行使相关职能时，注重招商前期引进工作，忽视招商后续的公共服务与保障工作，由此不利于该地区外商投资的稳定发展。因此有必要根据我国的国情与促进中国—东盟自由贸易区国际投资发展的实际需要，采取措施积极推动地方投资促进机构的职能转变，完善地方政府在投资促进方面的宏观调控功能，进一步提升地方投资促进机构的专业化与法治化水平，促进地方投资和机构更科学、高效地发挥其应有职能。

二、机制的国际仲裁机构问题

目前，中国—东盟自由贸易区国际投资法律机制缺乏统一、权威的常设国际仲裁机构，仅根据《中国—东盟争端解决机制协议》第 3 条"联系点"第 1 款建立起了具有联系职能的协调机构[①]。实践中，当中国—东盟自由贸易区国际投资争端方难以通过磋商或其他方式解决争端时，双方在达成选择国际仲裁方式的合意后，由相关缔约国设立的联络处负责联络和协调选择仲裁员，以此组成仲裁庭受理国际投资仲裁案件。从实践效果来看，在有效管理仲裁，引领和保障仲裁顺畅运行与发展方面，协调机构还难以替代统一的常设国际仲裁机构的重要作用。

客观地讲，《中国—东盟争端解决机制协议》不设统一的常设国际仲裁机构，而仅仅设立协调机构，是针对中国—东盟自由贸易区经济一体化程度不高这一现

---

① 《中国—东盟争端解决机制协议》第 3 条"联系点"第 1 款规定，"为使该协议能够得到有效的贯彻和实施，各缔约方应指定一个专门负责联系协议所规定的所有相关事务的办公室作为联系点，且各缔约方共同保负责该办公室的正常运作与费用"。

状所作的务实安排。但长期缺失统一的常设国际仲裁机构，不仅使得《中国—东盟争端解决机制协议》与《中国—东盟投资协议》中的"投资者—东道国"投资协议难以得到有效落实，而且还会日益影响国际仲裁的长远发展。例如，由于缺乏统一的常设国际仲裁机构，中国与东盟各国的仲裁管理机构之间，在国际仲裁协助、国际仲裁人才联合培养等方面的交流与合作，会因缺失主导机构与权威的平台而难以实现规范化与常态化，也难以形成有效合力来共同应对和解决仲裁发展中的问题。而且从长远来看，缺失统一的常设国际仲裁机构，势必会因相关管理机构及权力的长期真空而削弱国际仲裁的权威性与向心力，导致仲裁发展呈现无序性状态，难以实现可持续的健康发展。有鉴于此，笔者认为从中国—东盟经济一体化的长远发展态势来考虑，今后十分有必要适时修改《中国—争端解决机制协议》，对设置区域内统一的常设国际仲裁机构作出具有前瞻性的立法安排，以此促进和保障国际投资仲裁的权威性、高效性、稳定性、公信力与凝聚力，从而为实现中国—东盟自由贸易区国际投资的可持续健康发展，提供有力的国际仲裁保障。

第三节　机制的实施方式与程序要素现存问题

从中国—东盟自由贸易区国际投资法律机制的实施方式与程序要素的发展现状来看，其存在的问题主要集中在三个方面：一是机制的行政实施方式与程序方面。二是机制的司法（诉讼）实施方式与程序方面。三是机制的准司法（仲裁）实施方式与程序方面。笔者现从这三个方面对有关问题分析如下：

一、机制的行政实施方式与程序问题

（一）境外国有资产监管方式问题

我国在中国—东盟自由贸易区国际投资机制行政实施方式方面的不足，主要在于我国对投资东盟的国有资产审计监管措施不完善。在我国当前积极实施"一带一路"倡议与"走出去"发展战略的背景下，国家大力支持国有企业，扩大对东盟投资，由此促进了国有企业对东盟投资规模的快速增长，但也由此加大了

国有企业面临的国际竞争风险，同时增大了对境外国有资产的监管难度。

目前监管的难点在于对投资东盟的国企资金使用方面的审核与监管困难，尤其是当国企资金汇至东盟国家后，对于境外项目的交易是否真实合理难以核实，对于境外资金的实际运作难以监控。目前我国有关主管部门采取的监管方式还不够完善，存在着几方面主要问题：一是重前期审批，轻事后管理，即着重审查国有企业境外投资项目是否真实合法、审批手续是否完备，但忽视对国有企业境外运营情况的后续监管。二是重微观监管，轻宏观监管，即过于注重对于国有企业微观运营方面的监管，而忽视对企业在总体与宏观层面上的监管。三是重监管分工，轻协同监管，即各监管部门往往注重履行自身分管职责，忽视各部门间的协同合作，由此出现交叉重复监管或监管空白等问题，影响了监管效率与质量。

（二）境外国有资产监管程序问题

目前，我国在对境外国有资产监管程序方面存在的主要问题在于：第一，相关程序大多规定在国务院所属部委的部门规章之中，法律位阶与权威性不足，稳定性不强，不足以充分保障我国投资东盟的国有资产安全与保值增值。第二，境外国有资产监管的"体外程序梗阻"问题严重。在对我国投资东盟的境外国有资产监管过程中，通常需要借助国内法的金融机构协助审查资金流向与交易情况。由于目前我国有关法律法规并未对境内外金融机构的审查时限与程序做出明确规定，而且这些金融机构的审查时限也不计入到行政主管机关的办理时限中，由此形成了"体外程序梗阻"，致使实践中出现审查实际时间过长，监管效率较低等问题，由此影响了监管效果，相关问题亟待解决。

我国对投资东盟的境外国有资产的监管方面存在的上述问题，反映出现监管方式与程序不能适应新形势下的监管需求，无法有效解决监管工作中的难点问题，因而亟待完善和优化相关监管部门的监管方式与程序，以此强化境外国有资产监管的效率与效果，有效预防和惩治虚构投资项目、侵吞国有资产等违法犯罪行为，确保境外国有资产的安全与保值增值，保障国有企业实现对东盟投资的既定发展目标，推动"一带一路"倡议的顺利实施，维护中国—东盟自由贸易区国际投资秩序的健康有序发展。

二、机制的司法实施方式与程序问题

(一) 司法合作实施方式问题

目前在中国与东盟间的国际投资诉讼中，跨国间的司法合作对于推动诉讼顺畅进行具有重要作用。但相关司法合作实施方式存在两方面不足：一是司法文书的域外送达方式不完善。二是域外调查取证方式不完善。具体来说：

1. 司法文书域外送达方式问题

目前在司法文书的域外送达方式方面，中国与东盟各国尚面临许多问题与困难。具体来说：第一，邮寄作为一种较为常用和有效的域外送达方式，目前还面临很多限制。我国《民事诉讼法》第267条第6项规定"受送达人所在国的法律允许邮寄送达的，可以邮寄送达"，但并未明确规定允许外国向我国境内的当事人邮寄送达，而许多东盟国家的国内法也还未规定域外送达可以采取邮寄送达的方式，由此导致这一方式经常难以实施。第二，鉴于电子与网络送达方式最为快捷便利，我国《民事诉讼法》第267条第6项规定，"采用传真、电子邮件等能够确认受送达人收悉的方式送达"。但由于东盟一部分国家网络技术落后、网络普及程度不高，因而难以广泛应用网络送达方式。另外电子文书容易被拦截或篡改，其真实性与安全性问题制约该方式难以广泛应用。第三，中央机关送达与外交送达方式虽然较为权威与安全，但其实施较依赖中国与东盟各国彼此间的双边协定，而中国与超过半数的东盟国家尚未达成相关协定，由此限制和影响了上述两种送达方式的实施。此外，这两种方式的送达程序繁琐，效率不高，亟待改进。第四，中国与东盟各国关于司法文书域外送达的双边协定对于送达方式的规定或者过于笼统，或者过于死板，难以适应相关司法合作的需要，因而急需完善有关方式。

2. 域外调查取证方式问题

在域外调查取证方式方面，中国与东盟成员国间的相关合作普遍存在着实施方式较为单一的问题。目前在中国与东盟成员国之间已签署的司法合作双边协定中，大多只明确规定了代为取证的方式。例如在中国与老挝、新加坡签订的双边条约中，只明确规定了通过中央机关、外交或领事代表机构代为取证的方式。在中国与泰国、越南签订的双边条约中，只明确规定了请求对方主管机关或中央机关代为取证的方式，而对于外交或领事人员直接调查取证方式则规定不够明确，也未规定《海牙取证公约》所认可的特派员取证方式。此外出于技术与安全问题的考虑，在中国与东盟成员国已签署的双边协定中，也未对电子取证等新兴取证方式加以规定，这影响了域外调查取证工作的效率，不利于推动中国与东盟间国际投资诉讼的顺畅进行，因而亟需完善有关方式。

3. 承认与执行域外的民商事裁决方式问题

目前，我国《民事诉讼法》以及我国同东盟成员国间签订的双边司法合作协定，对于承认与执行域外的民商事裁决申请的审查方式都未做出明确规定。由于这一方式涉及国家司法主权问题，一旦适用不当则有引发国际纠纷的风险，因此不能忽视该问题，须对承认与执行域外的民商事裁决申请的审查方式予以重视，尽快弥补相关立法缺失，对相关司法合作方式作出合理的立法安排。

（二）司法合作实施程序问题

目前在中国与东盟间的国际投资诉讼中，相关司法合作实施程序存在三方面不足：一是司法文书的域外送达程序不完善。二是域外调查取证程序不完善。三是承认与执行域外的民商事裁决程序不完善。具体来说：

1. 司法文书域外送达程序问题

目前在司法文书域外送达程序方面，我国与东盟各国通过双边协议确定的相关程序较为繁琐与复杂。以中央机关送达程序为例，根据我国与泰国等国双边协议的规定，请求国的受案法院首先需要将司法文书先行交给该国最高法院，再由最高法院移送给该国的司法部，然后由司法部移送至被请求国的司法部，由其层层转交给相应的受案法院，其间要经手数个机关。这种繁琐与复杂的程序设定，虽然有助于维护国家主权，避免送达的纰漏与不当送达，但也明显损害了送达效率，导致实践中一个司法文书在两国法院之间需传递数月之久，这大幅降低了国际投资诉讼的审判效率，不利于有关国际投资纠纷的及时化解，因此适度简化相关程序势在必行。

2. 域外调查取证程序问题

目前，中国与东盟各国在域外调查取证合作程序方面存在的问题是，各国间在调查取证程序方面存在着较大差异。这种差异尤其表现为：在中国—东盟自由贸易区内，大陆法系国家与普通法系国家的调查取证程序差异较大。如何采取切实有效的措施，尽可能地克服区域内各国之间在域外调查取证实施程序方面的衔接不畅问题，最大限度地实现彼此程序间的顺利衔接，是中国与东盟各国间需要共同协力解决的问题。

3. 承认与执行域外的民商事裁决程序问题

目前，中国与东盟各国在承认与执行域外的民商事裁决程序方面存在两个问题：第一，中国与东盟国家有关双边条约对相关程序规定得过于简单，可操作性不强。例如《中越司法合作协定》对于彼此间承认与执行域外的民商事裁决机制的实施程序，仅有第19条两款的简要规定。《中国与老挝司法合作协定》仅在第24条以两款的简要篇幅对相关程序作了粗略规定。而中国与泰国、新加坡的司法合作协定未对相关程序作出规定。第二，我国《民事诉讼法》及其司法解释，对于承认与执行域外的民商事裁决程序规定得相对简单，缺乏对申请形式、申请期限与审查方式作出明确化与细致化的规定，由此难以满足规范我国与东盟国家相关司法合作工作的立法需要，因此亟待完善相关程序。

综上所述，在中国与东盟间的国际投资诉讼中，跨国间的司法合作方式与程序存在着诸多不尽完善之处，亟需根据中国—东盟自由贸易区国际投资诉讼对于司法合作的实际需要，积极寻求有效路径与策略，对有关方式与程序加以完善，以此促进区域内国际投资诉讼的顺利开展，为有效化解中国与东盟各国的投资纠纷，维护中国—东盟自由贸易区国际投资秩序提供充分的司法保障。

三、机制的仲裁实施方式与程序问题

（一）机制的国际投资仲裁实施方式问题

目前，机制的国际仲裁实施方式方面存在着下述三方面的不足：

第一，《中国—东盟争端解决机制协议》规定的仲裁方式单一。从世界范围内来看，国际仲裁方式通常包括机构仲裁与临时仲裁两种基本形式，这二者相辅相成，在解决国际民商事纠纷方面共同发挥着重要的仲裁作用。所谓临时仲裁，是指根据双方当事人达成的仲裁协议，在争议发生后由当事人任命的仲裁员，或者根据当事人商议的方法产生的仲裁员组成仲裁庭，由该仲裁庭审理和裁决当事人之间的有关争议。区分临时仲裁与机构仲裁的重要标准在于，常设仲裁机构对仲裁程序有没有进行实际的管理和控制。如果常设仲裁机构仅仅是应争议当事人的请求协助为其任命仲裁员和组建仲裁庭，而不对该仲裁程序进行管理，则该仲裁方式仍然是临时仲裁。尽管机构仲裁方式作为当今世界主流的仲裁方式具有诸多优势，但该方式也有其自身难以克服的弊端，需要临时仲裁予以辅助克服。

具体来说：机制仲裁最主要的特点是仲裁规则、程序、管理制度以及可供选用的仲裁员名册都由仲裁常设管理机构事先拟定，因而其明确性与规范性强于临时仲裁，其裁决结果也更容易得到司法机关的认可。但其不足之处在于，与临时仲裁程序相比，机构仲裁程序复杂、手续多、费用高、耗时长。与之相比，临时仲裁具有机构仲裁难以替代的优势：一是它更充分实现和尊重了仲裁当事方的意思自治，因而其裁决结果更易受到当事方的认可与遵守；二是它的程序更为简便灵活、仲裁成本更低，十分适合解决标的较小、亟需结案的国际投资纠纷；三是由于它允许仲裁当事方自主商议确定仲裁规则及适用的法律，因而更有利于协调不同国籍的投资主体的仲裁需求，能够在国际投资仲裁中得以广泛应用。基于临时仲裁的上述优势与积极作用，联合国《承认及执行外国仲裁裁决公约》第1条第3款已确立临时仲裁制度，我国与部分东盟国家也已经加入该公约。有鉴于此，笔者认为《中国—东盟争端解决机制协议》有必要适度拓展仲裁方式，适时将临时仲裁方式纳入到协议框架中来予以合理确认和调整，从而形成机构仲裁与临时仲裁相辅相成、共同协作的共赢模式。这既顺应了国际仲裁的发展趋势，也有利于克服机构仲裁自身弊端。此外在东盟国家中，新加坡、马来西亚、泰国、菲律宾等英美法系的东盟成员国，大多承认和实施临时仲裁方式，因而将此方式纳入《中国—东盟争端解决机制协议》之中，有助于推动上述国家进一步接受机制提供的仲裁解决途径，有效化解彼此间的国际投资争端，从而保障中国—东盟自由贸易区国际投资的稳步健康发展。

第二，《中国—东盟争端解决机制协议》中缺失关于仲裁临时性保全措施的规定。仲裁临时性保全措施的称谓来源于联合国国际贸易法委员会1985年制定的《国际商事仲裁示范法》，意指仲裁庭在作出仲裁裁决前，根据一方当事人的请求，将与仲裁案件相关的标的物进行封存、暂扣或交由第三方保管，以此防止当事人转移或销毁财产或证据。由于仲裁临时性保全措施具有保障仲裁程序顺利进行的重要作用，有助于避免因争议标的物转移、灭失或损害而影响仲裁裁决执行，联合国国际贸易法委员会、国际商会国际仲裁院以及欧盟、北美自由贸易区等诸多成员国都已通过立法确认了仲裁临时性保全措施，但目前《中国—东盟争端解决机制协议》对此类仲裁临时性保全措施没有做出相应的立法规定，由此导致中国—东盟自由贸易区国际投资仲裁缺失这一重要的保障方式，难以有效防止国际仲裁当事方恶意转移，损害和消灭国际仲裁协议项下的财产或证据，这显然不利于保障相关国际仲裁程序的顺利进行，也不利于推动国际仲裁裁决的切实履行，因而亟待今后弥补这一立法缺失。

第三，《中国—东盟投资协议》对解决缔约方与投资者争端的仲裁裁决执行措施的规定不完善。《中国—东盟投资协议》第14条未对有关仲裁的执行措施与程序做出专门性的规定，而是通过准用性规范的方式，规定根据当事方选择的仲裁规则执行有关仲裁裁决，由此引发了仲裁裁决执行难的问题。具体来说，根据该协议第14条第4款的规定，"投资者—东道国"仲裁机制准用的国际仲裁规则主要是《国际投资争端解决中心仲裁程序规则》与《联合国国际贸易法委员会规则》。其中，《联合国国际贸易法委员会规则》并未规定仲裁裁决的执行措施与程序，《国际投资争端解决中心仲裁程序规则》则在其第四章第六节中对仲裁裁决的承认与执行问题作了专门性的规定。其中第54条第1款规定，"每一缔约国应承认依照本公约做出的裁决具有约束力，并在其领土内执行该裁决所施加的金钱债务，正如该裁决是该国法院的终局判决一样"。这一规定意味着在中国—东盟自由贸易区范围之内，执行国际投资争端解决中心所作的投资仲裁裁决，应当符合中国与东盟成员国关于执行国内法院判决的现行法定条件，且仲裁裁决的执行范围仅限定为金钱裁决，由此则产生一系列问题——如果投资者依据仲裁裁决向东道国法院申请强制执行，则东道国法院可以基于保护自身国家利益的目的，以裁决不符合其国内法规定的执行条件为由拒绝强制执行，则仲裁裁决如何履行？投资者权益如何获得救济？如果投资者依据仲裁裁决向本国法院申请强制执行东道国政府，又会面临因两国缺乏国际司法合作协议而难以执行的问题，并由此导致不必要的外交纠纷。因此，《中国—东盟投资协议》关于仲裁裁决执行的准用性规范存在缺陷，难以保障"投资者—东道国"仲裁条款得以真正落实，因此亟待弥补协议中有关仲裁裁决执行措施的规定。

(二) 机制的国际投资仲裁实施程序问题

《中国—东盟争端解决机制协议》在程序设置方面存在两方面不足：一是仲裁员的选任程序不够合理，笔者对此已在前文分析，在此不再赘述。二是未规定仲裁机构的内部监督程序。所谓内部监督程序是指常设性国际仲裁机构对仲裁员、仲裁庭、仲裁活动及其结果等进行的内部监督程序，在这其中异议程序最为典型。所谓异议程序是由国际仲裁裁决当事方针对仲裁协议、仲裁管辖权与仲裁裁决的有效性提出质疑，提请有管辖权的常设仲裁管理机构、仲裁庭或法院对此类质疑进行审查的相关程序。异议程序作为国际仲裁一种重要的内部监督程序，有利于实现保障和实现仲裁当事方对于仲裁活动的监督权利，保护仲裁当事方的合法权益，及时纠正不当的仲裁行为与仲裁裁决，维护国际仲裁的公正性与公信力。目前，《中国—东盟争端解决机制协议》对于此类异议程序与审查程序没有做出相应的立法规定，导致机制的内部监督程序缺失，而完全依靠仲裁员与仲裁庭的自律来保障相关仲裁工作的公正性与合法性是不切实际的，因此增设该机制的内部监督程序就显得尤为重要。

综上所述，中国与东盟国际投资仲裁存在的上述实施方式与程序问题是亟待解决的。唯有尽快完善相关仲裁方式与程序，才能充分激活国际投资仲裁的应有功能，从而为维护中国—东盟自由贸易区国际投资秩序提供有效的仲裁保障。

第三章 相关国际投资法律机制的比较研究

比较法研究是法学研究的重要方法之一。通过将中国—东盟自由贸易区国际投资法律机制与域外相关法律机制进行比较研究，不仅有助于开拓本书的研究思路与研究视野，也有助于以世界各国和各区域的国际投资法律机制为参照，从中汲取可供借鉴的成功经验，为科学完善中国—东盟自由贸易区国际投资法律机制提供重要启示。

第一节 机制实施规范要素的比较

在国际投资法律机制的实施规范要素方面，世界贸易组织、欧盟、北美自由贸易区以及西方发达国家的相关法律机制具有一系列较为成功的立法经验，值得中国与东盟各国借鉴。笔者现从多边协定、双边协定与国内法三个层面，根据中国—东盟自由贸易区国际投资法律机制的现存不足，进行下述具有针对性的比较分析：

一、多边条约的比较

（一）WTO 的 TRIMs 协议与《中国—东盟投资协议》比较

如前所述，WTO 的 TRIMs 协议存在两点主要不足：一是未对"投资"或"与贸易有关的投资措施"的内涵予以明确界定。二是"国民待遇"条款比较模糊，影响实施效果。针对这些问题，现将该协议与《中国—东盟投资协议》相关规定作以下比较分析：

1. 对"投资"定义的立法比较

由于发达国家与发展中国家之间在关于"投资"以及"与贸易有关的投资措施"的内涵方面的理解分歧较大，故未对之作出明确规定，仅通过概括式与列举式的立法方式对"与贸易有关的投资措施"的概念外延做出规定，即一方面在协议正文中原则性地规定凡产生贸易扭曲效果的投资措施（违背 CATT1994 的第 3 条"国民待遇义务"和第 11 条"一般取消数量限制义务的投资措施"）都应禁止；另一方面又在协议附件中列举了五种明确禁止的投资措施，由此构成了TRIMs 协议规定的"与贸易有关的投资措施"的概念外延。由此可见，TRIMs 协议中"与贸易有关的投资措施"概念的外延比通常意义的"投资措施"外延小很多，即 TRIMs 协议并不规范投资东道国对外来投资采取的一切管理措施，而仅仅是针对输入国政府对货物贸易产生"限制和扭曲"影响的投资管理措施加以调整，而不调整对其他形式的贸易（如服务贸易、知识产权贸易等）有扭曲作用的投资措施，也不调整投资输出国对于对外直接投资采取的管理措施，由此可见受当时立法条件与背景所限，TRIMs 协议对于"投资措施"调整范围较为狭窄。

与 TRIMs 相比，《中国—东盟投资协议》对"投资"及"措施"概念都给出了比较明确的界定。该协议第 1 条第 4 款规定，"投资"的内涵是指一方投资者根据另一缔约方的相关法律、法规和政策在后者境内投入的各种资产。协议随之又列举了"投资"的外延包括但又不限于动产、不动产及抵押、留置、质押等财产权利；股份、股票、法人债券及此类法人财产利益；知识产权、法律或依合同授予的商业特许经营权；金钱请求权或任何具有财务价值行为的给付请求权。《中国—东盟投资协议》第 1 条第 7 款规定，"措施"概念的内涵是指一缔约方所采取的，影响投资者和/或投资的，任何普遍适用的法律、法规、规则、程序、行政决定或行政行为。其概念外延包括中央、地方或地方政府和主管机关所采取的措施；由中央、地方或地方政府和主管机关授权行使权力的非政府机构所采取的措施。

从上述定义可以看出，与 TRIMs 协议未对"投资"内涵作出界定不同，《中国—东盟投资协议》将"投资"内涵界定为"资产"，这无疑是一种立法方面的进步，也彰显了中国与东盟各国对于投资概念达成了共识，这有利于进一步合理规定对于国际投资的保护、促进与监管事项。此外，不同于 TRIMs 协议将"投资措施"仅限定为投资输入国对于外来投资的管理措施，《中国—东盟投资协议》规定的"投资措施"内涵与外延都很广泛，既在主体上涵盖了投资输入国与投资输出国的各级政府机构，又在内容上涵盖了行政立法与执法措施，由此彰显出中国与东盟各国在投资方面的利益诉求与法治诉求具有较大的趋同性，都具有合作保护和促进相互投资的共同愿望，而不存在发达国家与发展中国家在起草TRIMs协议过程中出现的那种难以弥合的重大分歧，这也促成了《中国—东盟投资协议》在传承TRIMs协议基本立法精神与立法技术的基础上，又有自己的立法创新与进步，值得肯定。

2. 关于投资待遇的立法比较

与TRIMs协议相比，《中国—东盟投资协议》第4条对"国民待遇"内涵做了明确规定，即"各方在其境内，应当给予另一方投资者及其投资，在管理、经营、运营、维护、使用、销售、清算或此类投资其他形式的处置方面，不低于其在同等条件下给予其本国投资者及其投资的待遇》"。这一规定相比TRIMs协议取得了很大的立法进步。但TRIMs协议并未将国民待遇排除在国际投资准入阶段之外，而《中国—东盟投资协议》未将国民待遇纳入投资准入阶段，这不利于防范投资输入国不当设置投资壁垒，也不利于保护投资者在投资设立前期阶段的投资利益，因而应当借鉴TRIMs协议的立法经验，将国民待遇纳入国际投资准入阶段。

此外与TRIMs协议不同，《中国—东盟投资协议》对最惠国待遇以及公平和公正待遇都作出了明确规定。该协议第5条规定，"各缔约方在准入、设立、获得、扩大、管理、运营、维护、使用、清算、出售或对投资其他形式的处置方面，应当给予另一缔约方投资者及其相关投资，不低于其在同等条件下给予任何其他缔约方或第三国投资者及/或其投资的待遇"。从该条可以看出，协议所规定的最惠国待遇范围大于国民待遇，它扩至投资的准入、设立、获得和扩大等方面的国际投资活动，这为相关国际投资活动给予了更为全面的保护，其立法规定值得肯定。另外值得注意的是，《中国—东盟投资协议》对公平和公正待遇的内涵通过细化为义务的形式作出了规定，即协议第7条第2款规定"公平和公正待遇是指各方在任何法定或行政程序中有义务不拒绝给予公正待遇"，由此填补了TRIMs协议在此方面的立法空白，值得肯定。

3. 关于投资促进的立法比较

TRIMs 协议在国际投资促进领域的规定主要包括两个方面：一是关于禁止数量限制的规定，另一个是关于增加投资透明度的规定。现从这两个方面将之与《中国—东盟投资协议》进行如下比较：

第一，在禁止数量限制方面，TRIMs 协议第 2 条规定，禁止任何成员方通过国内法或行政命令实施与 GATT1994 第 11 条①规定的取消一般数量限制的义务不相符的投资措施，并在协议附件一的解释性清单中列举了三项违反禁止数量限制义务的投资措施，即一般限制企业用于当地生产或当地生产相关的产品的进口，或将其限制在企业出口在当地生产中所占数量和价值数量上的措施；通过将企业的外汇使用权限制在与其创汇额相关联的数量上的措施；对企业出口特点产品在产品数量或价值、产品数量或价值在当地生产中所占比重进行限制的措施。此外，TRIMs 协议第 5 条《通告和过渡安排》对成员国取消上述禁止数量限制措施规定了不同的过渡期：（1）在 WTO 规定生效之后 90 天内，各成员方应向货物贸易理事会通知其所有正在实施但与本协议规定不符的与贸易有关的投资措施。在通知此类普遍或特定适用的与贸易有关的投资措施的同时，应随同告知其主要特征。对于有自主权的机关实施的与贸易有关的投资措施，应通知各项措施的特定适用情况。但侵害特定企业合法商业利益的资料无须公审。（2）发达国家成员方应在 WTO 协定生效后两年内取消按上述要求所通知的与贸易有关的投资措施，发展中国家成员方的期限为 5 年，最不发达国家成员方的期限为 7 年。（3）经请求货物贸易理事会可延长某一证明其执行 TRIMs 协议条款存在实施困难的发展中国家成员方，包括最不发达国家成员方的过渡期限。（4）任何成员方在过渡期内取消与 WTO 协议不符的与贸易有关的投资措施，并不得实施新的与贸易有关的投资措施。

从 TRIMs 协议上述规定可以看出，协议所列举与禁止数量限制有关的投资措施多是发达国家在境外投资时经常面临的投资壁垒。禁止这些投资既体现了发达

---

① 根据《关贸总协定》（1994）第 11 条第 1 款的规定，"任何缔约国除征收税捐或其他费用以外，不得设立或维持配额、进口许可证或其他措施以限制或禁止其他缔约国领土产品的输入，或向其他成员方领土输出或销售出口产品。根据这一规定，东道国对外国投资企业产品的输入应当用税捐等关税性措施来加以管理，而不应当实施配额、许可证等数量限制措施"。

国家促进对外投资的发展诉求，也体现了 WTO 通过 TRIMs 协议推动实现国际投资自由化的宗旨。而 TRIMS 协议仅列举了三项与禁止数量限制有关的投资措施，并根据发展中国家各自情况确定了不同的过渡期，由此照顾了发展中国家维护自身经济主权的诉求，符合 WTO 大多数成员国的利益。由于 TRIMs 协议仅仅是关于贸易的投资措施协议，加之该协议对与禁止数量限制有关的投资措施条款是发达国家与发展中国家博弈妥协后的结果，因而其适用范围不仅有限，而且由此确立的国际投资促进条款也仅仅是原则性的，这为双边投资协定和区域投资协定进一步细化相关投资促进规则留有了必要的空间。

与 TRIMs 协议相比，《中国—东盟投资协议》并未对禁止数量限制规则做出规定。鉴于数量限制作为行政措施严重缺乏透明度，容易成为东道国设置投资壁垒的工具，继而违反投资自由化原则，阻碍中国与东盟各国相关投资的正常发展，因而《中国—东盟投资协议》有必要今后增设有关禁止数量限制规则的立法规定。加之中国与东盟各国同属于 WTO 成员国，因而增设禁止数量限制规则应当遵循和借鉴 TRIMs 协议的相关规定。

第二，在增进国际投资透明度方面，TRIMs 协议规定了三项举措：（1）有关与贸易的投资措施，各成员方应当重申其在《关贸总协定》（1994）第 10 条项下承诺的透明度和通知义务，并遵守 1979 年 11 月 28 日实施的《关于通知、协商、争议解决与监督的协议》，以及《通知程序部长决议》所包含的"通知"义务。（2）各成员方应向 WTO 秘书处通报其刊载与贸易有关的投资措施（包括由境内地区和地方政府机关所实施）的出版物。（3）各成员应对提供信息的请求给予同情考虑，并向提出有关 TRIMs 协议任何事项的另一成员方提供足够的磋商机会。（4）在遵守透明度原则的同时，对那些会阻碍法律实施，或背离公共秩序或损害特定企业（包括公共企业和私人）合法商业利益的信息除外。TRIMs 协议上述关于增进国际投资透明度的规定有助于建立各方的投资互信，消除阻碍和影响国际投资发展的不利因素，促进各成员国际投资自由化与便利化的实现。

与 TRIMs 协议相比，《中国—东盟投资协议》第 19 条"透明度"也对增进中国与东盟相互投资的透明度进行了专门性规定，且对于缔约方增进相互投资透明的要求与 TRIMs 协议大抵相同，但未像 TRIMs 协议明确规定缔约方应承担投资信息的透明义务，显然 TRIMs 协议更有利于增进各方投资互信与合作，推动国际投资自由化与便利化的实现，因而值得《中国—东盟投资协议》借鉴。

（二）《多边投资担保机构公约》与海外投资保险机构规则的比较

如前所述，《多边投资担保机构公约》在投资担保的标准评估方面有两点不足。第一，该公约要求投资必须具有经济合理性，并且对东道国发展具有贡献，而且投资须与东道国宣布的发展目标和重点一致，但缺乏相应评判标准的明确性规定，这使得相关条款具有较大不确定性和不可预测性。与之相比，发达国家的海外投资保险机构规则普遍规定，评估项目对于东道国是否具有经济合理性与发展契合性的标准在于：项目是否有利于推动东道国的"私有化"与"国际化"的进程，如美国的海外私人投资公司（OPIC）、日本通产省贸易局输出入保险课（EID/MITI）、德国的复审股份公司（PWC 公司）和黑姆斯信贷保险公司（HK—AG）等海外投资保险机构规则等，都有此类投资担保标准的规定。不同于发达国家规定的投资担保标准，中国与东盟各国的海外投资保险规则普遍规定，评估项目对于东道国是否具有经济合理性与发展契合性的标准在于：项目是否有利于推动东道国国民经济的发展与产业升级，其经验值得借鉴。

第二，《多边投资担保机构公约》认可多边投资担保机构将环境保护和劳工标准增设为担保投资的评估标准，但未对相关标准作出明确规定。与之相比，发达国家的海外投资保险机构规则普遍规定参照要求较高的环境标准与劳工标准，如欧盟的环保标准（ROHS、REACH 等）、欧盟的核心劳工标准、美国的 USEPA 国家环境标准、美国的 FTA 劳工标准等。不同于发达国家，中国与东盟成员国的海外投资机构基于第三世界国家的发展需求，其保险规则通常不将环境与劳工标准列为投资担保的必备评估标准。而即使列为选择性的评估标准，参照的也是低于发达国家的环保标准与劳工标准。

通过上述比较可见，《多边投资担保机构公约》在投资担保的评估标准方面，面临着对于东道国的合理性标准、发展契合性标准、环保与劳工标准方面的评估标准认定问题。而发达国家与中国及东盟中的发展中国家，在这些方面的分歧是显而易见的，短期内很难达成一致，这就需要《多边投资担保机构公约》设法平衡发达国家与发展中国家的不同利益诉求，积极寻求和明晰确立有利于维护各方利益平衡的投资担保评估标准，以此进一步完善公约的法律功能，为中国—东盟自由贸易区国际投资提供更为充分、高效的投资担保服务。

(三)《华盛顿公约》与《北美自由贸易协定》的比较

如前所述,《华盛顿公约》最突出的问题是对于国际投资争端解决中心(简称 ICSID)的管辖权界定模糊,实践中引发了 ICSID 仲裁庭不当扩大管辖权的问题,由此对投资东道国经济管制权与社会公共利益产生了不良影响,进而引发争议。与《华盛顿公约》相比较,《北美自由贸易协定》也有调整投资者与东道国国际仲裁的规定,但该协定对仲裁庭的管辖权限定得比较严格和明确。

具体来说:《北美自由贸易协定》第十一章《投资》的第二节《一缔约方与另一缔约方投资者之间的争端解决》中第 1116 条与 1117 条明确规定了一缔约方投资者以自己或企业的名义提起对另一缔约国的仲裁诉求,仲裁庭有权管辖的仲裁事项为第十一章第一节《投资》中规定的投资义务事项或该协定第 1502 条第2 款第 1 项、第 1503 条第 2 款中关于垄断机构与国有企业的投资义务事项,并规定了提起索赔请求仲裁的时效为 3 年,即从投资者自首次获悉或应当首次获悉损失或损害之日起 3 年。此外该节第 1121 条还规定仲裁诉求提父的先决条件包括书面同意根据本协定规定的程序进行仲裁,并且放弃根据任何缔约方的法律向行政法庭或法院或者其他争端解决程序寻求解决争端。上述条款非常明确地规定了北美自由贸易委员会框架下的仲裁庭受案有关国际仲裁案件的主体要件、时间要件、客体要件、程序要件的限定,尤其是对仲裁庭受理仲裁案件客体要件(受理事项)作出了非常明确的限定,这相较于《华盛顿公约》突出强调"同意"的主管要件,更加客观、清晰与合理地限定了仲裁庭的管辖权限,很大程度上避免了投资者的滥诉,有利于防止对投资东道国经济主权的不当干涉,合理维护投资者与投资东道国的利益平衡,其立法经验值得借鉴。

(四)《中国—东盟投资协议》与相关多边条约的比较

1.《中国—东盟投资协议》与《欧洲联盟运行条约》的比较

欧盟作为世界上一体化程度最高的区域性国际组织,其重要的法律基础是《里斯本条约》。该条约是在原欧盟宪法条约基础上修改而成,包括修订后的《欧洲联盟条约》与《欧洲联盟运行条约》(在原《欧洲共同体条约》基础上修订）。目前欧洲欧盟已建立起较为统一的对外贸易法律制度，但尚无专门调整国际投资的统一性立法，而是将有关国际投资的问题规定在《欧洲联盟运行条约》第一部分《原则》之第一编《联盟权能范畴与领域》（第3条）、第二编《普遍适用条款》（第二章《开业权》、第四章《资本与支付》）、第五部分《联盟对外行动》之第二编《共同商业政策》中。笔者现对欧盟《欧洲联盟运行条约》与《中国—东盟投资协议》做如下比较，以此适度借鉴欧盟的有关立法经验：

（1）对"投资"定义的立法比较

《欧洲联盟运行条约》在第一部分《原则》之第一编《联盟权能范畴与领域》第3条第1款将"共同商业政策"规定为联盟享有的专属权能。所谓专属权能，根据改编第2条第1款之规定，当两部条约（《欧洲联盟条约》与《欧洲联盟运行条约》）赋予联盟在某一特定领域享有专属权能时，只有联盟可在此领域立法和通过具有法律拘束力的法令，成员国仅在获得联盟授权或为实施联盟法令的情况下才可在此等领域立法或通过具有法律拘束力的法令。另根据《欧洲联盟运行条约》第二编《共同商业政策》第207条第1款之规定，外国直接投资属于共同商业政策的范围之内，由此则将外国直接投资纳入了欧盟的专属权能，即在《欧洲联盟运行条约》生效后，只有欧盟才有权利对外签署有关外国直接投资的国际协定，各欧盟成员国则根据《欧洲联盟运行条约》将此权利让渡给了欧盟，除非经欧盟授权或根据欧盟法令才能得以独立对外签署有关外国直接投资的国际协定，由此彰显了欧盟在对外直接投资领域进一步推进其一体化进程。

根据《欧洲联盟运行条约》第3条第1款与第207条第1款，欧盟对于投资的调整仅限于"外国直接投资"，而条约对于"外国直接投资"的定义未作明确性的规定。根据欧洲法院对原《欧洲共同体条约》第57条第2款（现《欧洲联盟运行条约》第64条）出现的"直接投资"一词进行的司法解释，"直接投资"是一种通过建立长期关系，并对企业管理施加影响从而享有持久利益的投资，体现了投资者与投资之间"持久而直接的联系"，由此可将间接或资产组合投资（如短期贷款、合同债权或知识产权等）排除在了外国直接投资的范畴之外。①这

---

① 参见张庆麟：《〈里斯本条约〉对欧盟国际投资法律制度的影响》，载《武大国际法评论》2012年第1期。

也意味着外国间接投资不是与《欧洲联盟运行条约》所规定的欧盟专属权能，则欧盟成员国可独立签署有关外国间接投资的国际投资协定。

与《欧洲联盟运行条约》相比，《中国—东盟投资协议》将"投资"定义为"一方投资者根据另一缔约方相关法律、法规和政策在后者境内投入的各种资产"，其定义的内涵及其外延要宽泛了许多，既包括直接投资，也包括短期贷款、合同债权或知识产权等间接投资，这更有利于为中国—东盟自由贸易区的国际投资提供全面性的保护，值得肯定。但《欧洲联盟运行条约》将"外国直接投资"界定为一种"共同商业政策"，即对之从制度层面上加以规范和调整，显然比《中国—东盟投资协议》将"投资"定义为"资产"更适合具有宏观性与战略性的规范和调整，也更有利于推进区域内各成员国投资政策与法律制度的协调，因而对于《中国—东盟投资协议》今后进一步丰富"投资"内涵也具有借鉴意义。

（2）投资准入方面的立法比较

《里斯本条约》在其《欧洲联盟运行条约》之第一部分第二编《普遍适用条款》中的第二章《开业权》，以及第五部分第二编《共同商业政策》中对投资准入问题有较为全面的规定，具体来说：

第一，在宏观层面上，《欧洲联盟运行条约》第 49 条（条约的第一部分第二编《普遍适用条款》中的第二章《开业权》）规定了对成员国放宽投资准入的基本要求，即"禁止限制一成员国国民在另一成员国自由开业。同样禁止限制一成员国国民在另一成员国境内设立办事机构、分支机构和子公司。"第 206 条（条约第五部分第二编《共同商业政策》）要求"联盟逐步取消对国际贸易和外国直接投资的限制，以及降低关税及其他壁垒。"第 207 条第 1 款（条约第五部分第二编《共同商业政策》）规定，"共同商业政策应建立在统一原则的基础之上，特别是应考虑关税税率的变化……外国直接投资……情况下采取的贸易保护措施，共同商业政策应在联盟对外行动的原则与目标框架内实施"。上述条款对欧盟成员国承担放宽投资准入门槛的基本义务作了原则性的规定，有助于从宏观上促进欧盟成员国之间的相互投资发展。与之相类似，《中国—东盟投资协议》第 2 条提出了促进中国与东盟之间投资流动，建立自由、便利、透明和竞争的投资体制目标，也在宏观层面上为协议缔约国规定了促进与便利相互间国际投资的法律义务，这与《欧洲联盟运行条约》相关条款的立法作用相类似。

第二，在微观层面上，《欧洲联盟运行条约》第 50 条（条约的第一部分第二编《普遍适用条款》中的第二章《开业权》）规定了负责促进国际投资的主管机构与咨询机构及其职责，即欧洲议会和理事会（主管机构）应在咨询经济与社会委员会（咨询机构）后，根据普通立法程序，以指令的方式采取行动，以实现在某一特定活动领域开业的自由。该条第 2 款还规定了上述机构行使职责的八种方式，即：（1）优先考虑自由开业对其生产和贸易发展具有特殊价值的活动领域；（2）确保成员国职能部门之间的密切联系，以了解联盟内各种相关活动的特殊情势；（3）消除国内立法或成员国之间原有协议的可能妨碍开业自由的行政程序和惯例；（4）确保受雇劳动者的活动自由与居留权；（5）确保成员国之间购置并使用土地和建筑物的权利；（6）逐步取消拟议中的对设立商业机构的限制；（7）在必要范围内对营业者在联盟范围内给予国民待遇；（8）确信开业条件未因成员国的援助而被扭曲。此外，欧洲议会、理事会、咨询经济与社会委员会在促进欧盟成员国放宽国际投资准入门槛、消除国际投资壁垒、促进国际投资发展方面，也须采取上述八种方式。《欧洲联盟运行条约》第 53 条还规定，"为了使自营职业者开始及从事活动更为容易，欧洲议会与理事会应根据普通立法程序颁布指令，规定相互承认文凭、证书和其他正式资格凭证，并协调成员国关于自营职业者开始并从事活动的法律、法规和行政措施。在医疗及类似行业以及医药业，应根据对不同成员国对从事此类行业所规定条件的协调情况而逐步消除有关限制"。如此详细的规定使得相关立法具有很大程度上的可行性，并对落实促进国际投资的立法目标具有重要作用。此外，《欧洲联盟运行条约》第 51 条与第 52 条规定了几种例外，即行使成员国政府职权相关的活动例外；成员国基于公共秩序、公共安全或公共卫生方面的理由而对外国国民给予特别待遇的有关规定和措施例外。这些规定合理排除了一些不适用放宽投资准入的理由，有利于适度保护投资东道国的主权与发展利益，维护投资者与东道国之间的利益平衡，其立法经验值得借鉴。

与《欧洲联盟运行条约》上述规定相比，《中国—东盟投资协议》有两点不足：第一，为设立主管投资促进与保护的常设机构，仅在协议第 22 条规定由中国—东盟经济高官会支持与协助的中国—东盟经济部长会来负责监督、指导、协调该协议有关条款的实施，并由各缔约方设定一个联系点开展相关交流，由此确立了临时性的监管与协调机构。虽然这一规定与目前中国—东盟自由贸易区经济一体化程度不高的发展现状相适应，但毕竟只是权宜之计，临时性的监管与协调机构明显缺乏类似欧盟相关机构那样的管理权威，也难以保障相关促进投资措施能够得以切实稳定的落实。因此从推动中国与东盟相互投资的长远发展来看，今后在时机成熟时应当借鉴欧盟的相关经验，根据中国—东盟自由贸易区经济一体化程度构建与之相适应的常设性投资主管机构，这有利于保障和推进自贸区国际投资的可持续健康发展。第二，《中国—东盟投资协议》第 20 条与第 21 条规定了落实投资促进与投资便利化目标的措施，包括组织投资促进活动，促进商贸配对活动，组织相关发布会和研讨会，开展信息交流，简化投资适用和批准的手续，建立一站式投资中心等措施，但这些措施与《欧洲联盟运行条约》相比还是不够全面和具体，没有要求缔约国消除国内立法或原有协议中妨碍投资促进的规定，以及确保投资者及其受雇者活动自由、居留权与购置投资所需不动产权利等立法内容，而这些事项也是关系到投资便利化目标能否得以实现的重要因素，因此有必要借鉴《欧洲联盟运行条约》的立法经验，对《中国—东盟投资协议》有关投资促进措施的规定予以进一步完善和细化，从而更好地保障和促进中国—东盟自由贸易区国际投资的发展。

（3）投资资本转移方面的立法比较

《欧洲联盟运行条约》的第一部分第二编《普遍适用条款》中的第四章《资本与支付》中对便利投资资本转移的规定如下：

第一，在资本范围上，《欧洲联盟运行条约》第 63 条规定禁止对成员国之间及成员国与第三国之间的资本流动与支付施加任何限制。值得注意的是，虽然《欧洲联盟运行条约》第 206 条规定的共同商业政策仅涉及直接投资，但条约第 64 条规定须提供流动便利的资本并不仅限于直接投资资本，也包括证券在内的间接投资资本，即该条第 2 款规定"欧洲议会和理事会应根据普通立法程序，就涉及流入或来自第三国的直接投资、设立商业机构、提供金融服务、允许证券进入资本市场等方面的资本流动制定措施"。与之相类似，《中国—东盟投资协议》第 10 条第 1 款也规定，"任一缔约方应允许任何其他地方投资者在该缔约方境内的投资的所有转移，能以转移当日外汇市场现行汇率兑换为可自由兑换货币，允许此类转移不延误地自由汇入或汇出该方领土"。此条规定的可自由转移和汇出的资本既包括直接投资资本，也包括投资者购买公司债券、金融债券或公司股票等各种有价证券的间接投资资本在内的所有资本。

第二，在主管机关方面，《欧洲联盟运行条约》第 64 条要求为努力实现成员国与第三国之间资本自由流动的目标，欧洲议会和理事会应当根据普通立法程序，对于促进资本流动制定措施，即将负责促进资本流动的主管机关确定为欧洲议会和理事会。与之相比，《中国—东盟投资协议》没有设立主管投资资本转移的相关规定，而是依据协议第 22 条规定的中国—东盟经济高官会支持与协助的中国—东盟经济部长会来负责监督、指导、协调协议的实施，其弊端在上文关于投资准入方面的立法比较中已经阐述，在此不再赘述。

第三，在例外情况的规定方面，《欧洲联盟运行条约》第 65 条规定了几种为投资资本转移提供便利的例外情况，包括基于公共秩序或公共安全，或出于税收与金融谨慎监管考虑而采取的必要限制措施。第 66 条规定"在特殊情况下，如流入或来自第三国的资本流动对经济与货币联盟的运行造成或威胁造成严重困难，理事会可根据委员会提议，在咨询欧洲中央银行后，在确有必要的情况下，制定针对第三国的期限不超过 6 个月的保障性措施"。上述规定有助于在保障投资资本转移自由化的同时，维护投资东道国必要的金融安全与国家利益，从而在促进投资自由与维护当事国经济稳定之间保持必要限度的平衡。与之相比，《中国—东盟投资协议》规定的例外情况更为详细。协议第 10 条第 3 款规定了在八种情况下，一缔约方可以在公平、非歧视和善意实施有关法律法规基础上阻止或延迟某一项转移。这些情况包括：（1）破产，丧失偿付能力或保护债权人权利；（2）未履行东道方的关于证券、期货、期权或衍生产品交易的转移要求；（3）未履行税收义务；（4）刑事犯罪和犯罪所得的追缴；（5）社会安全、公共退休或强制储蓄计划；（6）依据司法判决或行政决定；（7）与外商投资项目停业的劳动补偿相关的工人遣散费；（8）必要时用于协助执法或金融管理机构的财务报告或转移备案记录。此外，协议第 11 条规定了缔约国为保障其国际收支平衡，而依据《国际货币基金协定》对外资本转移采取的必要限制措施也属于协议运行的例外情况。《中国—东盟投资协议》上述规定通过列举式的方式对投资东道国为保障自身公共利益与经济安全采取的合理限制措施进行了更为详细的规定，其优点是提升了条款的可操作性，不足之处是相比《欧洲联盟运行条约》的概括式规定,《中国—东盟投资协议》的规定难以全面涵盖所有合理限制措施,因而有必要借鉴欧盟相关立法经验在协议第 10 条第 3 款中增设兜底条款,以确保相关规定更为周延,避免出现执行过程中的偏差与漏洞。

2.《中国—东盟投资协议》与《北美自由贸易协定》的比较

《北美自由贸易协定》(North American Free Trade Agreement,NAFTA)是美国、加拿大以及墨西哥在 1992 年 8 月 12 日签署的关于三国之间全面自由贸易的协议。该协议由美、加、墨 三国组成,经过几年协商,在 1994 年 1 月 1 日正式生效,并同时宣告北美自由贸易区(North America Free Trade Area,NAFTA)正式成立。北美自由贸易区拥有 3.6 亿人口,国民生产总值约 6.45 万亿美元,年贸易总额 1.37 万亿美元,其经济实力和市场规模都超过欧洲联盟,成为当时世界上最大的区域经济一体化组织。《北美自由贸易协定》专设第十一章"投资",以近 40 个条款的篇幅对投资协定的适用范围、投资待遇、投资监管与投资机构及措施、投资争端的解决等问题进行了较为全面的规定,其先进的立法技术与经验(尤其是发达国家与发展中国家在国际投资方面的合作经验)值得《中国—东盟投资协议》所借鉴和吸收。现将《中国—东盟投资协议》与《北美自由贸易协定》比较如下:

(1)关于"投资"的立法定义比较

不同于《中国—东盟投资协议》将"投资"的内涵界定为"一方投资者根据另一缔约方相关法律、法规和政策在后者境内投入的各种资产",《北美自由贸易协定》没有对"投资"的内涵予以界定,而是采取列举的方式规定了协定所调整投资的外延。根据协定第 1139 条的规定,投资包括企业、企业的股权证券、企业的债权证券、对企业的贷款、投资者对企业享有的权益、投资者投入的不动产或动产以及由此产生的权益、基于缔约方跨境货物及服务销售合同或商业信贷产生的金钱请求权等多种形式。这与《中国—东盟投资协议》规定的"投资"外延基本相同。稍有不同的是,《北美自由贸易协定》将"企业"明确规定为投资的一种形式,这符合企业作为国际投资重要形式的相关实践,也有利于更明确直接地将跨国投资设立的企业纳入法律保护的范畴。此外,《北美自由贸易协定》将金钱请求权明确限定为"基于缔约方跨境货物及服务销售合同或商业信贷产生"的权益,这比《中国—东盟投资协议》仅笼统规定"金钱请求权或任何具有财务价值行为的给付请求权"更为明确合理,有利于为投资提供更具针对性的保护,其立法经验值得《中国—东盟投资协议》借鉴。

（2）关于投资待遇的立法比较

投资待遇涉及外资在投资输入国（投资东道国）享有的法律地位问题,因而是保护投资的重要立法事项之一。《北美自由贸易协定》对此也十分关注,由此在第1102条至第1105条分别专款规定了国民待遇、最惠国待遇与公平公正待遇。具体来说：

第一,《北美自由贸易协定》第1102条第1款规定了"国民待遇"的内涵,即"在投资的设立、收购、扩大、管理、经营、运作以及出售或其他处置方面,任何缔约方给予另一缔约方投资者的待遇,应不低于在相似情况下该缔约方给予其本国投资者的待遇"。与《中国—东盟投资协议》相比,《北美自由贸易协定》规定的"国民待遇"之内涵要宽泛得多,不仅包括了投资准入阶段的"投资设立、收购"阶段,还包括了投资发展阶段的"收购、扩大",而这些内容都未被《中国—东盟投资协议》纳入"国民待遇"的规定,使得后者对于国民待遇的保护范围与保护程度都明显小于《北美自由贸易协定》。为了对中国—东盟自由贸易区国际投资者提供更为全面充分的保护,笔者建议《中国—东盟投资协议》可参照《北美自由贸易协定》的立法经验,将"国民待遇"扩大至投资准入阶段,并在投资发展阶段加入有关"投资收购与扩大"的保护内容,以此为自贸区国际投资者提供更加充分全面的权益保障。

此外,《中国—东盟投资协议》对"国民待遇"的规定较为简单,只有一个法律条款。与之相比,《北美自由贸易协定》用四个法律条款对之做了内容更为丰富的规定,其中第1102条第3款规定国民待遇"对州或省而言,系指不低于在相似情况下该州或该省给予其所属缔约方投资者以及投资者投资的最优惠待遇",由此明确了国民待遇不仅适用于中央政府的投资措施,也同样适用于地方政府的投资措施。另外为了保障"国民待遇"得以切实保护,协定第1102条第4款规定了两项禁止行为,即投资输入国不得强制要求外来投资者在其（投资输入国）境内企业的一个最低限度股本应由投资输入国国民持有;投资输入国不得强制要求外来投资者因其国籍而出售或以其他方式处置在投资输入国境内的投资。这样又以"禁为"模式规定了"国民待遇"的保障措施,从而既丰富了

"国民待遇"的内涵，又与该条第 1 款的"应为模式"相互配合，为"国民待遇"提供了较为完整、系统的双重保护。对此，《中国—东盟投资协议》今后可参考《北美自由贸易协定》，进一步丰富其"国民待遇"的保护内容，根据中国—东盟自由贸易区国际投资保护的需要增设"禁为模式"的保护性条款，从而进一步提高对于国际投资者"国民待遇"的保护力度，增强相关协议条款的可操作性。

第二，《北美自由贸易协定》第 1103 条详细规定了"最惠国待遇"的内涵，即"在投资的设立、收购、扩大、管理、经营、运作以及出售或其他处置方面，任何缔约方给予另一缔约方投资者的待遇，应不低于在相似情况下该缔约方给予任何其他缔约方或非缔约方投资者的待遇"。与之相比，《中国—东盟投资协议》对于"最惠国待遇"内涵的规定虽表述不同，但基本内容一致。不同的是，《中国—东盟投资协议》对于"最惠国待遇"的适用例外做出了规定。该协议第 5 条第 3 款规定，最惠国待遇不包括"在任何现存与非缔约方的双边、地区及国际协定或任何形式的经济或区域合作中，给予投资者及其投资的任何优惠待遇；在东盟成员国之间及一缔约方同其单独关税之间的任何协定或安排中，给予投资者及其投资的任何现有货未来优惠待遇"。如此规定为避免"最惠国待遇"的滥用提供了明确的法律依据，值得肯定。但如前文所述，《中国—东盟投资协议》关于"最惠国待遇"的范围与其规定的"国民待遇"范围不相一致，有待参照《北美自由贸易协定》的规定将两种投资待遇有机统一。

第三，《北美自由贸易协定》第 1105 条"最低待遇标准"第 1 款规定了"公平公正待遇"，即"各缔约方应根据国际法，给予另一缔约方投资者投资相应的待遇，包括公平和公正的待遇以及全面保护和保障"。该条第 2 款对于何为"公平公正待遇"又作了补充性的说明，即"各缔约方应给予另一缔约方投资者以及另一缔约方投资者投资非歧视性待遇"。此外，北美自由贸易委员会于 2001 年 7 月对于《北美自由贸易协定》第 1105 条"最低待遇标准"条款作出解释性的规定："赋予另一缔约方投资者投资的最低待遇标准是指对待外国人的习惯国际法最低待遇标准"，"公平与公正待遇并不要求多于或超出对待外国人的习惯国际法最低待遇标准的待遇"，从而将"公平公正待遇"界定为和限定在"不高于、不超出、不多于最低待遇标准的待遇范围之内"。①这些规定在一定程度上增强了"公平公正待遇"条款的具体化与明确化，减少了此概念的不确定性。与之相比，《中国—东盟投资协议》以义务封闭式、排他性地规定"公平和公正待遇"是指各方在任何法定或行政程序中有义务不拒绝给予公正待遇"。此种立法表述方式采用的术语是"不拒绝"，而非《北美自由贸易协定》采用的立法术语"包括"，由此使得《中国—东盟投资协议》规定的"公平和公正待遇"较为抽象、模糊、充满不确定性和不可预测性，容易引发仲裁庭扩张性地解释"公平和公正待遇"，从而给投资东道国的经济主权带来不利影响。因此笔者建议《中国—东盟投资协议》可参考《北美自由贸易协定》的立法经验，对"公平和公正待遇"的涵义做进一步明确性的规定，以增进这类国际投资待遇保护措施的明确性与可预测性。

(3) 关于投资风险防范的立法比较

在国际投资风险防范方面，《北美自由贸易协定》第 1110 条《征用与补偿》针对防范来自投资东道国政府的投资国有化或征用风险及相关补偿问题做了明确规定。首先在风险防范方面，《北美自由贸易协定》第 1110 条第 1 款明确规定禁止任何缔约方对另一缔约方投资者的投资予以直接或间接国有化或征用（或采取此类措施），但四种情形除外：一是出于公共利益；二是在非歧视的基础之上；三是根据法律与符合公平公正待遇的正当程序；四是根据协定本条第 2 款至第 6 款的规定给予合法补偿。与之相类似，《中国—东盟投资协议》在第 8 条《征收》中也规定，任何缔约方不得对另一缔约方投资者的投资实施征收、国有化或采取其他同等措施，并列举了四种例外情况：一是为公共利益；二是符合可适用的国内法包括法律程序；三是以非歧视的方式实施；四是依据协议给予合法补偿。从这些内容可以看出，两个多边投资协议规定的禁止征用征收的例外情况基本相同，唯一表述不同的是《北美自由贸易协定》要求征用适用的程序必须符合公平公正待遇原则，而《中国—东盟投资协议》对此的类似表述是"以非歧视的方式实施"。两者相比较，前者的规定更为明确直接，后者的表述稍显模糊，

---

① Patrick Dumberry, The Fair and Equitable Treatment Standard: A Guide to NAFTA Case Law on Article 1105, Kluwer Law International, 2013, pp. 315-322.

对此《中国—东盟投资协议》可对之予以借鉴并完善有关表述。

在风险发生后的补偿方面，《北美自由贸易协定》第 1110 条第 2 款至第 8 款对此作了较为全面的规定，其具体内容包括：第一，补偿标准是以即将征用之前被征用投资的公平市场价值，而且不应由于提前获悉即将征用而发生任何价值变化。估价标准应包括持续经营价值，含有形资产的申报税款价值在内的资产价值，以及确定公平市场价值的其他适当标准。第二，补偿应迅速支付，并且可以完全变现。第三，补偿一旦支付可以自由转移。第四，补偿选择的货币及汇率。第五，此类补偿不适用于知识产权。对于征收风险的补充问题，《中国—东盟投资协议》第 8 条第 2 款至第 6 款也作了类似的规定．不同的是该协议没有明确规定补偿的估价标准，这使得相应条款的可操作性不及《北美自由贸易协定》，建议今后参照其规定予以完善。此外《中国—东盟投资协议》规定土地征收措施与补偿应根据缔约国的国内法实施，并强调法人的财产补偿问题由该协议第八条加以调整。除对征用风险补偿做出规定之外，《中国—东盟投资协议》还规定了因战争、内乱风险引发的损失予以补偿的问题，即要求"在同等条件下，给予该投资者的待遇不应低于其给予任何第三国投资者或本国国民的待遇，并从优适用"，由此为此类风险的补偿确立了"国民待遇原则"和"最惠国待遇原则"，这有利于平等保护相关投资者的合法权益，值得肯定。

（4）投资资本转移方面的立法比较

《北美自由贸易协定》第 1109 条《转移》对保障和便利投资资本转移问题作了以下规定：

第一，在允许转移的投资资本范围方面，《北美自由贸易协定》第 1109 条第 1 款规定，各缔约方应允许在该缔约方境内的另一缔约方投资者自由、及时转移的投资资本包括：利润、股息、利息、资本收益、特许使用费、管理费、技术援助和其他费用、实物偿付以及投资所得的其他款项；销售所有或部分投资或者清算部分或全部投资所得的收益；根据投资者或投资签订的合同支付的款项；根据征用与补偿支付的款项以及根据一缔约方与另一缔约方投资者之间争端解决所产生的款项。与之相比，《中国—东盟投资协议》第 10 条第 1 款规定的允许转移的投资资本范围与之大致相同，但没有规定根据一缔约方与另一缔约方投资者之间争端解决所产生的款项，实践中这一类款项确实也是应当允许投资者自由转移的合法资本，因而有必要参照《北美自由贸易协定》的立法经验予以补充规定。

　　第二，在例外情况的规定方面，《北美自由贸易协定》第 1109 条第 4 款规定了几种可阻止投资资本转移的情况，包括破产、资不抵债或保护债权人权利；证券的发行、买卖或交易；刑事犯罪；货币或其他货币票据转让的报告以及保证审判程序中判决的履行，上述规定有助于保护投资东道国与有关国际投资利害关系人的合法权益。与之相比，《中国—东盟投资协议》规定的例外情况更为详细（协议第 10 条第 3 款与第 11 条共计规定了 9 种例外情况，具体内容见前文），但与《北美自由贸易协定》同样采用了列举式的立法方式，不足之处是相比《欧洲联盟运行条约》第 10 条第 3 款的概括式规定，二者的相关规定难以全面涵盖所有例外情况，因而有必要借鉴欧盟相关立法经验在协议中增设兜底条款，以此增强相关规定的周延性。

（五）《中国—东盟争端解决机制协议》与相关多边条约的比较

1.《中国—东盟争端解决机制协议》与 TRIMs 协议的比较

投资争端解决协议的重要功能就是妥善化解投资争端，保护争端方的合法权益，因此投资争端解决协议在各类多边投资协议中是必不可少的。TRIMs 是世界范围内第一部规定投资争端解决方式的多边投资协议，对于后来的多边协定具有重要的示范性作用。协议第 8 条规定，"由《关于争端解决规则与程序的谅解》①详尽阐述和运用的 1994 年关贸总协定第 22 条与第 23 条应适用于本协议项下的磋商与争端解决"。根据《关于争端解决规则与程序的谅解》第 22 条与第 23 条的规定，TRIMs 协议针对投资争端解决的方式规定了磋商、仲裁、司法诉讼等多种方式，这有利于争端当事方根据自身利益与情况作出灵活的选择，由此提升妥善化解争端的成功率。《中国—东盟争端解决机制协议》借鉴了 TRIMs 协议的上述条款，规定了诸如协商、调解、国际仲裁、司法诉讼等多种投资争端解决方式，而且有所突破与创新，即在适用范围上突破了 TRIMs 的限定，将投资争端解

---

　　①　《马拉喀什建立世界贸易组织协议》附件二《关于争端解决规则与程序的谅解》（Understanding on Rules and Procedures Governing the Settlement of Disputes）是世贸组织关于争端解决的最基本的法律文件。它规定了适用于乌拉圭回合各项协议下可能产生的争端的一套统一规则，确立了世贸组织（WTO）的争端解决机制。

决方式的适用范围扩大到货物贸易以外的投资措施，适用范围更为广泛。但与 TRIMs 协议相比，《中国—东盟争端解决机制协议》的不足之处在于：对仲裁庭主席的任命方式以及仲裁员回避的规定存在问题，前文对此已有阐述，在此不予赘述。

2. 《中国—东盟争端解决机制协议》与《欧洲联盟条约》的比较

根据《欧洲联盟条约》设立的欧洲联盟法院（简称欧洲法院）是欧盟最高司法机关。根据《欧洲联盟条约》第 19 条第 3 款之规定，欧洲法院享有的职权包括：对某一成员国、机构、自然人或法人提出的诉讼作出裁决；应成员国法院或法庭的要求，就联盟法的解释或联盟机构所通过的法令之合法性作出初步裁决；对《欧洲联盟条约》与《欧洲联盟运行条约》规定的其他案件作出裁决。据此，欧盟法院对于基于欧盟与其他国家或地区签署的直接投资协定所引发的投资争端，若系欧盟成员国、机构、自然人或法人提出的诉讼享有管辖权，由此为相关投资争端的解决提供了较为成熟的司法机制。但目前欧盟尚未形成有关投资争端的仲裁解决机制，为此欧盟近些年试图在此方面有所突破。2015 年末，欧盟公布了与美国进行《环大西洋贸易和投资伙伴协定》谈判的投资章节的建议草案，之后又和加拿大修改了几年前签订的《欧盟和加拿大综合经济贸易协定》中的投资章节的内容，这两部文件中都提出了设立常设的投资仲裁法庭（包括普通法庭和上诉法庭两种程序）的设想，希望以此专设国际投资仲裁机制。与欧盟"强司法、弱仲裁"的投资争端解决机制格局相比，《中国—东盟争端解决机制协议》更注重通过协商、调解、国际仲裁等方式解决投资争端，由此形成了"强仲裁、弱司法"的投资争端解决机制格局。为此笔者认为，中国—东盟自由贸易区今后可以与欧盟加强合作，合理借鉴欧盟以欧洲法院为载体所形成的国际诉讼机制，促进实现二者在国际投资争端解决机制方面的优势互补，推动完善中国—东盟自由贸易区国际投资的司法诉讼机制，力争形成仲裁与司法平衡发展的投资争端解决机制发展新格局。

3. 《中国—东盟争端解决机制协议》与《北美自由贸易协定》的比较

《北美自由贸易协定》通过第二十章《机构安排与争端解决程序》为北美自由贸易区设定了投资争端解决机制。与《中国—东盟争端解决机制协议》相比，《北美自由贸易协定》规定了由自由贸易委员会专门负责落实北美自由贸易区投资争端解决条款，依照协定负责解决三国间的贸易与投资争端，其经验值得《中国—东盟争端解决机制协议》修订时予以适度借鉴，笔者将在下一章中对此问题予以详尽分析。

（六）投资领域多边税收协定的比较

如前所述，因受经济发展程度、税制、税收政策等差异的影响与制约，中国与东盟迄今尚未签署投资领域的多边税收协定。对此笔者认为，在加快推进中国—东盟自由贸易区经济一体化发展的基础上，可适度借鉴欧盟在多边税收协定方面的下述有益经验：

为保障和促成税收的协调，欧盟早在1957年就签订了《罗马条约》，为后来欧盟税收协调提供了最初的法律保障，同时也明确了欧盟成员国进行税收协调的法定目标——建立共同市场和税收同盟。欧盟于2009年修订完善的《欧洲联盟运行条约》第三部分"联盟政策与内部行动"第七编"关于竞争、税收与法律趋同的共同规则"中专设第二章"税收条款"，对欧盟成员国之间的税收协调问题进行了专门性的规定，提出建立关税同盟和共同市场，逐步协调经济和社会政策，在直接税方面提出消除双重征税的原则，规定成员国通过充分协商来推动联盟内部消除双重征税，以此促进实现商品、人员、服务和资本的自由流通。《欧洲联盟运行条约》与《罗马条约》一同构成了欧盟税收一体化的法律依据，为欧盟进行税收协调提供了法治保障。

欧盟为实现投资促进领域内的公司所得税协调目标，先后经历了两个阶段的努力：第一阶段是协调探索阶段（1996年之前），《罗马条约》是这一阶段中最重要的多边条约成果。在探索阶段，欧共体（欧盟前身）主要是对公司所得税协调问题的进行研究，并由欧共体下辖的"公司所得税独立专家委员会"发布了著名的"马丁报告"，提出三点主要建议：一是取消所有妨碍跨国投资的歧视性税收政策；二是鼓励税收优惠措施的最大透明化；三是对未分配利润实行最低、最高的法定税率，同时伴以最低标准的公司所得税税基。上述这些建议仅仅具有指导性，大都未得到真正落实。第二阶段是协调落实阶段（自1997年至今），《欧洲联盟运行条约》是这一阶段中最重要的多边条约成果。在此阶段，欧共体（欧盟前身）经济与金融委员会于 1997 年提出了旨在消除有害税收竞争的税收一揽子计划。该计划包含三个重要方案：一是发布"母子公司指令"，旨在消除母子公司间经济性双重征税。二是发布"合并指令"，旨在防止公司采用合并、股份转让等方式达到避税或逃税目的、保障成员国财政利益。三是制定"仲裁公约"，旨在避免一国税务当局对另一国关联企业进行利润调整而导致重复纳税。2001年欧盟委员会发布了《内部市场的公司所得税》报告，首次明确揭示了欧盟成员国间公司所得税在法定税率、实际税率和边际税率的差异，并提出了一系列短期和长期的改革措施。短期改革措施包括拓展一系列目标措施的作用范围，如母子公司指令、兼并指令和仲裁条约等。长期改革措施包括四个选择性方案：母国税方案、共同统一税基税方案、欧洲公司所得税方案、强制协调税方案，以此避免双重征税，促进各国逐步削除"有害税收措施"，从长远上推动公司所得税在税率、税基、税制方面逐步趋向统一。

欧盟的上述经验对于中国与东盟未来签署多边税收协定的启示在于：第一，合理制定税收协调的目标。如欧共体（欧盟前身）于 1957 年制定的《罗马条约》提出了建立统一大市场与税收同盟目标，此后的税收协调决定与多边投资协定的签署始终围绕这一目标稳步推进。第二，税收协调与经济一体化同步，通过税收协调的探索与落实两个阶段，分阶段分层次进行，并通过制定弹性方案，采取逐步过渡方式来推进企业所得税种的协调。第三，通过专门性的机构负责税收协调工作与相关多边协定的签署。欧盟税收政策的协调是由欧洲执行委员会、欧洲议会以及欧洲部长理事会共同承担的，原则上是由欧洲执行委员会提出建议，征求各成员国的意见，将最终起草的指令、规则以及决定提交议会及部长理事会审议，审议通过之后正式生效。欧洲法院作为司法机构，负责监督各成员国对各种指令、规则和决定的贯彻与执行，并对不严格执行的成员国给予处罚。第四，坚持平等互利、自主自愿的协调原则。税收协调的过程实际上是税收主权互相让渡、税收利益相互妥协的过程。因此欧盟要求税收协调必须建立在"平等互利、自主自愿"原则基础之上，允许某些成员国暂不执行或暂缓执行有关税收协调决定，以此推动税收协调工作得以稳步进行。第五，构建补偿机制。为保证区域内各国都能从协调中受益，尤其是强化对经济贫困国家的经济援助和补偿。欧共体（欧盟前身）早在 1975 年便设立了欧洲地区发展基金，为经济比较落后的成员国提供补偿或优惠贷款，由此化解了因税收协调带来的利益分配不均问题，促进了多边税收协定的签署与区域税收协调工作的顺利开展。这些有益的经验值得中国与东盟未来签署多边税收协定时予以适度借鉴。

（七）国际投资诉讼的多边司法合作协定比较

目前，中国与东盟尚未签署与国际投资诉讼有关的多边司法合作协定。在此方面，欧盟、美洲国家组织以及一些国际组织已经签署了一系列较为完善的多边司法合作协定，其立法经验可以为中国与东盟各国所借鉴。具体来说：

早期，相关国际组织多倾向于制定有关民商事司法合作的综合性多边条约。例如海牙国际私法会议于 1896 年制定了《民事诉讼程序公约》，美洲国家组织于1928 年制定了《布斯塔曼特法典》，对于国际民商事司法合作都进行了综合性规定。但由于上述条约的专业性不强，导致实施效果不太理想。为了进一步提升相关条约的专业化与可行性，自 20 世纪 50 年代中后期开始，国际组织逐渐转向针对特定事项制定专门性的多边司法合作条约。例如，针对国际民商事司法文书的域外送达问题，海牙国际私法会议 1965 年专门制定了《海牙域外送达公约》、欧盟于 1997 年专门制定了《欧盟送达公约》及其议定书。针对国际民商事司法域外调查取证问题，海牙国际私法会议于 1970 年制定了《海牙域外取证公约》、美洲国家第一届国际私法特别会议于 1975 年制定了《美洲域外取证公约》、欧盟于2001 年制定了《欧盟区外取证规则》。针对承认与执行域外的民商事裁决问题，欧盟于 1988 年制定了《关于民商事管辖权和判决承认的卢加诺公约》。美洲国家组织于 1979 年制定了《美洲国家间关于外国判决和仲裁裁决的域外有效性公约》。在上述公约中，《布鲁塞尔公约》对承认和执行外国判决的国际立法统一影响最大。该公约首次通过列举的方式明确规定了允许（"白色清单"模式）与禁止（"黑色清单"模式）缔约国法院承认和执行外国判决的法律依据，即为欧盟各国达成相关的共识扫清了障碍，同时也对其他国际组织以及各主权国家的相关立法与司法实践产生了重要的影响①，其立法经验值得借鉴。

二、双边条约的比较

（一）双边投资协议的比较

20 世纪 80 年代至 21 世纪初，中国与泰国、新加坡等东盟十国先后签署了一系列双边投资协定，至今仍对保护与促进彼此间的相互投资发挥着重要作用。但这些协定同中国近年来对外签署的双边与多边投资协定相比，内容方面存在许多陈旧和不完善之处，亟需借鉴其他投资协定的成功经验予以完善。具体来说：

1. "投资"定义的立法比较

在中国与东盟各国签署的双边投资协定中，对"投资"的定义大都采取基于"资产"概念的开放式立法方式，导致投资的定义不够严谨，认定范围过大，由此产生了一系列实践性的问题。与之相比，《中国—东盟投资协议》对"投资"的定义采取了限制性的定义方式。根据该协议第 1 条第 4 款的规定，"投资"的内涵是指"一方投资者根据另一缔约方的相关法律、法规和政策在后者境内投入的各种资产"。这样规定就将"投资"的资产限定在外国投资者在东道国境内进行的投资，这样有利于避免"投资"的认定范围过大，有助于东道国合理确定外国投资者及其资产，并对其加以有效监管和保护。此外，中日之间签署的双边投资协定也采取了此类的投资定义方式，其经验值得中国与东盟各国今后完善双边投资协定中的"投资"定义时借鉴。

2. 投资待遇方面的比较

在中国与东盟各国签署的双边投资协定中，投资待遇的规定存在着一系列不完善之处。与之相比较，《中日韩投资协定》以及中国与日本、韩国签署的双边投资协定，在投资待遇保护方面的规定较为全面和完善。具体来说：第一，在国民待遇的保护性规定方面，《中日韩投资协定》对"国民待遇"的定义作了清晰的规定。该协定第 3 条规定，"缔约一方在其领土内给予缔约另一方投资者及其

---

① Michael Pryles, Dispute Resolution in Asia, Holland: Kluwer Law International, 1997, pp. 188-189.

投资的待遇，不得低于在类似情形下就投资行为给予本国投资者及其投资的待遇"。由此明确规定了国民待遇的内涵，并规定仅允许缔约方行使协定实施日期之前业已存在的、与协定不符的差别措施，还规定各缔约方应采取适当步骤进一步去除所有与协定不符的差别措施，并取消了诸如"若因公共秩序、国家安全或国民经济的健康发展所必需，可以采取差别待遇"的国民待遇限制性条款，据此为外国投资者提供了较为充分的国民待遇。第二，在最惠国待遇的保护性规定方面，中国与日本、韩国近年来签署的双边投资协定中，均将最惠国待遇适用于投资设立前阶段和投资设立后阶段。此外，中国与其他国家近年来签署的双边投资协定也将最惠国待遇从投资设立后阶段扩大到了投资设立前阶段。另外，为了实现缔约国的国别外交策略，协定通常会对最惠国待遇义务做出例外规定。例如中国与日本、韩国签署的双边投资协定所规定的最惠国待遇例外情形包括：经济一体化安排、国际税收协定、边境的投资安排、政府采购、不符措施、特定行业或部门例外、特定少数群体和民族群体等，由此保障了最惠国待遇的合理行使，维护了投资东道国的正当利益。第三，在公正与公平待遇的保护性规定方面，中国与日本、韩国的双边投资协定将此待遇通常解释为"缔约方有义务在任何法定或行政程序中不拒绝给予公正待遇，但违反协议中其他条款的规定或其他国际协定并不构成对公正与公平待遇的违反"。这样规定既对"公正与公平待遇"的内涵作出了较为明确的界定，也对该待遇的适用范围作了必要的限定，以此防止外国投资者和投资争端解决机构对"公正与公平待遇"做扩大化的解释，从而有利于维护投资东道国的经济主权。综上，中国与东盟各国在完善双边投资协定中的投资待遇保护性条款时，可适度借鉴上述立法经验。

3. 投资征收方面的比较

在中国与东盟各国签署的双边投资协定中，对征收方面的规定不统一，且存在着许多不完善之处。与之相比较，《中国—东盟投资协议》有下述几点立法经验值得借鉴：第一，对征收补偿标准规定明确。该协议在其第 8 条第 2 款中明确规定："补偿应以征收公布时或征收发生时被征收投资的公平市场价值计算，孰为先者作准……公平市场价值不应因征收事先被公众所知而发生任何价值上的变化。"即规定补偿标准按照征收发生时或官方公布时被征收投资的公平市场价值计算，以较早者为准，这与世界通行的投资协定立法例是相一致的，体现了征收补偿的"充分、即时和有效补偿"原则。第二，对征收补偿的保障措施规定明确。该协议在其第 8 条第 2 款中明确规定"补偿应允许以可自由兑换货币从东道国自由转移。补偿的偿清和支付不应有不合理的拖延"，并在该条第 3 款中进一步规定："一旦发生拖延，补偿应包括按主要商业利率计算的从征收发生日起到支付日之间的利息。包括应付利息在内的补偿，应当以原投资货币或应投资者请求以可自由兑换货币支付。"这些规定有利于惩戒投资东道国故意拖延支付征收补偿的违约行为，保护相关投资者的合法权益，其经验值得借鉴。

（二）与投资有关的税收双边协定比较

在与投资有关的税收双边协定方面，中国与东盟国家签署的双边税收协定还不完备，调整范围狭窄，税收协调的广度与深度都存在不足。对此笔者认为可适度借鉴中国与南非签署《中华人民共和国政府和南非共和国政府关于对所得避免双重征税和防止偷漏税的协定》及其议定书的有益经验。该协定及其议定书是中国与南非两国于 2000 年 4 月 25 日在比勒陀利亚签订的，它是最早的全面的中非税收双边协议，其相对成熟的立法技术与内容，也为中国同发展中国家签署双边税收协定提供了可供借鉴的重要蓝本。该协定及其议定书值得借鉴的重要立法经验包括：第一，协定的签署目的明确，即旨在解决中非两国间跨国收入征税权益分配的问题，消除重复征税。为此双方承认优先考虑收入来源地管辖权原则（一国政府只对来自或被认为是来自本国境内所得拥有征税权力），由纳税人的居住国采取抵免法、免税制、限制预提税率等来避免国际双重征税，合理减轻投资者的纳税负担。第二，谨守主权平等与互惠互利原则。为此双方在协定中合理划分了税收征管的合作权限。协定规定仅在少数跨国所得类目上，如国际运输企业所得、退休金及政府雇员工资等方面适用独占征税原则，将征税权完整赋予给各方享有，而在绝大部分跨国所得类目上，则适用税收管辖权分享原则，只明确规定作为来源地国的缔约国一方在何种条件下和范围内，对这些跨国所得可以依照其国内税法的规定，或适用协定中的税率限制来行使地域税收管辖权，以此最大限度地保护双方各自的税收主权，促进双方互利共赢。第三，合理确定税收协定和国内税法之间的关系。为此双方在协议中确定了协定优先于国内税法的原则，并为此制定了与协定发生冲突时，应当优先协定的特殊解释规则①，以此解决因各缔约国国内税法的差异引发的协定条款"识别冲突"矛盾，最大限度地避免税收冲突。中国与南非两国作为发展中国家，在税收双边协定方面的上述有益经验，值得中国今后完善与东盟各国相关协定时适度借鉴，从而更加合理地保护投资者的税收利益，减少投资税收摩擦，促进中国—东盟自由贸易区国际投资的可持续健康发展。

(三) 国际投资诉讼的双边司法合作协定比较

中国与新加坡、泰国、越南、老挝四国签署的双边司法合作协定，存在着部分条款内容粗略，可操作性不强的问题。针对这一问题的解决，笔者建议可参照中俄在涉及国际投资诉讼方面的双边司法合作协定经验。具体来说：② 中国与俄罗斯早在 1992 年签署的民事司法合作条约也存在着一部分条款可操作性不强的问题，影响了两国间在国际投资诉讼中的司法合作效果。为解决这一问题，中俄两国在 2007 年 11 月就加强区域经济合作法律机制进行了会谈，并深刻讨论了两国在司法合作方面已经或未来将遇到的各种问题及对策。此次会谈取得了实质成果，两国商定可采取"两条路一起走"的方式送达法律文书，明确域外文书的送达工作既可以按照司法合作协定下的司法程序进行，也可在此基础上通过两国口岸法院直接送达法律文书，从而丰富了协定项下的司法文书送达方式与途径，使相关条款更具可行性。此外，中俄两国近年来还就域外调查取证以及承认与执行域外的民商事裁决等司法合作问题也进行了深入交流，达成了一系列具有建设性的司法合作共识，拓展了双方的司法合作途径，构建起了司法合作的新平台与交流机制，这不仅增强了现行司法合作协定条款的可操作性，也为中俄双方今后全面完善司法合作协定奠定了良好的基础，其经验值得借鉴。

---

① 协定第 3 条第 2 款规定："不论什么时候，缔约国一方在实施本协定时，对于协定未明确定义的用语，除上下文另有解释的以外，应当具有该缔约国适用于本协定的税种的法律所规定的含义。并且，该缔约国适用的税收法律所规定的含义应优先于缔约国其他法律所规定的含义。"

② 见刁秀春：《中俄深化战略合作背景下的民事司法协助机制研究》，载《法制博览》2017 年第 3 期。

三、我国与其他国家的相关立法比较

针对我国现行国内法在调整中国与东盟国际投资存在的不足，笔者现从国际投资保护、国际投资促进与国际投资监管等方面，将我国现行立法与其他国家的有关立法进行以下比较分析。

（一）国际投资保护方面的国内法比较

为了更有效地防范对东盟的投资风险，合理制定符合中国国情的对外投资保险法，笔者建议可根据中国对东盟投资的实际情况，适度借鉴域外下述立法经验：

第一，在有关保险人的规定方面，美国曾根据 1964 年《对外援助法》修订案而设立了"美国海外私人投资公司"，该公司是由美国国务院领导的政府公司，负责为美国私人企业提供长期的非商业国际投资风险担保，以此保护和促进美国在发展中国家和新兴市场国家的国际投资。日本《贸易保险法》第 52 条明确规定了隶属于通商产业省贸易局的 NEXI 公司负责承保海外投资保险。该公司是具有独立法人地位的政府公司，承担着日本海外投资保险的审批与具体经营工作。德国承保海外投资保险的公司是两家隶属于财政部的国营公司，即黑姆斯信用保险公司和德国信托监察公司。① 与这些国家类似，我国国务院在 2001 年 11 月批准成立了中国出口信用保险公司，这是我国目前唯一承办出口信用保险业务的政策性保险公司，至今一直承担着中长期的出口信用保险业务，积累了丰富的海外投资保险经验，因而可以考虑今后在制定对外投资保险法时，将中国出口信用保险公司确立为我国海外保险的法定保险人。

第二，在有关投保人的规定方面，欧洲及美日的海外投资保险法通常规定合格的投保人包括：本国国民、本国公司、合伙或其他社团以及符合一定条件的外国公司、合伙或社团。例如美国的《对外援助法》规定外国公司、合伙和社团的95%资产属于美国公民、公司或社团所有的，才可作为合格的投保者。②

第三，在对外投资保险的险种方面，欧洲及美日的海外投资保险范围主要限

---

① 参见秦慧：《美、日、德海外投资保证制度比较》，载《开放导报》2000 年第 9 期。
② 参见秦慧：《美、日、德海外投资保证制度比较》，载《开放导报》2000 年第 9 期。

于征收险、外汇险、战争与内乱险等政治性风险。首先在征收险方面，美国的《对外援助法》规定征收包括但不限于外国政府废弃、拒绝履行及损害其与投资者订立的合同，导致该投资项目实际上难以继续经营，且征收行为必须是不可归责于投资者本人的过错或不当行为引起的。英国对此有与美国类似的规定。其次在外汇险方面，日本通商产业省贸易局的 NEXI 公司承保的外汇险内容既包括不能自由兑换，也包括不能自由转移。例如即当东道国政府的外汇管制行为导致日本海外投资者的原本和利润两个月以上不能兑换为外币汇回日本的，可以构成外汇险。最后在战争与内乱险方面，美国海外私人投资公司章程规定战争与内乱险是限于"个人或集团主要是为了实现某种政治目的而采取的破坏活动所造成的损失"。该险种的损失只限于投资财产中的有形财产损失。但德国、日本、法国的海外投资保险法将无形财产损失也纳入了战争与内乱险的赔偿范围。① 我国今后制定对外投资保险法时，在投保险种的规定方面可根据我国与东盟相互投资的实际情况，对国外上述立法经验予以适度借鉴。

第四，在对外投资保险标的方面，欧洲及美日的海外投资保险法通常要求保险标的必须符合以下三个条件：一是投保的项目必须是合格投资。判断标准包括海外投资必须符合投资者本国的利益；必须有利于东道国的经济发展；一般只限于新的海外投资。如美国海外私人投资公司拒绝承保对美国经济不利的海外投资项目。日本 NEXI 公司章程规定其承保的海外投资项目必须是有助于日本对外交易全面展开的项目。德国的黑姆斯信用保险公司和信托监察公司章程规定承保的海外投资项目必须对东道国的经济发展有利，并经东道国事先批准同意。各国关于外汇投资保险的法律与实践通常也只承保新的投资项目。二是投资的东道国合格。如美国《对外援助法》规定承保的投资东道国必须是与美国政府订有双边投资保证协定的发展中国家。但日本、挪威等国实行单边投资保险制，仅要求投资的投资东道国是发展中国家即可，而不考虑是否订有双边投资保证协定。三是投资形式合格。各国普遍认可承保的海外投资形式包括股权投资、贷款、债券、向

---

① 参见 Kathryn Gordon, Investment Guarantees and Political Risk Insurance: Institutions, Incentives and Development, OECE, 2008, p. 95。

分支机构投资等投资形式,① 上述经验值得适度借鉴。

第五,在对外投资保险费率方面,各国规定不一,例如美国规定保险费率为承保数额的 1.5%,英国规定为 1%,法国规定为 0.8%,澳大利亚规定为 0.75%,日本规定为 0.55%,德国、丹麦、挪威等国规定为 0.5%,加拿大规定为 0.3%。② 我国今后制定对外投资保险法时,应当根据我国投资东盟及其他国家与地区企业的经济承受能力,对上述海外投资保险费率予以适度借鉴。

第六,在对外投资保险期限方面,各国规定也不一致,例如美国海外私人投资公司承保的保险期限视投资种类、性质及承保险别的不同而定,最长不超过 20 年。日本 NEXI 公司承保的保险期限是 5—10 年,特殊情况可延长至 15 年。德国黑姆斯信用保险公司和德国信托监察公司承保的保险期限是 10—15 年,特殊情况可延长至 20 年。③ 我国今后制定对外投资保险法时,应当根据我国对东盟及其他国家与地区的投资实际情况,对上述海外投资保险期限的有关经验予以适度借鉴。

第七,在对外投资保险的程序方面,欧美各国都普遍规定合格投资者要取得海外投资保险,必须按照法定程序向投保机构或公司申请,经审查合格后方得订立保险合同,并在保险事项发生后依法提出索赔,保险机构或公司在赔付后依法取得保险代位求偿权。我国今后制定对外投资保险程序时可适度参照上述国外立法经验。

综上所述,我们应当从中国对东盟投资的实际情况出发,根据防范有关投资风险的法治需要,对域外的投资保险立法经验予以合理借鉴,以此推动制定符合我国国情的《对外投资保险法》,为有效防范与化解对东盟投资风险,保护相关国际投资者合法权益,推动中国对东盟投资的可持续健康发展,提供强有力的法律保障。

(二) 国际投资促进方面的国内法比较

1. 税收优惠方面的国内法比较

---

① 参见余劲松:《国际投资法》,法律出版社 2014 年版,第 211 页。
② 参见王传丽:《国际经济法》,法律出版社 2012 年版,第 256~257 页。
③ 参见土传丽:《国际经济法》,法律出版社 2012 年版,第 257 页。

在促进国际投资的税收优惠方面，西方发达国家作为主要的资本输出国，具有下述几方面立法经验值得适度借鉴：

（1）税收抵免方面的比较

税收抵免是大多数国家用来消除双重征税，促进外来投资所采取的一项税收优惠措施。与我国采用的分国不分项的抵免规定不同，美国的《联邦税收法典》采用的是分类的限额抵免，不区分纳税人所得的来源国，只是将纳税人的所得划分为十个大类，在计算纳税人应当抵免的境外所得额时，先对纳税人的境外所得进行分类，然后根据各项所得不同的税率分别计算其抵免限额后进行抵免，这有助于避免因所得来源国税法计算差异而导致重复征税或不当免税。另外，我国税法规定享受间接抵免的境内纳税总公司必须拥有境外子公司股权比例达 20% 以上，但美国《联邦税收法典》规定享受间接抵免的条件是：境内纳税总公司拥有境外子公司股权比例达 10% 以上，德国、英国、挪威、澳大利亚等国也有类似规定，法国、荷兰、西班牙对相关比例要求更低，只要求境内纳税总公司拥有境外子公司股权比例达 5% 以上即可享受间接抵免优惠。[1]与上述国家相比，我国现行《企业所得税法》采取的间接抵免措施竞争力不强，对于我国同东盟的相互投资发展的推动力不足。

（2）境外投资亏损的税务处理方面的比较

与我国现行《企业所得税法》第 18 条所确立的"亏损单向向后结转"的处理方法不同，欧洲及美日等发达国家税法普遍规定了"双向亏损结转"的处理方法。例如美国《国内收入法典》规定允许对外投资企业将其一个年度中的正常的经营性亏损，向前最多 3 个年度或者是向后最多 5 个年度进行结转，以弥补企业在对外投资中的损失。德国税法规定其居民企业在境外经营中产生的亏损可以向前结转 1 年并可以无限制地向后结转。此外，英国、日本、法国、澳大利亚等发达国家也有类似的规定。[2]上述规定对于弥补本国企业对外投资中的损失，激励本国企业扩大对外投资具有积极的促进作用，其经验值得借鉴。

（3）投资风险准备金制度的比较

---

① 参见陈永良：《外国税制》，中国税务出版社 2006 年版，第 62 页。

② 参见陈永良：《外国税制》，中国税务出版社 2006 年版，第 63 页。

我国现行《企业所得税法》没有关于投资风险准备金指导的规定，这不利于防范我国投资东盟及其他海外地区风险。与我国不同，欧洲及美日等发达国家的税法普遍规定了投资风险准备金制度。例如法国税法规定对外投资企业可以每年在投资所得中提取风险准备金，期限最多为 5 年。在这 5 年期间，投资风险准备金无须纳税。5 年过后，如果企业投资风险准备金有剩余，就应当将剩余部分按照一定的比例作为对外投资所得纳税。日本税法也设立了海外投资风险准备金制度，而且针对发展中国家和发达国家设定了不同的投资风险准备金额度。其中向发展中国家投资的，其境外出资额占境外公司总出资额的 10% 以上时，允许企业将其投融资总额的一半提取出来，从企业的境外所得中扣除。向发达国家投资的，允许企业将其投资总额的 10% 作为亏损计算，从企业的境外所得中扣除。如果未出现亏损，允许企业将这些准备金积累 5 年后分年逐年作为税赋扣除。韩国税法规定对外投资企业亏损准备金比例为企业投总额的 15%，若未出现投资亏损，则允许企业从第 3 年起，将投资亏损准备金作为利润于 4 年内逐年纳税。①上述投资风险准备金制度方面的域外经验，值得我国今后在《企业所得税法》中增设规定该制度时予以适度借鉴。

2. 金融支持方面的国内法比较

相比较于我国在对东盟及其他海外地区投资金融支持方面的立法，美、日、韩三国的下述有益经验值得适度借鉴②：

第一，相比于我国缺失关于为对外投资者提供金融支持的专门性立法，美、日、韩等发达国家通常会通过专门性的立法，来保障落实其为对外投资者提供的金融支持政策。例如二战后美国为保障和促进其对外投资，专门制定了《经济合作法》与《对外援助法》，将其为对外投资者提供的一系列金融支持以法律的形式加以确认和保障。再如日本在 1986 年修改了《日本进出口银行法》，促进了日本进出口银行扩大对本国企业海外投资的信贷业务，保障了本国企业在对外投资过程中获取本国金融机构提供资金支持的权利，有力地支持

---

① 参见陈永良：《外国税制》，中国税务出版社 2006 年版，第 65 页。

② 参见冯雷等：《经济全球化与中国贸易政策》，经济管理出版社 2004 年版，第 43～47 页。

了日本政府由"贸易立国"向"资本输出立国"的战略转型。又如韩国自20世纪90年代起先后制定了《海外资源开发促进法》《扩大海外投资方案》等法律法规，这为韩国企业对外投资获取必要的金融支持提供了必要的法律保障，其经验值得适度借鉴。

第二，相比于我国在对外投资领域的金融支持措施缺乏协调性，美、日、韩等发达国家通常通过立法设定专门性的机构，来统一协调其为对外投资者提供的金融支持措施。例如美国对外投资的金融支持工作主要由隶属于美国政府的进出口银行与海外私人投资公司来主导进行。美国进出口银行成立于1934年，是隶属于美国政府的一家金融机构。该银行通过"开发资源贷款""对外私人直接投资贷款"和"出口信贷"来专门支持企业对外直接投资。其贷款最长期限可达30年，远超商业银行贷款期限，且贷款金额通常高于商业银行，但贷款利率则普遍低于商业银行。此外，美国海外私人投资公司是美国联邦政府下属的另一个独立机构，通过以美国政府的名义和信用来作为担保，为本国私人企业扩大在发展中国家和新兴市场国家的投资提供融资和担保支持与服务，为美国企业在全球150多个国家和地区的自然资源与能源、农业、建筑、电信等众多领域拓展海外市场提供了强有力的金融支持与服务。再如日本为扩大对外投资，专门建立了资助海外直接投资的政府开发援助（ODA）和海外经济合作基金会。该基金会还与100多家私人企业合作成立了官民联合性质的投资促进机构——国际发展组织，其成立目的旨在对投资发展中国家的一些投资风险大、私人企业难以独立承办的项目给予金融支持。又如韩国政府为统一管理和协调对于海外投资提供金融支持的有关业务，在其经济企划院内专门设立了"海外事业调整委员会"，下设"企业的管理海外事业调整实务委员会"和"海外事业调整业务长官会议"，专门协调解决韩国海外投资中存在的融资问题。综上，美国、日本、韩国等发达国家普遍通过立法设立了统一的、独立的半官方管理机构，专门负责制定和推动落实有关的金融支持法律和政策，取得了良好的实践效果，其经验值得适度借鉴。

第三，相比于我国为中小型企业投资东盟及其他海外地区提供的金融支持力度不足问题，美、日、韩等发达国家通常重视为中小型企业海外投资提供专门性的金融支持。例如美国早在1958年就成立了中小企业局，专门为中小企业投资发展中国家提供担保、保险贷款和直接贷款。此后美国政府又另外设立了小企业投资公司，专门向具有较高投资风险、难以从其他渠道获得融资的小企业提供贷款。再如日本政府为了大力支持中小企业对外投资，在其商务省内专门成立了中小企业厅，并不定期发布《中小企业白皮书》，为推进中小企业向海外拓展业务提供融资指南。日本还为促进中小企业对外投资制定了《融合化法》，推动国内金融机构为中小企业对外投资提供融资便利。再如韩国为支持本国中小企业拓展海外业务，其进出口银行开设了专为中小企业提供的优惠贷款业务，还设立了经济发展基金，为风险大、难以获得融资的中小企业投资海外的经济合作项目提供低息信贷。美国、日本、韩国等发达国家的上述举措有针对性地帮助其中小企业向海外投资，从而有效地促进中小企业海外业务的发展，推动了本国对外资本输出的全面发展，其经验值得我国适度借鉴。

(三) 国际投资监管方面的国内法比较

在对国际投资的监管方面，发达国家在涉及国际投资项目审批监管，以及对外资企业进行反垄断监管、反不正当竞争监管、外汇监管、税收征管、环境监管、劳动监察、知识产权监管方面，具有下述值得借鉴的成功立法经验。

1. 国际投资项目审批监管方面的立法比较

我国在国际投资项目审批制度方面虽然实现了由"审批制"向"备案+核准制"的转型，但相关规定都是通过部门规章和各职能部门的规范性文件形式颁布的，法律层级和法律效力较低，权威性、统一性与稳定性不足。相比较而言，发达国家对于国际投资项目审批制度的改革通常具有严格的法律依据，具体包括下述两类立法模式：

第一类是以美国为代表的通过单行立法进行审批程序改革的模式。美国自20世纪70年代起开始针对国际投资审批制度进行改革，通过制定一系列单行法令的形式，大幅下放审批权力，合理调整审批项目，不断简化审批程序，严格约束审批行为，经过多次行政审批制度的改革，现已取得比较显著的效果，大幅提升了审批效率，促进了涉外投资的快速增长。以美国相关单行法令中最为典型的《民航放松管制法》为例。该法令制定于1997年，对于美国的行政审批制度改革产生了十分重大的影响。该法令将民航领域的国际投资项目审批权大幅度下放给美国航空航天工业协会，并对联邦航空局下属的航空管理委员会的审批权限和审批事项进行了严格限定，大幅度简化其审批程序，逐渐打破了美国行政审批程序的不透明化，对美国民航业以及其他行业的涉外投资项目审批改革起到了很好的示范性作用，其经验值得合理借鉴。①

第二类是以日本为代表的通过综合立法进行审批程序改革的模式。日本也是自 20 世纪 70 年代起开始针对国际投资审批制度进行改革，最初由政府颁布统一、综合的相关政策和法令来规范和指导审批程序的改革。例如日本政府于 1977 年颁布了《许可批准等整顿的合理化建议》，又于 1982 年颁布了《行政审批事项手续简化方案》等。其后，日本国会于 1993 年制定颁布了《许可程序法》，详细、明确地规定了包括国际投资在内的行政审批主体、权限与审批程序等一系列问题，将政府采取的简政放权、简化程序等改革措施以法律的形式正式确立了下来，这对日本的行政审批制度改革产生了较大影响，也有力地促进了日本对外投资的发展，其经验值得适度借鉴。②

上述域外经验对于我国今后完善国际投资项目审批监管立法的借鉴意义在于：无论是通过单行立法方式，或是通过综合立法方式，一国都需要将其在国际投资项目审批程序方面的改革措施及时以法律的形式予以确认，这不仅有利于巩固此前的行政审批改革成果，也有利于借助国家法律的权威性保障相关改革的持续化推进，进而推动涉外投资的可持续性发展。我国是人民民主专政的社会主义国家，在国家制度上比美、日等发达资本主义国家具有优越性，也最能够将简政便民的行政审批改革措施推进到深处与实处。适度借鉴发达国家的上述有益经验，切实地从我国促进对外投资发展的实际情况出发，进一步依法优化国际投资项目的审批制度，对于完善我国社会主义市场经济体制，提高政府依法行政能力，推动我国对外投资的发展，推进落实"一带一路"倡议，都具有十分重要的意义。

2. 反垄断监管方面的立法比较

---

① 见秦占欣：《航空运输的自由化：动因、趋势、对策》，载《南京航空航天大学学报》（社会科学版），2003 年第 4 期。

② 见李荣：《日本行政审批制度改革简述》，载《黄山学院学报》2008 年第 2 期。

我国《反垄断法》目前未对外资企业（包括东盟来华投资企业）并购中的反垄断审查规定听证程序。为弥补这一立法不足，有必要适度借鉴发达国家在外资并购中反垄断审查的听证程序。具体来说：听证程序是欧盟、美国等对企业投资并购进行反垄断审查制度中的重要环节。在欧盟，正式口头听证被视为一项十分重要的对书面审查的补充程序，而美国的听证制度则是对企业投资并购进行反垄断审查的必经程序。美国政府1992年制定颁布的《横向兼并指南》规定，审查企业投资并购之前必须举行听证会，听取有关并购当事人及利害关系人的现场陈述意见。①欧美国家在对企业并购的反垄断审查中也同样设立了听证程序，为投资并购交易当事方提供了一个公开发表意见，维护自身权益的合法平台，这有助于反垄断机构全面获取信息，查清事实，做出公正的决定，合理维护竞争者的合法权益，其经验值得我国在《反垄断法》中增设相关听证程序时予以适度借鉴。

3. 反不正当竞争监管方面的立法比较

我国修订后的《反不正当竞争法》在一般性条款方面的规定还存在欠缺，不能涵盖新型的不正当竞争行为，不利于该法对来华投资的东盟国家及其他外资企业不正当竞争行为进行有效约束和制裁。与之相比，发达国家的反不正当竞争立法在一般性条款的制定方面，具有值得我国借鉴的成功经验。

例如德国2004年的《反不正当竞争法》第3条规定，"禁止足以损害竞争者、消费者或其他市场参与者的利益，且不限于显著地妨碍竞争的不正当竞争行为"。该一般性条款以较为宽泛的措辞，对不正当竞争行为进行了兜底性的规定，具有较大的涵盖性，有助于赋予执法机构充分的执法裁量权，促使执法者以更积极的态度介入对外资企业不正当竞争行为的管制，主动把握市场竞争的整体走向，引导市场竞争者的竞争行为，实现必要的事前防控。②再如瑞士1986年修订的《反不正当竞争法》第2条规定，"具有欺骗性或者以各种方式违反诚实信用原则，并影响竞争者之间或者供应商与客户之间关系的所有行为或者商业做

---

① 卫新江：《欧盟、美国企业合并反垄断规制比较研究》，北京大学出版社2005年版，第53页。

② 见安斯加尔·奥利著，范长军译：《比较法视角下德国与中国反不正当竞争法的新近发展》，载《知识产权》2018年第6期。

法，是不公平的和非法的"。该一般性条款以诚实信用为判定构成不正当竞争的基本原则，有助于适应不断变化的市场竞争形势，使《反不正当竞争法》对于不正当竞争行为的认定保持必要的立法弹性，以便于执法者根据具体情况认定新型不正当竞争行为，从而弥补成文法规定的不足，对不正当竞争行为作出全面的监管与规制。此外，美国、法国、西班牙等国的反不正当竞争立法也有类似的一般性条款规定，其立法经验值得我国今后完善《反不正当竞争法》一般性条款时予以适度借鉴。①

4. 税收征管方面的立法比较

如前所述，我国目前在对来华投资的东盟国家及其他外资企业税收征管方面的主要法律依据是《税收征管法》，该法目前存在着缺少税收评定制度、税收信息管理规定不完善、纳税人诚信推定权立法缺失等问题。针对这些问题，笔者建议可适度参照发达国家的下述相关立法经验：

第一，在税收评定制度的立法规定方面，发达国家普遍通过立法确立了税收评定制度。例如以美国为代表的一部分发达国家建立了自我评定模式的税收评定制度。根据美国联邦税收征管法的规定，纳税人按照法定的时间和方式进行信息申报和纳税申报，税务机关在申报期结束后，再依据纳税者提供的申报资料以及第三方信息进行评定。评定先后共分为两个阶段：第一阶段是初步筛选。税务机关从合法性、可靠性和准确性三个方面对纳税人的申报情况进行评定。如果发现错误则退回有关部门处理；如果通过初步筛选则将申报信息送到信息中心进行分析比对；如果认定纳税人申报不足，则向纳税人发送缴税通知书。第二阶段是人工审查和计算机审查。税务机关据其获取的第三方信息，利用计算机筛选出申报不足或错误申报的纳税人，确定纳税人应缴税款。②再如以德国为代表的一部分发达国家建立了行政评定模式的税收评定制度。根据《德国税收通则》的规定，纳税义务人在税务机关提供的评定结果中填写税务申报表，应纳税款由税务局根据税收义务人所提供的资料计算得出，纳税人无须自行计算。税务机关在收到纳

---

① 见刘义鹏：《国外反不正当竞争立法及启示》，载《中外法学》1992 年第 2 期。

② 见刘军、唐晓明等：《完善我国〈税收征管法〉中纳税评估规定——借鉴美国〈国内收入法典〉税收评定内容》，载《涉外税务》2012 年第 2 期。

税人提交的申报信息后，仅作形式审查，但保留事后进行事实审查的权力。①

上述两种模式的税收评定制度各有优势与不足。其中，自我评定的优势是实施成本较低、效率相对较高，不足之处是监管相对宽松，自身缺乏监管保障，需要税收预申报制度、第三方信息披露制度、个人信用制度以及现金管理制度等予以配合监管。行政评定模式的税收评定制度优势是监管相对严格，但不足之处是是实施成本较高，效率相对较低。我国今后在《税收征管法》中增设规定税收评定制度，可适度参考发达国家的上述经验，兼采两种评定模式优点，针对外资企业不同投资领域的特点予以灵活设置。

第二，在税收信息管理的立法规定方面，发达国家普遍在其税收立法中详细规定了有关税收信息管理的规定。例如美国的联邦税收征管法规定了6大类63小项需要报送的涉税信息。如果纳税义务人不依法提供涉税信息，将会受到较为严厉的法律惩罚。法国的《税收征管法》明确规定纳税人应当依法向税务部门报送涉税信息。该法还通过39个条款具体规定了税务部门主动获取涉税信息的不同情况。韩国则专门制定了《课税资料提交及管理法》，对涉税信息提交主体的权利义务与税收机关的涉税信息管理做了较为全面的专门性规定。此外，发达国家还普遍建立了较为先进完善的信息处理系统，为高效实施上述《税收信息管理法》提供了有力保障，同时也大幅降低了管理成本。例如美国的国内收入署早在上世纪60年代就启动了税收信息化管理系统的建设，至今已建成涵盖纳税人服务、企业征管、电子申报、图像识别、综合统计、人力资源管理、财务管理等10多个子系统在内的综合税收信息管理系统，至2010年税收电子申报率已经达到80%左右。日本在20世纪90年代起建立了全国统一的税收管理信息系统，不仅实现了税务部门内部的信息互通，还实现了与其他政府有关部门之间的信息共享互享。德国目前也已将税收信息管理工作全部纳入了信息技术集成处理范围，税务部门可以依托网络方便快捷地进行税源控制、税款信息管理及税收征管等工作。② 发达国家在税收信息管理方面的上述立法与执行措施经验，值得我国今后

---

① 邵凌云：《纳税评估的国内外比较》，载《涉外税务》2011年第2期。

② 《外国税收征管法律译本》编写组：《外国税收征管法律译本》，中国税务出版社2012年版，第108～119页。

完善《税收征管法》的有关立法内容及其执行措施时予以适度借鉴。

第三，在纳税人诚信推定权的立法规定方面，发达国家的税法中普遍规定了该项权利。例如美国在 20 世纪 80 年代的《纳税人权利法案》第 5 条中规定纳税人有权利被认为是诚实纳税人，除非有不利于纳税人的充足证据证明且必须经过审判判决，才能推翻纳税人是诚实纳税人的推定。随后在其 2014 年最新修订的《纳税人权利法案》第 2 项规定，"纳税人有获得优质服务的权利"。虽然此条款没有明确规定纳税人享有的是诚实推定权，但其内涵是要求税务机关将纳税人首先视为诚实纳税人，而须为其提供优质的纳税服务，否则纳税人可寻求权利救济。① 英国 1986 年颁布的《纳税人权利宪章》规定了纳税人享有的一系列权利，其中第一项权利就是纳税人的诚信推定权，即"税务机关应当相信纳税人向其提供的纳税信息是真实客观完整的，除非税务机关发现有证明纳税信息是不诚信的客观证据"。2009 年澳大利亚对《纳税人宪章》进行了修改，在有关纳税人权利的第 2 条中规定，"税务机关应在事前推定纳税人未隐瞒税务事宜，除非纳税人的行为使税务机关产生合理怀疑"。②加拿大 1985 年的《纳税人权利宣言》对纳税人诚信推定权的规定为"法律认定纳税人是诚实的，除非有证据证明实际上存在相反的情形"。③韩国 2007 年修订的《纳税人权利宪章》中规定了纳税人的 7 项权利，其中第 1 条是有关纳税人诚信推定权的规定，即"纳税人在如实进行纳税申报的情形下，应当被认为是诚实的，其提供的申报资料也应被视为是真实而可靠的资料，纳税人也在规定的情形下有权拒绝税务机关的复查"。④ 上述有关纳税人诚信推定权的立法规定十分简洁明确，有利于纳税人直观了解该权利的内涵，提升税务机关的权利保护意识，推动税务机关由传统管理者向新型服务者的转变，为我国《税收征管法》今后确立纳税人的诚信纳税推定权提供了有益的立法借鉴。

5. 外汇监管方面的立法比较

我国对于在华投资的东盟及其他外资企业在外汇监管方面存在的主要问题在

---

① 张富强：《论纳税人诚实纳税推定权立法的完善》，载《学术研究》2011 年第 2 期。

② 马列：《税收治理现代化视野下的纳税服务》，载《税务研究》2015 年第 10 期。

③ 张富强：《税法学》，法律出版社 2007 年版，第 201 页。

④ 莫纪宏：《纳税人的权利》，群众出版社 2006 年版，第 92 页。

于，外汇管理局对于银行等金融机构在外汇"展业三原则"的相关监管法律法规与监管手段不完善，难以适应"一带一路"背景下中国与东盟国际投资领域外汇监管的需要，因此亟需适度借鉴下述发达国家的有关立法经验：

例如，美国银行监管当局依据美国联邦金融机构检查委员会在1970年制定的《银行保密法及反洗钱监管手册》，对银行等金融机构采用现场抽查的形式实行年检。重点审查内容包括银行客户识别和银行客户尽职调查两项，即审查要求银行必须获取开户人的信息，并在合理时间内通过证件和非证件形式核实开户人的相关信息，进而根据客户反洗钱风险的高低，对银行开设公司户的签字人或实际操控人开展尽职调查。一旦发现账户变化异常，银行等金融机构必须第一时间向银行监管当局报送可疑交易报告。再如英国外汇监管机构根据2003年《反洗钱条例》对银行等金融机构在外汇方面的"展业三原则"实施监管，要求银行等金融机构根据当地法律及相关监管规定，针对外汇建立自身内部风险控制体系。外汇监管机构则对银行等金融机构"展业三原则"的制度、流程以及相关系统能否进行有效的客户尽职调查进行检查评估，并提出相关整改要求。又如德国于1993年制定了《反洗钱法》，后于2002年根据欧盟第二个反洗钱指令中的《四十条建议》修改了《反洗钱法》。目前其外汇监管机构根据该法对银行等金融机构的尽职调查监管原则，制定了具体的配套制度和案例指引，从调查义务、审查措施、银行内控、外部执法等多个角度，对银行等金融机构执行和落实外汇监管的尽职调查监管原则提出了全面审查要求，并明确规定了银行等金融机构未尽职调查的法律责任。[1]发达国家的上述立法经验值得借鉴。

6. 环境监管方面的立法比较

目前我国对在华投资的东盟及其他外资企业在环境监管方面的立法不足主要是有关环境责任保险立法不完善，对此可参考发达国家的下述立法经验[2]：

第一，在环境责任保险模式方面，纵观发达国家在环境责任保险模式上有两个基本模式——一个是以美国、德国为代表的国家强制保险模式；另一个是以英

---

① 参见中国人民银行反洗钱局：《中国反洗钱专题研究》，中国金融出版社2014年版，第19~20页。

② 参见贾爱玲：《环境责任保险制度研究》，中国环境出版社2010年版，第118~127页。

国、法国为代表的自愿投保为主、强制投保为辅的保险模式。在第一个模式之下，美国 1976 年的《资源保全与恢复法》规定高风险污染企业（如火力发电、石油化工、核燃料生产等）必须投保环境责任险，用于抵御由污染行为对第三方受害者造成的人身及财产损失风险，以及由污染行为导致生产活动范围的污染风险。德国在 1991 年颁布实施的《环境责任法》确立了强制实行环境损害责任保险制度，该法以附件方式列举了存在重大环境责任风险的设施名录，规定对于高环境风险的"特定设施"，不管规模和容量如何，都要求其所有者投保环境责任保险。在第二个模式之下，法国的环境污染责任保险采取以自愿保险为主、强制保险为辅的方式，由企业自主决定是否投保环境责任保险，但法律规定必须投保的除外。如法国在 1998 年颁布的《环境法》规定，油污损害赔偿采用强制责任保险制度。与之相类似，英国在保险模式上也是以任意责任保险为主，任由有污染风险的企业自愿购买，而在部分领域强制要求投保（例如根据有关国际公约要求在油污损害赔偿方面采取强制责任保险制度）。我国目前的环境污染责任保险模式属于第二种，与法国和英国类似，其弊端在于因缺乏法律强制性的要求，环境污染风险较大的外资企业往往缺乏投保环境污染责任险的动力。但如果参照美国与德国的模式，改为强制保险模式，会大范围加重企业的负担，不利于我国吸引外资。因此笔者建议可兼采前述两种模式的各自所长，在坚持现行模式基础上，适度扩大强制投保环境污染责任险的行业范围，对此可较多参考英国与法国的成功经验，同时适度兼采美国与德国的立法经验。

第二，在环境责任的投保范围方面，美国的环境污染责任保险开始于 20 世纪 60 年代，当时的承保范围只包括突发性的污染事故。随着环境污染责任保险立法的不断发展，其承保范围由原来的突发性污染事故扩大至渐进性的环境污染事故。与之相类似，法国的环境污染责任保险开始于 20 世纪 60 年代，至今承保范围已包括突发性和渐进性的环境污染事故。德国环境污染责任保险在起始阶段也只承保突发性的环境污染事故。随着德国环境污染责任保险立法的不断完善，德国在 2007 年制定了环境污染治理保险方面的立法，明确将承保范围扩大至渐进性的水体、土地、大气污染事故的治理费用。与之相比，我国环境污染责任保险的承保范围过于狭窄，仅承保突发性的污染事故，不承保渐进性的环境污染事故，这不利于对外资企业实施全民的环境监管，也不利于有效保护渐进式污染事故受害者的合法权益，因此应当适度借鉴域外立法经验，适度扩大投保范围。

第三，在环境污染责任限制方面，美国环境责任保险制度一般采取有限赔偿制，根据保险种类不同在赔付限额上有不同规定，且通常允许双方当事人对赔偿的限额进行约定。再如德国 1991 年颁布实施的《环境责任法》也规定了环境污染的责任限制，即单一的环境污染所造成的人身与财产损害方面，赔偿额度最高不超过 8500 万欧元。若实际损失超过最高限额，则各损失依所占比例分配赔偿金。与之相比，我国目前缺乏关于环境污染责任限制的立法规定，这不利于保护外资企业投保环境污染责任险的积极性，也会加大企业的环境事故责任，不利于促进吸引外资，因此应当适度参考发达国家的上述立法经验，尽早制定有关环境污染责任限制的法律规定。

7. 劳动监察方面的立法比较

我国劳动保障监察部门对在华投资的东盟及其他外资企业进行劳动监察方面的问题，主要集中在《劳动保障监察条例》的有关规定不够完善，对此笔者建议可针对该条例的不足，从下述三个方面借鉴域外的有益经验：①

第一，在对劳动保障监察部门职能的规定方面，美国、日本与欧盟各国普遍立法赋予劳动保障监察部门采取强制措施的职权，规定劳动监察员在要求雇主对发现的问题依法采取措施予以纠正，如果雇主拒绝执行或采取不合作态度，监察部门有权对其采取强制措施。有的国家甚至还规定其劳动保障监察部门的监察人员有权提起公诉。例如日本《劳动基准法》第 102 条规定，"对违反该法的罪犯，劳动标准监察官有权执行刑事诉讼法中规定的司法检察官的职权"。以此确保劳动保障监察部门的执法决定能够得到及时有效的落实。

第二，在对劳动监察法律责任的规定方面，美国、日本与欧盟各国普遍对违反劳动监察法律的雇主采取包括罚金、关业、劳役在内的多种法律责任形式。其

---

① 见王廷春：《外国劳动者在日本的安全卫生法律保障介绍》，载《安全、健康和环境》2005 年第 9 期。

中，罚金的数额较大，具有较强的惩戒性，且劳动保障监察部门享有合理限度的罚金自由裁量权。例如日本《劳动基准法》第 118 条规定，"对于违反第 6 条、第 56 条及第 64 条规定的人员，处以 1 年以下的劳役及 10 万日元以下的罚款"。如此规定既可以对违反劳动法律的雇主予以足够的惩戒，又以比较明确合理的罚则幅度规定指引监察部门选择适当的处罚责任。

第三，在对劳动监察综合执法的规定方面，美国、日本与欧盟各国普遍将劳动者的权利分为公法性权利和私法性权利，并据此规定劳动监察和劳动仲裁不同的适用范围。例如日本的《劳动基准法》第十一章《监察机构（监察组织）》规定：关于工时、工资、劳动安全卫生、休息休假、职业技能培训、未成年工和女职工保护、企业规章制度、工伤赔偿、员工宿舍等因履行劳动基准法定义务所产生的问题，属于劳动监察机构的监察范围，由此将由于解释和履行劳动合同而产生的争议排除在了劳动监察范围之外，允许当事人根据意思自治原则选择劳动仲裁作为权利救济途径。这样规定有助于将劳动监察与劳动仲裁的适用范围合理划分开来，既有利于提升保护劳动者合法权益的法治效果，又有利于维护劳动监察与劳动仲裁的职能平衡，其经验值得适度借鉴。

8. 知识产权监管方面的立法比较

不同于我国现行立法确定的分散式知识产权监管模式，发达国家普遍通过立法确定了集中式的知识产权监管模式。例如，美国知识产权法规定美国商务部下辖的专利商标局负责监管专利与商标业事务，美国国会图书馆的著作权办公室负责主管著作权业务。再如英国根据其知识产权法律确立了由知识产权局统一监管知识产权事务的模式，即由知识产权局统一负责专利、设计、商标和著作权等方面的申请受理、审核和批准。又如德国知识产权法也确立了类似的集中式的知识产权监管模式，规定由隶属于德国司法部的专利商标局统一负责专利、商标与著作权管理事务。①发达国家的上述知识产权监管模式体现了知识产权行政管理模式由分散走向集中统一的发展趋势。集中式的知识产权监管模式具有节约知识产

---

① 参见易继明：《构建集中统一的知识产权行政管理体制》，载《清华法学》2015 年第 6 期。

权监管资源、提升知识产权管理效能、强化知识产权监管、提高知识产权保护服务水平的优点，其经验值得适度借鉴。

第二节　机制实施主体要素的比较

中国—东盟自由贸易区国际投资法律机制的实施机构是机制实施主体的重要类型，也是推动机制落实最为重要的载体。实施机构的设置是否科学合理，直接关系到机制能否得到有效运作以及机制目标的实现，因此相关问题值得研究。目前机制实施机构存在三点突出性的问题：一是机制的多边常设主管机构缺失；二是我国国内的投资促进机构不完善；三是机制的投资仲裁机构不完善。针对这些问题，笔者认为有必要深入考察域外相关经验，并结合中国—东盟自由贸易区国际投资发展实际情况与我国的具体国情，对域外有益经验进行适度借鉴，从而助力完善中国—东盟自由贸易区国际投资法律机制的实施机构。

一、机制行政主管机构的比较

（一）常设性多边投资主管机构的比较

目前中国与东盟缺乏常设性的多边投资主管机构，由此削弱了中国—东盟自由贸易区国际投资法律机制的权威性与向心力，对此可适度参照域外相关机构的设置经验。鉴于欧盟经济一体化程度很高，其常设机构往往具有超国家性质与地位，因而其机构设置很难被借鉴和移植到中国—东盟自由贸易区国际投资机制中，故笔者仅对世界贸易组织（WTO）的"与贸易有关的投资措施委员会"，以及区域情况相对接近的北美自由贸易区的投资主管机构相关经验作如下分析：

1. WTO 的"与贸易有关的投资措施委员会"

目前世界贸易组织 WTO 负责主管国际投资事务的常设性机构是"与贸易有关的投资措施委员会"。该委员会依据 WTO《与贸易有关的投资措施协定》第7条规定而设立。根据该条规定，WTO 的"与贸易有关的投资措施委员会"基本职能是"履行货物贸易理事会所指定的职责，并为各成员就与本协定运用和执行有关的任何事项进行磋商提供机会"。该委员会负责监督本协定的运用和执行，并每年就此向货物贸易理事会报告。其基本工作方式是每年应至少召开一次会议，或在任何成员请求下召开会议。

WTO 的"与贸易有关的投资措施委员会"对中国—东盟自由贸易区国际投资法律机制的借鉴意义在于：多边法律机制的实施需要各缔约国的通力合作。为有效避免缔约国因片面谋求各自国家利益而引发彼此间的冲突，督促各缔约国合理地履行法律机制赋予的义务，有必要设立常设性的主管机构，以此保障有关多边协定及其法律机制得以真正实施，促进机制的价值功能得以有效实现。

2. 北美自由贸易区的自由贸易委员会

北美自由贸易区在其国际投资机制的组织机构方面，基于其一体化的实际发展程度，没有参照欧盟设立欧洲议会、欧洲法院、部长理事会等机构设置方式，而是在《北美自由贸易协定》通过第二十章《机构安排与争端解决程序》之第一节《机构》中设立了自由贸易委员会来负责监管和统领协定的实施，并辅之以秘书处来协调处理各类日常事项。同时，针对不同领域设立了专门委员会、工作组或专家组，分别负责解决相应领域的投资争端。

具体来说：根据《北美自由贸易协定》第 2001 条第 1 款与第 2 款的规定，北美自由贸易委员会由各缔约国内阁级别代表及其指定人员组成，负责监督协定的实施；监督协定的进一步细化；解决因《北美自由贸易协定》解释或适用而可能产生的争议；监管协定项下各专门委员会、工作组或专家组的工作；以及处理其他影响协定运行的任何其他问题。实践中，北美自由贸易区委员据此能够在针对自贸区国际投资纠纷启动国际仲裁程序之前，有权主持磋商、斡旋、调解与调停等工作。因此有学者认为，北美自由贸易委员实际上发挥了统一性的常设国际仲裁机构的一部分重要职能。①此外根据协定第 2001 条第 4 款的规定，自由贸易委员会采用协商一致的方式作出所有决定。每年委员会需定期召开至少一次会议，例会由各缔约方轮流担任主席。根据协定，北美自由贸易委员会由美、加、墨三国贸易部长和内阁级官员组成，通过年度定期会议负责协商决定《北美自由贸易协定》（包括相应国际投资仲裁）重要事项的执行和实施问题。

其次，根据《北美自由贸易协定》第 2001 条第 3 款的规定，"自由贸易委员

---

① 参见叶兴国、陈满生译：《北美自由贸易协定》，法律出版社 2011 年版，第 324 页。

会可以设立并授权特设或常务委员会、工作组或专家组"。据此，自由贸易委员会已经设立了 25 个三边工作委员会、工作小组和其他辅助性机构，以此协调处理包括国际投资在内的日常工作和重要事项问题。在自贸区国际争端解决方面，涉及不同领域的争端可由相应领域的专家委员会负责统一协商处理。

最后，《北美自由贸易协定》第 2002 条规定，"秘书处是各缔约方代表构成的、协助委员会处理日常事务的专门机构"。据此，北美自贸区共设有三个秘书处，分别在自由贸易委员会、环境合作委员会和劳工合作委员会之下设立。秘书处的主要职责是为自由贸易委员会、各专门委员会、各专家组和工作小组提供行政协助，并以其他方式为《北美自由贸易协定》的运作提供便利。

与北美自由贸易区相比，中国—东盟自由贸易区目前尚无统一性的国际投资争端解决机构。但中国—东盟自由贸易区也与北美自由贸易区存在某种共性，即都是由发达国家同发展中国家共同组成的区域性国际经济组织。不同的是，中国—东盟自由贸易区的区域国际情况更为复杂，发展不平衡性问题更为突出，经济统一化进程与发展水平也相对落后，但这不妨碍该自贸区适度借鉴北美自由贸易区设立自由贸易委员会的有关经验，采取符合区域自身情况的路径与模式来逐步构建相应机构，以此监督《中国—东盟投资协议》与《中国—东盟争端解决机制协议》得以落实和执行，从而保障中国—东盟自由贸易区国际投资机制在投资争端解决方面的机制功能得以充分与切实发挥。

（二）　国内投资促进机构的比较

我国目前在地方层级的投资促进机构存在着机构性质与归属不规范，机构职能不完善的问题，对此可适度参照域外的下述经验：①

从机构的设置模式（涉及机构性质与归属问题）来看，发达国家的投资促进机构一般有两种模式：第一种模式是以英国、加拿大为代表的政府型投资促进机构模式。该模式的特点是投资促进机构被完全设置在政府架构之内，按照公务员制度管理和运行。例如英国在贸易工业部下设贸易投资署，是专门负责投资促进

---

① 　国外的投资促进机构模式分类参考了对外经济贸易大学王睿 2006 年硕士论文《国外投资促进机构组织模式比较分析及经验借鉴》，第 4~6 页，但分类与之不同。

工作的政府机构，负责为外国投资者提供择址、劳动力供应和税率信息等服务。再如加拿大的投资促进局也是此类专门负责投资促进工作的政府机构。在东盟国家中，越南的计划投资部、泰国的投资局、印度尼西亚的投资协调局也属于这一模式的机构。该模式的优点是机构具有完全的政府机构属性，拥有较高的权威性与公信力。缺点是机构的灵活性与效率性不强，对瞬息万变的国际投资发展形势的应对不够及时。

第二种模式是以美国、意大利为代表的准政府型投资促进机构模式。该模式的特点是投资促进机构由政府与私营部门联合出资组建，共同指导管理，如美国的投资促进署、意大利的投资促进局等。此外，美国各州设立的投资促进机构（如科罗拉多州的经济发展办公室、马萨诸塞州的国际贸易与投资局、密苏里州的合作伙伴关系委员会等）也是政府与私营部门联合出资组建和共同管理的准政府性机构。在东盟国家中，新加坡的经济发展局、马来西亚的工业发展局也属于这一模式的机构。该模式的优点是机构的独立性、灵活性、自主性与效率性较强，且兼有政府机构的权威性与公信力，有利于推动投资促进工作的高效开展。缺点是因有政府和私营的双重出资与管理，如何合理界定二者的管理权限是其运行难点，把握不好则会阻碍机构的合理运作，制约机构职能的合理发挥。

与之相比，我国目前在地方层级的投资促进机构兼有政府型和准政府型两种模式。以省级投资促进机构为例，北京市投资促进局、上海市外国投资促进中心、海南省商务厅外国投资管理处等少数机构属于政府型投资促进机构。天津市外国投资服务中心、重庆市外商投资促进服务中心以及绝大部分的省级投资促进机构经过政府机构改革，已转变为省政府直属事业单位，具有准政府型的模式特点。有鉴于此，在完善我国地方层级的投资促进机构方面，可以适度兼采政府型和准政府型两种模式的有益经验，促进我国有关机构的完善，从而更好地推动中国与东盟的国际投资发展。

另外从国外投资促进机构的职能设定情况来看，发达国家的投资促进机构尽管存在设置模式的差别，但通常具有以下几项基本职能：一是影响政府投资政策与相关法律法规的制定与修正。由于投资促进机构对于国际投资市场的变化、国际投资者的需求以及投资法律与政策的实施问题都有深入的了解与把握，并且同政府及立法机构具有信息交换渠道，因而可以对相关投资法律、政策的制定与修订提供可行性建议。二是为投资者提供各类投资服务，包括投资前的服务（如为潜在投资者提供国内市场信息、金融、法律、选址及雇佣建议方案等服务）与投资后的服务（如为投资者提供注册登记、为外方雇员申请工作许可、受理外商投资企业的投诉、提供法律与融资帮助等服务）。三是开展针对特定目标的投资促进活动，如根据本国经济发展需要与自身区位优势，将目标锁定在某国、某个产业甚至某特定跨国公司，直接对其开展具有明确针对性的招商引资活动。目前，我国的投资促进机构在职能方面还存在注重投资前服务、忽视投资后服务等不完善之处，因而有必要借鉴域外的有益经验，推动完善我国投资促进机构职能，从而更好地服务于中国与东盟间的国际投资发展。

二、机制仲裁主管机构的比较

目前，中国—东盟自由贸易区内尚未设立统一的常设国际仲裁主管机构，仅建立了联络处负责联系和协调国际投资仲裁事宜。这既不利于有效管理仲裁程序，也不利于引领和保障国际投资仲裁的长期稳定发展。对此，笔者建议可适度参考北美自由贸易区的相关经验。

根据《北美自由贸易协定》第十一章的规定，北美自由贸易区设立自由贸易委员会，兼具组织和管理区域内国际仲裁的职能，属于北美自由贸易区统一的常设国际仲裁管理机构。实践中，缔约国因投资争端而向自由贸易委员会提起仲裁申请后，自由贸易委员会根据《北美自由贸易协定》的相关规定，负责组建仲裁小组以审理投资仲裁案件。在仲裁员与仲裁庭主席的选任方面，《北美自由贸易协定》针对国际投资争端主体的不同，设定了两套不同的遴选机制，这是具有北美自由贸易区特色与创新性的机制安排，具体来说：

对于一缔约方与另一缔约方投资者之间的国际投资争端，《北美自由贸易协定》第1123条规定，除非根据第1126条合并仲裁设立的仲裁庭，并且除非各争端当事方另有约定，仲裁庭应由3名仲裁员组成，每一争端当事方各任命1名仲裁员，第3名仲裁员应由各争端当事方通过协议任命并担任首席仲裁员。为解决一争端当事方未能任命1名仲裁员或各争端当事方未能就首席仲裁员达成一致意见的矛盾，《北美自由贸易协定》第1124条规定各缔约方应当建立并维持45名首席仲裁员名册，各首席仲裁员必须符合第 1120 条所指公约和规则的资格，并具有国际法和国际投资事务的经验。如果国际投资争端当事方的仲裁请求提交后 90 天内，仲裁庭仍未能组成，北美自由贸易委员会秘书长根据任何争端当事方请求有权自行任命尚未任命的一名或数名仲裁员，从首席仲裁员名册中选取任命首席仲裁员（不得为争端当事方的国民），如果首席仲裁员名册中没有合适的首席仲裁员可供任命，则由秘书长从解决投资争端国际中心仲裁员小组中任命一名非任何争端当事方国民的首席仲裁员。

对于缔约方之间的国际投资争端，《北美自由贸易协定》第 2011 条规定仲裁小组应有 5 名仲裁员构成。为解决各争端当事方未能就选任首席仲裁员和其他仲裁员达成一致意见的矛盾，该条规定了较具特色的"逆向选择"方式来选定仲裁小组的主席与其他成员，即首先由争端双方通过抽签方式选中一方，再由该争端当事方在 5 天之内选择一名非该缔约方的公民出任首席仲裁员。首席仲裁员确定后 15 天之内，每一争端方再各选两名仲裁小组成员。如果争端一方未能在此期限内选择仲裁员，该仲裁员应通过抽签方式从仲裁员名册中选择争端另一方公民的成员。与《中国—东盟争端解决机制协议》所规定的首席仲裁员与其他仲裁员选任机制相比，《北美自由贸易协定》的上述规定在维护北美自贸区独立法律地位的基础上，既充分尊重了争端当事方的意思自治，又以简便灵活的方式化解了选任矛盾，保障了国际投资仲裁的效率与公平。

此外，北美自由贸易会还根据《北美自由贸易协定》附件 1904.13《特别异议程序》的规定，负责组建特别异议委员会，并由该委员会负责根据争端方的上诉对仲裁案件进行复审，以此最大限度地保障相关国际投资仲裁裁决的合法性与公正性，切实保护争端方的合法权益，维护北美自由贸易区良好的国际投资仲裁秩序与环境。

综上所述，北美自由贸易委员会在其机构与职能设置方面的上述经验，值得中国—东盟自由贸易区适度借鉴。

第三节　机制实施方式与程序要素的比较

中国—东盟自由贸易区国际投资法律机制的实施方式与程序是推动机制得

以落实的重要形式与途径。其设定是否科学合理，直接关系到机制功能与价值能否得到切实充分的实现。目前机制实施方式与程序的不足之处在于：一是在机制的行政实施方式与程序方面，我国对投资东盟的境外国的资产监管方式与程序不完善。二是在机制的司法实施方式与程序方面，我国与东盟在国际投资诉讼中的司法合作方式与程序不完善。三是在机制的准司法实施方式与程序方面，国际投资仲裁实施方式与程序不完善。针对这些问题，笔者建议适度借鉴下述域外经验。

一、机制的行政实施方式与程序比较

（一）对投资境外国有资产监管方式的比较

在中国—东盟自由贸易区国际投资机制的行政实施方式方面，我国存在的问题是对于投资东盟的国有资产监管措施不够完善，存在着重前期审批，轻事后管理；重微观监管，轻宏观监管；重内容，轻形式；重监管分工，轻协同监管的问题，对此可适度借鉴发达国家对境外国有资产监管的下述三种方式：

第一种是以美国为代表的分级式管理方式。美国作为老牌的资本主义国家，其国有企业数量虽少但个体规模较大，主要集中在高新技术领域和公益性行业。美国国会对国有资产拥有所有权，并通过立法授权联邦、州和市镇对国有企业进行分级管理。美国国会对国有企业采取"一对一"的立法监管方式，针对每一个国有企业专门制定一项法令，明确规定其管理主体的财产边界，由此形成分级明晰的管理模式。被授权管理国有资产的各级财政部门主要利用财政预算方式对境外国有企业进行监管，各级审计部门则对境外国有企业报送的财务报表及其情况说明进行审计监督。境外的国有企业须在每个财政年度向相应政府提交预算拨款申请，由国会听证和审议后交财政部执行。此外，瑞典、新加坡等国也采取此类模式管理境外的国有资产。① 这种分级式管理方式的优点在于：国家主要通过立法规则对国有资产进行间接式的分级监管，国有企业有较大的经营自主权，能够

---

① 参见曹均伟、洪登永：《国外国有资产监督模式的比较和借鉴》，载《世界经济研究》2007 年第 6 期。

高效自主地参与各种市场经营活动，有利于国有资产效益实现最大化。不足之处在于：国有资产的监管权力分散在各级行政部门手中，行政管理效率不高，协调管理成本较高，不利于对国有资产形成统一高效的配置、管理与监督。

第二种是以英国、意大利等国家为代表的分权式管理方式。政府仅仅通过行政规划、财政、税收等手段对境外国有企业进行宏观调控，而通过成立"国有控股公司"对境外国有企业行使微观监管职能。例如英国的国有企业大部分是国有独资企业，实行董事会领导下的总经理负责制。英国于1981年成立了英国技术集团（国有控股公司），负责对境内外的国有控股公司的产权进行监管，保证境内国有资产的稳定发展。此外，意大利、法国等国也采取此类模式管理境外的国有资产。① 该监管方式的优点是依靠公司治理结构的优势管理境外国有资产，管理效率较高，企业的经营自主权较大，有利于促进境外国有资产的增值。其缺点是政府对境外国有资产的监管过于宏观，容易造成监管不到位、企业发展偏离政府经济发展目标等问题。

第三种是以日本、韩国等国家为代表的集权式管理方式。日本、韩国等国对境外国有资产的监管权力高度集中在政府手中，境外国有企业的权限很小，其投资方向、投资规模以及投资资金的适用都被置于政府自上而下的严格监管之下。② 这种监管方式的优点在于监管严格，有利于防范境外国有资产的流失，保障境外国有企业遵循政府经济发展目标实现有序发展。其缺点是制约了境外国有企业的自主性与能动性，不利于境外国有企业灵活适应国际竞争环境，阻碍了境外国有资产的快速增值。

我国是人民民主专政的社会主义国家，这决定了我国的国有资产和资本主义国家的国有资产有着本质的区别，但这并不妨碍我们合理借鉴西方发达资本主义国家在对境外国有资产监管方面具有相通性的经验。具体来说，相关启示在于：第一，要针对境外国有资产的监管构建完善的法律法规体系，对监管主体、监管权限与职责进行科学的划分与明确的界定，这是对境外国有资产进行有效与合理

---

① 参见杨文：《国有资产的法经济分析》，知识产权出版社2006年版，第15~19页。

② 参见胡海涛：《国有资产管理法律实现机制若干理论问题研究》，中国检察出版社2006年版，第62~66页。

监管的重要法治前提。第二，要努力做到政企分开，合理监管分工，科学把握政府监管与境外国有企业自身监管的尺度与界限，努力寻求二者间的有机平衡，既要避免政府管得过死，企业失去自主活力，也要避免政府监管不严，企业放任自流，导致境外国有资产流失。第三，积极推动优化政府的监管机制与方式，促进企业内部形成有效的制衡监督机制与方式，提高对境外资产的内外部监管效率与效果。第四，积极培育多元化、公开化与专业化的监管方式，通过采用议会监督、政府主管部门监督、社会组织监督、新闻媒体与社会舆论监督等多元监督方式相结合的途径，对境外国有资产经营与管理状况进行全方位、系统性的有效监管。

(二) 对投资境外国有资产监管程序的比较

目前我国尚未制定《行政程序法》，在对投资境外国有资产监管程序方面主要是通过相关职能部门的规范性文件加以确定，程序的规范性、统一性与稳定性都不足。与之相比较，发达国家通常制定有行政程序法，对包括监管境外国有资产程序在内的行政审查权限与程序，都有严格的限定与明确的规范。

例如美国国会于 1946 年 6 月制定了《美国联邦行政程序法》，并于 1978 年修订。这是一部关于美国联邦政府制定和实施行政条例，决定及司法复审权的法律。从对监管境外国有资产程序角度来审视，该法通过对行政机关程序的限制和司法审查范围的扩大，加强了对政府监管权限及程序的控制，有利于防止政府滥用行政权力或怠于行使权力，有利于保障投资者的合法权利，其经验值得我国适度借鉴。再如德国一直被公认是最早颁布实行《行政程序法》的国家之一，其现行的《行政程序法》是 1976 年颁布的《联邦德国行政程序法》，原则上适用于联邦行政机关以及各州行政机关执行联邦法律的公法行为及程序，包括德国联邦政府对境外国有资产的监管行为及程序。该程序法从适用范围与管辖、行政程序一般规定、行政行为与公法合同、特别程序以及法律救济程序五个方面实现了对政府行政行为及程序的成文法化，有利于保障德国联邦政府对境外国有资产监管权力的规范行使，切实保障投资者的合法权益。此外，西班牙 1958 年制定的《行政程序法》、瑞典 1986 年制定的《行政程序法》、日本 1983 年制定的《行政程序法》、葡萄牙 1991 年制定的《行政程序法》、韩国 1996 制定年的《行政程序法》、意大利 1990 年制定的《行政程序与公文查阅法》等，对于政府依法监管投资境外的国有资产程序具有严格的约束，其立法经验值得我国适度借鉴。①

二、机制的司法实施方式与程序比较

（一）对国际投资诉讼司法合作方式的比较

中国与东盟国家在国际投资诉讼司法合作实施方式存在两方面不足：一是司法文书的域外送达方式不完善。二是域外调查取证方式不完善。对此笔者建议可结合自贸区的实际情况，适度参照域外国际组织或多边公约规定的实施方式：

1. 司法文书域外送达方式的比较

与中国—东盟自由贸易区及其他区域性国际组织不同，欧盟通过《欧盟送达公约》及其议定书的机制安排，采用了由请求国的转递机构与被请求国的接收机构直接开展协助工作的新型域外送达方式，允许与送达有关的任何人通过请求国的转递机构，与受送达国的接收机构进行直接沟通，并由其司法人员、官员或其他权职人员依照受送达国的国内法进行送达，以此避免了其他较为繁琐的送达方式及其程序，加快了域外送达的进程，大幅提高了协助效率。同时为了保障前述送达方式的有效实施，欧盟将域外送达机制与管辖权机制、判决的承认与执行机制进行了协调，实现了送达与管辖、判决承认与执行之间的有效衔接，这是欧盟统一国际私法发展的重大进展。②

2. 域外调查取证方式的比较

为指引和保障多渠道地实现国际民商事司法域外调查取证概念工作，《海牙域外取证公约》规定了多种实施方式。③该公约第一章（1—14条）详细规定了代为取证方式（即请求书方式）。第二章（15—22条）系统规定了领事取证方式，即司法机构通过该国派驻他国的领事或外交官员在其驻在国直接调取证据。还规定了特派员取证方式，即受诉法院如需从外国获取证据，可委派官员直接在域外调取证据。《海牙域外取证公约》规定的上述实施方式细则，对于推动完善

---

① 见李洪雷：《国外行政程序法制建设简要历程》，载《紫光阁》2015年第2期。

② 参见肖永平：《欧盟统一国际私法研究》，武汉大学出版社2002年版，第189页。

③ 参见李双元：《中国与国际司法统一化进程》，武汉大学出版社1998年版，第510页。

中国与东盟间国际投资诉讼域外调查取证合作方式，具有重要的指导与借鉴意义。

3. 承认与执行域外民商事裁决方式的比较

目前，我国与东盟成员国签订的民商事司法合作协定中，普遍没有规定承认与执行域外民商事裁决申请的审查方式，这不利于相关司法合作的开展。与之不同，欧盟的《卢加诺公约》、美洲国家组织的《关于外国判决和仲裁裁决的域外有效性公约》以及1971年海牙《关于承认与执行外国民事和商事判决的公约》大都规定：承认与执行域外的民商事裁决申请方式须为书面形式（请求书或申请书），并规定相关审查方式为形式性审查，即仅从形式与程序上对域外的民商事裁决是否符合承认与执行条件进行审查，这样有助于避免侵犯有关当事国的司法主权，推动相关司法合作得以顺利开展，其经验值得借鉴。①

（二）对国际投资诉讼司法合作方式的比较

中国与东盟国家在国际投资诉讼司法合作实施程序存在三方面不足：一是司法文书的域外送达程序不完善。二是域外调查取证程序不完善。三是承认与执行域外的民商事裁决程序不完善。对此笔者建议可结合中国—东盟自由贸易区司法合作的实际情况，适度参照域外国际组织、多边公约或国家规定的下述实施程序：

1. 司法文书域外送达程序的比较

为了确保民商事司法文书域外送达合作工作的规范与高效的开展，欧盟各国于1997年共同签署了《欧盟送达公约》及其议定书，详细地规定了司法文书域外送达程序②。主要程序为：转递（要求转递机构直接快捷地传递文书）——接收（要求接收机构在收到文书之日起7日内以最为快捷的方式向转递机构送交接收证明）——送达（要求采用受送达国的国内法所允许的任何送达方式进行送达，且请求协助送达的日期应与接收机构所在国的法律规定相一致）。此外，除

---

① 见杜焕芳：《国际民商事司法与行政合作研究》，武汉大学出版社2007年版，第75~90页。

② 参见刘卫翔：《欧洲联盟国际私法》，法律出版社2001年版，第281页。

《欧盟送达公约》及其议定书外还对文书被拒绝、退回所依据的程序以及域外送达的费用缴纳方式与程序等问题做了详细规定，由此保障相关司法合作能得以顺畅开展。

2. 域外调查取证程序的比较

为了确保民商事司法域外调查取证机制的规范、高效实施，《欧盟域外取证规则》针对代为取证方式详细规定了域外调查取证请求书的转送——接受——执行的程序，还对直接调查取证的程序做了细致性的规定①。《海牙域外取证公约》则针对代为取证方式系统规定了域外调查取证请求书的提出——要求——执行（或异议与拒绝）的程序，还对领事取证、特派员取证的相关程序做了详细规定②，由此保障了相关协助工作地高效有序开展。

3. 承认与执行域外民商事裁决程序的比较

海牙国际私法会议于 2005 年 6 月通过了《选择法院协议公约》，这是迄今为止国际社会在外国法院判决承认和执行方面意义最为深远的一个公约。该公约第 14 条规定，外国法院判决的承认和执行程序适用被请求国家的法律。如果被请求国家法律对外国判决的承认没有专门的规定，则应根据公约第 8 条第 1 款的规定（缔约国必须承认和执行由排他选择法院协议指定的缔约国法院所做出的判决）自动承认。③此外，在东盟国家中，新加坡将登记外国判决的程序规定在《高等法院规则第 67 号令》中，该规则规定登记申请通过单方面的传唤令提出，并且登记申请必须由宣誓作证书支持并对宣誓作证书的内容、格式与期限做了明确规定，同时规定判决被登记后，判决债权人可以继续执行判决，就像该判决是在新加坡法院获得一样。④这一程序性的规定取得了很好的实施效果，其经验值得借鉴。

---

① 参见刘卫翔：《欧洲联盟国际私法》，法律出版社 2001 年版，第 327 页。

② 参见段冬辉：《海牙国际私法会议与海牙公约研究》，武汉大学出版社 1998 年版，第 212~215 页。

③ 参见 Masato Dogauchi, Trevor C. Hartley, Preliminary Draft Convention on Exclusive Choice of Court Agreements：Draft Report. Preliminary Document No. 25 of March 2004, Hague Conference on Private International Law：4（http：//www. hcch. net）。

④ 参见欧永福：《外国判决在新加坡的承认与执行》，载《河北法学》2007 年第 3 期。

三、机制的仲裁实施方式与程序比较

(一) 机制的国际投资仲裁方式比较

中国—东盟自由贸易区国际投资法律机制在准司法实施方式与程序方面的主要问题在于：第一，仲裁方式单一，缺失临时仲裁方式。第二，缺失仲裁临时性保全措施。第三，缔约方与投资者争端的仲裁执行措施不完善。为有效弥补这些不足，笔者建议可从上述三个方面适度参照和借鉴域外下述经验：

1. 临时仲裁方式的比较

(1) 联合国国际贸易法委员会 (UNCITRAL) 的临时仲裁方式

《关于承认与执行外国仲裁裁决公约》(《1958 年纽约公约》) 第 1 条第 2 款规定，"仲裁裁决不仅包括由为每一案件选定的仲裁员所作裁决，而且也包括由常设仲裁机构经当事人的提请而作出的裁决"。公约此次所指的"每一案件选定的仲裁员所作裁决"实际上是指临时仲裁裁决，由此该公约确认了临时仲裁的法律效力。为了满足临时仲裁的实践需要，确保临时仲裁程序的顺利进行，联合国贸法会于 1976 年制定了可供临时仲裁采用的《联合国国际贸易法委员会仲裁规则》，供争议当事方在临时仲裁协议中选用。该规则涵盖了临时仲裁的所有方面，为当事人提供了示范性的临时仲裁条款，对指定仲裁员和临时仲裁程序规定了相应规则，还对临时裁决的形式、效力与解释及适用等问题规定了相应的规则。由于该规则内容详尽、合理、全面，因而对于发挥临时国际仲裁的优势具有十分重要的指导作用。另外，美国仲裁协会 (AAA)、伦敦国际仲裁院 (LCIA)、斯德哥尔摩商会仲裁院 (SCC) 等都允许当事人在选择临时国际仲裁方式时选择适用该规则。《1961 年欧洲国际商事仲裁公约》也于第 4 条第 2 款明确规定了"临时仲裁"，允许争端当事人自行决定"指派仲裁员，或者确定如果发生争议时指派仲裁员的方法""确定仲裁地点"，并规定了仲裁员遵循的程序。在中国—东盟自由贸易区范围内，中国香港地区以及新加坡、马来西亚也在其仲裁法中确认了临时国际仲裁方式。[1]

---

[1] 参见 Gary B. Born, International Commercial Arbitration-Commentary and Materials, Holland: Kluwer Law International, 2001, p. 12。

（2）国际商会国际仲裁院（ICC）的临时仲裁方式

国际商会国际仲裁院（ICC）为了便于向临时仲裁程序当事人提供指定仲裁员的服务，于 2003 年专门制定了《指定机构规则》，并于 2004 年 1 月 1 日起开始实施。该《指定机构规则》规定，在当事人约定适用《联合国国际贸易法委员会仲裁规则》或其他临时性国际仲裁规则进行仲裁的案件时，国际商会国际仲裁院可根据当事人的请求指定仲裁员，确定仲裁庭的组成人数，并收取 2500 美元的指定费，此外还可提供开庭室、案件秘书等服务工作，对此可收取不超过 10000 美元的服务费。为实施《指定机构规则》，国际商会国际仲裁院设立了由该院主席和两名成员组成的专门委员会，专门负责履行指定仲裁员的工作。①《指定规则》的制定与实施有助于为国际商会国际仲裁院的临时仲裁服务提供明确具体的法律指引，促进发挥临时仲裁方式的优势，其经验值得中国—东盟自由贸易区国际投资法律机制适度借鉴。

2. 仲裁临时性保全措施的比较

（1）联合国国际贸易法委员会的仲裁临时性保全措施

联合国国际贸易法委员会制定的《国际商事仲裁示范法》是世界范围内有关仲裁临时性保全措施较为先进完善的立法文件。1985 年《国际商事仲裁示范法》设有专门条款对仲裁临时性保全措施予以规制（第 17 条"仲裁庭发布临时措施的权力"）。该条规定"除非当事人另有约定，仲裁庭可以应一方当事人的请求，要求另一方当事人就争议标的物采取仲裁庭认为合适的临时保护措施"，此处的"临时保护措施"实质就是"临时保全措施"。②

2006 年 7 月 7 日，联合国国际贸易法委员会第 39 届会议通过了对《国际商事仲裁示范法》的修改，将原第 17 条扩展为一章（第四 A 章"临时措施和初步命令"），下设五节（"临时措施""初步命令""适用于临时措施与初步命令的规定""临时措施的承认与执行""法院公布的临时措施"）共计 11 个条款，由此对仲裁临时性保全措施作出了更为全面与明确的规制，形成了目前国际仲裁立

---

① 参见赵秀文：《国际商事仲裁现代化研究》，法律出版社 2009 年版，第 35 页。

② 参见 UNCITRAL, Report of UNCITRAL Working Group on Arbitration and Conciliation on the Work of its 32nd Meeting, A/CN. 9/468.

法关于临时仲裁保全措施较为详尽完备的立法文件。修改后的第四 A 章"临时措施和初步命令"包括五节：第一节"临时措施"主要规定了临时措施的发布权力归属仲裁庭与法院；规定了临时措施的定义、具体类型与实施条件。第二节"初步命令"规定仲裁庭为了确保临时措施不至于落空可发布初步命令，要求当事人履行临时措施。初步命令的有效期为 20 日，对当事人具有法律约束力，由仲裁庭而非法院执行，但初步命令本身不构成仲裁裁决。第三节"适用于临时措施与初步命令的规定"、对于临时措施与初步命令的修改、中止、终结、担保、披露、费用及损害赔偿等具体问题进行了详细规定。第四节"临时措施的承认与执行"，规定临时措施具有约束力，当事人可据此向有管辖权的法院申请予以执行。法院可根据该节规定的条件拒绝承认和执行临时措施，但对临时措施仅能做形式审查而非实质审查。第五节"法院公布的临时措施"规定法院应当根据自己的程序在考虑到国际仲裁具体特征的情况下行使公布临时措施的权力。[①]

（2）国际商会国际仲裁院的仲裁临时性保全措施

国际商会国际仲裁院 1998 年制定颁布的《国际商会仲裁规则》针对仲裁临时措施规定了专门性的条款。该规则第 23 条规定：首先，临时措施的实施权由仲裁庭和法院共同享有，即"除非当事人另有约定，否则一旦案卷移交给仲裁庭，仲裁庭经一方当事人申请，可以采取其认为合适的任何临时性或保全措施"。或"在案卷移交给仲裁庭之前和甚至移交之后的合适的情况下，当事人可以申请任何有管辖权的法院作出临时性或保全措施"。其次，采取临时措施的方式是"可以裁定的形式作出并附具理由，或以仲裁庭认为合适的裁决形式作出"。一方当事人向法院申请作出这种措施或执行仲裁庭作出的该措施，但不是视为违反或放弃仲裁协议，也不得影响留给仲裁庭有关权力。任何一项申请和法院采取的任何措施必须立即告知秘书处。秘书处应将此通知仲裁庭。最后，采取临时措施的条件是"仲裁庭可以在申请方提供适当保证金的前提下采取这种措施"。[②]

---

① 赵秀文：《国际商事仲裁现代化研究》，法律出版社 2010 年版，第 233~238 页。

② 池漫郊：《国际仲裁体制的若干问题及完善——基于中外仲裁规则的比较研究》，法律出版社 2014 年版，第 242 页。

（3）欧盟及北美自由贸易区成员国的仲裁临时性保全措施

在欧盟成员国方面，英国伦敦国际仲裁院 1998 年制定颁布的《LCIA 仲裁规则》第 25 条专门规定了仲裁临时性保全措施。① 具体来说：第一，规定仲裁临时措施实施权由仲裁庭和法院共同享有，即"除非当事人书面另有约定，经当事人申请，仲裁庭有权采取临时措施"，在"在仲裁庭组成之前或特殊情况下组庭之后，仲裁庭不能损害当事人向国家法院或其它司法机构申请临时措施或保全措施的权利"。这与《1998 年 ICC 仲裁规则》的规定基本一致。第二，规定仲裁临时措施的类型包括"命令对当事人控制下的和与仲裁标的有关的财物采取保全、储存、出售以及其它处置措施"。第三，规定采取仲裁临时措施的方式是"以临时性质的方式指令"。第四，规定采取临时措施的条件是"以仲裁庭认为合适的条件，通过担保金或银行担保或以其它方式对部分或全部的争议金额提供担保"。再如瑞典斯德哥尔摩商会仲裁院 2010 年制定颁布的《SCC 仲裁规则》第 32 条对仲裁临时措施的实施主体、实施方式、实施条件与程序等问题作出了明确规定，其具有特色的是规定将仲裁临时措施实施主体涵盖了仲裁庭和应急仲裁员，即仲裁开始后的仲裁临时措施由仲裁庭实施，仲裁开始前或案件移交仲裁庭前由规则附件二所规定的"应急仲裁员"实施。②

北美自由贸易区在《北美自由贸易协定》第十一章"投资"的第 1134 条《临时保全措施》规定，"仲裁庭可发布临时保全措施命令，以维护争端当事方的权利，或保证仲裁庭的管辖权充分有效，包括下令保护一争端当事方掌握或控制的证据或者保护仲裁庭的管辖权"。由此确立了临时保全措施，即仲裁庭可发布临时保全措施命令（包括建议），以维护争端当事方的权利，或保证仲裁庭的管辖权得以充分、有效地行使，包括下令保护一争端当事方掌握或控制的证据或者保护仲裁庭的管辖权。据此规定，临时保全措施的实施目的是保护争端当事方的权利，保证仲裁庭管辖权的充分有效行使。临时保全措施的实施方式仅限于证据保全，但不得作出扣押财产的命令（此规定是对现实中争端所涉缔约国法院难

---

① 池漫郊：《国际仲裁体制的若干问题及完善——基于中外仲裁规则的比较研究》，法律出版社 2014 年版，第 242~243 页。

② 池漫郊：《国际仲裁体制的若干问题及完善——基于中外仲裁规则的比较研究》，法律出版社 2014 年版，第 243 页。

以对本国财产予以保全扣押的现实状况所作的妥协性规定）。此外在北美自由贸易区成员国方面，美国仲裁协会 2009 年制定颁布的《AAA 仲裁规则》第 22 条对仲裁临时性的保全措施进行了专门性的规定。具体来说：第一，规定仲裁临时性的保全措施由仲裁庭和司法当局实施。第二，规定仲裁临时性的保全措施类型是"采取任何临时性措施，包括对成本争议标的货物的保管在内，诸如将货物交由第三者保管或出售易腐坏的货物"。第三，规定采取仲裁临时性的保全措施的方式是"中间裁决的方式"。第四，规定采取临时措施的前提条件是"为这些措施的费用提供担保"。①上述经验值得今后在《中国—东盟争端解决机制协议》中增设规定国际仲裁临时性保全措施时予以适度借鉴。

3. 缔约方与投资者争端的仲裁执行措施比较

（1）WTO 的仲裁执行措施

WTO《关于争端解决规则与程序的谅解》（简称 DSU）第 21 条对其仲裁执行措施规定如下②：在 WTO 争端解决机构（简称 DSB）做出仲裁裁决之日起 45 天内由双方共同确定执行裁决的期限，如果双方未就此期限达成一致意见，则可由 DSB 在通过裁决之日起 90 天内通过有约束力的仲裁裁决执行期限。DSU 第 22 条规定③，如双方在合理的裁决执行期限届满之日起 20 日内未能达成赔偿协议，

---

①　池漫郊：《国际仲裁体制的若干问题及完善——基于中外仲裁规则的比较研究》，法律出版社 2014 年版，第 241 页。

②　WTO《关于争端解决规则与程序的谅解》第 21 条（《对执行建议和裁决的监督》）第 3 款规定，"在专家组或上诉机构报告通过后 30 天内召开的 DSB 会议上，有关成员应通知 DSB 关于其执行 DSB 建议和裁决的意向。如立即遵守建议和裁决不可行，有关成员应有一合理的执行期限。合理期限应为：（a）有关成员提议的期限，只要该期限获 DSB 批准；或，在如未获批准则为，（b）争端各方在通过建议和裁决之日起 45 天内双方同意的期限；或，如未同意则为，（c）在通过建议和裁决之日起 90 天内通过有约束力的仲裁确定的期限。的指导方针应为执行专家组或上诉机构建议的合理期限不超过自专家组或上诉机构报告通过之日起 15 个月。但是，此时间可视具体情况缩短或延长"。

③　WTO《关于争端解决规则与程序的谅解》第 22 条（《补偿和中止减让》）第 2 款规定，"如有关成员未能使被认定与一适用协定不一致的措施符合该协定，或未能在按照第 21 条第 3 款确定的合理期限内符合建议和裁决，则该成员如收到请求应在不迟于合理期限期满前，与援引争端解决程序的任何一方进行谈判，以期形成双方均可接受的补偿。如在合理期限结束期满之日起 20 天内未能议定令人满意的补偿，则援引争端解决程序的任何一方可向 DSB 请求授权中止对有关成员实施适用协定项下的减让或其他义务"。

则申诉方可向 DSB 请求授权终止对被诉方承担的减让或其他义务，且此种措施应限于相当于申诉方利益丧失或损害的程度，且仅是临时性安排，如果被诉方已经对申诉方所遭受的利益损害提供了解决办法，则应停止此类措施。WTO 的上述规定有利于促进相关仲裁裁决的执行，合理维护利益受损方的合法权益。

（2）北美自由贸易区的仲裁执行措施

北美自由贸易区在《北美自由贸易协定》第十一章"投资"的第 1136 条"裁决的终局性与执行"与第二十章"机构安排与争端解决程序"的第 2019 条《不履行——利益中止》中专门规定了仲裁的执行措施，以此保障仲裁裁决得以顺利实施。根据上述规定，如果投资仲裁争端所涉缔约方未能遵守或履行最终裁决，自由贸易委员会在收到其投资者是仲裁当事方的缔约方请求之后，应根据《北美自由贸易协定》第 2008 条（设立仲裁小组的请求）设立仲裁小组，如果仲裁小组通过最终报告确认被申诉缔约方不履行投资仲裁裁决规定义务的，且仲裁双方不能达成裁决履行方案的，仲裁小组可准许申诉投资者是仲裁当事方的缔约方，对被诉缔约方中止实施等效的利益。如果申诉缔约方认为在同样产业中止利益不可行或没有效果，则该缔约方可在其他产业中止利益，但中止利益的水平不能明显过度，直至双方就仲裁裁决执行方案达成一致时为止。北美自由贸易区的上述规定有利于敦促投资仲裁裁决义务方履行其法律义务，从而实现投资仲裁双方的利益再平衡，维护区域内投资秩序的稳定。

WTO 与北美自由贸易区上述国际投资仲裁经验，值得《中国—东盟投资协议》今后在投资者—东道国投资仲裁中增设规定裁决执行措施时予以适度借鉴，以此提升有关国际投资仲裁的权威性，切实保护国际投资者的合法权益，保障中国—东盟自由贸易区的良好国际投资秩序。

（二）机制的国际投资仲裁程序比较

中国—东盟自由贸易区国际投资法律机制在国际投资仲裁程序方面的主要问题在于：第一，仲裁员的选任程序不完善；第二，仲裁员的回避程序不完善；第三，缺失仲裁机构的内部监督程序。为有效弥补这些不足，笔者建议可从上述三个方面适度参照和借鉴域外下述经验：

1. 仲裁员的选任程序比较

（1）北美自由贸易区的仲裁员选任程序①

在仲裁员与仲裁庭主席的选任方面，北美自由贸易区根据《北美自由贸易协定》第 2011 条规定的"逆向选择"程序，选定仲裁小组的主席与其他成员。具体来说，北美自由贸易委员会根据争端双方的意愿建立由 5 名仲裁专家（来自美、加、墨三国的独立与专业权威人士）组成仲裁小组，通过"逆向选择"的特殊方式选任仲裁小组主席，即首先由争端双方从委员会事先拟定的经贸、法律和相关方面专家名册中选出仲裁小组的主席，如果双方合意不成则通过抽签方式，从双方各自指定的主席人选中选择其中一人担任仲裁小组主席。在该主席产生以后，每一争端方可以再各选两名仲裁小组成员。上述规定有利于确保争端当事方的意思自治得以尊重，其经验值得《中国—东盟争端解决机制协议》完善有关仲裁员选任程序规定时予以适度借鉴。

（2）国际商会的仲裁员选任程序②

《1998 年国际商会仲裁规则》（Rules of Arbitration of the International Chamber of Commerce，1998），是国际商会 1998 年在《1988 年国际商会调解与仲裁规则》的基础上修订的。在《1988 年国际商会调解与仲裁规则》中仲裁规则和调解规则是两个相对独立的规则，《1998 年国际商会仲裁规则》对《1988 年国际商会调解与仲裁规则》中的仲裁部分修订后，成为独立的仲裁规则。根据《1998 年国际商会仲裁规则》（Rules of Arbitration of the International Chamber of Commerce，1998）第 8 条与第 9 条的规定，争议应由 1 名独任仲裁员或 3 名仲裁员决定。如果当事人没有约定仲裁员人数，仲裁院应指定 1 名独任仲裁员（除非仲裁院认为争议需要指定 3 名仲裁员）。如果当事人约定争议应由 1 名独任仲裁员解决，他们可以协议选定独任仲裁员报仲裁院确认。如果当事人在另一方收到申请人的申请书之日起 30 天或在秘书处允许的额外期限内不能协议选定 1 名独任仲裁员，则该独任仲裁员应由仲裁院指定。在指定 3 名仲裁员的情况下，每一方当事人均

---

① 叶兴国、陈满生译：《北美自由贸易协定》，法律出版社 2011 年版，第 327~328 页。

② 池漫郊：《国际仲裁体制的若干问题及完善——基于中外仲裁规则的比较研究》，法律出版社 2014 年版，第 142~146 页。

应各自在其申请书和答辩中选定 1 名仲裁员报仲裁院确认。申请人应在收到仲裁院决定通知的 15 天期限内选定 1 名仲裁员,而被申请人应在收到申请人作出选定通知的 15 天期限内选定 1 名仲裁员。如果一方不能选定仲裁员,则由仲裁院指定。担任仲裁庭首席仲裁员的第三仲裁员应由仲裁院指定,除非当事人约定另一种选定方式,但通过当事人约定方式选定的第三仲裁员应以仲裁院确认为准。如果按照该约定方式并在当事人或仲裁院确定的期限内未能选定第三仲裁员,则应由仲裁院指定。

国际商会国际仲裁院在确认或指定仲裁员时,应考虑已被提名的仲裁员的国籍、住所及同当事人或其他仲裁员所属国家的关系,以及被指定的仲裁员是否有时间和能力进行本规则的仲裁。仲裁院在指定 1 个仲裁庭的独任仲裁员或首席仲裁员时,应根据它认为合适的国家委员会的建议作出指定。如果仲裁院不接受该国家委员会的建议,或该国家委员会没有在仲裁院确定的期限内提出建议,则仲裁院可以重新提出请求,或请求它认为合适的另外一个国家委员会提出建议。如果任何一方当事人没有在仲裁院确定的期限内提出异议,仲裁院如认为情况需要,则可以从无国家委员会的国家中指定仲裁庭的独任仲裁员或首席仲裁员。

国际商会国际仲裁院的上述程序规定,既有利于保护和实现争端当事方的意思自治,又为争端当事方无法选定仲裁员与仲裁庭主席时,提供了较为合理可行的解决程序,从而维护了仲裁公正性与高效性,其经验值得中国—东盟自由贸易区适度借鉴。

2. 仲裁员的回避程序比较[①]

首先,在对仲裁员回避程序的启动事由方面,《美国仲裁协会(AAA)仲裁规则》第 8 条第 1 款规定,"出现对仲裁员的公正性或独立性有正当理由怀疑的情况,当事方可申请仲裁员回避"。《斯德哥尔摩商会仲裁院(SCC)仲裁规则》第 11 条第 1 款、第 15 条第 1 款规定当事方可申请仲裁员回避的两项事由包括:"第一,存在引起对仲裁员的公正性与独立性产生正当怀疑的情况;第二,仲裁员不具备当事方约定的资格。"《新加坡国际仲裁中心仲裁规则(第六版)》第

---

① 池漫郊:《国际仲裁体制的若干问题及完善——基于中外仲裁规则的比较研究》,法律出版社 2014 年版,第 136~140 页。

14 条第 1 款规定，"下列情形下，可以申请仲裁员回避：存在对仲裁员中立性或者独立性产生合理怀疑的情形，或者仲裁员未具备当事人约定的资质要求"。《伦敦国际仲裁院（LCIA）仲裁规则》第 10 条的第 1—2 款规定仲裁员的回避事由还包括"仲裁员身患重症、拒绝履行职责、无法履行职责以及故意违反当事人的协议或在当事人之间没有公平公正或合理尽职地操作仲裁程序"等。由上述规定可见，仲裁员回避事由基本涵盖了"存在对仲裁员的公正性或独立性产生正当理由怀疑的情况"。

其次，在对仲裁员回避程序的启动决定方面，《联合国国际贸易法委员会（UNCITRAL）仲裁规则》第 13 条第 4 款对此做出了原则性的规定，"关于仲裁员回避问题的最终决定应对由仲裁员指定机构作出"。据此国际商会国际仲裁院（ICC）《1998 年国际商会仲裁规则》第 14 条第 3 款规定国际仲裁院享有对仲裁员回避问题的决定权。《伦敦国际仲裁院（LCIA）仲裁规则》第 10 条第 4 款规定"仲裁院应对仲裁院的回避问题作出决定"。《新加坡国际仲裁中心仲裁规则（第六版）》第 16 条第 1 款规定，"在收到第 15 条规定的申请回避通知之日起的七天内，另一方当事人不同意该仲裁员回避的，并且被申请回避的仲裁员也没有主动退出仲裁庭的，则仲裁院应当决定是否支持回避申请。仲裁院可以要求各方当事人、被申请回避的仲裁员和仲裁庭其他成员（或者在仲裁庭尚未组成的情况下，任何已获任命的仲裁员）对回避申请发表意见，并规定发表意见的时间期限"。由上述规定可见，域内外国际仲裁规则大都选择将对仲裁员回避申请的决定权赋予常设国际仲裁管理机构。

最后，在对仲裁员回避程序的时限方面，《联合国国际贸易法委员会（UNCITRAL）仲裁规则》第 13 条第 1 款原则性规定当事人有权约定申请仲裁员回避的程序，第 13 条第 2 款规定当事人申请仲裁员回避的时间期限为 15 天。此外，《美国仲裁协会（AAA）仲裁规则》第 8 条第 1 款、《伦敦国际仲裁院（LCIA）仲裁规则》第 10 条第 4 款、《斯德哥尔摩商会仲裁院（SCC）仲裁规则》第 15 条第 2 款也规定了相同的仲裁员回避申请期限。与之期限不同的是，《新加坡国际仲裁中心仲裁规则（第六版）》第 15 条第 1 款规定，"一方当事人如有意要申请仲裁员回避，根据第 15 条第 2 款的规定，在收到关于该仲裁员被指定的通知之日起的 14 天内，或者在当事人得知或者应当合理地得知该仲裁员存在第 14 条第 1 款或者第 14 条第 2 款规定的回避情形之日起的 14 天内，向主簿提交申请回避的通知书"。国际商会国际仲裁院（ICC）《1998 年国际商会仲裁规则》第 11 条则规定了 30 天的仲裁员回避申请期限。该规则规定的仲裁员回避程序如下：当事人对仲裁员的回避请求均应以书面形式向秘书处提出，说明提出回避请求所依据的事实和情形。为了使回避请求得到考虑接受，一方当事人应在该当事人收到仲裁员指定或确认通知之日起 30 天内，或提出回避请求的当事人得知其提出回避所依据的事实和情形之日起 30 天内，如果该得知的日期是在收到该通知之后，提出回避请求。仲裁院应在秘书处给予有关仲裁员，另一方当事人或双方当事人和仲裁庭其他仲裁员在适当期限内提出书面评论后，就回避请求的可接受性，同时在必要的情况下还就回避请求的实质问题作出决定。该评论应告知双方当事人和仲裁员。

上述仲裁规则关于仲裁员回避程序的规定较为完善，符合当今国际仲裁立法的主流趋势，其经验值得《中国—东盟争端解决机制协议》适度借鉴。

3. 仲裁机构内部监督程序方面的比较

（1）（WTO）TRIMs 协议规定的仲裁内部监督程序[①]

WTO 组织依据《关于争端解决规则与程序的谅解》建立了常设性的争端解决机构（Dispute Settlement Body，简称 DSB）来负责监督争端解决机制的有效顺利运行，这是 WTO 的一个创新，构成了该争端解决机制的基石。具体来说：应争端一方的请求，DSB 可以成立仲裁小组（Panel），对成员国之间的国际投资纠纷进行仲裁。仲裁小组一般由 3 名或 5 名独立的人员组成，根据被授予的职权范围，在规定时间内形成仲裁报告，交 DSB 会议批准。为监督仲裁小组的裁决，DSB 建立了常设的上诉机构（Appellate Body），这也是 WTO 争端解决机制的创新。常设上诉机构有 7 名成员，任期为 4 年，对某一案件由其中的 3 名进行审议。上诉机构负责处理争端各方对仲裁小组报告的上诉，但上诉范围仅限于仲裁小组报告中有关法律问题和仲裁小组详述的法律解释。上诉机构可以维持、修改或撤销仲裁小组的法律调查结果和结论，而且上诉机构的报告一经 DSB 通过，争端各方就必须无条件接受。TRIMs 协议规定的监督程序取得了很好的实践效

---

① 参见袁其刚主编：《世贸组织法》，经济科学出版社 2013 年版，第 72~73 页。

果，其经验值得《中国—东盟争端解决机制协议》适度借鉴。

（2）北美自由贸易区的仲裁内部监督程序①

北美自由贸易区通过《北美自由贸易协定》第19章《反倾销和反补贴的争端解决机制》第1911条（附件1904.13）确立了特别异议程序。该附件规定，如果争端方认为仲裁小组有偏见或超过了它的职权，它可以就仲裁小组的裁决向特别异议委员会提起申诉。特别异议委员会在争端方提出异议请求之日起15日内设立，由3名委员组成，委员从15人名册中选出（该名册由美国联邦司法法庭、加拿大高等司法法庭或墨西哥联邦司法法庭的法官或前法官组成）。争端双方从该名册中各选出1名委员，第3名特别异议委员会委员由争端双方抽签决定。特别异议委员会应在成立后90日内对异议审查申请作出决定，其结果包括决定驳回异议审查的请求，或决定发回专家组重新审理仲裁案件。特别异议委员会的决定有最终的法律效力，争端方不得再寻求上诉。上述监督程序虽然存在降低国际仲裁效率的弊端，但有助于克服一裁终局的不足，确保国际仲裁裁决的公正性与合法性，从而维护相关国际仲裁的权威与公信力，因而其经验值得中国—东盟自由贸易区适度借鉴。

（3）联合国国际贸易法委员会的仲裁内部监督程序②

联合国国际贸易法委员会制定的《UNCITRAL仲裁示范法》（1985年制定，2006年修改）通过第16条对仲裁异议程序进行了相应规定。首先在仲裁异议程序的管辖权方面，该示范法第16条第1款规定，"仲裁庭可以对其管辖权包括对仲裁协议的存在或效力的任何异议作出裁定"。其次在仲裁异议程序的限制方面，该示范法第16条第2款为仲裁异议程序设定了两项限制：一是"有关仲裁庭无权管辖的抗辩不得在提出答辩书之后提出"；二是"有关仲裁庭超越其权力范围的抗辩应在仲裁程序中被指越权之情事出现后立即提出"。最后在仲裁异议程序启动后的法律后果方面，该示范法第16条第2款规定：仲裁庭可以根据案情将本款所指抗辩（即管辖权异议）作为一个初步问题进行裁定。如果仲裁庭作为一

---

① 见叶兴国、陈满生译：《北美自由贸易协定》，法律出版社2011年版，第316～320页。

② 池漫郊：《国际仲裁体制的若干问题及完善——基于中外仲裁规则的比较研究》，法律出版社2014年版，第95页。

个初步问题裁定它有管辖权,当事人任何一方均可在收到裁定通知后 30 天内,要求具有管辖权的法院对这一问题作出决定,该决定不容上诉。在等待决定结果的同时,仲裁庭可以继续进行仲裁程序和作出裁决。根据此规定,法院对于仲裁管辖权异议的审查不中断仲裁庭的仲裁程序和作出裁决,这既有利于维护仲裁庭的独立性与权威性,同时也不妨碍对其公正性的审查与维护,其经验值得中国——东盟自由贸易区适度借鉴。

(4) 国际商会国际仲裁院的仲裁内部监督程序①

国际商会国际仲裁院 1998 年制定颁布的《ICC 仲裁规则》第 6 条对于仲裁协议异议程序进行了规定。该规定与《UNCITRAL 仲裁示范法》不同之处在于,除授权仲裁庭对仲裁异议享有决定权之外,还通过该规则第 6 条第 2 款规定,"如果被申请人未按第 5 条规定提交答辩,或者任何一方就仲裁协议存在、有效性或范围提出一项或多项抗辩,则仲裁院在表面上根据商会仲裁规则确信仲裁协议可能存在但在不影响异议的可接受性或实质性的情况下可以决定仲裁程序继续进行。在此情况下,就仲裁庭的管辖权的决定应由该仲裁庭自行作出,如果仲裁院对仲裁协议的存在从表面上不能肯定,应通知当事人仲裁程序不能进行"。由此又将部分仲裁异议决定权授予仲裁院,即仲裁院有权决定"仲裁是否应继续进行以及应在何等范围内继续进行",从而与仲裁庭进行分权。这种分权设置有利于保障和提高仲裁异议内部审查的质量,但也存在拖延仲裁程序,引发仲裁常设机构不当干预的弊端。

国际商会国际仲裁院规定的另一个具有特色的内部监督程序是——仲裁院对于裁决书草案的审核程序。国际商会国际仲裁院《1998 年 ICC 仲裁规则》第 27 条对于这一审核程序进行了规定。该条规定,"仲裁庭应于签署裁决前将裁决草案提交仲裁院。仲裁院可以就裁决形式提出修改,并在不影响仲裁庭裁决权的情况下,也可以就裁决的实体问题提请仲裁庭的注意。仲裁院未就裁决形式批准之前,仲裁庭不得作出裁决"。据此,仲裁庭可依据两项审查方式:一是形式审查,即仲裁庭可针对仲裁庭裁决书草案的形式进行修改和批准;二是实质审查,即仲

① 池漫郊:《国际仲裁体制的若干问题及完善——基于中外仲裁规则的比较研究》,法律出版社 2014 年版,第 95~96 页。

裁庭可针对裁决书草案中实体问题提请仲裁庭注意修正。这种审查程序的设定有利于保障裁决书的质量，维护仲裁的公正性与合法性，其弊端在于有违背仲裁庭自裁原则之嫌，但总体来说利大于弊。有鉴于此，中国贸仲委借鉴了这一内部审查程序，在《中国国际经济贸易仲裁委员会仲裁规则》（2014 年 11 月 4 日修订并通过，2015 年 1 月 1 日施行）第 51 条规定，"仲裁庭应在签署裁决书之前将裁决书草案提交仲裁委员会核阅。在不影响仲裁庭独立裁决的情况下，仲裁委员会可以就裁定书的有关问题提请仲裁庭注意"。由此确立了仲裁院对仲裁庭仲裁草案的审查程序，并取得了很好的实践效果，其经验值得中国—东盟自由贸易区国际仲裁予以参考和推广。

此外，美国仲裁协会《2009 年 AAA 仲裁规则》、伦敦国际仲裁院《1998 年 LCIA 仲裁规则》、斯德哥尔摩商会仲裁院《2010 年 SCC 仲裁规则》等国际仲裁规定都参照《1985 年 UNCITRAL 仲裁示范法》对仲裁异议程序进行了规定，尽管条文具体措辞存在差异，但内容差异不大，在此不再赘述，其经验都值得适度借鉴。

第四章　完善中国—东盟自由贸易区国际投资法律机制的宏观策略

本章旨在通过适度借鉴域外相关机制的成功经验，紧密结合"一带一路"发展倡议下中国—东盟自由贸易区国际投资发展的实际情况与法治需求，从宏观层面提出完善机制的宏观目标、最佳发展模式以及具有科学性与可行性的完善路径，旨在为后续微观策略研究确立必要的宏观指导。

第一节　机制宏观完善策略的主要依据

时代是思想之母，任何思想的形成都离不开它所处的那个时代。思想是时代之间，每一项事业的建设都离不开科学的理论指导，也决不能脱离实践的根基。研究中国—东盟自由贸易区国际投资法律机制的宏观完善策略，同样需要遵循科学理论的指引，在客观把握自贸区实际发展情况的基础上提出相关策略，唯此才能够提出具有科学性与可行性的宏观完善策略。有鉴于此，本书对于机制的宏观策略研究主要基于下述的理论与现实依据展开：

一、主要的理论依据

马克思主义国际法思想与系统论是经过长期实践检验与证明的科学理论，对于本书研究中国—东盟自由贸易区国际投资法律机制的宏观完善策略，具有重要的理论指引作用：

（一）马克思主义国际法思想

1. 马克思、恩格斯的国际法思想

马克思与恩格斯作为马克思主义的伟大创立者，在他们的许多著述中都涉及了国际法问题，不仅鲜明地提出和阐述了重要的国际法思想与主张，也由此创立了辩证唯物主义与历史唯物主义的国际法观点和研究方法。马克思与恩格斯的国际法思想集中体现在他们提出的一系列国际法基本原则，即正义原则、民族独立与自决原则、和平原则、国际合作原则、和平解决国际争端原则。这一系列原则是马克思与恩格斯对于国际法思想发展所作的一个重大贡献，有力推动了国际法公平正义价值目标的实现，并被后世的《联合国宪章》与联合国《国际法原则宣言》所采纳。现代国际法和当代国际法的发展轨迹和特征无不验证了马克思历史唯物主义和辩证唯物主义的国际法观和方法的科学性。①

马克思与恩格斯提出的一系列国际法原则对于本书研究中国—东盟自由贸易区国际投资法律机制宏观完善策略的指导意义在于：第一，我们要坚持遵循正义原则，在中国—东盟自由贸易区内，努力通过完善机制来推进建立公平合理的国际投资新秩序。在以往由发达国家主导建立的国际投资旧秩序下，投资机制的一些规则没有充分考虑发展中国家的利益，且一部分发达国家在对发展中国家投资时附加了一些不公平的政治条件。完善中国—东盟自由贸易区投资机制，就是要坚持在各国投资待遇公平、互惠互利的基础之上，在自贸区内推动建立公平合理的国际投资新秩序，推进落实世贸组织关于发展中国家的特殊待遇制度，矫正旧秩序下发展中国家遭遇的待遇不公问题，努力谋求公正安排与落实中国与东盟各国的投资权利与义务。第二，中国与东盟各国要坚持民族独立与自决原则，独立自主地决定投资法律机制涉及的投资事项。近代史上，中国与东盟各国几乎都有被西方列强侵略与殖民的屈辱历史，因此各国都高度珍视本国的国家主权，强调独立自主地开展外交活动。由此要求我们在对中国—东盟自由贸易区国际投资法律机制提出宏观完善策略时，一定要坚持民族独立与自决原则，充分尊重区域内各国的主权与民族自决权利，既不能干涉别国内政，也不能恃强凌弱，给弱小国家强加不平等的投资义务，坚决杜绝一切带有霸权主义与强权政治色彩的投资机制安排。第三，中国与东盟各国在发展和完善自贸区国际投资法律机制过程中，要坚持国际合作原则，切实通过机制的设定与运行，推动彼此间国际投资合作的

① 马克思主义理论研究和建设工程重点教材《国际公法学》编写组：《国际公法学》（第二版），高等教育出版社 2018 年版，第 7~9 页。

深入开展，促进实现区域内国际投资的便利化与自由化。而且这种合作必须是非歧视的，对于中国—东盟自由贸易区内不同政治、经济和社会制度的国家一视同仁，不能是附有任何不合理条件的合作。第四，中国与东盟各国要坚持和平解决国际争端原则，积极通过中国—东盟自由贸易区国际投资法律机制中的国际仲裁方式，以和平方式妥善解决彼此间的投资纠纷，以此维护自贸区国际投资秩序的稳定，保障区域内国际投资实现可持续健康发展。

2. 列宁的国际法思想

列宁既是苏联共产党的创始人，也是世界上第一个社会主义国家的缔造者。列宁生前发表过大量有关国际法的演讲与著述，对于马克思与恩格斯的国际法思想既有继承，又有发展，其中最重要的思想创新是首次提出了和平共处的国家间关系准则。1919 年，列宁在俄（布）第八次全国代表会议上明确提出，"俄罗斯社会主义联邦苏维埃共和国希望同各国人民和平相处。"①这一和平共处思想不仅是指社会主义制度同资本主义制度之间的和平共处，也是指社会主义国家同世界其他一切国家之间的和平共处。②

实践证明，列宁提出的和平共处的国际法思想是科学指导国际关系的正确理论，因而在二战后被正式写入《联合国宪章》和《国际法原则宣言》，成为各国普遍认可与遵守的现代国际法基本原则之一。列宁这一思想也被中国共产党继承与发展，进而在实践基础上形成了举世瞩目的"和平共处五项原则"，从而使列宁的和平共处思想的内容更加丰富，由此成为世界各国广泛认可和接受的重要国际法原则。这一思想和原则对于本书研究机制宏观完善策略的指导意义在于：中国—东盟自由贸易区内各国间的社会制度与意识形态虽然有着诸多差异，但基于和平共处原则发展经济与维护地区稳定，已经成为区域内各国的普遍共识。因此我们对于中国—东盟自由贸易区内各国在国际投资方面的矛盾与纠纷，应秉承和平共处的国际法思想与基本原则，努力谋求构建相应完善的投资争端解决机制，以此妥善解决各国间的投资纠纷，有效维护地区稳定，保障中国—东盟自由贸易

---

① 中共中央马克思恩格斯列宁斯大林著作编译局：《列宁专题文集·论社会主义》，人民出版社 2009 年版，第 164 页。

② 马克思主义理论研究和建设工程重点教材《国际公法学》编写组：《国际公法学》（第二版），高等教育出版社 2018 年版，第 11 页。

区国际投资的稳定发展，促进构建公平、合理的国际投资新秩序，推动实现中国与东盟各国的互利共赢。

3. 中国化的马克思主义国际法思想

（1）三个世界划分理论

第二次世界大战结束之后，毛泽东同志针对美苏争霸的世界格局进行了精准透彻的分析之后，于1974年在会见赞比亚总统时高瞻远瞩地提出了著名的"三个世界划分理论"，即"美国、苏联是第一世界。中间派，日本、欧洲、澳大利亚、加拿大是第二世界"，"亚洲除了日本，都是第三世界。整个非洲都是第三世界，拉丁美洲也是第三世界"①。"三个世界划分理论"是对马克思辩证唯物主义的继承与创新，是将马克思辩证唯物主义的矛盾分析方法论，创新性地运用于世界格局解构的成功范例。这一理论跳出了以意识形态和社会制度为标准划分世界格局的传统局限，辩证地分析了国际社会的各种矛盾，深刻揭示了国际政治发展的基本规律，开创了运用矛盾分析方法解释国际问题的理论范式。该理论一经提出就受到了世界各国的广泛认可与支持，我国也由此树立了良好的国际形象，不仅使我国团结了广大第三世界国家，而且也改善了与资本主义国家的关系，为中国全面走向国际舞台提供了国际法思想理论基础。②"三个世界划分理论"对于本书研究机制宏观策略的指导意义在于：我们要以此理论为指导，坚决反对任何形式的霸权主义与强权政治，坚决反对附加任何不平等条件的投资协议，要注重切实保护区域内广大发展中国家的投资利益，在谋求促进中国—东盟自由贸易区国际投资自由化与便利化的同时，不能无视和损害第三世界国家正当的经济发展诉求。要努力完善相关的法律机制设计，合理给予第三世界国家必要的投资优惠待遇，并注重维护各国间投资权利与义务的平衡，促进区域内各国真正实现国际投资领域的平等互惠与合作共赢，努力在中国—东盟自由贸易区推动构建公平合理的国际投资新秩序。

（2）和平共处五项原则

第二次世界大战结束之后，世界范围内掀起了亚非拉民族独立解放运动的高

① 《毛泽东文集》第8卷，人民出版社1999年版，第441~442页。
② 贺富永：《马克思主义国际法思想研究》，东南大学出版社2016年版，第212页。

潮。广大新生的发展中国家迫切要求改变西方列强主宰下的不平等的国际旧秩序，积极谋求建立公平合理的新型国际关系。在 1953 年 12 月 31 日，周恩来同志与印度政府代表团就中国西藏问题进行谈判时顺应历史潮流地提出了"和平共处五项原则"，即"互相尊重主权和领土完整、互不侵犯、互不干涉内政、平等互利、和平共处"。"和平共处五项原则"符合各国和国际社会的共同利益，集中体现了《联合国宪章》的宗旨和原则，被纳入 1955 年《亚非会议最后公报》"十项原则"、1957 年联合国大会关于国家间和平与睦邻关系的第 1236 号决议、1970 年联合国大会《关于各国依联合国宪章建立友好关系及合作之国际法原则之宣言》、1974 年联合国大会《各国经济权利义务宪章》及大量双边条约和条约性文件中，为国际社会广泛认同和遵循，成为指导国与国关系的基本准则和国际法基本原则，为促进亚洲和世界的和平、稳定与发展作出了重要贡献。① "和平共处五项原则"对于本书研究机制宏观完善策略的指导意义在于：第一，研究机制的宏观完善策略应当充分尊重各国主权，尤其注意不能为片面追求投资的自由化与便利化而干涉他国的内政、损害他国的经济主权与司法主权。我们应当充分尊重区域内各国独立自主处理国际投资事务的基本权利，促进建立平等的国际投资新秩序。第二，机制的宏观完善策略不能损害他国正当的经济、社会与环境发展利益，要充分尊重各国尤其是发展中国家的正当发展诉求，有助于促进各国在国际投资领域实现平等互利、合作共赢，以此营造公平合理的国际投资环境。第三，研究机制的宏观完善要注重合理完善相关投资争端解决机制，努力以和平方式妥善化解有关矛盾，切实保障中国—东盟自由贸易区国际投资的可持续健康发展。

（3）"建立国际经济新秩序"倡议与"搁置争议、共同开发"原则

自 20 世纪 80 年代以来，邓小平同志运用马克思辩证唯物主义历史观对国际形势进行了准确判断，提出"和平与发展成为时代主题"这一科学论断，倡导建立国际政治经济新秩序。邓小平同志对此指出，"应该建立国际经济新秩序，解

---

① 中国外交部：《"和平共处五项原则与国际法的发展"国际研讨会总结文件》，中华人民共和国外交部网址（https：//www. fmprc. gov. cn/chn/pds/wjb/zygy/t1160467. htm）。

决南北问题，还应该建立国际政治新秩序，使它同国际经济新秩序相适应。"①
邓小平同志还创造性地提出"搁置争议、共同开发"原则，提出"一个办法是
把主权问题搁置起来，共同开发，这就可以消除多年积累下来的问题"②，由此
发展了和平解决国际争端的国际法原则，为妥善解决我国与邻国领土争议问题提
供了创新性的解决思路，并为保障和促进世界和平与发展提供了重要的理论指
引。上述倡议与原则对于本书研究机制宏观完善策略的指导意义在于：第一，我
们应遵循"建立国际经济新秩序"的重要倡议，通过科学设定机制的宏观完善目
标、最佳发展模式与路径，推动自贸区构建公平合理的国际投资新秩序，促进实
现中国与东盟各的互利共赢。第二，我们应遵循"搁置争议、共同开发"原
则，对于中国与东盟各国在争议区域的国际投资问题，坚持主权在我、搁置争
议、共同投资、共同开发、共同受益的基本立场，从而在捍卫中国主权的基础
上，系统提出合理可行的机制宏观完善策略，维护中国与东盟各国的友好大局，
保障中国—东盟自由贸易区的和平稳定环境，促进中国与东盟各国的发展繁荣。

(4) "和而不同"理念

2002 年 10 月，江泽民在访美期间于德克萨斯州大学城乔治·布什总统图书
馆演讲时指出，"两千多年前，中国先秦思想家孔子就提出了'君子和而不同'
的思想。和而不同，是社会事物和社会关系发展的一条重要规律，也是人们处事
行事应该遵循的准则，是人类各种文明协调发展的真谛。世界各种文明、社会制
度和发展模式应相互交流和相互借鉴，在和平竞争中取长补短，在求同存异中共
同发展。"③ 江泽民同志提出的"和而不同"理念既是中国传统文化的精髓与当
代国际关系及实践的创造性结合，也是对"国际合作原则""和平共处原则"等
马克思主义国际法基本原则的继承和发展，它为维护世界和平、促进世界多极化
发展提供了重要的思想指南。该理念对于本书研究机制宏观完善策略的指导意义
在于：我们应正视中国—东盟自由贸易区内各国在国际投资利益方面的诉求差
异，基于"和而不同"理念，从维护中国与东盟友好关系的大局出发，采取求同

---

① 《邓小平文选》第 3 卷，人民出版社 1993 年版，第 328 页。
② 《邓小平文选》第 3 卷，人民出版社 1993 年版，第 87 页。
③ 《江泽民文选》第 3 卷，人民出版社 2006 年版，第 522 页。

存异的策略，在相互尊重彼此核心利益的前提下，互谅互让，稳步推进机制的发展与完善，努力通过机制主导下的友好协商的方式，共同寻求妥善解决投资争议的方式，达成实现各方利益平衡的投资意向，合作削减投资壁垒，协力促进实现中国—东盟自由贸易区国际投资的便利化与自由化发展目标，推动实现区域内各国的合作共赢。

（5）"和谐世界"理念

进入 21 世纪以来，当代中国和世界都发生了深刻而重大的变化。面对国内外发展的新形势，胡锦涛同志在 2005 年 9 月 15 日联合国成立 60 周年首脑会议第二次全体会议上，发表了题为《努力建设持久和平、共同繁荣的和谐世界》的演讲，首次提出了"和谐世界"理念，呼吁世界各国共同为建设一个持久和平、共同繁荣的和谐世界而努力。[1] 这一理念继承和发展了马克思主义国际关系与国际法的思想理论，同时弘扬和发展了中国传统文化的精髓，具有鲜明的时代特色和当地价值，是国际法领域的新思维，大大丰富了当代国际法思想理论。[2] 该理念对于本书研究机制宏观完善策略的指导意义在于：第一，中国与东盟各国要秉承"和谐世界"的理念，相互借鉴、相互包容、兼容并蓄、取长补短，努力通过完善自贸区国际投资法律机制，推动实现区域内各国产业的优势互补，谋求共同发展繁荣。第二，中国与东盟各国要秉承"和谐世界"的理念，坚持以互信、互利、互补为原则，共同分享发展利益，努力完善自贸区国际投资法律机制，推动营造开放、公正、公平的贸易投资环境，共同促进实现自贸区国际投资的便利化与自由化发展目标。第三，中国与东盟各国要秉承"和谐世界"的理念，本着互谅互让的精神和灵活务实的态度，通过不断加强和完善机制的对话、协商与仲裁功能，妥善化解彼此间的投资矛盾与争端，共同促进中国—东盟自由贸易区国际投资秩序的可持续平稳发展。

（6）"构建人类命运共同体"等新时代重要思想与主张

党的十八大以来，习近平总书记科学研判国际形势，先后提出"推动国际关

---

① 胡锦涛：《努力建设持久和平、共同繁荣的和谐世界》，载《人民日报》2005 年 9 月 16 日第 001 版。

② 贺富永：《马克思主义国际法思想研究》，东南大学出版社 2016 年版，第 214 页。

系民主化、法治化与合理化"构建人类命运共同体"与"坚持统筹推进国内法治和涉外法治"等重要思想与主张，这些既是我国新时期外交的指导方针，也对当代国际法的发展具有非常重要的指引价值和意义①。具体而言：第一，2014年6月28日，和平共处五项原则发表60周年纪念大会在人民大会堂隆重举行。国家主席习近平出席大会并发表题为《弘扬和平共处五项原则　建设合作共赢美好世界》的主旨讲话，提出"我们应该共同推动国际关系民主化、法治化与合理化"。② 这一重要主张是对和平共处五项原则的继承与发展，顺应了当今和未来国际发展形势，充分体现了世界各国的关切和发展诉求，有利于维护广大发展中国家的正当权益，对于构建公平合理的国际新秩序具有重要的指导意义。第二，2017年10月18日，习近平总书记在十九大报告中指出，"我们呼吁，各国人民同心协力，构建人类命运共同体，建设持久和平、普遍安全、共同繁荣、开放包容、清洁美丽的世界。"③ 推动构建人类命运共同体是习近平新时代中国特色社会思想的重要组成部分，其内涵丰富，博大精深，包含了国家权力平等观、各国共同利益观、世界可持续发展观与全球多元治理观，一经提出便受到国际社会的广泛赞誉和热烈响应，为推动世界和平与发展繁荣提供了科学的行动指南。④ 第三，"坚持统筹推进国内法治和涉外法治"。2020年11月16日至17日在北京召开的中央全面依法治国工作会议，习近平总书记强调要坚持统筹推进国内法治和涉外法治。要加快涉外法治工作战略布局，协调推进国内治理和国际治理，更好维护国家主权、安全、发展利益。⑤ 习近平总书记这一重要讲话深刻总结了共产党依法执政规律、社会主义法治建设规律与人类社会法治文明发展规律，是马克思主义法治理论中国化的重大历史性飞跃，对于指导新时代涉外法治化工作具有

---

①　马克思主义理论研究和建设工程重点教材《国际公法学》编写组：《国际公法学》（第二版），高等教育出版社2018年版，第19页。

②　习近平：《弘扬和平共处五项原则　建设合作共赢美好世界——在和平共处五项原则发表60周年纪念大会上的讲话》，人民出版社2014年版，第5页。

③　习近平：《决胜全面建成小康社会 夺取新时代中国特色社会主义伟大胜利——在中国共产党第十九次全国代表大会上的报告》，人民出版社2017年版，第58～59页。

④　马克思主义理论研究和建设工程重点教材《国际公法学》编写组：《国际公法学》（第二版），高等教育出版社2018年版，第21～22页。

⑤　光明日报评论员：《深入领会、切实贯彻习近平法治思想——论贯彻落实中央全面依法治国工作会议精神》，载《光明日报》2020年11月18日第002版。

重大的理论与实践价值。

习近平总书记的上述重要思想与主张对于本书研究机制宏观完善策略具有如下指导意义：第一，尽管近年来世界许多区域出现了逆全球化的浪潮，但我们还是要坚定遵循习近平总书记提出"推动国际关系民主化、法治化与合理化"重要主张，秉承共商共建共享的全球治理观，在中国—东盟自由贸易区积极完善和实施国际投资法律机制，积极打破区域内的投资壁垒，对于区域内各国间的投资摩擦，在相互尊重、平等协商的基础上，积极通过完善相关国际投资法律机制，采取法治化的手段妥善解决彼此间的投资争议，努力推进区域投资自由化、便利化、法治化发展，协力推动中国—东盟自由贸易区国际投资朝着更加开放、包容、普惠、平衡、共赢的方向发展。第二，我们要坚定遵循习近平总书记提出的"构建人类命运共同体"重要主张，坚持多边主义与合作共赢的对外交往原则，积极落实"一带一路"发展倡议，不断完善和推进中国—东盟自由贸易区国际投资法律机制，努力通过发展国际投资来推动区域内各国的经济发展，缩小各国间的贫富差距，共同努力营造和谐稳定的国际投资环境，推动各国实现共享发展、共同繁荣。第三，我们要坚定遵循习近平法治思想中的"坚持统筹推进国内法治和涉外法治"要求，立足于维护国家主权与核心利益，运用法治思维与法治方式，统筹协调和稳步推进涉外投资方面的国内与国际法治工作，切实完善和落实《外商投资法》与各类国际投资条约，保障中国—东盟自由贸易区国际投资实现可持续健康发展，推进落实"一带一路"发展倡议，为构建公平合理的国际投资新秩序乃至人类命运共同体奠定坚实的法治基础。

（二）马克思主义博弈论

1. 现代西方博弈论的局限性

西方社会在人性认知方面普遍持"性恶论"的观点，即认为每个人的本性都是极端自私的，都将自己视为目的，而将别人视为工具，因而每个人都热衷于追求自己的最大化利益而对他人的利益漠不关心。基于这种人性认知，西方经济学创始人亚当·斯密在《国富论》中提出了"理性经济人"的基本假设，即假定人都是利己的。每个人在面临选择都充满了理性，总会选择能够实现自身利益最大化的方案。因此人只要做"理性经济人"就可以做出合理的选择。① 有基于此，西方经济学普遍认为，理性经济人的目标是在一定约束条件下实现自己的效用最大化。而现代西方博弈论正是建立在"理性经济人"这一假定基础之上。根据该理论的一般通说，博弈包括博弈主体、博弈策略与博弈结果三个基本要素。② 基于"理性经济人"的假设，现代西方博弈论十分注重研究的是——博弈主体采取何种博弈策略可以实现自身利益最大化这一博弈结果。在此理论指导下，实践中出现了致使各方利益共损的"纳什平衡"博弈模型及结果，而这与现代西方博弈论"理性经济人"的假设前提产生了悖论。

　　具体来说，"纳什平衡"又称为非合作博弈均衡，由现代西方博弈论创始人约翰·纳什首先提出。该理论的核心含义是在一个博弈过程中，各博弈主体都是"理性经济人"，无论其他方选择何种策略，博弈主体一方总会理性地选择追求自己期望收益最大值的策略，而其他所有博弈者也遵循这样的策略，结果导致各方都采取了"损人利己"的支配性策略，而这些支配性策略的组合就被定义为"纳什平衡"。在这一博弈模型中，由于各方都从利己目的出发而采取了非合作的博弈策略，导致其博弈结果是损人却又未能利己，由此出现了各方利益共损的博弈结局。但按照现代西方博弈论"理性经济人"的假设前提，每一个人都从利己的目的出发，最终全社会能够达到利他的效果，这显然与"纳什平衡"产生了矛盾，这也正是现代西方博弈论的悖论之所在。③

　　举例来说，在"纳什平衡"模型中最具有代表性的是"囚徒困境"。该理论是1950年美国兰德公司的梅里尔·弗勒德和梅尔文·德雷希尔首先提出，后来由公司顾问艾伯特·塔克以囚徒方式阐述，并因此命名为"囚徒困境"。其主要内容是：两个共同入室盗窃的小偷被警方关押审讯，他俩彼此不能沟通情况。警方为他们提供的博弈选择是：第一，如果一个人交出赃物并揭发对方，而对方保持沉默，则揭发者因为坦白和立功表现而立即获得释放，抵赖者则因不合作而被判十年刑期；第二，如果双方都互相揭发对方并交出赃物，则因证据确凿，两个

---

　　① ［英］亚当·斯密著，郭大力、王亚南译：《国富论》，译林出版社2011年版，第9~11页。

　　② 姚国庆编著：《博弈论》，高等教育出版社2007年版，第16页。

　　③ 姚国庆编著：《博弈论》，高等教育出版社2007年版，第39~42页。

人都被判刑八年刑期。第三，如果双方都不揭发对方并拒绝交出赃物，则由于盗窃证据不充分，每个人都只能按照"私闯民宅"的罪名被判一年刑期。由于囚徒无法信任对方，因此为了追求自身利益最大化而倾向于揭发对方，而不是同时抵赖，最终出现纳什均衡落在非合作点上的博弈模型（见表4-1）。在此博弈模型中，个人做出理性选择却导致集体的非理性，即每个人都从利己目的出发，结果却是既不利己，也不利人，出现了"对抗双输"的博弈结局，这显然与"理性经济人"的假设前提是相悖论的。因此从某种意义上来说，以"囚徒困境"为代表的"纳什均衡"博弈模型的出现，对现代西方博弈论的理论基石——"理性经济人"理论提出了强烈的挑战。①

表 4-1　　　　　　　　囚徒困境博弈模型（纳什均衡）

B 囚犯 ／ A 囚犯	坦白	抵赖
坦白	8 年刑期 ／ 8 年刑期	10 年刑期 ／ 获释
抵赖	获释 ／ 10 年刑期	1 年刑期 ／ 1 年刑期

从上述分析可以看出，现代西方博弈论往往聚焦并引导出非合作博弈的模式及结果，这与其"理性经济人"的理论前提产生出难以调和的悖论。就该悖论产生的原因在于，旨在维护私有制的西方经济学者们对"理性经济人"的理解存在着重大偏差。按照亚当·斯密等西方经济学家们的理解，人的本性是自私的，同时人具有超越动物的理性，可以通过精密的考虑来选择最有利于自身利益的策略。遵循这一思路，现代西方博弈论普遍认为，人可以通过追求私利最大化的过程理性行为给自己带来最大的收益，取得令人满意的博弈结局。但现实结果却是出现了导致博弈各方利益共损的"纳什平衡"，个人并未实现自身利益最大化的博弈目标。实践证明，人类的理性绝不仅仅像亚当·斯密所认为的那样只是对个

① 姚国庆编著：《博弈论》，高等教育出版社 2007 年版，第 5~6 页。

人利益的精密考虑。人类的理性还体现在为谋求长远利益而自觉限制或放弃近期利益，以及自觉地协调自己与他人乃至集体的利益。在这种更为全面与成熟的理性指引下，人们的每一个博弈决策都会充分考虑其对长远利益的影响，也会充分考虑对他人或集体利益的影响，以及由此给自身带来的反作用。但西方经济学以及现代西方博弈论者们十分狭隘地理解和诠释了人的理性，进而提出一个割裂了个人利益与他人及集体利益关系的"理性经济人"的理论假设，由此既在理论上导致了自身难以调和的悖论，也在实践上产生出"纳什平衡"的囚徒困境——追求私利最大化的个体理性行为却导致了集体的无理性行为，以及损人又未能利己的各方共输的博弈结局。

2. 马克思主义博弈论的先进性

与现代西方博弈论相比，马克思主义博弈论以辩证唯物主义的世界观与方法论为指导，以唯物史观为哲学基础，是科学性与革命性相统一的先进博弈理论。[1] 马克思主义博弈论正确把握和深刻揭示了博弈的本质与规律，为无产阶级与社会主义国家合理开展有关国际博弈的实践活动提供了科学指引。

（1）马克思主义博弈论的科学性

马克思主义博弈论以辩证唯物主义和历史唯物主义为科学指导，相比现代西方博弈论更具有科学性。不同于现代西方博弈论建立在抽象的"人性恶"与"理性经济人"的假设基础之上，马克思主义博弈论是建立在科学的辩证唯物主义哲学基础之上的。马克思与恩格斯认为，交往行为（包括博弈行为）的主体不是抽象的人，而是社会生活中现实存在的人，即"以一定的方式进行生产活动的一定的个人，发生一定的社会关系和政治关系……这里的所说的个人不是他们自己或别人想象中的那种个人，而是现实中个人，也就是说，这些个人是从事活动的，进行物质生产的，因而是在一定的物质的、不受他们任意支配的界限、前提和条件下活动着的"。[2] 而交往行为（包括博弈行为）无论是经济交往行为还是政治、文化等交往行为，都是以生产实践为基础的，并由其决定，即"生产本身又

---

① 陈鹏：《马克思主义国际经济博弈原理》，人民出版社 2018 年版，第 22~25 页。
② 《马克思恩格斯选集》第 1 卷，人民出版社 2012 年版，第 151 页。

是以个人彼此之间的交往为前提的。这种交往的形式又是由生产决定的"。①这就从辩证唯物主义的角度深刻揭示出人的一切交往行为（包括博弈行为）本身就是人类的生产与实践方式的重要组成部分，生产实践构成了一切交往形式的物质基础与决定力量，国际交往（包括博弈）亦是如此。正如马克思与恩格斯所说，"各民族之间的相互关系取决于每一个民族的生产力、分工和内部交往的发展程度"。② 在此基础上，马克思与恩格斯又进一步辩证地指出，"不仅一个民族与其他民族的关系，而且这个民族本身的整个内部结构也取决于自己的生产以及自己内部和外部的交往的发展程度"。③从而通过对民族乃至国家的内、外交往（尤其是博弈）进行了唯物的辩证分析，深刻揭示了它们同个人交往（尤其是博弈行为）一样，都是以生产实践作为其衍生与发展的物质基础。

与此同时，马克思历史唯物主义也为马克思主义博弈论提供了科学的哲学指引。在关于博弈的历史问题上，西方现代博弈论基于人性和所谓"绝对精神"对之予以研究和阐述，通常难以真正揭示博弈的历史起源与发展规律。马克思与恩格斯从历史唯物主义的哲学高度，深刻揭示出人类交往（包括博弈）的历史发展不是抽象的人性或"绝对精神"的运动发展，而是物质的、具体的、通过经验证明了的人类实践性的历史活动，因此科学把握人类交往（尤其是博弈）的历史起源与发展规律，也必须深深根植于人类的实践活动。正如马克思与恩格斯所说，"历史向世界历史的转变，不是'自我意识'、世界精神或者某个形而上学幽灵的某种纯粹的抽象行动，而是玩去物质的、可以通过经验证明的行动，每一个过着实际生活的、需要吃、喝、穿的个人都可以证明这种行动"。④ 同时强调，"各个相互影响的活动范围在这个发展进程中越是扩大，各民族的原始封闭状态由于日益完善的生产方式、交往以及因交往而自然形成的不同民族之间的分工消灭得越是彻底，历史也就越是成为世界历史"，⑤ 由此为马克思主义博弈论科学研究博弈行为的历史根源与发展规律，奠定了坚实的唯物主义哲学基础。

---

① 《马克思恩格斯选集》第 1 卷，人民出版社 2012 年版，第 147 页。
② 《马克思恩格斯选集》第 1 卷，人民出版社 2012 年版，第 147 页。
③ 《马克思恩格斯选集》第 1 卷，人民出版社 2012 年版，第 147 页。
④ 《马克思恩格斯选集》第 1 卷，人民出版社 2012 年版，第 169 页。
⑤ 《马克思恩格斯选集》第 1 卷，人民出版社 2012 年版，第 168 页。

（2）马克思主义博弈论的革命性

除了科学性特征之外，马克思主义博弈论的先进性还集中体现其革命性特征。与现代西方博弈论关注博弈主体作为"理性经济人"谋求私益最大化的博弈策略不同，马克思主义博弈论坚持以辩证唯物主义与历史唯物主义为指导，深刻揭示了博弈行为以人的生产实践为基础这一科学论断，同时提出了博弈的起源与历史发展规律必须在实践中予以把握的科学论断，进而又进一步揭示了国家博弈的本质是阶级博弈。恩格斯曾一针见血地指出，"实际上，国家无非是一个阶级镇压另一个阶级的机器，而且在这一点上民主共和国并不亚于君主国。"①列宁也曾明确指出，"国家是阶级矛盾不可调和的产物和表现"。②这些马克思主义经典论述都深刻揭示了国家的阶级本质，也向我们深刻揭示了无论是国家内部的博弈，还是国家之间的博弈，其本质都是不同阶级间的利益博弈。不朽的伟大著作《共产党宣言》已经向世人昭示，马克思主义是关于无产阶级和人类解放的科学，为实现共产主义和无产阶级及全人类解放事业指明了现实道路和光明前景。而马克思主义博弈论作为马克思主义思想的重要组成部分，同样具有关注和追求无产阶级和人类解放的科学性与革命性，这就决定了该理论必然不同于现代西方博弈论对于私益最大化的关注，而是以解放无产阶级和全人类为远大目标，自觉地在博弈研究中运用阶级分析的方法，深入剖析各阶级在国家内部以及国家之间的利益博弈，着重关注追求与维护广大无产阶级和劳动人民正当利益的最大化，而非剥削阶级私人利益的最大化；着重关注追求与维护世界受压迫民族与国家正当利益的最大化，而非少数发达资本主义国家私益的最大化。因而与现代西方博弈论相比，马克思主义博弈论是代表着无产阶级与广大劳动群众根本利益的，具有革命性与先进性的科学博弈理论。这决定了马克思主义博弈论可以彻底摆脱剥削阶级和小资产阶级思想体系中固有的阶级狭隘性和片面性，站在科学性与革命性相统一的马克思辩证唯物主义与历史唯物主义的理论高度上，以追求无产阶级与全人类的解放为目标，将个人利益与他人利益，以及个人利益与集体利益科学协调、辩证统一起来，从而克服现代西方博弈论的"理性经济人"悖论，打破其

---

① 《马克思恩格斯文集》第 3 卷，人民出版社 2012 年版，第 111 页。
② 《马克思恩格斯文集》第 3 卷，人民出版社 2012 年版，第 114 页。

"纳什平衡"的囚徒困境，科学地指导博弈主体（尤其是国家与民族之间）构建能够实现各方互利互信、合作共赢的博弈模式与结果，从而为无产阶级与全人类的解放乃至共产主义的实现奠定坚实的政治、经济、文化与社会基础。

3. 马克思主义博弈论对本书研究机制宏观策略的指导意义

中国—东盟自由贸易区国际投资法律机制的实施过程，也是中国与东盟各国在一定规则约束下投资利益的博弈过程。为了科学揭示有利于实现中国与东盟互利共赢的最佳博弈模式，必须坚持以科学先进的马克思主义博弈论为重要理论基础，坚持从马克思辩证唯物主义与历史唯物主义的正确立场出发，科学分析在经济全球化与区域经济一体化的时代发展背景下，采取何种最佳博弈模式来优化中国—东盟自由贸易区国际投资法律机制，促进中国与东盟各国在国际投资领域实现互利共赢，在该区域推进建立公平合理的国际投资新秩序的有关理论与实践问题。具体来说：

第一，本书研究要坚持马克思主义博弈论的辩证唯物主义与历史唯物主义的科学立场，自觉摆脱现代西方博弈论的"理性经济人"假设与"绝对精神"的唯心主义理论影响，坚持遵循马克思主义博弈论的科学世界观与方法论，从中国—东盟自由贸易区国际投资法律机制的实践出发，立足于促进中国与东盟各国生产力协调发展的辩证唯物主义基本立场，着眼于推进中国—东盟自由贸易区构建公平合理的国际投资新秩序的历史唯物主义发展目标，实事求是、客观公正地剖析中国与东盟各国在国际投资博弈利益中的分歧与共识，进而深入探究促进各方互利共赢的博弈策略与最佳博弈模式，以此推动各国携手发展、共同繁荣。

第二，本书研究要坚持马克思主义博弈论富有先进性与革命性的阶级立场，自觉摈弃现代西方博弈论着重私益最大化的狭隘性与片面性，坚持以追求无产阶级与全人类解放为崇高目标，注重研究采取何种博弈模式与策略，有助于促进实现中国与东盟各国无产阶级和劳动人民群众在国际投资领域中正当利益的最大化，有助于维护中国与东盟各国投资利益的公平待遇与发展平衡，有助于促进中国—东盟自贸区内各国的投资合作与互利共赢，从而克服现代西方博弈论引导下的"纳什平衡"及其囚徒困境，合理消除个人利益与他人利益的对立，消除个人利益与集体利益的对立，寻求构建能够协调各方利益，促进实现合作共赢的最优博弈模式，从而为推动中国—东盟自由贸易区构建公平合理的国际投资经济新秩序，推动经济全球化与区域经济一体化发展注入强大动力。

二、主要的现实依据

本书对于中国—东盟自由贸易区国际投资法律机制宏观完善策略的研究，在基于前述理论指引的同时，也深深根植于自贸区下述的现实发展情况：

(一)"一带一路"背景下的国际投资发展形势

近年来，中国—东盟自由贸易区在"一带一路"发展倡议的指引和推动下，以及在中国巨大市场潜力和东盟人口红利的激励下，区域内各国间的国际投资保持了较为强劲的发展态势，合作潜力巨大，互利共赢态势良好。以广西近年来涉东盟投资的发展情况为例，笔者从广西投资促进局调研了解到：近年来，尽管受到国际经济增长乏力以及美国推行单边贸易主义的不良影响，我国广西壮族自治区与东盟间的国际投资依然保持了良好的发展态势。根据笔者在广西投资促进局调研获知：2017 年，东盟国家在广西新设企业 21 家，合同外资额 3.1 亿美元，实际利用外资 375 万美元。截至 2017 年底，东盟国家累计在广西投资企业共 560 家，占全区的比重为 5.02%，合同外资额 34.26 亿美元，占全区的比重为 8.17%，实际利用外资 23.18 亿美元，占全区的比重为 12.03%。广西利用东盟国家以新加坡、印度尼西亚、马来西亚、泰国等国投资为主，四国项目数、合同外资额和实际利用外资额分别占东盟国家在广西投资的 89.11%、91.83%、98.1%。2018 年，广西共备案或核准境外投资企业 37 家（含境外机构），协议投资总额 20.49 亿美元，中方协议投资额 12.26 亿美元。其中对东盟国家中方协议投资额 9.1 亿美元，同比增长 9.1%。另据笔者在广西商务厅调研获悉：截至 2021 年底，广西对东盟投资额已达 12518.2 万美元，广西对东盟投资非金融类境外企业 77 个，涉及矿产、农业、创造、批发和零售等投资领域。广西对东盟工程承包合同金额累计 5.68 亿美元，工程涉及电站、桥梁、公路、民用建筑等领域。分析上述数据可以看出，我国紧邻东盟的广西壮族自治区近年来与东盟国际投资合作的发展态势总体良好，这不仅体现在国际投资发展增速较快，也体现在东盟来华投资的比重不断攀升。客观地来讲，广西与东盟良好的国际投资发展形势也是我国与东盟国际投资良好发展形势的缩影。可以据此预见的是，未来中国与东盟还将继续加强"一带一路"建设，并在经贸与投资方面开展更深入的合作。这对进一步完善中国—东盟自由贸易区国际投资法律机制既提出了迫切要求，也提供了良好的契机。为此我们必须顺应中国与东盟国际投资的发展形势，努力完善机制，并将推动落实"一带一路"发展倡议定位为重要的机制完善目标之一，努力践行之，力争为促进中国—东盟自由贸易区国际投资的持续繁荣发展，以及中国与东盟的合作共赢提供强有力的法律机制保障。

（二）　中国—东盟自由贸易区经济一体化程度发展状况

尽管中国与东盟的国际投资发展形势令人鼓舞，但我们还应正视到：与欧盟（EU）、北美自由贸易区（NAFTA）这类经济一体化程度较高的区域性组织相比，中国—东盟自由贸易区的经济一体化程度还不高，整体投资环境相对不理想。根据有关经济学统计，上述三个区域性经济组织在 2014—2015 年投资环境评分情况如下：北美自由贸易区综合评分最高（0.5894 分），欧盟综合评分第二（0.5448 分），中国—东盟自由贸易区综合评分居末（0.5313 分）。在各细项评分中，北美自由贸易区的市场化程度得分最高（0.0286 分），欧盟得分第二（0.0229 分），中国—东盟自由贸易区的得分居末（0.0192 分）。另外北美自由贸易区的政府效率得分最高（0.0220 分），欧盟得分第二（0.0180 分），中国—东盟自由贸易区的得分居末（0.0145 分）[1]，由此可见，中国—东盟自由贸易区与欧盟、北美自由贸易区相比，在市场化程度与政府效率方面还存在着较大差距，这也是造成其投资环境相对不理想的重要原因。这种现实状况决定了我们在研究和提出完善中国—东盟自由贸易区国际投资法律机制的宏观策略时，不能提出脱离自贸区经济一体化发展程度的过高目标或冒进策略，而应当顺应自贸区的经济一体化发展规律与实际情况，实事求是地提出切实可行的发展目标与发展路径，以此保障机制的宏观完善策略能够落到实处，真正可行地推动中国—东盟自由贸易区国际投资法律机制的完善，进而切实推进自贸区国际投资的可持续健康发展。

---

[1]　参见王洋：《基于全球竞争力报告的 EU、CAFTA、NAFTA 投资环境比较》，载《商》2015 年第 27 期。

（三）中国—东盟自由贸易区投资的自由化与便利化水平

近年来随着《中国—东盟投资协议》的签署与落实，中国—东盟自由贸易区的投资环境明显改善，投资便利化与自由化水平有了较大提升，但与欧盟（EU）、北美自由贸易区（NAFTA）相比，自由化与便利化水平依然不足，这集中反映在自贸区内各种显性或隐性的投资壁垒依然存在，使得中国对东盟投资仍然面临着许多障碍，这已日渐成为制约中国—东盟自由贸易区产业升级发展的巨大瓶颈。实践中，一些东盟国家对于外来投资的比例、外来用工比例等作了过于苛严的限制。例如马来西亚的投资法要求在印刷、钢铁、包装等行业的外资股权不得超过70%；印度尼西亚的投资法律要求在港口、电站、铁路等基础设施的外资股权不得超过95%，电讯业、航空运输业不得超过49%；泰国投资法律要求在服务业、农业、渔业、勘探和采矿业的泰方持有股权不得少于51%。此外东盟成员国中除了文莱之外，对聘用当地或外国雇员都有不同比例的限制性要求①。这一现实情况要求我们在制定完善中国—东盟自由贸易区国际投资法律机制的宏观策略时，要将打破投资壁垒，促进投资自由化与便利化作为完善机制的宏观目标之一，并在此基础上深入研究和积极实施机制的最佳发展模式，以此消除中国—东盟自由贸易区国际投资障碍，推动各方进一步开放投资市场，加快推进自贸区经济一体化的发展步伐，为构建公平合理的区域国际投资新秩序提供有力保障。

（四）中国—东盟自由贸易区法治化发展程度

中国—东盟自由贸易区内绝大部分都是发展中国家，普遍处于构建法治国家的发展进程之中，因而与欧盟及北美自由贸易区相比，中国—东盟自由贸易区法治化发展程度普遍不高，这体现在区域内大部分国家涉外投资法律、政策缺乏统一性、规范性和稳定性。另外根据设在德国的透明度国际组织（Transparency International）发布的《2018年全球清廉指数排名》，除中国、新加坡与文莱之

---

① 中华人民共和国商务部对外投资和经济合作司网站（http：//hzs. mofcom. gov. cn）。

外，大部分东盟成员国的排名较低，仅位居榜单 100 甚至 150 名之外①，这也一定程度地反映出一部分东盟国家的法治状况还不太理想。这种现实情况决定了我们在研究完善中国—东盟自由贸易区国际投资法律机制的宏观发展目标时，应当将提升自贸区的法治化水平作为重要的宏观发展目标之一，以此指引和推动各国加快法治化发展进程，努力为中国—东盟自由贸易区国际投资营造良好的法治环境。与此同时，我们在研究机制的完善路径时也要充分考虑到自贸区法治化的发展程度，谨慎设计机制的发展步骤与路径，扎实稳妥地逐步推动机制的完善，从而为保障和促进中国—东盟自由贸易区国际投资的发展提供长效的机制保障。

第二节　机制的宏观完善目标

在科学把握中国—东盟自由贸易区国际投资法律机制自身价值与发展规律基础上，深入研究机制的宏观完善目标，可以为合理规划机制的发展模式、路径与微观策略提供明确的目标指引。为此，笔者在遵循前述理论与现实依据基础上，从推动落实"一带一路"发展倡议，解决中国—东盟自由贸易区国际投资发展问题，提升自贸区国际投资发展的法治化水平角度，对完善中国—东盟自由贸易区国际投资法律机制的宏观目标分析如下：

一、宏观目标之一：推动落实"一带一路"发展倡议

"一带一路"是"丝绸之路经济带"和"21 世纪海上丝绸之路"的简称。2013 年 9 月和 10 月，中国国家主席习近平在出访中亚和东南亚国家期间，先后提出共建"丝绸之路经济带"和"21 世纪海上丝绸之路"的重大倡议，得到国际社会高度关注。2015 年 3 月，为推进实施"一带一路"倡议，中国国家发展改革委、外交部、商务部联合制定并发布了《推动共建丝绸之路经济带和 21 世纪海上丝绸之路的愿景与行动》，提出两个符合欧亚大陆经济整合需求的大战略：一是"丝绸之路经济带"倡议，二是"21 世纪海上丝绸之路经济带"倡议，两

---

① 百度文库（www.wenku.baidu.com）。

者合称"一带一路"倡议，由此标志着"一带一路"步入全面推进阶段。2015年6月29日，《亚洲基础设施投资银行协定》的签署仪式标志着"一带一路"倡议进入了新的发展阶段。落实"一带一路"倡议是一项宏大的系统性工程，需要沿线各国通力合作调动各方面力量、资源与条件予以全力支持与配合。创设中国—东盟自由贸易区国际投资法律机制是积极响应"一带一路"倡议的重要举措，推动和保障该倡议的实施也由此成为完善该机制的宏观目标之一，具体来说：

一方面，完善中国—东盟自由贸易区国际投资法律机制应当力求推动"一带一路"有关协议的落实。"一带一路"倡议是一项造福包括中国—东盟自由贸易区在内的沿线各国与各地区的伟大事业，但其落实之路并非坦途。由于"一带一路"倡议涉及的地域广阔，参与国家和地区众多，加之各国和地区政治、经济与法律制度各异，发展水平相差较大，因而实施起来面临许多困难与阻碍。以中国—东盟自由贸易区为例，该区域作为落实"一带一路"倡议的重要组成部分，在落实该倡议过程中至今仍面临着各种程度与类型的投资障碍与壁垒。为打破国际投资壁垒，促进投资便利化与自由化目标的实现，中国与东盟各国通力合作，共同签署了《中国与东盟投资协议》《中国—东盟争端解决机制协议》等一系列国际协定。而完善中国—东盟自由贸易区国际投资法律机制，应当努力通过积极推动完善相关协议的规范内容以及配套的实施机构、方式与程序，来推动落实相关协议，打破阻碍"一带一路"倡议落实的国际投资壁垒，推动实现该倡议的"五通三同"发展目标。

另一方面，完善中国—东盟自由贸易区国际投资法律机制应当力求维护"一带一路"倡议的良好实施环境。自2015年起，"一带一路"倡议进入到全面推进实施的关键阶段。中国—东盟自由贸易区作为落实"一带一路"倡议的重要一环，其错综复杂的区域环境为该倡议在国际投资领域的落实带来了很多困难。在此区域内，各国间的法律制度差异较大，加之各国政治、经济、文化与法治发展水平差距较大，这都为有效化解投资争端带来了困难，也影响了自贸区投资秩序的稳定，使得"一带一路"倡议的落实缺少稳定的投资环境。而法作为一种调解行为关系的重要社会规范，常常凭借其显著的"外部强制可能性"而成为化解社会争端最为有效的手段。①因此，完善中国—东盟自由贸易区国际投资法律机制，要注重充分发挥和完善该机制定分止争的法治功能，努力解决中国与东盟各国间的投资摩擦与争端，合理化解有关矛盾，有效维护中国—东盟自由贸易区国际投资秩序的稳定，从而为落实"一带一路"倡议营造稳定的国际投资环境。

二、宏观目标之二：解决自贸区的国际投资发展问题

除了推动落实"一带一路"发展倡议的宏观目标之外，完善中国—东盟自由贸易区国际投资法律机制，还要着眼于有效解决自贸区国际投资发展过程中存在的两个突出性问题：一是中国—东盟自由贸易区的经济一体化程度不高，二是自贸区的投资自由化与便利化水平不足。

有鉴于此，完善中国—东盟自由贸易区国际投资法律机制，应当力求完善自贸区的投资环境，大力提升该区域的市场化水平与政府效率，通过完善该机制来推动各国切实遵守有关投资协议，及时修改国内法以消除国际投资壁垒，防范各类非商业的国际投资风险，完善各国投资审批与外汇管制措施，有效打击各类投资违法行为，保护国际投资者的合法权益，维护各国投资利益公平，以此进一步改善中国—东盟自由贸易区的投资环境，缩小该区域与欧盟、北美自贸区等发达区域性经济组织的投资环境差距。此外，完善中国—东盟自由贸易区国际投资法律机制，还要努力强化机制在国际投资仲裁方面的制度功能，积极通过国际投资仲裁化解因投资壁垒引发的争端，充分维护投资者的合法权益，及时纠正与惩戒投资壁垒行为，为消除中国—东盟自由贸易区的国际投资发展瓶颈，提供强有力的法治支持。

三、宏观目标之三：提升自贸区国际投资发展的法治化水平

与欧盟以及北美自由贸易区相比，中国—东盟自由贸易区的整体法治化程度不高，亟需加快推进该区域的法治化水平，从而为自贸区国际投资的发展提供良好的法治环境与法治保障。因此，完善中国—东盟自由贸易区国际投资法律机

---

① 参见刘建民：《黑格尔〈法哲学原理〉概念诠释与校译》，法律出版社 2011 年版，第109 页。

制，还需要以提升自贸区国际投资发展的法治化水平为其宏观目标之一，具体来说：

第一，完善中国—东盟自由贸易区国际投资机制，应当力求推动提升自贸区的国际投资立法水平。近年来，中国与东盟各国都加大了有关国际投资的立法力度，也由此取得了很大的立法成就。但目前从相关多边条约、双边条约与各国国内法的立法情况来看，还存在着许多不足与问题，有关国际投资法律体系还不够健全，难以满足自贸区国际投资发展的法治需求。因此，完善中国—东盟自由贸易区国际投资法律机制，应当立足于区域内各国国情，从中国—东盟自由贸易区国际投资发展的实际法治需求出发，在国际投资保护、促进与监管领域，从多边条约、双边条约与各国国内法多个维度，全面推进中国—东盟自由贸易区国际投资立法水平的提升，从而为自贸区国际投资发展提供更为科学有效的立法指引。

第二，完善中国—东盟自由贸易区国际投资机制，应当力求推动改善自贸区的司法与执法环境，尤其是着重加强机制的仲裁规则、机构与程序的发展完善，充分发挥国际投资仲裁在化解中国—东盟自由贸易区国际投资争端方面的功能，以此弥补司法与执法方面的不足，并促进有关国家采取切实措施克服司法与执法不力问题，推动中国—东盟自由贸易区司法与执法环境的不断完善。

第三，完善中国—东盟自由贸易区国际投资机制，应当力求提升自贸区民众的法治观念。通常来说，广大民众对于法治的感知与认同，很大程度上来源于切身的体验而非科班式的法律教育。因此在发展和完善中国—东盟自贸区国际投资法律机制的进程中，要力求通过完善有关国际投资仲裁立法，让国际商事仲裁自身所具有的自愿、独立、公平、正义等法律原则与价值得以充分彰显，让广大民众在仲裁个案中切实体验到国际商事仲裁的法律价值，如此既可以有效满足自贸区投资者们的投资需求，又能将自贸区国际投资法律机制所折射出的法治精神与人文精神有机结合，将至诚至善的法治追求与灵活务实的投资艺术有机结合，借此启迪民众的心智，在平衡利益、促进和解的互动中，逐渐培育民众对于国际投资法律机制的信任，继而为推动自贸区的法治化进程奠定坚实的法治群众基础。

综上所述，笔者认为应当将完善中国—东盟自由贸易区国际投资法律机制的宏观目标定位为——推动落实"一带一路"发展倡议，解决中国—东盟自由贸易区国际投资发展问题，提升自贸区国际投资发展的法治化水平，以此推动实现中国—东盟自由贸易区的投资便利化与自由化目标，构建自贸区公平合理的国际投资新秩序与法治环境，推动实现"一带一路"倡议下的"五通三同"发展目标，提升中国—东盟自由贸易区经济一体化水平，促进区域内各国的合作共赢。

第三节　机制最佳的发展模式

基于完善中国—东盟自由贸易区国际投资的前述宏观目标，从博弈论视角来审视中国—东盟自由贸易区国际投资法律机制的运行模式，我们面临三种模式选择：零和博弈运行模式、负和博弈运行模式、正和博弈运行模式，现对这三种机制运行模式如下分析，进而剖析中国—东盟自由贸易区国际投资应当选择的最佳发展模式：

一、机制的零和博弈运行模式

零和博弈是博弈论的一个重要概念，它与非零和博弈相对，属于非合作博弈。零和博弈是指参与博弈的各方，在严格遵守博弈规则的前提条件下，若是其中一方可以获得利益也就意味着另一方的利益必然受损，所以博弈双方的收益和损失之和永远为零。① 如果在一项法律机制之中，其博弈在所有各种对局下全体参与人之得益总和总是保持为零，则这种博弈运行模式可称之为零和博弈运行模式，在此模式下各方未能形成合力，导致合作未能取得达成。

以二人有限零和博弈为例，即假设参加某项法律机制博弈的参与者是两个国家，分别为参与国 A 和参与国 B。局中人 A 国的策略集为 a_1，…，a_m，局中人 B 国的策略集为 b_1，…，b_n；c_{ij} 为局中人 A 国采取策略 a_i、局中人 B 国采取策略 b_j 时 A 的收益(这时局中人 B 国的收益为 $-c_{ij}$)。则收益矩阵见下表（表4-2）：

---

① 见［美］约翰·冯·诺依曼著，刘霞译：《博弈论》，沈阳出版社 2020 年版，第 148 页。

表 4-2　　零和博弈运行模式下法律机制参与国的策略集以及相应的收益矩阵

参与国 B / 参与国 A		策　　略			
		b_1	b_2	$\cdots$	b_n
策略	a_1	c_{11}	c_{12}	$\cdots$	c_{1n}
	a_2	c_{21}	c_{22}	$\cdots$	c_{2n}
	$\cdots$	$\cdots$	$\cdots$		$\cdots$
	a_m	c_{m1}	c_{m2}	$\cdots$	c_{mn}

在上表中，由于参与国 A 和参与国 B 处于零和博弈的机制运行模式之中，故 A 国在博弈中的收益必然是 B 国的损失，当参与国 A 的收益集合为：

$$
\begin{array}{cccc}
c_{11} & c_{12} & \cdots & c_{1n} \\
c_{21} & c_{22} & \cdots & c_{2n} \\
\cdots & \cdots & & \cdots \\
c_{m1} & c_{m2} & \cdots & c_{mn}
\end{array}
$$

则参与国 B 的收益集和为：

$$
\begin{array}{cccc}
-c_{11} & -c_{12} & \cdots & -c_{1n} \\
-c_{21} & -c_{22} & \cdots & -c_{2n} \\
\cdots & \cdots & & \cdots \\
-c_{m1} & -c_{m2} & \cdots & -c_{mn}
\end{array}
$$

则参与国 A 与参与国 B 的收益总和为：0

$$
\begin{array}{cccc}
c_{11}-c_{11}=0 & c_{12}-c_{12}=0 & \cdots & c_{1n}-c_{1n}=0 \\
c_{21}-c_{21}=0 & c_{22}-c_{22}=0 & \cdots & c_{2n}-c_{2n}=0 \\
\cdots & & & \cdots \\
c_{m1}-c_{m1}=0 & c_{m2}-c_{m2}=0 & \cdots & c_{mn}-c_{mn}=0
\end{array}
$$

由于上述博弈中参与国甲方的收益是乙方的损失，因而博弈方得益总和为零。由此可以看出，在零和博弈中各博弈方决策时都以自己的最大利益为目标，结果是既无法实现集体的最大利益，也无法实现个体的最大利益。除非某项法律机制在各博弈方中存在可信性的承诺或可执行的惩罚作为机制实施的保证，否则机制中各博弈方中难以开展任何形式的合作。同理，中国—东盟自由贸易区国际投资法律机制中各成员国如果采取零和博弈的机制运行模式，例如一国单方面设置投资壁垒，不当限制外资收益外流或者对外来投资项目采取不当的国有化措施等，则会在谋求和实现本国自身利益的同时损害他国的利益，如此形成的零和博弈必将导致相关投资合作难以为继，机制保护和促进自贸区国际投资的功能也难以实现，因而应避免机制运行模式落入这种博弈困局。

二、机制的负和博弈运行模式

非零和博弈是一种合作性的博弈，博弈中各方的收益或损失的总和不是零值，它区别于零和博弈。① 在非零和博弈情势之下，如果一项法律机制中博弈各方的利益都有所减少，则博弈各方的整体利益都将有所减少，这种博弈运行模式可称之为负和博弈运行模式，在此模式下，法律机制各方虽有合作意图并付诸实践，但合作未能取得预期目标。

以二人有限负和博弈为例，即假设参加某项法律机制博弈的参与者为两个国家，分别为参与国 A 和参与国 B。局中人 A 国的策略集为 a_1，…，a_m，局中人 B 国的策略集为 b_1，…，b_n；c_{ij} 为局中人 A 国采取策略 a_i、局中人 B 国采取策略 b_j 时 A 的收益（这时局中人 B 国的收益为 $-c_{ij}$）。则收益矩阵见下表（表4-3）：

表4-3　负和博弈运行模式下法律机制参与国的策略集以及相应的收益矩阵

参与国 B / 参与国 A		策　　略			
		b_1	b_2	…	b_n
策略	a_1	c_{11}	c_{12}	…	c_{1n}
	a_2	c_{21}	c_{22}	…	c_{2n}
	…	…	…		…
	a_m	c_{m1}	c_{m2}	…	c_{mn}

① 参见姚国庆：《博弈论》，高等教育出版社 2007 年版，第 15 页。

在上表中，由于参与国 A 和参与国 B 处于负和博弈的机制运行模式之中，故当 A 国在博弈中的收益集合为：

$$
\begin{array}{cccc}
-c_{11} & -c_{12} & \cdots & -c_{1n} \\
-c_{21} & -c_{22} & \cdots & -c_{2n} \\
\cdots & \cdots & & \cdots \\
-c_{m1} & -c_{m2} & \cdots & -c_{mn}
\end{array}
$$

则 B 国在博弈中的收益集合为：

$$
\begin{array}{cccc}
-c_{11} & -c_{12} & \cdots & -c_{1n} \\
-c_{21} & -c_{22} & \cdots & -c_{2n} \\
\cdots & \cdots & & \cdots \\
-c_{m1} & -c_{m2} & \cdots & -c_{mn}
\end{array}
$$

则 A 国与 B 国的收益总和为：-2

$$
\begin{array}{cccc}
-c_{11}-c_{11}=-2 & -c_{12}-c_{12}=-2 & \cdots & -c_{1n}-c_{1n}=-2 \\
-c_{21}-c_{21}=-2 & -c_{22}-c_{22}=-2 & \cdots & -c_{2n}-c_{2n}=-2 \\
\cdots & \cdots & & \cdots \\
-c_{m1}-c_{m1}=-2 & -c_{m2}-c_{m2}=-2 & \cdots & -c_{mn}-c_{mn}=-2
\end{array}
$$

由于在上述负和博弈中，博弈各方不再是完全对立关系，因而参与国 A 的利益损失不意味着另一参与国 B 获益，而是双方一损皆损，则博弈双方得益总和为负值。由此可以看出，如果中国—东盟自由贸易区国际投资法律机制中各成员国采取负和博弈的机制运行模式，例如各国互设投资壁垒，相互采取限制外资收益外流，或者对外来投资项目采取不当的国有化措施等反制措施，则会导致彼此双输的不利后果，如此形成的负和博弈也将导致相关投资合作及法律机制走向瓦解，因而应全力避免机制落入这种运行模式的窠臼。

三、机制的正和博弈运行模式

在非零和博弈情势之下，如果一项法律机制中博弈某方的利益都有所增加，其他各方的利益也由此增加，则博弈各方的整体利益都将有所增加，这种博弈运行模式可称之为正和博弈运行模式，或称同盟博弈，在此模式下法律机制各方具有凝聚力，既有合作意图，也付诸实践并取得共赢的合作预定目标。①

以二人有限正和博弈为例，即假设参加某项法律机制博弈的参与者为两个国家，分别为参与国 A 和参与国 B。局中人 A 国的策略集为 a_1，…，a_m，局中人 B 国的策略集为 b_1，…，b_n；c_{ij} 为局中人 A 国采取策略 a_i、局中人 B 国采取策略 b_j 时 A 的收益（这时局中人 B 国的收益为 $-c_{ij}$）。则收益矩阵见下表（表4-4）：

表4-4 正和博弈运行模式下法律机制参与国的策略集以及相应的收益矩阵

参与国 B / 参与国 A		策略			
		b_1	b_2	...	b_n
策略	a_1	c_{11}	c_{12}	...	c_{1n}
	a_2	c_{21}	c_{22}	...	c_{2n}
	...	...	...		...
	a_m	c_{m1}	c_{m2}	...	c_{mn}

在上表中，由于参与国 A 和参与国 B 处于正和博弈的机制运行模式之中，故当 A 国在博弈中的收益集合为：

$$
\begin{array}{cccc}
c_{11} & c_{12} & \cdots & c_{1n} \\
c_{21} & c_{22} & \cdots & c_{2n} \\
\cdots & \cdots & & \cdots \\
c_{m1} & c_{m2} & \cdots & c_{mn}
\end{array}
$$

则 B 国在博弈中的收益集合为：

$$
\begin{array}{cccc}
c_{11} & c_{12} & \cdots & c_{1n} \\
c_{21} & c_{22} & \cdots & c_{2n} \\
\cdots & \cdots & & \cdots \\
c_{m1} & c_{m2} & \cdots & c_{mn}
\end{array}
$$

则 A 国与 B 国的收益总和为：+2

① 姚国庆编著：《博弈论》，高等教育出版社 2007 年版，第 269~271 页。

$$
\begin{array}{cccc}
c_{11}+c_{11}=2 & c_{12}+c_{12}=2 & \cdots & c_{1n}+c_{1n}=2 \\
c_{21}+c_{21}=2 & c_{22}+c_{22}=2 & \cdots & c_{2n}+c_{2n}=2 \\
\cdots & \cdots & & \cdots \\
c_{m1}+c_{m1}=2 & c_{m2}+c_{m2}=2 & \cdots & c_{mn}+c_{mn}=2
\end{array}
$$

由于在上述正和博弈中，博弈各方采取的是一种合作方式，或者说彼此间是一种妥协关系。这种类型的博弈能够产生一种合作剩余，这种剩余就是从这种关系和方式中产生出来的，合作剩余在博弈各方之间如何分配，取决于博弈各方的力量对比和技巧运用。因此，妥协必须经过博弈各方的讨价还价，达成共识。合作剩余的分配既是妥协的结果，又是达成妥协的条件。当此种妥协或合作达成后，参与国 A 的利益增加不再意味着另一参与国 B 的利益受损，反之会促进 B 国利益的增加，如此则博弈双方得益总和为正值，由此实现了双赢结局。

综上所述，如果中国—东盟自由贸易区国际投资法律机制中各成员国采取正和博弈的机制运行模式，例如各国通过互相给予彼此对等的投资准入待遇、投资优惠待遇与投资保护待遇，相互承诺并消除投资壁垒，停止不当的限制外资收益外流措施或者国有化措施，则会有助于保障和促进彼此间相互投资的可持续快速增长，并在促进投资东道国经济发展的同时，保障投资国的投资获益稳定增长，实现双方互惠互利、合作共赢的良好发展局面，从而充分实现中国—东盟自由贸易区国际投资法律机制的相关功能，有效改善中国—东盟自由贸易区的投资环境，提升该区域的总体经济实力及其在世界经济格局中的战略地位，并促进各国经济发展目标的实现。因此，正和博弈模式应当成为中国—东盟自由贸易区国际投资法律机制努力追求和实现的最佳机制运行模式。

第四节　机制的基本完善路径

从中国—东盟自由贸易区国际投资法律机制的构成要素来审视，完善机制需要从完善其实施规范、实施机构、实施方式与程序着手。由于中国—东盟自由贸易区的经济一体化发展程度不高，因此完善该机制不能急于求成，必须要根据中国—东盟自由贸易区国际投资与经济一体化的发展进程，采取层进式稳态完善的基本路径，稳步推动机制的完善，使其不断适应自贸区经济一体化发展的法治需求，保障和推动自贸区国际投资的可持续健康发展。对此，笔者建议采取层进式稳态完善的基本路径来完善机制，具体来说：

一、机制实施规范的基本完善路径

从中国—东盟自由贸易区的发展现状来看，该区域的经济一体化程度近年来虽有所加强，但与欧盟和北美自由贸易区等区域性国际组织相比还有很大差距。而且由于中国与东盟各国的国情尤其是法律制度差异较大，面临的法律问题也十分复杂，加之区域内大多数国家是经济发展程度与法治程度普遍不高的发展中国家，因而不能照搬欧盟与北美自由贸易区的发展路径，而应当从中国—东盟自由贸易区的实际情况出发，分阶段、按步骤地稳步推进完善自贸区国际投资法律机制的实施规范依据。

对此笔者建议分以下三个阶段进行：第一阶段（自今起至2040年），中国与东盟各国通力合作，逐步推进各国间双边投资条约的签订和完善，并不断借助此类双边条约示范法的方式，推动与国际投资有关的税收减免、金融扶持、竞争监管、税收征管、外汇监管、环境监管、劳动监察知识产权监管等方面双边条约的制定与修订，并以此促进中国—东盟自由贸易区内各国协调与完善投资法。第二阶段（2040—2050年），待中国—东盟自由贸易区经济一体化发展较为成熟后，通过多方共同磋商，协力推动各国间多边投资协定的修改与完善，重点是适度拓展《中国—东盟投资协议》的调整范围，完善《中国—东盟争端解决机制协议》的仲裁条款，草拟和签署《中国—东盟避免双重征税与防止偷漏税协定》等与国际投资有关的多边协定，从而为促进中国—东盟自由贸易区国际投资的可持续健康发展提供更为全面的多边条约保障。第三阶段（2050—2060年），在中国—东盟自由贸易区经济一体化程度发展到与北美自由贸易区大体相当时，进一步整合中国与东盟各国的力量，协同域外有关国家共同合作推动完善《多边投资担保机构公约》《华盛顿公约》与WTO的TRIMs协议等与国际投资有关的多边条约，从而为保障和促进中国—东盟自由贸易区国际投资的深化发展奠定完善的世界性多边条约基础。

二、机制实施机构的基本完善路径

鉴于机制的实施机构是机制实施主体中最为重要的机制实施载体，故本书着重研究中国—东盟自由贸易区国际投资法律机制实施机构的基本完善路径。与完善机制实施规范依据的基本路径一致，完善机制的实施机构也应遵循层进式稳态完善的基本路径，稳步构建和完善机制的主管机关、执行机构、咨询机构与监督机构等。对此笔者建议配合机制实施规范的前述完善进程，分阶段、按步骤地逐步完善机制的实施机构。具体来说：

第一阶段（自今起至 2040 年），随同中国与东盟各国逐步完善双边投资条约及各自国内法，不断优化中国—东盟自由贸易区国际投资法律机制现行机构，重点是优化整合机制现行执行机构、咨询机构、仲裁机构的职能与资源配置，并以此为基础，促进区域内各国在国际投资主管机构、执行机构、咨询机构与监督机构的协调发展与完善。第二阶段（2040—2050 年），随同中国—东盟自由贸易国际投资多边条约的不断完善，在自贸区经济一体化发展日趋完善的合适时机，由中国与东盟各国协力共建常设性主管机构，统一负责主管运行中国—东盟自由贸易国际投资法律机制，以此强化机制的权威性与向心力，推动落实机制有关协议的落实，引领和保障自贸区国际投资的可持续健康发展。第三阶段（2050—2060 年），随同完善《多边投资担保机构公约》《华盛顿公约》与 WTO 的 TRIMs 协议等与调整国际投资有关的多边条约，由中国与东盟各国协同域外有关国家，共同合作推动完善世界银行集团的多边投资担保机构，以及 WTO 与贸易有关的投资措施委员会等多边投资主管机构，为保障和促进中国—东盟自由贸易区国际投资的深化发展奠定完善的世界性多边主管机构基础。

三、机制实施方式与程序的基本完善路径

完善机制的实施方式与程序，需要同完善机制的实施规范依据与实施机构同步进行，共同遵循层进式稳态完善的基本路径，重点对机制的行政、司法与仲裁实施方式与程序进行全面优化。具体的实施步骤请参见上一部分关于机制实施机构的三阶段完善计划。在每个阶段构建和完善机制实施机构的同时，还应合理借鉴域外有益经验，紧密结合中国—东盟自由贸易区国际投资的实际发展情况与需

要，不断改进和完善机构的实施方式与实施程序，使其更好地适应中国与东盟各国的国际投资发展与合作需要，以此促进和保障中国—东盟自由贸易区国际投资的顺利发展，妥善解决该区域国际投资发展过程中面临的问题与矛盾，为促进中国与东盟各国的合作共赢与区域经济一体化发展提供长效的法治保障。

综上所述，采取何种基本路径来实现完善中国—东盟自由贸易区国际投资法律机制的宏观目标，需要基于中国—东盟自由贸易区经济一体化的实际发展程度，切实从自贸区国际投资发展的实际情况与法治需求出发，走适合该区域自身特色的发展之路，而不能机械照搬域外经验。笔者提出的层进式稳态完善的基本路径，虽然实施过程会比较曲折与漫长，但符合中国—东盟自由贸易区经济一体化与国际投资发展规律与趋势，具有践行的可行性，有助于合理指引中国—东盟自由贸易区国际投资机制实现稳步发展与长效完善。

第五章　完善中国—东盟自由贸易区国际投资法律机制的微观策略

完善中国—东盟自由贸易区国际投资法律机制的工作是一项内容庞大的系统性工程，需要对机制的实施规范、实施机构、实施方式与程序进行全方位的改革与完善。本书在上一章研究机制的宏观完善策略基础上，现根据"一带一路"发展倡议下中国—东盟自由贸易区国际投资的发展规律、发展状况与法治需求，并适度借鉴域外有关经验，遵循机制的最佳发展模式与基本路径，从微观层面上系统探索完善机制的实施规范（国际协定与国内法）、实施机构（机制主管机构与国际仲裁机构）、实施方式与程序（行政、司法与与仲裁的有关方式及程序），力求促进实现机制的宏观完善目标，为保障和促进中国—东盟自由贸易区国际投资发展提供强有力的法治供给。

第一节　机制微观完善策略的主要依据

同研究中国—东盟自由贸易区国际投资法律机制的宏观完善策略一样，研究机制的微观完善策略也需要依据科学理论的指引，在客观把握自贸区国际投资实践情况的基础上开展研究，唯此才能提出具有科学性与可行性的微观策略。具体来说，本书对于中国—东盟自由贸易区国际投资法律机制微观完善策略的研究，主要是依据下述理论与现实依据展开：

一、主要的理论依据

马克思主义国际投资理论与马克思主义系统论是被实践证明了的科学真理，对于本书研究中国—东盟自由贸易区国际投资法律机制的微观完善策略具有重要的指导意义。

（一）马克思主义国际投资理论

西方现有的国际投资理论大多未能深入研究投资者对外投资的根本动因，因而未能形成关于国际投资的一般理论分析框架。马克思主义国际投资理论很早就揭示了国际资本流动的根本动因及必要条件，即为了追求超额剩余价值，国际投资者必须具有较强的竞争优势，包括低成本优势和差异性优势。根据这一科学判断，马克思主义国际投资理论建立了关于国际投资的一般理论分析框架，其核心理论内容包括马克思的"过剩资本""资本输出""世界市场""资本国际化"理论、列宁的垄断过剩资本理论以及中国化的马克思主义国际投资理论。这些理论既构成了马克思主义政治经济学的重要组成部分，也是指导我们研究中国—东盟自由贸易区国际投资法律机微观完善策略的重要理论之源。

1. 马克思的资本输出与世界市场理论

马克思的资本输出理论与世界市场理论认为：一方面，"资本过剩"是资本输出的物质基础和必要前提。马克思指出："所谓的资本过剩，实质上总是指利润率的下降不能由利润量的增加来抵消的那种资本——新形成的资本嫩芽总是这样——的过剩，或者是指那种自己不能独立行动而以信用形式交给大经营部门的指挥者去支配的资本的过剩。"① 马克思认为，因受资本主义生产方式的内在矛盾和运动规律支配，资本主义国内不仅存在着生产过剩和劳动力过剩，而且也存在着资本过剩。为了最大限度地追求剩余价值，资本家需要在世界范围内为其剩余资本寻找出路。正如马克思所说，"如果资本输往国外，那么，这种情况之所以发生，并不是因为它在国内已经绝对不能使用。这种情况之所以发生，是因为它在国外能够按更高的利润率来使用。"② 另一方面，资本输出促使资本主义国家一国内部的社会分工演变成国际分工，进而促进世界市场的形成与经济全球化的发展。马克思与恩格斯对此指出："资产阶级，由于开拓了世界市场，使一切

---

① 马克思：《资本论》第三卷，人民出版社2004年版，第279页。
② 马克思：《资本论》第三卷，人民出版社2004年版，第285页。

国家的生产和消费都成为世界性的了。"①并且指出，资产阶级通过资本输出"使未开化和半开化的国家从属于文明的国家，使农民的民族从属于资产阶级的民族，使东方从属于西方。"②上述理论深刻揭示了资本输出是国际投资者有效解决资本过剩的重要方式。它虽然有利于促进国际经济交流与合作，但资本的逐利性决定了国际投资也存在着使资本输入国成为资本输出国经济附庸的隐患。这对于本书研究完善中国—东盟自由贸易区国际投资法律机制微观策略的重要启示在于：中国—东盟自由贸易区国际投资领域存在着大量不断扩张以谋求增值的资本，如果缺乏相关法律机制的有效监管，资本输出的上述隐患就会在中国—东盟自由贸易区成为现实，这会给区域内各国与自贸区的发展带来很大的负面影响。因此，我们必须要着重加强中国—东盟自由贸易区国际投资法律机制的建设，在充分利用国外资本的同时，正确处理利用外资和力更生的关系，尤其是要着重完善机制在国际投资准入方面的监管机制，在涉及国计民生、国家安全与发展根本利益的关键领域，继续坚持严格的投资准入管控，并通过不断优化面向中国—东盟自由贸易区的外商投资产业指导目录，积极引导外资向有利于推动我国国民经济健康发展的产业投资，同时加强对我国海外投资的监管力度，保障我国的对外投资者与区内投资东道国之间实现互惠互利、协调发展，进而保障中国—东盟自由贸易区国际投资的可持续健康发展。

2. 列宁的垄断过剩资本理论

列宁继承了马克思关于资本输出与世界市场理论的基本观点，在自由竞争资本主义向垄断资本主义转变的新的历史时期，他与时俱进地提出了垄断过剩资本理论，进一步丰富和发展了马克思主义国际投资理论。该理论的核心观点是：第一，直接投资是垄断过剩资本的必然要求。垄断是形成资本过剩的根本原因，过剩资本是资本输出的基础，资本输出的根本动力在于追求最大利润。列宁对此指出，"只要资本主义还是资本主义，过剩的资本就不会用来提高本国民众的生活水平，因为这样会降低资本家的利润，而会输出国外，输出到落后的国家去，以

---

① 《马克思恩格斯选集》第一卷，人民出版社 2012 年版，第 404 页。
② 《马克思恩格斯选集》第一卷，人民出版社 2012 年版，第 405 页。

提高利润。"①第二，垄断过剩资本是对外直接投资的具体形式。其投资的主要目的是以远低于投资母国的价格在投资东道国购买原料和劳动力，进行生产后在投资东道国销售以获取垄断高额利润。正如列宁所指出的"利润通常都是很高的，因为那里资本少，地价比较贱，工资低，原料也便宜。"②第三，资本输出是垄断资本剥削落后国家人民，攫取垄断高额利润的工具。对外直接投资和对外间接投资一起使垄断资本在全世界范围内形成了一个剥削网，列宁对此指出："这就是帝国主义压迫和剥削世界上大多数国家的坚实基础。"③ 列宁的垄断过剩资本理论对本书研究中国—东盟自由贸易区国际投资法律机制微观完善策略的重要启示在于：我们要对国际投资的弊端保持清醒的认识，如果缺乏相关法律机制的有效监管，就会重蹈 1997 年亚洲金融危机的覆辙。因此，必须要着重加强中国—东盟自由贸易区国际投资法律机制的建设，重点完善机制在对国际投资监管方面的实施规范、实施机构、实施方式与程序，尤其是着重加强对自贸区国际投资的项目审批、竞争行为、外汇、税收、环境、劳动用工与知识产权等领域的监管，以此全面、系统地防范和克服资本输出的负面效应，努力维护中国—东盟自由贸易区国际投资良好的投资秩序，保护各类市场主体与劳动者的合法权益，保障中国—东盟自由贸易区国际投资的可持续健康发展。

3. 中国化的马克思主义国际投资理论

新中国成立以来，党和国家历任领导人坚持将马克思主义国际投资理论与中国社会主义建设国情相结合，围绕国际投资问题提出了一系列重要的科学论断，实现了马克思主义国际投资理论的创新性发展，不仅为我国合理引进外资与对外投资提供了科学的指导，也为广大发展中国家的国际投资指明了方向，促进了世界经济的合作交流与经济全球化的健康发展。具体而言：

早在 1944 年，毛泽东同志就已经明确提出了利用外资发展国民经济的重要思想。他在会见美国记者时曾说，"我们欢迎外国人及外国资本来中国做些事。中国是落后的国家，所以，我们非常需要外国的投资。"④ 新中国成立以后，我

---

① 《列宁选集》第二卷，人民出版社 2012 年版，第 627 页。
② 《列宁选集》第二卷，人民出版社 2012 年版，第 627 页。
③ 《列宁选集》第二卷，人民出版社 2012 年版，第 628 页。
④ 黎青平：《毛泽东邓小平与对外开放》，中共中央党校出版社 1998 年版，第 17 页。

国需要大量资金进行社会主义改造与建设。对此，毛泽东同志虽然十分重视和倡导自力更生，但并也赞成利用外资服务于社会主义经济建设，这为我们后来改革开放积极引进外资提供了重要的理论思想之源。改革开放之后，邓小平同志在总结改革开放实践经验与继承前人有关马克思主义国际投资理论基础之上，创新性地提出"两个市场和两种资源"理论，主张吸收和借鉴国外一切适应社会化大生产规律的经济手段、经营方式和管理方法，把技术、资金的引进和输出有机结合起来，充分利用国际和国内两种资源和两个市场，促进社会主义市场经济体制的建立和完善。他对此指出："搞社会主义，中心任务是发展社会生产力。一切有利于发展社会生产力的方法，包括利用外资和引进先进技术，我们都采用。"[1]这为我国改革开放积极合理利用外资进行社会主义建设指明了方向。其后，江泽民同志将扩大对外直接投资作为国有企业改革的一项重要措施提了出来，并首次提出"引进来"与"走出去"相结合的发展战略。他对此指出，"在新的条件下扩大对外开放，必须更好地实施'引进来'和'走出去'同时并举、相互促进的开放战略，努力在'走出去'方面取得明显进展。"[2]，这为我国积极科学地开展对外投资工作指明了发展方向。其后，胡锦涛同志进一步提出"创新对外直接投资和合作方式，支持企业在研发、生产、销售等方面开展国际化经营，加快培育我国的跨国公司和国际知名品牌"，[3] 为我国拓展加深对外开放水平与积极实施"走出去"战略，进一步指明了发展方向。

　　党的十八大以来，习近平总书记结合我国开放型经济发展新形势，围绕国际投资问题发表了一系列重要讲话，提出了许多新思想、新战略、新观点，进一步推动了马克思主义国际投资理论实现创新性发展。他站在全球视野和全人类命运的高度来审视和思考我国的国际投资发展战略，创新性地提出：第一，要坚持以人类命运共同体理念为价值引领，通过双向投资联动，实现国际投资互利共赢的目标，促进世界经济的协调发展。2015 年习近平总书记在纽约联合国总部发表重要讲话时倡导打造人类命运共同体，指出"中国将始终做全球发展的贡献者，

---

① 《邓小平文选》第三卷，人民出版社 1993 年版，第 130 页。
② 《江泽民文选》第三卷，人民出版社 2006 年版，第 456 页。
③ 《胡锦涛文选》第二卷，人民出版社 2016 年版，第 634 页。

坚持走共同发展道路，继续奉行互利共赢的开放战略”①，倡导国际投资要以互利共赢为基本原则，创造和维护世界整体利益。第二，要坚持将"一带一路"作为我国国际投资合作的重要区位。习近平总书记在 2019 年第二届"一带一路"国际合作高峰论坛开幕式发表主旨演讲时指出，"共建'一带一路'为世界经济增长开辟了新空间，为国际贸易和投资搭建了新平台，为完善全球经济治理拓展了新实践，为增进各国民生福祉作出了新贡献，成为共同的机遇之路、繁荣之路。"②，强调我国与"一带一路"沿线国家在贸易和投资领域合作潜力巨大，要以互利共赢为基本原则加强合作，实现优势互补和经济的联动发展。第三，要协同推进国内投资环境和涉外法律体系的建设和完善。习近平总书记对此指出，"我们将加大放宽外商投资准入，推进国内高水平高标准自由贸易试验区建设，完善法治化、便利化、国际化的营商环境，促进内外资企业一视同仁、公平竞争"③。在此国际投资理念指导下，我国日益重视营造宽松有序的国际投资环境，通过法律体系建设为引进来的资本提供保障，法治环境得到大幅度改善，外商在华投资信心大增，不断有国际优质资本涌入。与此同时，我国政府对国际投资的管理质量和效率也大幅提升，对我国企业在海外投资的保护和监管取得了很好的成效。

　　上述中国化的马克思主义国际投资理论对本书研究中国—东盟自由贸易区国际投资法律机制微观完善策略的重要启示在于：第一，要坚持以促进互利共赢、维护公平正义为根本宗旨，力求通过完善中国—东盟自由贸易区国际投资法律机制的微观规则、运行机构与方式程序，改变以往资本主义国家通过资本输出实现本国利益最大化的不平等资本输出模式，在中国—东盟自由贸易区建立公平合理、互利共赢的国际投资新模式。第二，要注重提倡中国—东盟自由贸易区内的资本输出国对落后国家援助，坚决维护投资东道国的经济发展自主性。通过完善中国—东盟自由贸易区国际投资法律机制的微观规则、运行机构与方式程序，引导区域内各国在对外投资的过程中不仅要考虑自身产业的发展和利润水平的提

---

① 《习近平谈治国理政》第二卷，人民出版社 2017 年版，第 525 页。
② 《习近平谈治国理政》第三卷，人民出版社 2017 年版，第 490 页。
③ 《习近平谈"一带一路"》，中央文献出版社 2018 年版，第 147 页。

高，也要积极考虑投资东道国产业发展的实际需要，为投资东道国积极提供技术支持和智力支撑，尊重和维护投资东道国经济发展的自主性，以实现高水平的产能合作和互利共赢的发展目的。第三，要注重将"引进来"和"走出去"这两个国际投资发展战略紧密结合起来，坚持在中国—东盟自由贸易区内推动实现高水平引进和大规模走出去的"双向投资并重"发展，通过完善中国—东盟自由贸易区国际投资法律机制的微观规则、运行机构与方式程序，不断优化我国在中国—东盟自由贸易区的对外投资环境，重点完善对外投资的服务体系和监管体系，持续创新我国对外直接投资的方式，加快国企改革与优化投资方式，充分利用好金融资本在资本市场中的积极作用，为自贸区内中外企业的对外投资保驾护航。

（二）马克思主义系统论

1. 马克思主义系统的基本思想

科学的系统论思想最早由马克思与恩格斯在其哲学经典论著中得以提出和阐释，并作为马克思主义哲学中的重要思想理论被后世继承和发展。具体来说，马克思主义哲学在辩证唯物主义与历史唯物主义两大方面都提出和阐释了系统论的思想：

第一，在辩证唯物主义方面，马克思主义自然观中提出和深刻阐述了系统论思想。在自然哲学观方面，马克思与恩格斯最早阐释了客观物质世界是整体联系与发展变化的系统论思想。一方面，马克思与恩格斯认为自然界本身即是一个系统（马克思与恩格斯著作中的德文表述为"体系"），它是各种客观物质有机联系而形成的统一整体。对此，恩格斯在《自然辩证法》中明确指出，"我们所接触到的整个自然界构成一个体系，即各种物体相联系的总体，而我们在这里所理解的物体，是指所有的物质存在，从星球到原子，甚至直到以太粒子，如果我们承认以太粒子存在的话。这些物体处于某种联系之中，这就包含了这样的思想：它们是相互作用着的，而它们的相互作用就是运动……只要认识到宇宙是一个体系，是各种物体相互联系的总体，就不能不得出这个结论来。"[1]这深刻揭示了整

---

[1]　《马克思恩格斯选集》第 3 卷，人民出版社 2012 年版，第 952 页。

个自然界是由相互联系的物质总体构成的一个大系统，由此阐明了建立在辩证唯物主义基础之上的系统论思想。另一方面，马克思与恩格斯认为自然界是一个处于不断发展变化的系统。对此，恩格斯在《路德维希·费尔巴哈和德国古典哲学的终结》一文中指出，"一个伟大的基本思想，即认为世界不是既成事物的集合体，而是过程的集合体，其中各个似乎稳定的事物同它们在我们头脑中思想映像即概念一样都处在生成和灭亡的不断变化中"。①由此揭示出构成自然界的各种物质间可以相互转化，这使得整个自然界沿着由简单到复杂、由低级到高级的演化方向辩证地发展，宇宙正是这样一个时刻处于发展变化过程之中的系统。马克思与恩格斯在自然哲学方面阐述的上述"联系"与"发展"的系统论思想，对现代系统论提出的系统"整体性原则"与"动态性原则"产生了深远影响，并为其提供了重要的理论渊源。

第二，在历史唯物主义方面，马克思主义唯物史观中提出和深刻阐述了系统论思想。马克思与恩格斯不仅在其自然哲学观中创新性地提出自然界是一个动态系统，而且进一步在其社会历史观中创新性地指出人类社会也是一种不断发展变化的整体系统。一方面，马克思与恩格斯认为社会形态尽管纷繁复杂，但绝不是各种偶然元素的随机堆积，而是一个活的有机统一整体。马克思在《哲学的贫困》一文中明确指出，"每一个社会中的生产关系都形成一个统一的整体"。②他由此科学地揭示了社会是一定经济形态下的有机系统。马克思在《关于费尔巴哈的提纲》一文中又指出，"人的本质并不是单个人所固有的抽象物，在其现实性上，它是一切社会关系的总和"。③由此深刻揭示出：社会是由个人彼此发生联系和关系的系统总和。因此必须对人与人之间的政治、经济、法律、文化等多方面的社会关系进行全面、综合与系统性的考察，才能从整体上准确把握社会的性质和全貌。这些宝贵思想构成了马克思主义唯物史观中的社会整体系统观。另一方面，马克思与恩格斯认为，人类社会与自然界一样，都是按照自身客观规律发展变化着的物质系统。对此，马克思在其《资本论》一书的序言中明确指出，"经

① 《马克思恩格斯选集》第4卷，人民出版社2012年版，第250页。
② 《马克思恩格斯选集》第1卷，人民出版社2012年版，第222页。
③ 《马克思恩格斯选集》第1卷，人民出版社2012年版，第135页。

济社会形态的发展，从我的立场看，乃是自然史上的一个过程"。① 马克思与恩格斯将资本主义社会作为一个完整的社会系统进行研究，从历史唯物主义基本立场出发，以社会系统的发展为视角，深刻分析和揭示了资本主义社会的形成、发展和灭亡的客观规律，不仅为人类发展指明了方向，也将系统思想从自然哲学领域进一步发展到了社会哲学领域，由此大大拓展了系统论思想的应用领域。

综上所述，马克思与恩格斯在辩证唯物主义与历史唯物主义两大领域，对自然与社会进行了深刻系统的分析，其中包含了丰富的系统思想，这为现代系统论的创立提供了重要的理论渊源。对此，现代系统论的创立人贝塔朗菲也承认，"系统论和马克思的光辉名字联系在一起"。苏联学者普遍认为，"哲学的系统性原则最初是在马克思、恩格斯的著作中得到真正科学的表述"。②西方学者也认识到，马克思与恩格斯虽然没有专门对系统性原则进行过方法论研究，但他们却对社会这一最为复杂的系统进行了大量研究，从而给后人留下了社会系统研究的宝贵实用逻辑。③实践证明，现代系统论的基本方法与原则已在马克思辩证唯物主义与历史唯物主义中得到了阐述与应用。有鉴于此，我们有充分理由认为，马克思与恩格斯是现代系统论的思想奠基人，马克思主义的世界观和方法论已将系统论思想孕育其中。因此，我们要在坚持马克思辩证唯物主义与历史唯物主义的基本立场基础上，合理运用马克思主义指导下的系统论的基本方法与原则，对"中国—东盟自由贸易区国际投资法律机制"这一区域性的国际法律制度运行系统，进行整体性与动态性的系统研究，以此全面、科学地揭示出该机制的基本运行规律，进而探究出完善该机制的有效模式与发展路径，促进实现机制价值与功能。

2. 马克思主义系统论对本书的指导意义

如前所述，中国—东盟自由贸易区国际投资法律机制是调整中国—东盟自由贸易区跨国投资法律关系的，由相关投资法律规范以及法律实施主体、方式与程序构成的法律制度运行系统。笔者之所以认为该机制具有系统属性，是基于马克思主义系统论关于系统构成要件的基本理论。马克思主义系统论认为系统构成要

---

① 马克思：《资本论》，上海三联书店 2011 年版，第 3 页。
② 王林：《国外系统理论研究简介》，载《哲学研究》1980 年第 2 期。
③ 参见［苏联］库兹明：《马克思理论和方法论中的系统性原则》，上海三联书店 1980 年版，第 220 页。

件有二：第一，该事物中至少包含两个不同对象。如果该事物中只有一个不可再分的对象，则该事物不能成为系统。第二，该事物中的对象按一定方式相互联系而成为一个整体。如果该事物中不同对象之间没有联系成为一体，那该事物也不能成为系统。①以此标准来衡量，中国—东盟自由贸易区国际投资法律机制具备构成系统的全部要件。

这是因为：第一，中国—东盟自由贸易区国际投资法律机制内部包含多个不同对象，具体包括有关国际投资的各类法律规范，以及为落实与执行这些法律规范而设立的实施机构、实施方式与实施程序，由此构成了该机制的实施规范要素、实施主体要素、实施方式要素与实施程序要素。第二，中国—东盟自由贸易区国际投资法律机制所包含的对象之间具有相互联系并构成了一个整体。首先，在该机制的诸要素中，由各类法律规范所组成的实施规范要素构成了机制实施主体要素、方式要素与程序要素得以存在和作用的前提条件。后三者都要依据实施规范要素来构建和运行，它们的存续价值也在于推进落实机制的规范要素。其次，机制中的实施主体要素是规范要素得以实现的载体。没有相应的实施机构及实施者，机制的实施规范将形同虚设。与此同时，机制的实施主体要素又是实现机制实施方式与程序要素的重要条件，后二者通过实施主体得以设定和运行。最后，机制的实施方式与程序要素对于机制的实施规范要素、实施主体要素也同样具有影响。一方面，机制的实施方式与程序要素是机制实施规范要素得以实现的重要途径。另一方面，机制的实施方式与程序要素也是机制实施主体的存在形式与运行方式。综上所述，中国—东盟自由贸易区国际投资法律机制内部诸要素之间相互联系，相互作用，共同构成了旨在运行中国—东盟自由贸易区国际投资法律制度的有机整体。因此，根据马克思主义系统论，笔者认为中国—东盟自由贸易区国际投资法律机制符合系统的构成要件，具备系统的基本属性。

有鉴于此，研究中国—东盟自由贸易区国际投资法律机制的微观完善策略，应当遵循马克思主义系统论中有关系统发展理论的指引。该理论旨在揭示系统如何成长、完善与转化，内容涉及系统发展的动因、方向与方式等方面的基本规律。首先，马克思主义系统论认为，推动系统发展的动因包括内因与外因。其

---

① 参见苗东升：《系统科学精要》，中国人民大学出版社 2016 年版，第 20~21 页。

中，系统内部因素的相互作用构成系统发展的内因，而外部环境的变化是推动系统发展的外因。其次，系统发展的方向既有进化，也有退化，但进化占据主导地位，即大部分系统是由低级向高级、从简单向复杂的方向演变。最后，系统的发展方式包括量变发展与质变发展。前者是系统内部要素数量的增减，是一种渐进的、性质不发生改变的发展。后者是系统性质发生变化的发展，即系统性质的转化。坚持以马克思主义系统发展论为指引，以马克思辩证唯物主义与历史唯物主义的视角，对中国—东盟自由贸易区国际投资法律机制发展演变的内外因素进行全方位的剖析，以此全面揭示该机制的微观完善机理与规律，全面探究完善该机制的实施规范、实施机构、实施方式与程序的具体策略，从而落实机制的宏观完善目标、发展模式与路径，推动机制更好地适应中国—东盟自由贸易区国际投资发展需要，为促进国际投资的可持续发展，构建自贸区公平合理的国际投资新秩序提供强有力的机制保障。

二、主要的现实依据

从世界以及中国—东盟自由贸易区和我国国内的相关实践情况来看，研究完善中国—东盟自由贸易区国际投资法律机制的微观策略，需要从下述现实情况出发进行实证性的研究：

（一）世界范围——国际多边投资体系面临改革重任

当前，世界经济格局正在发生着深刻调整，单边主义、保护主义日渐抬头，经济全球化遭遇波折，多边贸易与投资体制的权威性和有效性受到严重挑战。某些西方发达国家滥用国家安全例外的措施，不当阻挠正当的国际投资活动，既破坏了以世界贸易组织 TRIMs 协议、《多边投资担保机构公约》与《华盛顿公约》等多边国际投资规则为基础确立的自由、开放的投资秩序，也严重损害了包括中国在内的广大发展中国家的利益。在此背景下，中国坚决支持对世贸组织进行必要改革，帮助解决多边贸易与投资主义面临的危机，回应时代发展要求，推动建设开放型世界经济。为此，中国于 2018 年 11 月发布了《中国关于世贸组织改革的立场文件》，阐述了中国对世界贸易组织改革的基本原则和具体主张，提出面对新一轮科技革命和数字经济变革带来的机遇和要求，世界贸易组织应当以开放、透明、包容、务实、灵活的方式，适时回应时代发展和业界需求，制定充分考虑成员发展阶段和能力水平的国际贸易投资规则。上述国际形势要求本书在研究与中国—东盟自由贸易区国际投资相关的 TRIMs 协议、《多边投资担保机构公约》与《华盛顿公约》的微观策略时，要与中国政府的正义立场保持一致，适时回应当前时代背景下国际多边投资体系的改革与发展需要，要着眼于抵制单边主义与保护主义，提出旨在维护世界多边贸易与投资体制的微观完善策略，为促进世界及中国—东盟自由贸易区国际投资自由化与便利化的发展，提供强有力的法律机制保障。

（二）中国—东盟自由贸易区——国际投资保护与监管任务繁重

如前所述，中国—东盟自由贸易区内的各类投资壁垒依然存在，国际投资促进任务艰巨，亟需完善相关法律机制以打破投资壁垒，推动"一带一路"倡议的落实，促进投资自由化与便利化的实现。此外，中国—东盟自由贸易区内的国际投资保护与监管任务也依然艰巨。虽然自贸区内的投资风险总体上处于可控范围之内，但由于区域内大多数国家是发展中国家，经济基础薄弱，对外依存度较高，受国际经济环境影响较大，且法律制度不完善，因而仍易诱发下述一系列投资风险，亟待完善法律机制对国际投资的保护与监管功能。从中国投资东盟的实践情况出发，相关非商业国际投资风险主要包括：

1. 自然环境风险

东盟地区幅员辽阔，地跨亚热带与热带两个气温带，地理环境和气候千差万别，自然灾害频发且类型多样，这给受自然环境影响最大的农林牧渔业投资带来较大风险。以泰国为例，该国位于中南半岛中部，地处热带。21 世纪以来受全球气候变化影响，泰国境内洪水、海啸、地震、台风等自然灾害频发，如 2004 年的印度洋海啸、2008 年的威马逊台风、2011—2012 年的大洪灾都给泰国经济尤其是农业带来了巨大损失。据各国竞争力指标分析库（EIU Market Indicators & Forecasts）统计，2010 年至今泰国的自然环境风险居高不下，长期处于较高风险状态（详见图 5-1），由此急需强化对于这类投资风险的防范。

2. 东道国政府违约风险

在东盟成员国中除新加坡的法治比较完备之外，其他成员国尚属发展中国

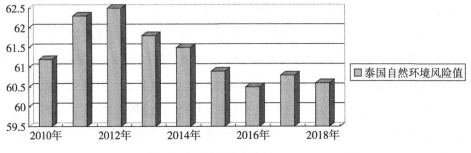

图 5-1　泰国自然环境风险值统计（2010—2018 年）

数据来源：各国竞争力指标分析库（EIU Market Indicators & Forecasts）

家，法律与民主制度不完善，政府行政效率与透明度不高，一些国家的腐败问题比较突出，因投资东道国政府违约与违法征收所引发的投资风险较高，因此亟待强化机制对于这类非商业投资风险的防范。

3. 外汇管制风险

目前绝大部分东盟成员国的汇率监管体制还不完善，一旦遇到外汇短缺等国际收支困难或突发事件，往往会采取苛严的外汇管制措施，限制外国投资者将其投资资本及利润转移出境，由此引发外汇管制风险。例如马来西亚自 2015 年以来，经济受国际油气价格大跌影响而发展放缓，马来西亚元的内部支撑被削弱，对美元汇率持续下跌（见图 5-2），强化外汇管制的倾向性不断加大，因而亟待强化机制对有关外汇管制风险的防控。

4. 战争与内乱风险

自 21 世纪以来，东盟地区在总体上维持了较为和平稳定的国际投资环境，但局部战争与内乱仍时有，战争与内乱风险长期存在。一方面，因历史积怨和领土主权纷争，部分东盟成员国之间纷争不断。例如 2008 年泰国与柬埔寨为争夺柏威夏寺主权而多次发生大规模的军事冲突，2014 年马来西亚与印尼在卡里曼丹主权争议海域发生了军事对峙。另一方面，一部分东盟成员国政局不稳，内部纷争不断。例如 21 世纪以来，泰国于 2006 年、2014 年先后发生了两次军事政变，缅甸自 2011—2016 年经历了长达 6 年的内战。这些战争与内乱既给投资者人身与财产安全造成了威胁与损害，也导致一些对东盟投资项目的流产（如缅甸

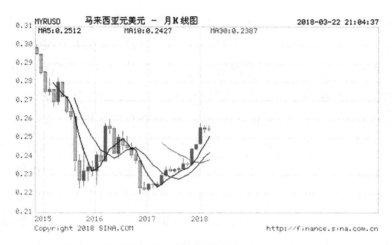

图 5-2　马来西亚元与美元汇率走势（2013—2018 年）

数据来源：新浪金融网（http：//finance. sina. com. cn）

内战导致中缅密松大坝投资工程停工，泰国政变导致中泰高铁投资计划搁浅），因此急需强化机制对于这类投资风险的防范。

鉴于中国—东盟自由贸易区内目前依然存在着上述一系列非商业国际投资风险，给投资者的财产和人身安全以及自贸区的国际投资秩序带来了不容忽视的隐患，这使得有关法律机制面临着繁重的国际投资保护与监管任务。为此，我们必须进一步完善机制的有关实施规范、实施机构、实施方式与程序，尤其是着重完善中国—东盟自由贸易国际投资的法律保护与监管机构及其法律规范，不断弥补有关监管漏洞，强化对国际投资风险的防控，维护中国—东盟自由贸易国际投资秩序，保障和促进有关国际投资实现可持续健康发展。

（三）国内——投资体制改革不断推向深化

我国自改革开放以来，在完善政府投资管理，建立投资主体责任约束机制，推进投资项目决策科学化、市场化方面进行了一系列改革探索，取得了许多成绩，但一直没能有效解决投资资源优化配置的问题。为此，国务院在 2004 年 7 月发布了《国务院关于投资体制改革的决定》，内容包括深化投资体制改革的指导思想和目标，转变政府管理职能，确立企业的投资主体地位，完善政府投资体制，规范政府投资行为，加强和改善投资的宏观调控，加强和改善投资的监督管理等重要内容，由此拉开了我国全面进行投资体制改革的序幕，并成功推动了我国投资效率和企业效率明显上升，迅速发展成为世界主要的对外投资大国。

在此基础上，我国"十三五规划"进一步提出"发挥投资对增长的关键作用，深化投融资体制改革，优化投资结构，增加有效投资。完善投资布局，扩大开放领域，放宽准入限制，积极有效引进境外资金和先进技术。支持企业扩大对外投资，推动装备、技术、标准、服务走出去，深度融入全球产业链、价值链、物流链，建设一批大宗商品境外生产基地，培育一批跨国企业。积极搭建国际产能和装备制造合作金融服务平台。完善境外投资管理，健全对外投资促进政策和服务体系。有序扩大服务业对外开放，扩大银行、保险、证券、养老等市场准入。推动同更多国家签署高标准双边投资协定、司法合作协定，争取同更多国家互免或简化签证手续。构建海外利益保护体系。完善反洗钱、反恐怖融资、反逃税监管措施，完善风险防范体制机制"等重要战略决策，由此拉开了我国投资体制改革进一步走向深化的序幕。

在中央"十三五规划"指导和推动下，全国各省市纷纷启动了深化投资体制改革的进程。以广西为例，近年来广西以发展对东盟国际投资为契机，以中国—东盟博览会、中国—东盟商务与投资峰会等为平台，积极发展与东盟的相互投资。为此，广西根据中央的"十三五规划"精神，制定了符合广西自身发展情况与特色的"广西十三五规划"，指导推动进一步转变政府职能，持续推进简政放权、放管结合、优化服务。坚持宽进与严管相结合，深化行政审批制度改革，进一步取消和下放行政审批事项，全部取消非行政许可审批，大幅缩减政府核准投资项目范围，规范和优化审批程序和流程，精简前置审批，规范中介服务。加强事中事后监管，做好取消和下放管理层级行政审批项目的落实和衔接，提高政府效能。完善权力清单、责任清单，实施负面清单管理，努力建设服务型政府，并由此取得了很大成绩，有力地推动了我国对东盟国际投资的迅猛发展（具体发展数据详见第四章第一节）。

与此同时，笔者从广西投资促进局调研了解到，广西在发展对东盟投资方面还存在着下述几方面问题：第一是第三产业开放程度不够。东盟外商投资第三产业比重偏低，目前主要集中在房地产、交通运输、仓储、邮政业、住宿、餐饮业以及批发和零售业，而教育、卫生、社会保障和社会福利业、金融、保险、水利、环境和公共设施管理、文化、体育和娱乐业等行业由于开放较晚，所占比重较低。第二是投资软环境有待提升，政务服务水平有待提高。政府办事运行效率依然不高，手续过于繁杂，欠缺灵活性，且各机构内部协调不足，重叠工作较多，增加了投资成本。第三是政策法规配套性不够，容易造成投资纠纷。广西乃至全国经济仍处于转型时期，无论是总体的法律框架、政府对经济的管理方式，还是资本市场和销售渠道的建立等，都还存在许多不足，制约了外资的扩大进入和投资效益的有效提高。市场经济法律体系不健全，法律基础、立法程序、运行机制等仍未完全转向市场经济，有关法律法规中还存在着许多与市场经济原则不相符的规定，执行过程中也存在一些问题，给在市场经济环境中运行的外商投资造成了很大阻碍。此外知识产权保护不力，也降低了外商投资的吸引力。上述问题既是广西在发展对东盟投资过程中存在的不足，同时也是其他省份相关问题的缩影，因而值得关注和研究。

上述实践情况对本书研究中国—东盟自由贸易区国际投资法律机制微观完善策略的启示在于：相关研究必须要立足于我国当前投资体制改革的实际发展情况，遵循中央"十三五"规划精神的指导要求，针对广西乃至全国在涉东盟国际投资发展过程中存在的实际问题，提出具有针对性、可行性与实效性的微观完善对策，以此推动我国投资体制的深化改革与完善，推动提升中国—东盟自由贸易区国际投资法律机制在投资保护、监管与促进方面的重要功能，保障和促进自贸区国际投资的可持续健康发展，助力自贸区构建公平合理的国际投资新秩序。

第二节　机制实施规范的微观完善策略（上）

从中国—东盟自由贸易区国际投资法律机制的多边与双边实施规范来看，现已形成了涵盖《与贸易有关的投资措施协议》《多边投资担保机构公约》《华盛顿公约》《中国—东盟投资协议》《中国—东盟争端解决机制协议》以及中国与东盟各国签署的双边投资协定等在内的国际条约体系，为调整中国—东盟自由贸易区国际投资法律关系提供了重要的国际法保障。针对上述国际协定存在的不足，笔者遵循相关理论与现实依据，并适度借鉴域外相关经验，从"一带一路"

背景下中国—东盟自由贸易区国际投资发展的实际法治需求出发，对机制的多边与双边实施规范提出下述微观完善策略：

一、TRIMs 协议的微观完善策略

WTO 的 **TRIMs** 协议作为世界上第一个专门规范贸易与投资关系的多边国际协议，对于促进国际贸易与投资自由化的发展具有重要作用。但该协议目前对"投资"定义与国民待遇的规定比较模糊，缺乏必要的透明度，影响了相关条款的实施，这些问题在"印度尼西亚影响汽车工业的某些措施案"（WTO 案号：DS54、DS55、DS59、DS64）中有较为突出的反映。针对上述问题，笔者建议根据我国在 2018 年《中国关于世贸组织改革的建议文件》提出的基本改革立场，适度借鉴欧盟、北美自由贸易区与中国—东盟自由贸易区的相关经验，从下述两方面着手完善 WTO 的 **TRIMs** 协议，从而为保障中国—东盟自由贸易区国际投资实现可持续健康发展，提供更合理的 WTO 规则保障。具体来说：

一方面，在与贸易有关的投资措施定义方面，以美国为代表的发达国家通常希望对其定义作扩张性的解释，将与贸易有直接联系和间接联系的投资措施统统纳入到 WTO 的 **TRIMs** 协议的适用范围之中，以此扩大该协议对发达国家对外投资的保护范围。但作为资本输入国的发展中国家通常主张对投资措施的定义作限制性的解释，主张将投资措施限定为与贸易有直接关系的投资行为。对此笔者认为，无论何种投资行为或措施，都会对贸易产生或多或少的影响，如果不对这种影响的直接性与间接性加以区别，则所有的投资措施都可以被定义为与贸易有关的投资行为，这种定义显然过于宽泛了，容易导致发达国家利用 **TRIMs** 协议对发展中国家正当的投资宏观调控措施予以不当干涉。

通常来说，国家层面上的"投资措施"（不包含投资者本人采取的投资措施）具有三种基本涵义：一是指投资输入国政府为维护本国经济发展利益，针对外国投资的项目或企业所采取的各种法律和行政措施。二是指投资输出国政府为维护本国经济发展利益，针对本国对外投资的项目或企业所采取的各种法律和行政措施。三是兼采前两种涵义，既指投资输入国政府针对外国投资的项目或企业所采取的各种法律和行政措施，也指投资输出国政府针对本国对外投资的项目或企业所采取的各种法律和行政措施。从 **TRIMs** 协议的内容来看，笔者认为其规定

的"与贸易有关的投资措施"符合"投资措施"的上述第三种涵义，而且从维护发展中国家正当利益与公平合理的国际投资新秩序的角度予以考虑，笔者建议应将 TRIMs 协议中"与贸易有关的投资措施"明确限制定义为"一国政府针对国际投资项目或企业所采取的、与贸易有直接关联的各种法律和行政措施"，并适度参照欧盟、北美自由贸易区与中国—东盟自由贸易区的立法经验，对前述"与贸易有关的投资措施"的外延进行列举式的规定，如规定"与贸易有关的投资措施"包括一国政府对于基于跨境贸易合同的企业投资项目不动产权益以及股权证券、债权证券、贷款等投资动产权益采取的各种法律和行政措施。这一规定有利于维护发展中国家的主权利益，平衡发达国家与发展中国家的投资利益，推动建立公平合理的国际经济新秩序。不过可以预见的是，由于上述定义限制了发达国家的一些权益，因而其能否被发达国家接受和认可，需要取决于发达国家与发展中国家的实力对比和谈判技巧，这将是一个漫长的博弈过程。

另一方面，在 TRIMs 协议的国民待遇规定方面，笔者建议应当紧密结合前述关于"与贸易有关的投资措施"定义，对 TRIMs 协议的国民待遇条款予以明确性的规定。具体来说，虽然 TRIMs 协议第 2 条第 1 款规定了违反 1994 关贸总协定第 3 条的投资措施是违背国民待遇原则的禁止性行为，但由于 TRIMs 协议调整的仅是与贸易有直接关系的投资措施，因此应当将两类措施排除在 TRIMs 协议的国民待遇原则禁止性措施范围之外：一类是与贸易没有直接关联的投资管理性措施，如国家对投资者开办的独资企业、合资企业或合作企业等企业自身采取的各种法律和行政措施。另一类是与投资无关的贸易管理性措施，如国家采取的配额、许可证等管理措施。尽管上述两类措施在实践中有违背国民待遇原则的情况存在，但基于 TRIMs 协议对投资措施的定义，应当在协议中明确性地补充规定上述两类措施不在协议调整范围之内，以此明确划定 TRIMs 协议国民待遇条款的适用范围，防止缔约国滥用相关条款干涉投资东道国的经济主权。

此外，关于违反国民待遇原则的投资措施是否仅限于 TRIMs 协议附录解释性清单规定的两种情形？发达国家通常主张采取扩张性的解释，即将其理解为包含式的列举（"包括但不限于式"），而非排除式的列举。发展中国家对此则予以反对，坚持认为应当将其予以限制性解释，理解为排除式的列举。对此笔者基于维护广大发展中国家主权与发展利益的基本立场，主张应当完善 TRIMs 协议附录解释性清单第一条中关于与国民待遇不相符的投资措施条款的表述，将原文中的"包括"改为"限于"即改为"与1994关贸总协定第3条第4款规定的国际待遇义务不相符的投资措施限于那些在国内法或行政命令下强制或可强制执行的措施，或为取得优势地位而必须服从的措施，以及有下列要求的措施：……"，以此防止对该条款作出不正当的限制性解释，维护包括中国与东盟各国在内的广大发展中国家的主权利益，推动在中国—东盟自由贸易区乃至世界范围内构建公平合理的国际投资新秩序。

二、《多边投资担保机构公约》的微观完善策略

如前所述，《多边投资担保机构公约》可以为防范中国—东盟自由贸易区的国际投资风险提供国际法律保障，但该公约目前存在的问题是：担保评估依据的环境保护与劳工标准过高，影响了发展中国家获得担保权利。对此笔者认为，经济全球化是世界经济发展的大势所趋与历史必然，将环境保护与劳工标准纳入到多边投资担保机构公约的担保评估标准之中，是顺应经济全球化发展趋势的必然选择，但是应当渐进式地推进，不能操之过急，不应当为投资担保设定超过发展中国家承受能力的环保与劳工标准，否则会损害发展中国家的经济发展权利。

这是因为：第一，发展中国家相对较低的劳工与环保标准是其特定的历史发展阶段的一种必然选择。例如中国—东盟自由贸易区内绝大部分都是发展中国家，由于经济水平低，人口劳动力相对过剩，预期劳动报酬低，就单位工资这一点而言，具有低人工成本优势是很自然的，这是一种人力资源成本比较优势的客观所在，因而不能以过高的劳工工资标准要求发展中国家。第二，发展中国家的经济普遍较为落后，发展国民经济的紧迫性较高，如果为其设定过高的环保评估标准，不仅使许多发展中国家的经济与技术条件难以达到要求，也会加大有关企业的经营负担，减少企业利润，阻碍发展中国家的经济增长。第三，国际社会和谐发展，构建人类命运共同体是整个人类社会追求的终极目标。如果发达国家将其较高的环保与劳工标准与国际投资挂钩，在多边投资担保领域强推西方的环保与劳工标准，虽然有推动发展中国家改善环境与劳工人权状况的合理性一面，但也存在着忽视发展中国家的客观发展状况，给发展中国家附加过多国际义务的弊端，甚至由此产生对发展中国家的投资担保设置壁垒的问题，这无异于剥夺了发

展中国家应有的发展权利。因此基于上述原因，笔者建议应当从保护大多数发展中国家发展利益的角度出发，将《多边投资担保机构公约》及其框架下的《多边投资担保机构规则》中的环保与劳工担保评估标准降至发展中国家的接受水平，以此保护广大发展中国家的发展机会与权利，防止发达国家利用该公约为发展中国家设定不正当的附加条件，推动中国—东盟自由贸易区乃至全球建立起公平合理的国际投资新秩序。

三、《华盛顿公约》的微观完善策略

《华盛顿公约》对于妥善化解中国与东盟国家间的投资纠纷，促进国际投资合作发挥了重要作用，但也存在着管辖权限定不严格，致使出现公约项下的解决投资争端国际中心（ICD）不当扩大管辖权的问题，从而对投资东道国的经济主权形成不利影响。对此，笔者建议适度参照北美自由贸易协定的相关经验，着眼于推动构建中国—东盟自由贸易区公平合理的国际投资新秩序，采取下述两项对策以解决《华盛顿公约》的管辖权不当扩大的问题。

第一，建议完善《华盛顿公约》第 25 条第 1 款关于解决投资争端国际中心（ICD）管辖权的规定，对"同意"做出限制性的规定，明确将"同意"限定为双方当事人之间通过书面形式表示同意接受"解决投资争端国际中心"的案件管辖。具体来说，建议将第 25 条第 1 款修改为"适用于缔约国（或缔约国向中心指定的该国的任何组成部分或机构）和另一缔约国国民之间直接因投资而产生并仅经双方之间书面同意提交给中心的任何法律争端。当双方表示同意后，任何一方不得单方面撤销其同意"。以此排除投资利益受让方的仲裁请求权，避免将最惠国待遇条款解读为"默认同意"，以此防止 ICSID 仲裁庭不当扩大管辖权。

第二，建议《华盛顿公约》增设规定关于解决投资争端国际中心（ICD）管辖权的先行审查机制，以此事先防范申请人滥诉。对此可考虑规定由 ICSID 秘书长根据完善后的《华盛顿公约》第 25 条第 1 款之规定，对当事人仲裁请求是否属于 ICSID 管辖范围先作形式上的初步审查。在初步审查通过后，再将申请材料转送仲裁庭 ICSID 或调解委员会对管辖权进行实证审查，最终确定中心是否具有管辖权。建立管辖权的先行审查机制有助于事先防止申请人滥诉，避免给被申请人造成不必要的诉累，保障仲裁的效率与公平，维护投资者与投资东道国的利益

平衡，推动中国—东盟自由贸易区乃至全球构建公平合理的国际投资新秩序。

四、《中国—东盟投资协议》的微观完善策略

《中国—东盟投资协议》是指引和规范中国—东盟自由贸易区国际投资法律机制运行的重要多边条约，对保障和促进该自贸区国际投资的良性发展，推动落实"一带一路"倡议发挥了不可替代的重要作用。但协议签署时间不长，在实践适用中暴露出了一些不容忽视的问题。对此笔者基于相关理论与实践，在适度借鉴域外经验基础上，提出下述完善《中国—东盟投资协议》的微观策略：

第一，对于《中国—东盟投资协议》在立法价值目标定位方面的不足，笔者建议应当将"平等互利"补充为机制的基本价值目标之一，以此维护投资者与投资东道国的利益平衡。对此可适度借鉴《北美自由贸易协定》第十一章《投资》第二节（《一缔约方与另一缔约方投资者之间的争端解决》）第1115条中确立的"平等""公正"的目标①，将《中国—东盟投资协议》第2条的立法价值目标修改为"本协议的目标是旨在通过下列途径，促进东盟与中国之间投资流动，建立自由、便利、平等、公正、透明和竞争的投资体制"，并在该条中增设规定"保证各缔约方与投资者根据平等互利原则实现本协议规定的各项权利与义务"。以此契合协议在维护投资者与东道国利益平衡方面的功能诉求，为保障中国—东盟自由贸易区国际投资的可持续健康发展提供科学指引。

第二，针对《中国—东盟投资协议》对于缔约方行为的约束范围过窄问题，从近年来解决投资争端国际中心（ICSID）公开的国际仲裁案件情况来看，确实存在因东道国政府采取具体行政行为而引发投资争议及相关仲裁的问题。例如ICSID受理的中国香港的 Pan AmericanAmco 公司诉印度尼西亚政府投资仲裁案，正是因为印尼政府取消了香港的 Pan AmericanAmco 公司在印尼投资经营许可证，引发了二者间的国际投资纠纷及相关仲裁。有鉴于此，笔者认为应当适度扩大《中国—东盟投资协议》对缔约方行为的约束范围，将具体行政行为和司法行为

---

① 《北美自由贸易协定》第1115条（《一缔约方投资者以自己的名义提出的诉求》）规定，"在不损害第二十章（《制度安排与争端解决程序》）规定的各缔约方权利与义务的前提下，本节建立一个投资争端解决机制，以保证根据国际互惠原则各缔约方投资者之间的平等待遇和公正的法庭面前的正当程序"。

纳入到协议的调整范围之中，将《中国—东盟投资协议》第1条第7款关于"措施"的定义修改为是指"影响投资者和/或投资的，任何普遍适用的法律、法规、规则、程序、行政决定或具体行政行为以及司法行为"，以此为受投资东道国具体行政行为或司法行为侵权的投资者，提供相关的法律救济，更充分地保护投资者的利益，在中国—东盟自由贸易区内促进构建公平合理的国际投资新秩序。

第三，对于《中国—东盟投资协议》中规定的"国民待遇"范围较窄问题。笔者建议在中国—东盟自由贸易区经济一体化水平，以及各国经济水平发展到中等以上程度后，适时推动各国合作修改协议第4条关于"国民待遇"的规定，将对"国民待遇"的保护扩展至投资准入阶段，使之与协议第5条"最惠国待遇"规定的范围保持一致，以此进一步提高机制对于国际投资的保护力度，为区域内的国际投资者提供更全面的法律保护。

第四，关于《中国—东盟投资协议》对"公正和公平待遇"内涵界定模糊的问题，鉴于中国与东盟各国乃至国际社会对于其内涵尚未形成统一认识，建议从中国—东盟自由贸易区国际投资发展的实际情况出发，在《中国—东盟投资协议》中采取列举式的立法模式，从投资待遇的透明度、诚信度、非歧视性程度、行政救济与司法救济的合理性及其程序的正当性等角度，列举明示"公平与公正待遇"的内容与实施标准，以此使得相关规定更具可操作性，避免其与"最低投资标准待遇"和"最惠国待遇"发生混淆而导致法律实施出现偏差。

第五，关于《中国—东盟投资协议》第8条"征收"中的"公共利益"条件规定不明确的问题，笔者认为对于"公共利益"内涵与外延的界定，既不能过宽，以免引发投资东道国滥用征收权力。但也不能过窄，以免投资东道国正当的征收权力被不当限制乃至剥夺。对此笔者建议可以考虑将"公共利益"内涵规定为"合理满足缔约方国家多数民众享有的公共产品与服务利益"，并通过列举式的立法方式将"公共利益"的外延界定为"包括但不限于基本人权、社会安全和秩序、环境安全、社会公德等公共利益"，以此合理限定"公共利益"的范围，促进维护投资者与东道国的利益平衡。

第六，对于《中国—东盟投资协议》中缔约方与投资者间争端解决条款适用范围不全面的问题，笔者认为既不能通过列举式的方式过于限制协议适用范围，也不宜将相关条款的适用范围宽泛地表述为"与投资有关的一切争端""就投资产生的任何争端"等措辞，以免造成投资者的滥诉。对此可借鉴《北美自由贸易协定》第1116条与第1117条的规定①，将《中国—东盟投资协议》第14条有关"缔约方与投资者间争端解决条款"的适用范围修改为："适用于一缔约方与另一缔约方的投资者之间产生的，涉及因前一缔约方违反本协议规定的义务给投资者造成损失或损害的投资争端。"如此规定既可以避免投资者滥诉，又有利于充分保护投资者的合法权益，维护投资者与东道国的利益平衡。

　　第七，对于《中国—东盟投资协议》中"一般例外"条款不明确的问题，笔者建议应当细化该协议第16条关于东道国例外条款的规定，为判断东道国的投资管制措施是否构成"任意或不合理歧视的变相限制"制定统一确定的标准，明确划分东道国合理的投资管制权与"间接征收"的界限，以此保护投资东道国的正当主权。根据国际通行的比例原则，建议在《中国—东盟投资协议》第16条增设规定东道国援引"一般例外"条款获得豁免的基本标准，具体包括：一是正当性标准，即东道国必须真正地以维护公共利益为目的采取投资管制措施；二是必要性标准，即东道国为维护公共利益所采取的投资管制措施必须具有不可替代性；三是适当性标准，即东道国为维护公共利益采取的投资管制措施，必须是对投资者损害最小的方式，且该损害必须与东道国获得的公共利益构成合理比例。违背上述三项基本标准，仲裁庭可认定东道国的投资管制措施构成间接征收，须对投资者进行补偿。上述标准有助于引导仲裁庭对东道国与投资者的利益博弈做出公正裁决，从而合理实现《中国—东盟投资协议》的价值目标，保障中国—东盟自由贸易区国际投资秩序的稳定。

　　此外笔者建议：适度借鉴TRIMs协议的立法经验，在《中国—东盟投资协议》增设规定缔约方应承担"取消一般数量限制"的义务，禁止其通过采取配

---

① 《北美自由贸易协定》第1116条（《一缔约方投资者以自己的名义提出的诉求》）规定，"一缔约方投资者可就另一缔约方违反第一节或第1503条第2款或第1502条第3款第1项规定之义务，提请根据本节规定进行仲裁"。第1117条（《一缔约方投资者以企业的名义提出的诉求》）规定，"一缔约方投资者以该投资者直接或间接拥有或控制的另一缔约方法人企业的名义，可就另一缔约方违反第一节或第1503条第2款或第1502条第3款第1项规定之义务，提请根据本节规定进行仲裁"。

额、进口许可证、自动出口限制、数量性外汇管制等数量限制措施来设置投资壁垒，但可为投资东道国设定一定合理期限的过渡期，以此保障投资输入国与输出国之间的利益平衡。另外建议在《中国—东盟投资协议》第19条"透明度"中增设规定："一缔约方对另一缔约方要求提供投资信息的请求应给予考虑，且一缔约方应当根据另一缔约方成员方提供的投资信息，给予对方足够的磋商机会，以此丰富协议的投资透明度义务条款，增进中国与东盟相互投资的互信合作，推动中国—东盟自由贸易区实现国际投资自由化与便利化发展目标。"

五、《中国—东盟争端解决机制协议》的微观完善策略

《中国—东盟争端解决机制协议》对于解决中国与东盟成员国之间的国际投资纠纷具有重要的指引与调整作用，它也是中国—东盟自由贸易区国际投资法律机制重要的实施依据之一。目前该协议对于仲裁庭主席指定的规定不尽合理，也未对仲裁庭主席之外的仲裁员回避问题予以规定。针对这些问题，笔者建议从中国—东盟自由贸易区国际投资仲裁的实际情况出发，适度借鉴域外相关经验，采取下述具体策略完善《中国—东盟争端解决机制协议》：

（一）完善仲裁庭主席的选任规定

对于完善《中国—东盟争端解决机制协议》中关于仲裁庭主席选任规定问题，笔者建议分两个阶段予以完善：

第一阶段，在目前中国—东盟自由贸易区经济一体化程度不高，且未建成统一的常设国际仲裁主管机构的情况下，建议借鉴北美自由贸易区（NAFTA）的相关经验，通过"逆向选择"的特殊方式（注：即先选任仲裁庭主席，再选任其他仲裁员，这与一般的仲裁员选任顺序相反）选举仲裁庭主席。具体来说，建议修改《中国—东盟争端解决机制协议》第7条第3款的规定，将仲裁庭主席的选任方式修改为：首先由争端双方合意选择仲裁庭主席，如果双方无法达成合意，则通过抽签方式选择各方任命人选中的其中一人担任。在仲裁庭主席产生以后，每一争端方可以再各选一名仲裁员组成仲裁庭。这种选任仲裁庭主席的方式既尊重当事方的意思自治，又有利于保障仲裁庭主席任命方式的公平性与高效性。

第二阶段，待今后中国—东盟自由贸易区经济一体化程度较高，构建起了统一的常设国际仲裁主管机构后（建议构建"中国—东盟自由贸易区国际贸易与投资委员会"，具体主张见后文），可适度借鉴国际商会国际仲裁院（ICC 仲裁院）的相关经验来，进一步改革和完善选任仲裁庭主席的方式。对此建议今后继续修改《中国—东盟争端解决机制协议》第 7 条第 3 款的规定，规定由中国—东盟自由贸易区国际贸易与投资委员会（下文简称"委员会"）负责组建仲裁庭，指定仲裁庭主席及其他仲裁员。建议规定：首先由每一方当事人在其仲裁申请书和答辩中选定 1 名仲裁员并报"委员会"确认。如果争端当事方不能选定仲裁员，则由"委员会"指定。其次，仲裁庭主席先由争端双方协商确定，双方无法达成共识的，则由争端当事方按其约定的选定方式选任仲裁庭主席，并报"委员会"确认。如果争端当事方对仲裁庭主席的选定方式也无法达成一致的，则由"委员会"指定。这种方式与前述"逆向选择"的方式相比，更有利于体现和保护当事方的意思自治，并在不损害相关程序效率的同时，更好地保障仲裁庭主席选任方式的公正性。

（二）完善仲裁员的回避规则

为全面保障中国—东盟自贸区国际仲裁工作的公正性，防止仲裁员实施徇私舞弊等违法犯罪行为，建议完善《中国—东盟争端解决机制协议》第 7 条第 6 款的规定，将适用于仲裁庭主席的回避规则扩展到所有仲裁员，以确保仲裁的中立性与公平性。此外，笔者还建议参照域外相关经验，适度扩展和进一步细化有关仲裁员回避条款的相关规定，具体建议如下：

首先，建议进一步扩展关于仲裁员回避事由的规定。《中国—东盟争端解决机制协议》第 7 条第 6 款规定的回避事由仅包括"不应为任何争端当事方的国民，且不得在任何争端当事方的境内具有经常居住地或者为其所雇佣"。这显然难以囊括可能引发仲裁员从事违背职业道德的禁止性行为的事由。对此建议参照域外经验，将仲裁庭主席及其他仲裁员的回避事由进一步拓展至为：第一，出现能够引发当事人对仲裁员公正性与独立性产生正当怀疑的情况；第二，仲裁员因法律或事实原因而无法正常履行其职责；第三，仲裁员不具备当事人约定的资格或法定的资格。这些规定高度概括和全面涵盖了合理要求仲裁员回避的核心理由，既与通行的国际仲裁规则相接轨，具有广泛的适用性与较高的可行性，又有利于最大限度地防范仲裁员的违法犯罪行为，保障中国—东盟自由贸易区国际投资仲裁当事方的合法权益，维护国际投资仲裁的公正性。

其次，建议明确规定仲裁员回避决定权的归属。根据《联合国国际贸易法委员会（UNCITRAL）仲裁规则》《1998 年国际商会仲裁规则》与《伦敦国际仲裁院（LCIA）仲裁规则》等世界知名国际仲裁规则的有关经验，建议在《中国—东盟争端解决机制协议》中增设有关仲裁员回避决定权的规定。鉴于目前中国—东盟自贸区尚未建立统一性的常设国际仲裁机构，因而建议先增设规定"仲裁员回避事项由负责设立该国际仲裁庭的缔约国联络处决定"。待日后自贸区成立"中国—东盟自由贸易区国际贸易与投资委员会"后，在由其享有仲裁员回避决定权。

最后，建议增设关于仲裁员回避程序的立法规定。对此可参照域外经验并结合中国—东盟自由贸易区国际仲裁的实际情况，将该程序确立为：（1）当事人自收到仲裁员声明书或书面披露起 15 日内，向享有仲裁员回避决定权的有关机构，书面提出仲裁员回避申请，并明确提出回避申请所依据的具体事实、理由及证据。如果当事人在此后得知回避事由的，可以在得知回避事由后 15 日内提出仲裁员回避申请，但不得晚于最后一次开庭，也不得以仲裁员曾经披露的事项为申请仲裁员回避的事由。（2）享有仲裁员回避决定权的有关机构，在收到一方当事人提出的仲裁员回避申请后，应立刻通知被申请回避的仲裁员、另一方当事人和仲裁庭其他仲裁员在 3 日内提出书面意见。有关机构基于这些书面材料及证据对回避申请决定进行研究，必要情况下对回避事由进行实地调查。（3）享有仲裁员回避决定权的有关机构，在 10 日内对仲裁员回避申请作出决定，并将该决定立刻告知双方当事人和仲裁庭全体仲裁员。当事人对该决定不服的，可以在仲裁裁决后于法定期限内向有关司法机关提起诉讼。

上述关于仲裁员回避条款的完善策略，有利于在立法根源上消除影响仲裁公正的不利因素，最大限度地保障中国—东盟自由贸易区国际投资仲裁的公信力，从而更好维护中国—东盟自由贸易区国际仲裁秩序，推动自贸区构建公平合理的国际投资新秩序。

六、签订《中国—东盟税收协定》的微观策略

中国与东盟目前尚未签订多边税收协定，难以合作应当国际投资领域中的重复征税与逃、避税问题，这不利于中国—东盟自由贸易区国际投资的稳定发展。为弥补机制在此方面的国际立法缺失，笔者建议可适度参照域外经验，顺应"一带一路"倡议的实施要求，根据中国—东盟自由贸易区经济一体化的实际发展情况与规律，采取以下策略推动签订《中国—东盟税收协定》。具体来说：

第一，在目前中国—东盟自由贸易区经济一体化程度不高的情况下，应首先大力推动区域内各国加强直接税的协调工作，尤其是加强企业所得税和个人所得税的协调。其中对于企业所得税的协调，笔者建议：一是要推动区域内各国消除内外资差别税制，实行内外资企业统一的公司所得税法律制度，确保本国企业和外资企业的公平竞争。二是要推动各国统一居民企业判定标准，按照国际规范的要求优先选择抵免法、免税法等方法，避免双重征税。三是要推动各国协调企业所得税税率，推进企业所得税率实现趋同化。四是要协调各国的税收优惠安排，避免彼此间的恶性竞争。对于个人所得税的协调，笔者建议：一是要推动区域内各国统一居民纳税人认定标准实现统一，取消居民纳税人和非居民纳税人之间的差别。二是要推动各国统一采用综合征税制，推进采用分税制的成员国逐步以综合征税制为目标改革国内税法。三是要推动各国协调个人所得税的税率，尤其是协调最高边际税率，并兼顾协调扣除项目与标准。

第二，待今后中国—东盟自由贸易区经济一体化程度逐步加深后，在前期协调直接税的基础上，继续推动区域内各国开展间接税的协调工作，尤其是加强增值税的协调。对此笔者建议：一是要推动区域内各国努力促进增值税范围的趋同，力争不断减小各国间增值税征收范围的差异，减少税收对于国际投资资源配置的扭曲作用。二是要推动各国协调增值税税率，借鉴欧盟的税率协调经验，根据中国与东盟各国经济发展水平和税收实际情况，在各国充分协商的基础上，共同确定有关间接税的最低税率标准，并采取渐进式的发展路径，稳步推进各国逐步缩小增值税税率差异。

第三，推动各国合作建立统一的、专门性的税收协调组织。对此笔者建议在在目前中国—东盟自由贸易区经济一体化程度不高的情况下，可以首先推动组建

统一的税收协调研究机构，聘请税收专家对本区域税收协调问题进行专业研究，并将研究成果及协调建议提供给各成员国参考。今后待中国—东盟自由贸易区经济一体化程度逐步加深后，再适时推动组建税收协调的执行机构，全面负责税收协调工作，为中国—东盟自由贸易区的区域税收协调发展提供有力的组织保障。

第四，推动区域内各国加强税收信息交换，合作建立税收情报交换机制，在中国与东盟多边税收协定中规定具体的税收信息交换条款，立法内容包括交换的税收内容、交换时间、交换程序、交换方式等，以此推进各国实现税收情报领域的交换和共享，合作打击偷逃税和避税违法行为。

第五，推动区域内各国合作建立税收协调补偿机制。为了推进各国税收协调工作，促进达成《中国—东盟税收协定》，可以借鉴欧盟经验，在中国—东盟自由贸易区内建立税收协调补偿机制，并据此建立共同发展基金，对于为区域整体利益而造成自身税收损失的成员国给予必要的补偿，并为区域内各国发展经济提供优惠贷款，从而为各国开展税收协调工作与最终达成《中国—东盟税收协定》，奠定必要的经济基础。

上述策略既可以作为今后各方签订《中国—东盟税收协定》的立法蓝本，也可以作为推动签署协定的实施策略。鉴于中国—东盟自由贸易区内各国在经济、政治、法律和文化等方面存在着诸多差异，尤其是彼此间的税收制度与政策各异，因而推动签订《中国—东盟税收协定》不能操之过急，必须坚持与各国经济发展以及区域经济一体化发展同步进行，合理把握好税收协调以及相关协定的发展进程，为推动实现中国—东盟自由贸易区国际投资的可持续健康发展，提供完善的税收合作基础。此外，对于中国与东盟各国在税收双边协定方面的微观完善策略，可参见签订《中国—东盟税收协定》的上述微观策略，在此不再赘述。

七、签订中国与东盟投资诉讼司法合作协定的微观策略

针对中国与东盟签订同国际投资诉讼相关的多边司法合作协定面临的困难，笔者建议顺应国际民商事司法合作立法的专门化与集中化发展趋势，采取先易后难的策略，稳步推进中国与东盟签署专门性的民商事司法合作协定，即首先从争议相对较小的司法文书域外送达合作领域突破，率先推动签署这一方面的多边条约。随后逐步推进到争议较大的域外调查取证合作领域，以及承认

与执行域外的民商事裁决的合作领域，以此稳步推进相关多边协定的全面签署，为推动彼此间国际投资诉讼的顺畅进行，奠定司法合作的多边协定基础，从而为有效实施中国—东盟自由贸易区国际投资法律机制，有效化解该区域国际投资的投资纠纷，提供有力的法治保障。具体来说，建议在相关多边协定中规定下述重要内容：

第一，建议在司法文书域外送达多边协定中明确规定：缔约国自行指定或设立专门的司法合作主管机构。另规定：缔约国须将其指定或设立主管机关的信息（如机关名称、详细地址、联系方式、管辖区域、能够接受和协助送达的方式等）及信息变动，通过公函、备案、网络公告等多种形式予以公布或传达，以使得其他缔约国及时获悉信息，以此保障司法合作工作得以顺利开展。

此外为了提高司法合作效率，克服合作障碍，建议借鉴《海牙域外送达公约》与《欧盟送达公约》的有关经验，统一送达文书的格式，并在司法文书域外送达多边协定的附件中，附上统一格式的请求书、申请书、证明书、通知书与适用的语言要求，并要求缔约国相应机关和当事人参照适用，以此避免因文书标准、格式与语言的不统一而造成送达受阻。以域外送达请求书为例，建议应统一规定请求书包含下述必要内容：（1）转送机构与接受机构的信息，包括身份、地址、联系电话、传真号码、电子邮件等信息。（2）申请人与受送达人的信息，包括身份、地址、联系电话、身份证号码/组织号码、传真号码、电子邮件等信息。（3）送达方式。（4）被送达文书信息，包括文书的性质、日期或时效、语言与封签数量等。（5）送达请求书的回执。采用上述统一格式，有助于便利各国司法机关完成相关文书的域外送达，简化送达程序，提高合作效率。

第二，建议在域外调查取证多边协定中明确规定：缔约国自行指定或设立专门的司法合作主管机构（具体建议参见上文关于司法文书域外送达多边协定的论述）。另外建议参照《欧盟区外取证规则》与《海牙域外取证公约》的相关规定，在域外调查取证多边协定中统一规定域外调查取证请求书的格式、基本内容与语言标准，统一要求请求书须包含下述必要内容：（1）请求机关与被请求机关的基本信息。（2）诉讼当事人及其代理人的基本信息。（3）诉讼案件的基本信息。（4）所需证据的基本信息。（5）被调查者的基本信息。（6）调查取证的特别要求等，并统一要求请求书使用的语言须为被请求国的官方语言或其接受的其他语言，或者双方协商确立、共同认可的其他语言，以此保障合作顺畅。

第三，建议在承认与执行域外的民商事裁决多边协定中明确规定：缔约国自行指定或设立专门的司法合作主管机构（具体建议参见上文关于司法文书域外送达多边协定的论述）。另外建议适度借鉴欧盟的《卢加诺公约》、美洲国家组织的《关于外国判决和仲裁裁决的域外有效性公约》以及 1971 年海牙《关于承认与执行外国民事和商事判决的公约》的立法经验，在承认与执行域外的民商事裁决多边协中，统一规定申请书的格式、基本内容与语言标准，统一要求申请书须包含下述必要内容：（1）申请机关与被申请机关的基本信息。（2）诉讼当事人及其代理人的基本信息。（3）诉讼案件的基本信息。（4）外国法院判决书正本或者经核对无误的副本。（5）外国法院判决书或者仲裁裁决书的公证认证手续等，以此保障相关司法合作工作得以顺利展开。此外建议在这类多边协定中，对承认与执行域外的民商事裁决做出必要的限制性规定，规定如果一缔约国法院所作判决是在违反法律程序情况下做出的，另一缔约国可拒绝承认与执行。同时赋予缔约国必要的审查权力，允许缔约国的被请求法院审查被执行方的诉讼权利是否在公正的诉讼程序中得到了应有的保护，以此保障当事人的合法权益，确保其承认与执行的是公正的判决。

对于完善中国与东盟成员国民商事双边司法合作协定的微观完善策略，可参见签订本部分的上述微观策略，在此不再赘述。

八、中国与东盟成员国双边投资协议的微观完善策略

中国与东盟十国都已先后签署了双边投资协议，为保护与促进各国间的双边投资提供了重要的立法基础。但相关双边协定中目前普遍存在着投资定义不够严谨、投资待遇与征收规定不完善等问题，对此笔者建议从以下几个方面入手，对中国与东盟成员国双边投资协议予以完善：

第一，完善投资定义方面的规定，将双边协议中对于"投资"的开放式定义修订为兼具全面性与严谨性的混合式定义。具体来说，在投资定义的内涵方面，建议顺应当今国际立法潮流，适度参照《中国—东盟投资协议》的立法经验，将投资的核心内涵定义为"资产"，以此合理定位投资的收益性质，从而为投资待

遇及其保护提供更充分的法律依据。在投资定义的外延方面，建议以"包括但不限于"的列举方式对之予以规定，将投资者的有形、无形投资和经营权利等具有收益性质的资产类型纳入到投资定义之中，并将不具有收益特征的财产类型排除在投资定义范围之外，以此克服投资定义的不确定性，达到投资定义严谨性与全面性的平衡，以此维护投资者与东道国的利益平衡。

第二，完善投资待遇方面的规定。对此笔者建议：一是在区域内各国对于"公平与公正待遇"内涵难以达成共识的情况下，建议从完善该待遇的外延入手，通过列举方式，从投资待遇的透明度、诚信度、可预期程度、非歧视性程度、行政救济与司法救济的合理性及其程序的正当性等角度，列举明示"公平与公正待遇"的具体内容与实施标准，以此增强该待遇条款的可操作性，防止该待遇被不当扩大适用，避免因过度保护外国投资者利益而损害投资东道国的经济主权。二是要适度扩大最惠国待遇适用范围，合理参照《中国—东盟投资协议》的立法经验，将最惠国待遇的适用范围扩展至投资准入阶段，以此为缔约国及其投资者提供更为充分的法律保护。三是要积极推动中国与东盟各国将"国民待遇"纳入到双边投资协定之中，尤其是纳入到投资准入阶段的投资保护协定框架之内，以此促进各国消除对于外国投资者的歧视性措施，推动中国—东盟自由贸易区建立公平合理的国际投资新秩序。

第三，完善投资征收方面的规定。对此笔者建议：一是积极推动中国与东盟各国在双边协定中增设规定投资征收的司法审查条款，将投资东道国对于外国投资者的投资征收行为纳入到司法监管的框架之内，以此保护和救济有关投资者的合法权益。二是积极推动中国与东盟各国在双边投资协定中增设规定投资征收的补偿条款，对于补偿的标准、程序、方式以及迟延补偿的法律责任做出全方位的规定，以此充分保护国际投资者的合法权益。三是要积极推动中国与东盟各国在双边投资协定中增设规定投资壁垒的禁止性条款，规定建立投资领域的政府合作机制以及各层次的投资信息共享服务机制，整合各方力量共同推动消除双边投资中的投资准入壁垒、投资经营壁垒与投资退出壁垒，推进各类资本与生产要素在中国—东盟自由贸易区内自由流动，促进实现该区域国际投资自由化与便利化的发展目标。

第三节　机制实施规范的微观完善策略（下）

从中国—东盟自由贸易区国际投资法律机制的国内实施规范来看，我国现已形成了涵盖国际投资保护、国际投资促进、国际投资监管在内的一系列法律法规，为规范中国—东盟自由贸易区国际投资机制提供了重要的国内法基础。但我国现行国内法还存在一些立法不足，影响了机制的实施效果。对此，笔者在遵循相关理论与现实依据基础上，适度借鉴域外相关经验，紧密结合"一带一路"背景下中国—东盟自由贸易区国际投资的实际法治需求，对我国实施机制的国内法提出下述完善策略：

一、我国投资保护法的微观完善策略

我国在涉东盟国投资保护领域的立法不足突出表现为：海外投资保险立法滞后，缺乏专门性的对外投资保险立法。为了更有效地防范涉东盟投资风险，推进"一带一路"发展倡议在中国—东盟自由贸易区的国际投资领域顺利实施，笔者建议应根据中国对东盟投资实际情况，适度借鉴域外相关立法经验，探索制定符合中国国情的《对外投资保险法》，对此可做如下立法设计：

第一，在对外投资保险主体方面，建议《对外投资保险法》规定投保人包括自然人、法人和其他组织（包括未取得法人资格的个人独资企业、合伙企业、三资企业等）三种类型。在保险人方面，建议参照美国、德国、日本经验，由隶属于中央政府的政策性保险公司担任对外投资保险人。中国国务院在 2001 年 11 月批准成立了中国出口信用保险公司，这是中国目前唯一承办出口信用保险业务的政策性保险公司，至今一直承担着中长期的出口信用保险业务，积累了丰富的对外投资保险经验，因而适宜成为《对外投资保险法》法定的保险人。

第二，在对外投资保险的险种方面，建议将对外投资保险险种确立为非商业风险，包括自然环境险、东道国政府违约险、东道国政府征收与国有化措施险、外汇管制险、战争与内乱风险，而其他险种可根据今后对外投资保护的发展形势逐步纳入《对外投资保险法》中。

第三，在对外投资保险标的方面，建议《对外投资保险法》规定保险标的必须符合三个条件：其一，合格的投资目的，即投保对外投资保险的项目必须既符合中国的国家利益，也符合东道国的社会经济发展利益；其二，合格的东道国，即必须是与中国政府订有双边投资保护协定的国家，且不限于是发展中国家，但对投资东道国是发展中国家的则予以优先投保；其三，合格的投资形式，即投保对外投资保险的形式包括私人对外直接投资与间接投资，这样规定有利于为中国对外投资新的发展形式提供必要的保护空间。

第四，在对外投资保险费率方面，各国规定不一，保险费在 0.3% 至 1.5% 不等。鉴于中国对东盟投资的中小企业的经济承受能力有限，建议《对外投资保险法》依据从简与从低原则，将保险费率暂定为 0.5% 这一适中水平，待今后根据投资形势发展变化再做适当上调。

第五，在对外投资保险期限方面，各国规定也不一致，期限在 5 年至 20 年不等。为最大限度地保护中国对东盟投资者的合法权益，建议《对外投资保险法》将对外投资保险期限规定为 10—15 年，特殊情况可以再延长 5 年，但最多不能超过 20 年。

第六，在对外投资保险索赔与争议解决方面，欧美各国都规定了保险人的保险代位求偿权，并选择通过解决投资争端国际中心（ICSID）寻求解决。有鉴于此，建议《对外投资保险法》明确规定保险人行使保险代位求偿权的条件与程序，并规定关于对外投资保险人与东道国之间关于代位求偿权的争议，可选择通过解决投资争端国际中心（ICSID）寻求解决，或适用中国《合同法》与《民事诉讼法》加以解决。

第七，在对外投资保险程序方面，欧美各国都普遍规定：合格投资者要取得对外投资保险，必须按照法定程序向投保机构或公司申请，经审查合格后方得订立保险合同，并在保险事项发生后依法提出索赔，保险机构或公司在赔付后依法取得保险代位求偿权。参照国际通行立法例，建议《对外投资保险法》将对外投资保险程序设定为"对外投资保险申请——对外投资保险审批——签订对外投资保险合同——对外投资保险的索赔——对外投资保险的赔付——对外投资保险的代位求偿"，以此增强立法的可操作性，为防范中国对东盟投资风险提供行之有效的法律保障。

二、我国投资促进法的微观完善策略

我国在国际投资促进领域的立法不足突出表现为：现行税收法律法规中的征税优惠规定不完善，缺乏专门性的对外投资金融扶持立法。为了促进我国涉东盟投资更快发展，加快推进"一带一路"发展倡议在中国—东盟自由贸易区国际投资领域的实施步伐，笔者建议根据中国对东盟投资实际情况，适度借鉴域外相关立法经验，从下述两方面着手完善我国涉东盟的对外投资促进立法：

（一）完善税收法律法规

如前所述，我国现行税收立法存在的不足影响了税收优惠效果，一定程度地削弱了东盟成员国及其他国家来华投资的吸引力，也不利于鼓励我国投资者走向东盟及其他海外地区，因而亟待对之予以完善。对此，笔者建议从下述几方面完善我国的税收法律法规，以此促进我国与东盟国际投资的发展。

第一，为减轻我国对东盟投资企业的税负，提升企业的国际竞争力，笔者建议参照国际通行的税收规则，适时修改我国《企业所得税法实施条例》第78条的规定，以综合限额抵免法取代现行的分国限额抵免法，即允许纳税人将其全部外国所得统一计算抵免限额，已缴纳的全部外国税款在此限额以内者，按实际缴纳数抵免，超过限额者，按限额抵免。综合限额抵免法相比于分国限额抵免法的优点在于：综合限额抵免法可以增加居民企业的境外所得抵免额。在我国现行的分国限额抵免法框架下，由于我国企业投资的东盟国家的税率不统一，实践中会经常出现不能全部抵免的情况，这会导致对企业双重征税，增加企业的负担。但在综合限额抵免法框架下，投资东盟的中国企业在某一东盟国家缴纳的税额有超出抵免限额的情况下，可以用其在另外一国剩余的抵免限额来调剂，这样在对该企业的境外所得进行综合计算后，可以仍未超出抵免限额，从而避免企业被双重征税，有效减免其税收负担，从而增强其投资动力。此外，采取综合限额抵免法相比较分国限额抵免而言，其操作更加便捷，无需考核纳税人的境外所得具体源自哪个国家或地区，而是将之作为一个整体计算可以抵免的税额，其操作更加便捷、高效。实践中，我国财政部和国家税务总局曾在2011年，对于我国石油企业在境外从事油气开采投资活动的所得，试点采取了综合限额抵免法，使得有关石油企业的境外税负得到了有效的降低，提升了我国对外投资企业竞争力，其经验值得推广。

第二，针对我国《企业所得税法实施条例》第 80 条在间接抵免方面规定的持股比例过高问题，笔者建议为促进我国融资相对困难的中小企业顺利走向东盟，可参照世界通行的立法例，适时将条例第 80 条的有关规定修改为"《企业所得税法》第 24 条所称的间接控制，是指居民企业以间接持股方式持有外国企业 10% 以上股份"，以此扩大享受间接抵免的企业范围，鼓励我国更多的中小企业投资东盟。此外建议在该条中增设规定享有间接抵免的外国企业，须满足一定的持股时间要求（持股时间至少为一个纳税年度），以此避免一些企业通过在境外进行短期投资避税，实现合理减税与严禁避税相统一。

第三，针对我国《企业所得税法》对于亏损结转年度的限制过于严格的问题，笔者建议修改该法第 18 条的规定，适度放宽对于企业亏损结转年度的限制，合理参照域外经验，并紧密结合我国的国情以及中国—东盟自由贸易区国际投资发展实践情况，规定企业在 5 年向后结转期满后可以向前结转一年，以此加大超限抵免额结转的激励力度，推动我国对东盟投资企业降低整体税负，增强企业的对东盟投资动力与国际竞争力。

第四，为帮助我国对东盟投资企业提高投资风险防范能力，笔者建议在《企业所得税法》中增设规定投资风险准备金制度，适度参照域外经验，并结合我国国情以及"一带一路"倡议下我国对东盟投资的实际情况，规定允许企业提取对外直接投资额的 10% 作为风险准备金，并规定企业对外直接投资满 5 年后，须将剩余的风险准备金合并在企业的利润中进行纳税，以此帮助企业抵御对外投资风险能力，在鼓励企业对外投资的同时，合理维护国家的税收权益。

（二）加强金融扶持立法

我国对东盟投资起步较晚，现行的对外投资促进立法多以部门规章形式存在，且仅侧重于对审批和外汇管理方面的规定，缺乏对金融扶持的立法规定。目前我国对外投资金融扶持多以政策调整为主，稳定性与权威性都不足，不利于促进我国对东盟投资的进一步发展。对此笔者建议应当加快制定《对外投资促进法》，将金融扶持纳入到该法的调整范围之中，以此增强我国企业对东盟投资的竞争力与驱动力。具体来说，建议在《对外投资促进法》中就对外投资的金融扶持问题作以下规定：

第一，建议规定由政府和境外投资企业联合出资设立境外投资专项基金，并由基金单位委派专业人员组成境外投资发展基金运作机构，负责基金具体的运作，以此强化政策性机构的信贷支持，推动对东盟及其他海外地区的重点投资项目的建设和发展。第二，建议规定鼓励和引导国内银行向东盟及其他海外地区投资企业提供优惠贷款，尤其是对我国符合"一带一路"倡议的对外投资企业提供长期优惠贷款。第三，建议参照发达国家促进对外投资的举措，努力拓宽国际融资渠道，规定设立专门性的海外投资银行，为我国投资东盟及其他海外地区的企业提供资金支持。第四，建议规定鼓励和引导跨国金融机构与跨国企业相互合作，相互支持，促进银企合作，以此增强我国企业的境外投资竞争力。第五，建议适当放宽外汇管制，赋予企业在外汇资本的运用和结汇方面更多的自由。对此可规定降低对外投资企业的外汇汇回保证金比例、加大海外投资企业的外汇留成比例，对海外投资企业以海外利润再投资的收益予以税收优惠与出口借贷方面的金融支持等。

上述立法建议旨在推进"一带一路"倡议的积极实施，推动我国对东盟投资的快速发展，促进实现生产要素在中国—东盟自由贸易区内的优化配置，并对提升我国企业的国际竞争力与影响力，推动实现中国—自由贸易区国际投资自由化与便利化目标，加快自贸区经济一体化程度产生积极的促进作用。

三、我国投资监管法的微观完善策略

我国在涉东盟国际投资监管领域的立法是全方位的，包括了对国际投资项目审批监管、反垄断监管、反不正当竞争监管、外汇监管、税收征管、环境监管、劳动监察、知识产权监管等诸多方面。针对这些领域立法存在的问题，建议采取下述策略对之予以完善：

（一）国际投资项目审批监管的立法完善建议

我国在对国际投资审批方面虽然实现了监管制度的成功转型（即由"审批制"向"备案+核准制"转型），但相关制度仅是以层级较低的部门规章或法律规范性文件形式确立的，权威性与稳定性不足，这也折射出我国在国际投资监管方面的立法薄弱环节。对此笔者建议制定《对外投资促进法》，对我国政府机关审批对外投资项目的权限与期限等监管内容作出具体性的规定，以此约束和规范相关审批与监管工作。具体建议包括：

第一，在审批权限方面，建议根据投资项目总额，以及商务部与外交部联合颁布的《对外投资国别产业导向目录》的项目分类，合理划分中央政府和地方政府对外投资项目的审批权限。另外建议规定国有资本投资海外的项目，必须由国有资产主管部门负责审批。第二，建议规定对于涉及境外敏感国家和地区，以及敏感行业的境外投资项目采取审批制，对于其他国家和地区及行业的境外投资项目采取备案制。第三，建议有关部门审核期限在 30 个工作日之内完成，确有必要延长的，可经上级主管部门后延长 10 个工作日，但只能延期一次。第四，对于确有评估必要的项目，建议有关部门在受理申请后 7 个工作日内，委托具有专门资质的机构对项目进行评估，评估时限不超过 30 个工作日，该时限不计入审批机关的工作时限。第五，对于符合备案条件的境外投资项目，建议规定受理备案的主管部门应当在受理申请之日起 3 个工作日内，一次性告知投资者补正申请材料，并在 5 个工作日之内出具备案通知书。

此外笔者认为，要注重调动和充分发挥社会力量，将政府有关部门的审查权适度下放给行业协会或者具备资格的社会团体。在国际投资项目的审批流程中，行业协会和社会团体主要负责技术性审查环节，政府部门主要负责进行合法性审查环节，二者相互配合，彼此合作，同时在立法中对行业协会和社会团体的审查时限做出严格限定。这样既有利于提高审批质量，也有助于提升审批效率。此外还应严格约束行政审批权力，强化民众监督，将公众监督环节纳入到监管程序中，在立法中规定必要的听证程序，允许公众对项目审批提出可行性建议，并监督政府有关部门正确行使权力，防范出现不当的审批行为，避免公众利益受到损害。此外还应将国际投资项目审批工作纳入到司法审查与救济机制之中，通过司法力量纠正错误和无效的行政审批行为，并为投资者与公众的合法权益提供司法救济保障。

上述立法建议有助于规范和约束政府机关对涉东盟投资项目的审批权力，保护公众和有关投资者的合法权益，保障我国对东盟投资的有序发展，并为在中国—东盟自由贸易区构建公平合理的国际投资新秩序，提供有力的国内法保障。

（二）反垄断立法的完善建议

我国《反垄断法》在对来华投资的东盟及其他海外企业的反垄断监管方面存在的不足之处在于：在外资并购中反垄断审查方面没有规定必要的听证程序。对此，笔者建议为了保护外资并购过程中投资者的合法权益，保障有关主管部门合法行使审查权，在《反垄断法》中增设规定，"外国投资者并购境内企业，商务部和国家工商行政管理总局认为可能造成过度集中，妨碍正当竞争、损害消费者利益的，应自收到规定报送的全部反垄断审查文件之日起 90 日内，共同或经协商单独召集有关部门、机构、企业以及其他利害关系方举行听证会，并依法决定批准或不批准"。以此将听证程序作为有关主管部门对外资并购审查的必经程序。同时建议规定"听证会除涉及国家机密或商业机密外，一般应公开进行"。以此保障当事人听证权利的同时，维护国家与企业的正当权益。关于该听证程序的具体实施细则，可授权商务部和国家工商行政管理总局等主管部门予以制定。通过在《反垄断法》中增设规定上述听证程序，既有助于限制和禁止妨碍竞争的垄断性合并，又有助于防范审查机关滥用权力，以此促进建立相对完善的外资并购交易的反垄断审查制度，更好地保障我国与东盟相互投资的可持续健康发展。

（三）反不正当竞争法的完善建议

我国修订后的《反不正当竞争法》的一般性条款概括性不足，限制了该法的适用范围，不利于对来华投资的东盟及其他海外企业的竞争行为进行全面调整。对此笔者建议对《反不正当竞争法》中的一般条款作如下完善：

第一，由于一般条款在《反不正当竞争法》中居于核心地位，因此为了使该条款不断适应发展变化中的市场竞争，必须使其具有高度的抽象性和概括性，从而使其保持必要的弹性，以便于《反不正当竞争法》能不断适用于新的不正当竞争行为，确保该法的调整范围保持必要的张力。为此笔者建议应借鉴国际通行的立法例，将"违背公正、平等、诚信竞争原则"作为认定不正当竞争行为的基本标准，明确规定违背上述原则的竞争行为也属于不正当竞争行为，并将其纳入到《反不正当竞争法》的适用范围之中。为此建议修改《反不正当竞争法》第 2 条第 2 款的规定，将原文中的"违反本法规定"改为"违背公正、平等、诚信竞争原则"，以此适度扩大该法的适用范围。

第二，建议完善一般性条款中不正当竞争行为后果要件，将《反不正当竞争法》第 2 条第 2 款规定的"损害其他经营者的合法权益"的表述，修改为"足以损害其他经营者的合法权益"，由此将实际损害后果要件修正为预期兼具实际损害后果，从而发挥《反不正当竞争法》的预防效果，将具有潜在社会危害性，但尚未发生实际损害结果的不正当竞争行为（如某些具有误导性，但尚未造成实际损害的广告宣传行为等）纳入到《反不正当竞争法》的调整范围之中，以此确保反不正当竞争执法机构能够充分发挥事前监管职责，积极主动地适用一般性条款来防范、认定和制裁新型的不正当竞争行为，切实担负起市场竞争的监管职责，保障东盟及其他海外地区来华投资企业能够依法经营。

综上所述，笔者建议将《反不正当竞争法》第 2 条第 2 款修订为"本法所称的不正当竞争行为，是指经营者在生产经营活动中，违背公正、平等、诚信竞争原则，扰乱市场竞争秩序，足以损害其他经营者或者消费者的合法权益的行为"。以此适度扩大《反不正当竞争法》的调整范围，保持该法适度的张力，为实施中国—东盟自由贸易区国际投资法律机制，提供更为充分的国内竞争法依据。

（四）税收征管法的完善建议

我国现行的《税收征管法》在对来华投资的东盟及其他海外企业进行税收征管方面，存在着缺少规定税收评定制度、税收信息管理规定不完善、在纳税人权利保护方面的规定不完善等问题。针对这些问题，笔者建议可采取如下策略完善《税收征管法》的有关规定：

第一，建议遵循"税收信赖合作主义"的现代税收管理法治原则，在《税收征管法》中增设规定税收评定制度，并根据我国税收征管的实际情况，规定自我评定与行政评定两种方式。具体来说，建议规定在国家鼓励外来投资的产业领域，实施纳税人自我评定方式，即由纳税人首先依照法定的时间和方式自行计算应缴税款后进行税收申报，对申报的真实性、准确性和完整性应承担举证责任，并在发现申报错误之后自我修正申报。其后由税务机关依据纳税人的申报资料或第三方信息进行评定，发现申报错误后要求纳税人修正申报。另外建议规定在国家限制外来投资的产业领域实行行政评定方式，由税务机关计算纳税人应缴税款，其后通知纳税人据此进行税收申报。纳税人在收到纳税人申报材料后，对其进行形式审查（将申报材料的计算、逻辑、附件或证据等进行形式比对，以审核纳税申报是否符合形式要件），并保留事后进行事实审查（审查书面申报材料及形式证据或附件于真实交易之间的对应关系）的权力。通过上述规定，既能适应不同投资领域的各自特点与发展需要，也能兼采两种税收评定方式的各自优势，以此很好地服务于我国涉东盟企业的税收征管工作需要。

此外，笔者建议在《税收征管法》中增设规定税收评定的专门机关，即规定负责税收评定的国家机关为国家税局总局，为地方税务机关提供方法指导。在地方机关层面规定省、市税务局按照地区和行业分析和监控纳税情况，县级税务局负责税收评定基本数据的采集，并关注重点税源的评定情况制度。另外规定各级税务机关应当成立专门的税收评定部门并配备专职评定人员，并注重同税务中介机构在税收评定方面开展合作。

第二，针对我国《税收征管法》在税收信息管理方面立法薄弱问题，建议借鉴域外相关立法经验，充实《税收征管法》在税收信息管理方面的立法规定。具体来说：一是补充规定负有提供涉税信息情报的义务主体，包括纳税人、扣缴义务人、代缴义务人、涉税交易相对人、政府机关或相关机构等，对其在税收信息管理方面的权利与义务加以明确规定，尤其是明确规定税务机关对于税收信息具有保密义务，否则将承担相应的法律责任，并补充规定纳税人、扣缴义务人、代缴义务人与涉税交易相对人获得法律救济的途径。二是补充规定纳税人应当报送的基本涉税信息，并规定不依法提供相关信息应当承担的法律责任。三是补充规定税务机关从纳税人信息采集、申报纳税到审核评定，再到征收、管理、稽查、处罚、执行等方面推进税收信息化管理的职责，以此推进我国税收信息管理迈向现代化。

第三，针对我国《税收征管法》在纳税人诚信推定权方面的立法缺失，笔者建议首先在该法中增设规定诚信推定权的基本内涵，即规定"纳税人、扣缴义务人享有被税务机关推定为诚实纳税人的权利，但税务机关有充足证据证明纳税人是不诚实纳税人的除外"。其次，建议完善举证责任的分配，增设规定税务机关在税收征纳过程中应当对纳税人的"不诚信行为"承担举证责任，以此保护纳税人的合法权益。复次，建议规定纳税人诚信推定权的行使条件，即规定当税务机关违法行使税收检查等行政行为而侵犯纳税人权利时，纳税人才能主张诚信推定权，以此防止纳税人的权利滥用。最后，建议规定纳税人诚信推定权具有可诉性，即规定在纳税人诚信推定权受到侵害时，纳税人可以采用申诉、复议、行政诉讼等救济手段寻求权利保护，从而使得该项权利能够得到法律的切实保障。

（五）外汇监管法的完善建议

如前所述，我国外汇管理机关对于银行等金融机构在外汇"展业三原则"方面的监管法律与手段都不完善，亟需适度借鉴域外经验，从中国—东盟自由贸易区国际投资领域的外汇监管需要出发，建议采取以下策略完善我国在"展业三原则"的外汇监管立法：

第一，建议外汇管理机关加快研究制定有关部门规章，明确"展业三原则"的基本内容（即银行办理业务应遵循"了解你的客户""了解你的业务"和"尽职审查"三项基本原则）、执行标准（建议确立"一致性""真实性""合理性"标准）、考核方式（定期考核方式与不定期抽查考核方式相结合）以及外汇管理机构与银行金融机构在贯彻"展业三原则"方面的权利义务等内容，以此建立起外汇"展业三原则"的监管与执行框架。

第二，建议外汇管理部门通过行政立法，完善针对银行等金融机构落实"展业三原则"的监管手段，加大力度推进信息化管理，通过建立信息沟通机制，对交易主体、资金性质、交易对手方进行系统分析，甄别异常的资金信息，并将外汇信息数据化分为内部资源和外部共享资源，将外部共享资源与银行开通接口共享，及时向银行发布预警，为银行审核业务提供必要的监管信息资源，以此帮助银行更全面地了解客户、了解业务，从而更有效地履行其审查职责。

第三，建议外汇管理部门汇同海关、税务、商务、工商、房产、公安等部门合作构建外汇监管的协调机制，进一步加强数据共享和联动协调，建立联系沟通与协商协调机制、信息交换与数据共享机制、齐抓共管与联合惩戒机制，不断完善事前、事中与事后监管，提高监管效率，降低监管成本，有效督促银行等金融机构切实落实"展业三原则"，联合防范和打击走私、逃骗汇等违法行为，共同促进中国—东盟自由贸易区国际投资的可持续健康发展。

（六）环境监管法的完善建议

我国在对来华投资的东盟及其他海外企业进行环境监管方面存在的立法问题包括未将环境责任保险列为强制性法定险种，现行环境保险承保范围过窄，缺少规定环境保险责任限制等问题。对此笔者建议采取以下策略完善有关立法：

第一，建议在《环境保护法》中确立"以强制性环境责任保险为主，自愿性环境责任保险为辅"的立法原则，针对不同行业、不同区域的具体情况，规定不同类型的环境责任保险。具体来说，建议规定强制性环境责任保险适用于从事高污染危险行业的企业，如石油、化工、采矿、生产有毒污染物质的企业（根据《中华人民共和国水污染防治法》界定"有毒污染物"）等，以及位于环境敏感区的企业（根据国家环保总局 2002 年发布的《建设项目环境保护分类管理名录》界定"环境敏感区"）。同时建议规定自愿性环境责任保险适用于从事低污染危险行业的企业，以及位于非环境敏感区的企业，并对自愿投保环境责任险的企业予以税收、补贴、贷款等方面的优惠待遇，以此鼓励企业投保环境责任险。

第二，建议扩大环境责任保险的承保范围，将累积性的排污行为造成的环境事故责任纳入到环境责任险的承保范围之中，并严格限定此类险种的适用条件，即要求投保人必须依照法律和环境责任保险合同的规定严格履行环保安全义务，定期排查和及时消除环境隐患，否则因怠于履行义务而引发环境事故的，不能从保险人处获得赔偿。同时规定保险人、保险机构代理人有权对投保人的安全生产状况进行突击性的检查，但不得损害被保险人利益。上述规定旨在督促投保人与保险人积极履行义务并合理行使权利，共同防范和应对累积性的排污行为造成的环境事故，从而协助环保主管机构优化环境监管工作。

第三，建议在环境污染责任保险中增设规定环境保险责任限制，以此促进投保人采取措施，尽力减少环境侵权行为的发生及其损害结果的扩大，这也有利于保护企业投保环境险的积极性。为此笔者建议：在《保险法》中以污染者依法应当向受害者承担的赔偿责任为基准，设定单次事故赔偿的最高限制数额，并同时规定保险期间累计最高赔偿限额，另外可以规定允许保险人与被保险人在保险合同中约定高于法定最高限额的责任限额。此外在环境污染责任保险中，还可设定绝对免赔额，规定保险人仅对超出绝对免赔额以上的环境污染损失承担赔偿责任，未超过绝对免赔额的损失由被保险人自行承担，以此促使被保险人防灾防损。需要注意的是，绝对免赔额的数额不能设置过高，以免保险人规避赔付责任。同时也不能设置过低，以免损害被保险人防灾防损的动力。

（七）劳动监察法的完善建议

我国《劳动保障监察条例》在对来华投资的东盟及其他海外企业进行劳动监察方面还存在着几方面问题：一是对劳动保障监察部门职能规定不完善。二是法律责任的规定不完善。三是《劳动保障监察条例》与《劳动争议调解仲裁法》的调整范围过度重合，法律竞合问题突出。为有效解决这些问题，建议采取以下策略完善我国的《劳动保障监察条例》：

第一，赋予劳动监察机关一定的行政强制措施权。为了保证劳动保障监察机关对违法企业实施的行政处罚能够得到有效落实，建议在《劳动保障监察条例》中增设规定劳动保障监察机关对于拒不履行和逃避法律责任的违法企业，有权采取查封、扣押资产、冻结账户等行政强制措施，以此督促有关违法企业接受行政处罚，防范被处罚企业转移、藏匿或销毁证据、资产等逃避法律责任的行为。

第二，完善《劳动保障监察条例》关于法律责任的规定。一方面，建议适度加重违法企业的法律责任。根据我国现行《劳动保障监察条例》的规定，违法企业的法律责任只有警告、责令改正和一定限额的罚款权，处罚力度不高，违法成本较低，不足以对之形成必要的法律震慑力。因此笔者建议应适度加重违法企业的法律责任，提高罚款额度，并授权劳动监察机关对具有严重违法情节的企业，予以没收违法所得、没收非法财物和责令停产停业的处罚权限。另一方面，建议严格约束劳动保障监察机关的执法裁量权，针对劳动监察执法人员规定专门的法律责任，对其行政过错责任的划分与承担作出明确规定，以此促使劳动监察执法人员谨慎合理地行使权力。

第三，通过适度限定《劳动保障监察条例》的适用范围，合理划分该条例与《劳动争议调解仲裁法》的调整范围，避免二者调整范围过度竞合而对劳动者权益救济产生不利影响。具体来说：鉴于劳动保障监察机关是基于劳动基准而向劳动者提供公权力的执法机关，建议在《劳动保障监察条例》中明确规定因用人单位违反强制性劳动法律而产生的纠纷，由劳动保障监察机关受理。对于用人单位违反任意性规范的行为，尤其是用人单位和劳动者因劳动合同产生的争议，则由《劳动争议调解仲裁法》予以调整，适用于劳动仲裁程序，以此避免劳动仲裁机关对涉及劳动基准的劳动纠纷进行管辖，更科学合理地保护劳动者的合法权益。

（八）知识产权监管模式的完善建议

针对我国现行分散式知识产权监管模式存在的监管力量分散，监管力度不足等问题，建议从完善我国涉东盟投资领域内的知识产权监管需要出发，适度借鉴域外相关经验，推动建立集专利权监管、商标监管与著作权监管为一体的集中式监管模式。根据笔者在广西壮族自治区知识产权局调研获悉：此前，上海市浦东新区曾经于2014年在全国范围内率先成立了"三合一"知识产权局，机构级别为副局级，归并了原本分散在浦东新区科委（知识产权局）、市场监督管理局、文化广播影视管理局等部门的专利、商标和版权管理与执法职能，转为由知识产权局统一负责辖区内的专利、商标、版权等知识产权事务的行政管理工作，具体负责牵头组织知识产权保护工作，处理和调节有关知识产权纠纷，建立知识产权风险预警机制，推动知识产权转化应用等工作，由此实现了知识产权行政管理和执法保护权力的集中统一行使。2015年湖南省长沙市政府将商标权管理职能划归为市知识产权局，也开启了建立集中式知识产权监管模式的探索，其改革举措值得鼓励和推广。2018年3月，第十三届全国人民代表大会通过了《关于国务院机构改革的方案的决定》，从国家层面将知识产权的行政管理部门作出了进一步整合，同时鼓励地方政府因地制宜，积极试点探索知识产权管理模式的创新。① 对此，笔者建议今后在全国范围内继续选取特定区域，试点探索建立集专利、商标、版权行政管理和综合执法职能为一体的知识产权事务综合行政监管部门，待取得良好效果后，再将其经验推广至全国，以此有效整合和充分利用管理资源，提升政府知识产权监管效率与服务能力，强化知识产权保护，为落实"一带一路"倡议，推动中国—东盟自由贸易区国际投资发展，营造良好的知识产权保护环境。

---

① 见：中央人民政府网（http://www.gov.cn/）。

第四节 机制实施机构的微观完善策略

中国—东盟自由贸易区国际投资法律机制的实施机构是推动机制得以落实的重要载体。机构设置是否科学合理，直接关系到能否有效实施机制，并实现机制的既定目标。目前机制的实施机构存在的突出问题在于：一是负责机制运行的行政主管机构不完善。二是国际投资仲裁机构不完善。针对这些问题，笔者建议结合中国—东盟自由贸易区国际投资发展实际情况与我国的具体国情，适度借鉴域外相关经验，采取下述策略推动完善机制的实施机构。

一、机制行政主管机构的微观完善策略

（一）构建机制常设主管机构的策略

如前所述，中国—东盟自由贸易区缺失统一性的常设国际投资主管机构，由此难以保障相关国际投资法律机制的长效性与稳定性。对此笔者建议从中国—东盟自由贸易区国际投资的实际情况出发，适度借鉴域外相关机构的经验，待今后中国—东盟自由贸易区经济一体化程度发展到较高水平时（预计 2040—2050 年左右），适时推动中国与东盟各国磋商修改《中国—东盟全面经济合作框架协议》与《中国—东盟投资协议》，增设规定建立中国—东盟自由贸易区统一的常设国际贸易与投资主管机构，并从下述几方面对相关机构进行合理设置：

第一，在机构基本形式方面，建议采取委员会制，仿照 WTO 的"与贸易有关的投资措施委员会"与"北美自由贸易委员会"的有关经验，筹划建立"中国—东盟自由贸易区国际贸易与投资委员会"，依据《中国—东盟全面经济合作框架协议》与《中国—东盟投资协议》，统一主管自贸区内的国际贸易与投资事项。笔者之所以建议采取委员会制，原因在于：采取委员会这种实行集体领导的独立决策机构形式，有利于集思广益，排除不当的行政干扰，减少决策失误，避免权力过于集中，并维护相关机构的相对独立性。此外，委员会通常由各领域的专业人士组成，这有利于保障机构决策的专业化。

第二，在机构基本职能方面，建议参考 WTO 的"与贸易有关的投资措施委

员会"与"北美自由贸易委员会"职能设定经验，根据中国—东盟自由贸易区国际投资机制的实际发展需要，将"中国—东盟自由贸易区国际贸易与投资委员会"的基本职能设定如下：（1）负责监管《中国—东盟全面经济合作框架协议》《中国—东盟投资协议》等多边贸易与投资协议的适用，对该协议适用过程中产生的问题依法作出解释，并协调各缔约国就与协议有关的任何事项进行磋商。（2）负责解决因上述协议解释或适用而产生的争议。（3）负责设立、授权与监管协议项下特设的专门委员会、工作组或专家组，处理解决影响协议运行的任何问题。（4）为各缔约方履行有关协议提供其他行政指导与协助。

第三，在机构内设部门及人员安排方面，建议未来的"中国—东盟自由贸易区国际贸易与投资委员会"内设会长1名，副会长若干名，由中国与东盟各国协商推荐资深的国际贸易与投资专家担任。建议在委员会内设置理事会作为议事机构，对委员会重大事项进行议事与决定。理事会由来自中国及东盟十国具有国际贸易、投资专长和解决国际争端经验的成员组成。另外建议内设秘书处，负责处理委员会的日常行政工作，并设秘书长1名（主持秘书处工作），秘书长助理1名，秘书若干名，常务顾问若干名（由经贸专家与法律专业人士担任，负责提供专家意见和建议）。委员会还可根据授权设立专门委员会、工作组或专家组，由其处理解决影响协议运行的专业性问题。

综上，通过上述策略构建中国—东盟自由贸易区统一性的常设国际投资主管机构，有利于促进和保障《中国—东盟全面经济合作框架协议》与《中国—东盟投资协议》的落实，增强中国—东盟自由贸易区国际投资法律机制的权威性、高效性、专业性与凝聚力，并为保障和实现自贸区国际投资的可持续健康发展，提供重要的机构基础与平台支持。

（二）我国的国际投资促进机构完善策略

如前所述，我国的国际投资促进机构存在着机构名称不规范，机构归属不规范，机构职能不完善等一系列问题，制约了机构职能的发挥。对此笔者建议兼采政府型与准政府型两种国际投资促进机构之所长，在我国积极推进构建政府引导型的国际投资促进机构，并对全国的相关机构进行必要的统一和整合，具体来说：

第一，构建政府引导型的国际投资促进机构，关键在于推进转变政府职能，清晰划分与合理界定政府同市场的权责关系，将政府投资促进机构承担的角色，由过去的招商引资提升到运用法治手段宏观调整区域内的重大投资活动，推动资源依据市场规则、市场价格、市场竞争来优化配置，促进实现投资效益最大化。尤其是在发展同东盟相互投资过程中，我国的各级国际投资促进机构应当积极履行公共服务职能，切实起到政策性与法治性的引导和支持作用，扮演好投资项目的引导者、合作者、服务者与市场秩序的捍卫者角色。为此，笔者建议在我国各级国际投资促进机构中设立专业性的投资促进委员会，成员由有关国家机关领导、行会组织负责人、企业家以及投资方面的专家学者组成，负责对投资促进工作给予专业性的指导，以此强化投资促进机构与其他相关政府部门的联系与合作，充分吸收私营部门与学术界专业人士的合理意见，提高投资促进机构引导国际投资的工作效率与效果。

第二，对我国地方层级（尤其是市县基层）的国际投资促进机构予以必要的统一。具体来说：一是统一机构归属。建议将地方政府中的投资促进机构统一划归到商务部的对口部门之中，以此确保中央对于地方投资促进工作可以通过商务部门进行自上而下的统筹管理。二是统一机构名称，建议将地方政府中的投资促进机构名称统一确定为"投资促进局"，以此规范和便利对于东盟及其他海外企业来华投资的促进工作。三是统一机构职能，摒除与投资促进无关的工作职能，将各地的投资促进机构职能统一确定为拟定与招商引资有关的法律与政策，负责组织、引导和协调招商引资的宣传、策划与推介及其他服务性工作。

上述策略旨在推动我国构建政府引导型的国际投资促进机构，完善各级投资促进机构在推动中国与东盟国际投资发展方面的法定职能，从而为促进中国—东盟自由贸易区国际投资的可持续健康发展，提供更为完善的国内机构保障。

二、机制国际仲裁机构的微观完善策略

目前，中国—东盟自由贸易区缺失统一性的常设国际仲裁机构，由此导致《中国—东盟争端解决机制协议》以及《中国—东盟投资协议》中的"投资者—东道国"仲裁协议难以得到切实地落实。对此笔者建议从中国—东盟自由贸易区国际投资仲裁的实际情况出发，适度借鉴北美自由贸易区（NAFTA）的相关经

验，通过下述两个阶段来稳步推进机制国际仲裁机构的完善：

第一阶段，在中国—东盟自由贸易区经济一体化发展程度不高的现阶段（迄今至 2040 年左右），构建中国—东盟自贸区统一的专门性国际仲裁机构缺乏可行性。鉴于自贸区内已形成几个具有较高仲裁水平与较大国际影响力的仲裁机构，如中国国际经济贸易仲裁委员会（CIETAC）、新加坡国际仲裁中心（SIAC）、中国香港国际仲裁中心（HKIAC）等，并且这些仲裁机构处于自贸区之内，长期受理自贸区的仲裁案件，对自贸区内的法律文化与投资情况更为熟知，更易于做出被各方接受的投资仲裁裁决，因此笔者建议可考虑在《中国—东盟投资协议》第 14 条中增设引导性条款，规定"鼓励争端所涉方优先选择中国—东盟自贸区内的仲裁机构及其仲裁规则进行仲裁"，并增设仲裁协议执行条款，规定"鼓励争端所涉方优先执行中国—东盟自贸区内的仲裁机构所作的裁决"，从而在充分尊重仲裁自由与平等价值基础上，对投资纠纷方选择仲裁机构予以适度引导，最大限度地化解仲裁机构多元化引发的裁决不一致性问题，提升中国与东盟"投资者—东道国"仲裁协议的可预测性，完善机制对于投资者与东道国的利导作用，继而进一步提升有关仲裁的公信力与认可度。

第二阶段，待今后中国—东盟自由贸易区经济一体化程度发展到较高水平（预计 2040 年至 2050 年左右）后，构建统一性的常设国际仲裁机构时机成熟时，适时推动中国与东盟各国磋商修改《中国—东盟争端解决机制协议》，增设建立自贸区统一性的常设国际仲裁机构，即笔者在本节上文论述的"中国—东盟自由贸易区国际贸易与投资委员会"，并从其主管国际投资仲裁的角度来审视，将其相关职能确定为：第一，负责监管《中国—东盟争端解决机制协议》的适用，并对该协议适用过程中产生的问题依法作出解释。第二，接受争端当事方提出的仲裁申请，对仲裁管辖权作出初步认定。第三，协助指定仲裁员、组成仲裁庭的工作（注：包括为选择临时仲裁程序的当事人指定仲裁员，为此未来需要将临时仲裁仲裁程序引入《中国—东盟争端解决机制协议》）。第四，撤销对仲裁员的指定并指定替代仲裁员。第五，依法接受和处理争端当事方提出的仲裁异议。第六，对仲裁庭的仲裁草案依法进行审核。

综上所述，通过上述策略完善机制的国际仲裁机构，逐步构建自贸区统一性的国际常设仲裁机构，既稳妥可行，又有利于促进和保障落实《中国—东盟争端解决机制协议》，以及《中国—东盟投资协议》中的"投资者—东道国"仲裁条款，从而为维护中国—东盟自由贸易区良好的国际投资秩序，推动实现自贸区国际投资的可持续健康发展，提供强有力的国际仲裁保障。

第五节　机制实施方式与程序的微观完善策略

中国—东盟自由贸易区国际投资法律机制的实施方式与程序是推动机制得以落实的重要形式与途径。机制实施方式与程序的设定是否科学合理，直接关系到机制功能与价值能否得到切实与充分的实现。目前，机制的实施方式与程序存在的主要不足在于：一是机制的行政实施方式与程序不完善。二是机制的司法（诉讼）实施方式与程序不完善。三是机制的准司法（仲裁）实施方式与程序不完善。针对这些问题，笔者建议采取下述策略完善机制的实施方式与程序。

一、机制行政实施方式与程序的微观完善策略

（一）境外国有资产监管方式的完善策略

如前所述，我国对投资东盟的境外国有资产监管方式存在着重前期审批、轻事后管理，重微观监管、轻宏观监管，重监管分工、轻协同监管等问题。对此笔者建议适度借鉴域外经验，从我国对投资东盟的境外国有资产监管的实际情况与需要出发，从以下几方面着手完善相关监管方式：

第一，针对我国对投资东盟的境外国有资产监管方式存在的重前期审批、轻事后管理问题，笔者建议：一是完善对外派境外的企业经营管理人员监管方式，结合外派人员的岗位职责，有针对性地建立健全其定期述职和履职评估方式，并坚持实行定期的岗位轮换，督促外派人员切实拒腐防变。二是完善对境外企业的财务审计监管方式，实施全面预算管理、会计核算、财务信息报告等财务监督方式，加强对企业资产及资金运营的控制，防止国有资产流失，并通过定期开展经济运营分析的方式，促进境外企业提高资产运营效率和效益。三是强化执行对境外国有资产流失的责任追究方式，综合运用民事、行政乃至刑法手段，对因故意或者重大过失而导致境外国有资产流失的责任人员，进行及时的法律责任追究，

最大限度地保证境外国有资产的保值与增值。

第二，针对我国对投资东盟的境外国有资产监管方式存在的重微观监管、轻宏观监管问题，建议探索实施符合我国国情的有限监管方式，推进实现从政府直接干预方式到间接调控方式的转变，从传统的行政化监管方式向专业化的监管方式转变，注重从法律、政策、资金、税收、信息、国际关系等方面，对境外国有资产进行全方位的宏观引导与支持，尤其是做好事前的风险评估预测和防范指导，在保障境外国有资产保值增值的基础上，促进企业切实做到"出得去、留得下、发展好"。

第三，针对我国对投资东盟的境外国有资产监管方式存在的重监管分工、轻协同监管问题，建议对有关主管机关的职能予以必要整合，将我国国有企业的境外资产统一由商务部门主导监管，由其承担行使对企业境外投资项目市场准入、境外项目风险性和后续的管理与服务职能，发改委则主要负责制定产业政策、指导性的境外投资发展规划与年度计划，以此实现合理分工与协同监管，提升监管效率与效果。此外还建议加快完善与整合发改委、商务部、金融保险、财政税务、海关、外交、国资委等管理部门和机构的境外投资信息渠道，加强各类信息的沟通、合作与综合处理，优化资源共享方式与途径，以此强化各部门的协同合作，提升协调监管水平，进一步改善我国对投资东盟的境外国有资产的监管效率和效果，有效保障境外国有资产的保值增值，维护国家经济金融安全。

（二）境外国有资产监管程序的完善策略

如前所述，我国对投资东盟的境外国有资产监管程序存在的主要不足在于：相关立法文件的位阶不高，"体外程序梗阻"问题导致监管效率不高。为克服这些不足，笔者建议应当积极推进我国的行政程序法典化，适时制定《行政程序法》。如此可实现对投资东盟的境外国有资产监管程序的法治化，从而在根本上克服现行监管程序的不足。具体来说，《行政程序法》应当针对包括境外国有资产监管程序在内的行政程序，制定下述几个基本的行政程序制度：

第一是规定听证制度。听证制度直接体现了行政过程中的民主性与公正性，是法治现代化的必然要求。从规范境外国有资产监管程序的视角来看，在《行政程序法》中设立听证制度要注意适度规定听证范围，将依据行政监管决定作出的行政处罚与行政强制措施纳入到听证范围之内，以此全面约束行政主体（主要是行政机关）的公权力行为，充分保护行政相对人的合法权益。同时还要规定行政主体违反听证程序后，行政相对人可以获得的救济途径，以此维护行政相对人的合法听证权利，保障听证制度获得真正落实。

第二是规定回避制度。实践证明，回避制度有助于保障境外国有资产监管程序的公正性。对此建议《行政程序法》中规定三种回避法定情形：一是当事人或利害关系人认为可能影响公正的行政监管人员，可以申请回避；二是行政监管人员自认为与本案有利害关系的，应当主动申请回避；三是行政机关发现有应当回避的情况时，应当要求有关行政监管人员回避。上述回避制度有助于保障我国有关机关在对投资东盟的境外国有资产实施监管的公正性，防止权力寻租问题，最大限度地保护投资者的合法权益与社会公共利益。

第三是规定信息公开制度。信息公开制度在行政程序法中具有不可替代的重要作用，有助于防范行政主体公权力的滥用，减少腐败现象的发生，同时有利于尊重和保护行政相对人的知情权。对此笔者建议从对投资东盟的境外国有资产实施监管角度来审视，《行政程序法》中规定的信息公开内容应当包括监管机关的组织、职能、责任、监管程序规则；监管工作依据的政策、法律法规和规范性文件；监管机关的地址、电话、传真、电子邮件等重要信息，以此接受公众的广泛监督，使行政相对人依法享有知情权，并在合法权益受损时及时寻求法律救济，从而保障有关国际投资者的合法权益。

第四是规定时限制度。时限制度有助于保障行政机构的办公效率，防止行政机关拖延时间或者不作为而损害行政相对人的合法权益。对此笔者建议从对投资东盟的境外国有资产实施监管角度来审视，《行政程序法》应当通过规定法定时间的方式，约束和督促行政机关及其委托的审计机构须在法定时限之内（必要情况下可适度申请延期，但延期的时限与次数必须严格限制）作出审批决定，尤其是规定政府委托的审计机构的审查时限，也须计入到政府监管机关的办理时限中，并规定监管机关以相应的行政法律责任，以此破除"体外程序梗阻"问题，切实提高监管效率与效果，有效保障境外国有资产的保值增值，维护有关国际投资者的合法权益，促进我国对东盟投资的可持续健康发展。

二、机制司法实施方式与程序的微观完善策略

(一) 司法合作实施方式的完善策略

目前在中国与东盟间的国际投资诉讼中，跨国间的司法合作对于推动相关诉讼顺利进行具有重要作用。但司法合作实施方式存在着三方面不足：一是司法文书的域外送达方式不完善。二是域外调查取证方式不完善。三是承认与执行域外的民商事裁决方式不完善。针对这些问题，笔者建议采取下述策略对之加以完善：

1. 司法文书域外送达方式的完善策略

建议根据中国—东盟自由贸易区司法合作的实际情况，适度借鉴《欧盟送达公约》及其议定书的立法经验，将中国与东盟各国的司法文书域外送达合作方式确定为邮递方式、中央机关送达与外交送达方式，并规定在缔约国客观条件允许的情况下，也可以采取网络送达方式。对于网络送达方式存在的安全隐患问题，笔者建议可在司法合作协定中，将该方式的适用范围限定为通知、传票等告知性质的诉讼文书，而不包括判决书、裁定书等对当事人影响重大的诉讼文书。

2. 域外调查取证方式的完善策略

对于域外调查取证方式的规定，笔者建议从中国—东盟自由贸易区实际情况出发，适度借鉴《海牙域外取证公约》的立法经验，将中国与东盟各国的域外调查取证合作方式确定为特派员调查取证方式与电子调查取证方式。具体来说：第一，鉴于特派员取证方式具有适用范围广泛、方式灵活高效的优点，建议将该方式规定为一般性的司法合作方式，并将其适用条件限定为：须经被请求国当局允许，调查取证不得采取强制措施，须符合被请求国主管机关设定的相关规定，并接受被请求国司法机关的参与和监督等，以此保障该方式不损害被请求国的司法主权。第二，顺应互联网时代的发展情况，将电子调查取证方式规定为特殊性的司法合作方式，规定缔约国在条件允许的情况下可有选择地适用，在不违反被请求国法律或不存在实际执行困难的前提下，允许请求国法院请求被请求国法院采用录像、电子会议、电子文件交换等高科技通讯手段进行域外调查取证，以此提高和保障中国与东盟成员国家之间相关司法合作工作的高效运行，推动有关国际

投资诉讼的顺利开展。

3. 承认与执行域外的民商事裁决方式的完善策略

从相关国际立法经验来看，由于承认与执行域外的民商事裁决涉及国家主权，因而需要慎重确定其实施方式。对此笔者建议国际通行的立法例，适度借鉴欧盟《卢加诺公约》、美洲国家组织《关于外国判决和仲裁裁决的域外有效性公约》、海牙国际私法会议《关于承认与执行外国民事和商事判决的公约》的立法经验，在中国与东盟的司法合作协定中规定：承认与执行域外的民商事裁决申请方式须为书面形式（请求书或申请书），并对其语言、格式与基本内容做出明确性的规定，同时还应规定在请求书或申请书后须附加便于被请求国审查的相关法律文件，例如判决书、裁决书及其译本，以及判决诉讼过程中的送达回证、传票等法律文件。另外建议积极顺应国际司法合作的发展趋势，将形式性审查作为承认与执行域外的民商事裁决的法定审查方式，即从形式与程序上对域外民商事裁决是否符合承认与执行条件进行合理审查，从而在尊重他国司法主权的基础上，更为科学合理地开展相关司法合作工作，维护中国与东盟各国的友好关系，并为推进彼此间投资诉讼的妥善解决，促进中国—东盟自由贸易区国际投资实现可持续健康发展，提供有力的司法合作方式保障。

（二）司法合作实施程序的完善策略

目前在中国与东盟间的国际投资诉讼中，跨国间的司法合作在司法文书的域外送达程序与域外调查取证程序，以及承认与执行域外的民商事裁决程序方面存在一些不完善之处，建议采取下述策略对之加以完善：

1. 司法文书域外送达程序的完善策略

为提高司法文书的域外送达效率，笔者建议适当借鉴《欧盟送达公约》的立法经验，在中国与东盟的司法合作协定中设定"由请求国的转递机构与被请求国的接收机构直接对接"程序，即规定：只要请求书、申请书、证明书等文书的内容真实确定且语言规范，均可以由请求国的转递机构与被请求国的接收机构之间按照"转递——接收——送达"的程序直接开展域外送达。同时将审查时限限定为 7 个工作日，并规定缔约国应依据互惠原则减免相关手续费或服务费用（但依据特殊送达方式而支出的必要费用不在减免之列）。此外还要对文书被拒绝、退回依据的程序做出明确性的规定。

2. 域外调查取证程序的完善策略

为保障中国与东盟之间顺利开展域外调查取证的司法合作，笔者建议合理参照《欧盟域外取证规则》的立法经验，在中国与东盟司法合作协定中明确规定域外调查取证的基本程序为：域外调查取证的申请（请求国以请求书的形式发出）——接收申请（被请求国接收请求书后一般应于 7 日内，向请求国发送接收回执）——审查申请并作出决定（被请求国一般应于 30 日内对请求国的申请作出审查，并向其发送同意执行或提出异议、予以拒绝的决定）——执行申请（被请求国在同意执行后一般应在 90 日内，代为完成调查取证任务，并向请求国转交证据文件、调查记录、执行确认书等司法材料）。

3. 承认与执行域外的民商事裁决程序的完善策略

为提高中国与东盟之间承认与执行域外的民商事裁决的合作效率，笔者建议适度借鉴海牙国际私法会议《关于承认与执行外国民事和商事判决的公约》与《选择法院协议公约》的立法经验，在中国与东盟司法合作协定中明确规定承认与执行域外的民商事裁决的基本程序如下：

首先，由请求人（请求国法院）或向被请求国法院提出对其民商事裁决予以承认和执行的请求。请求国人（或请求国法院）应依照司法合作协定规定的方式，向被请求国法院提交书面请求书和有关法律文件（包括判决书、裁定书及证明无误的译本以及判决诉讼过程中的送达回证、传票等法律文件）。关于申请期限的问题，从相关国际立法例来看，承认与执行域外的民商事裁决申请期限多为3—5 年。对此笔者建议将中国与东盟在此方面的申请期限设定为 4 年比较合适，其理由是根据有关国际私法的规定，国际贸易与投资的诉讼时效通常为 4 年，这说明由于国际贸易和诉讼相对复杂，通常需要更长的诉讼时效，因此将承认与执行域外民商事裁决的申请期限确立为 4 年，既可以与有关的国际立法例相接轨，又有助于案件当事人充分行使诉讼权利，实践中可以给予申请人充分的时间寻找被申请人的域外可执行财产，并准备相应完整的申请材料。

其后，被请求国法院收到请求后应予立案，对请求进行形式审查，必要的话可组建法庭予以专门审理。法庭应对申请人进行询问，对有关承认和执行事项的基本情况作必要了解。为尊重和保护请求国法院的司法主权，被请求国法院的法庭对申请人提交的判决书或裁决书不做实体审查，仅对其真实性与程序性问题进行审查。对于违背请求国司法程序或一般性的程序公正性原则所作的裁决，被请求国法院可以裁定驳回请求。

最后，被请求国法院所辖法庭对请求人（请求国法院）提出的承认和执行民商事裁决的请求进行审查后，如果认为符合承认与执行条件的，应作出准予承认与执行的裁定书。如果认为不符合承认与执行条件的，应裁定驳回请求，并向申请人说明理由。如果申请人主动撤回申请的，应裁定予以准许。

上述关于承认与执行域外的民商事裁决程序的完善策略，旨在推动中国与东盟之间友好、高效地开展相关司法合作，推进国际投资诉讼的妥善解决，维护中国—东盟自由贸易区国际投资秩序的稳定，保障该自贸区国际投资实现可持续健康发展。

三、机制仲裁实施方式与程序的微观完善策略

（一）国际投资仲裁实施方式的完善策略

如前所述，中国—东盟自由贸易区国际投资法律机制在其准司法实施方式（国际投资仲裁实施方式）方面存在着仲裁方式单一，缺乏仲裁临时性保全措施以及仲裁执行措施规定不完善的问题，对此笔者建议采取下述措施完善中国—东盟自由贸易区国际投资争端的仲裁方式。

1. 增设规定临时仲裁方式

由于中国与部分东盟国家尚未承认临时仲裁方式，加之中国—东盟自由贸易区国际仲裁的公信力还未获得普遍认可，故《中国—东盟争端解决机制协议》尚未确认临时仲裁方式。但从中国—东盟自由贸易区国际仲裁的长远发展来看，协议引入临时仲裁方式，既是顺应国际仲裁发展趋势的必然之举，也是丰富和完善机制的国际仲裁实施方式，推进和保障机制功能得到充分发挥的客观需要。因此，笔者建议可结合域外相关经验与中国—东盟自由贸易区国际仲裁的发展实际情况，在今后中国与东盟各国仲裁发展到较为成熟阶段时，适时推动各国合作修订《中国—东盟争端解决机制协议》，将临时仲裁方式引入协议之中，并从下述几方面对临时仲裁方式做出专门性的规定：

第一，在临时仲裁协议方面，鉴于国际仲裁立法普遍要求仲裁协议必须采取书面形式，因而《中国—东盟争端解决机制协议》应当要求争议双方必须具有合法有效的临时仲裁书面协议，但协议所包括的必备要件不宜过多，只要双方在协议中有请求临时仲裁的意思表示，并约定了提交仲裁的事项、仲裁庭的组成与仲裁地点等构成仲裁庭据以取得管辖权的基本要件，就可以认定该临时仲裁协议明确而有效。至于该临时仲裁适用的仲裁规则以及裁决的效力、法律适用、仲裁所使用的语言、仲裁员的选任方式以及仲裁费用的承担等要件，可不必列为临时仲裁协议的必备要件，以此维护临时仲裁的便捷性、灵活性与高效性优势。

第二，在临时仲裁庭的组成方面，建议《中国—东盟争端解决机制协议》规定允许当事人各方可以通过协议自行确定仲裁员人数。如果争议双方没有达成协议，则当事人各方可以在仲裁通知中提出关于仲裁员人数（1 名或 3 名）的建议。如果当事人对仲裁员人选不能达成协议，则可允许双方指定一个常设性的国际仲裁机构代为指定仲裁员。

第三，在临时仲裁庭的权限方面，建议在《中国—东盟争端解决机制协议》规定允许临时仲裁庭适度享有更大的自由裁量权，这些权利包括：在当事方未能确定或未能达成协议的前提下，仲裁庭出于保障仲裁公平、公正、高效进行的目的，对临时仲裁适用的仲裁规则、仲裁形式、仲裁所使用的语言、仲裁程序、仲裁期限、仲裁裁决形式等问题行使自由裁量权。如果争议当事方认为临时仲裁庭的上述决定有悖于公平公正原则，并损害其合法权益，可向有权的司法机关另行提起异议，以此获取必要的司法救济。

此外还需特别指出的是，为配合《中国—东盟争端解决机制协议》引入临时仲裁方式，我国也应顺应国际仲裁发展趋势，在仲裁发展较为成熟，仲裁公信力得到普遍认可的情况下，适时修改现行《仲裁法》，确立临时仲裁的法律地位。对此笔者建议：第一，建议修改我国现行《仲裁法》第 16 条第 2 款之规定，将"选定的仲裁委员会"一并删除，允许仲裁当事方在对选定仲裁委员会未能达成一致意见的情况下，通过达成临时仲裁协议，自行选定仲裁员组成仲裁庭，由此为实施临时仲裁方式提供明确的立法依据。第二，建议修改我国现行《仲裁法》第 13 条第 2 款之规定，适度降低仲裁员的专业任职条件，改变现行仲裁员"三八两高"的过高选任标准，以此适度扩大仲裁员的选任范围，为实施临时仲裁提供更为充足的仲裁员储备。同时完善该条第 1 款之规定，适度提高仲裁员职业道德标准。目前，世界上许多国家和地区为了确保仲裁员的最低道德水准，普遍禁止有违法犯罪记录者或不良信用记录者担任仲裁员①。对此建议我国《仲裁法》可适度借鉴这一国际通则，细化对于仲裁员的道德标准规定，使得原有"公道正派"的规定更具操作性。第三，健全仲裁员法律责任的规定。今后我国实施临时仲裁和推荐名册制后，仲裁员的来源将更为多元化和复杂化，因而有必要健全仲裁员的相关法律规定。我国现行《仲裁法》第 38 条对于仲裁员违反该法相关规定仅笼统规定"应当依法承担法律责任"，而此种法律责任除了现行刑法规定的刑事责任之外，是否还应承担民事责任尚无定论。目前国外许多国家都将仲裁员违反裁决的民事责任引入仲裁法律之中。②对此笔者建议修订《仲裁法》第 38 条的规定，补充规定"仲裁员因故意或重大过失违反法定或约定的仲裁义务，应当承担民事责任"，以此将民事责任引入《仲裁法》中，进一步强化仲裁员的法律责任，有效防止和惩治临时仲裁员的违法犯罪行为，充分保障当事人的合法权益，有效维护相关国际投资仲裁的公正性与公信力。

2. 增设规定国际仲裁临时性保全措施

如前所述，《中国—东盟争端解决机制协议》未对国际仲裁临时性保全措施做出相应的立法规定，由此导致该协议难以有效防范争议当事方恶意转移，损害和消灭有关财产或证据的违法行为，这既不利于保障有关国际投资仲裁程序的顺利进行，也不利于保障国际投资仲裁裁决的切实履行，还不利于保护仲裁当事人的合法权益，因此亟待弥补相关立法缺失。对此，笔者建议可从中国—东盟自由贸易区国际仲裁的实际情况出发，适度结合联合国国际贸易法委员会、国际商会国际仲裁院以及欧盟、北美自由贸易区的相关经验，适时修改《中国—东盟争端解决机制协议》，从以下几个方面增设规定国际仲裁临时性保全措施：

第一，关于国际仲裁临时性保全措施的类型，建议可确定为三种基本类型：

---

① Gary B. Born, International Commercial Arbitration, Holland: Kluwer Law International, 2009, p. 9.

② Annek Hoffmann, "Duty of Disclosure and Challenge of Arbitrations—The Standard Applicable Under the New IBA Guidelines on Conflicts of Internet and the German Approach", Arbitration International, 3 (2005), 31.

一是在争议得以仲裁裁定之前维持现状或恢复原状的措施。二是防止转移财产的措施，内容包括对于与仲裁案件有关的财产所实施的查封、扣押等措施，或者是发布禁止当事人转移财产的禁令，或者指令当事人将相关财产交由第三方保管。三是保护与仲裁案件有关证据的措施，这类证据应当是对解决争议具有相关性和重要性意义的证据。

第二，关于国际仲裁临时性保全措施的发布权归属，建议规定除了由具有管辖权的法院通过裁定令形式发布仲裁临时性保全措施之外，还应当遵循仲裁自裁原则，赋予仲裁庭以裁定令发布此类保全措施的权力。笔者之所以如此建议，原因在于仲裁庭通常会比法院更了解案件情况，采取措施也更为高效便捷，不会延误发布临时性保全措施的最佳时机。但其不足之处是仲裁庭的权威性不及法院，因而将发布此类措施的权力同时赋予仲裁庭和法院，能促使二者相互协调，弥补各自不足，从而最大限度地保护争端当事方的合法利益。如果争议当事方同时向法院和仲裁庭提起仲裁临时性保全措施申请，建议规定由法院决定相关发布权由其自行行使或是由仲裁庭行使，以此保障法院的相对优先权。

第三，关于国际仲裁临时性保全措施的实施条件，建议规定下述几点实施条件以防止此类措施被滥用：一是采取仲裁临时性保全措施保全的案件必须是出于必要，即不采取这类措施将会给提出申请的当事人造成事后无法弥补的利益损害，或者给仲裁程序与裁决执行带来无法弥补的损害。二是必须由仲裁争议当事方提出申请，未经申请，仲裁庭不得自行采取临时性保全措施。三是必须由仲裁临时性保全措施申请人提供适当的担保金，作为由此可能产生的损害赔偿。上述规定旨在保障仲裁临时性保全措施得以公平、正当地行使。

第四，关于国际仲裁临时性保全措施的效力与执行问题，建议规定仲裁庭发出的临时性保全措施具有普遍的法律约束力，无论在哪国发布此类措施，当事人均可以据此向有管辖权的法院提出执行申请。受理请求的法院对临时性保全措施应作形式审查而非实质性审查。只有在下列任何情形下，法院才能拒绝承认或执行仲裁临时性保全措施：一是提出保全措施申请的当事人未应仲裁庭的要求提供担保；二是该临时措施已被仲裁庭终结或中止，或被有管辖权的法院终结或中止。

第五，关于国际仲裁庭成立之前的临时性保全措施问题，建议规定争端当事方需要寻求紧急临时性保全措施的，在仲裁庭组成之前可以向有关机构（当前可向协议缔约国的联络机构申请，待今后构建起"中国—东盟自由贸易区贸易与投资委员会"后，向该委员会提出申请）提交紧急临时保全措施的书面申请，并缴纳相应的保证金。当有关机构同意此项申请后，应当在 15 日内做出紧急临时保全措施的决定，并即刻采取相关保全措施。待日后仲裁庭组成后，仲裁庭可对该紧急临时保全措施决定进行认定、修改或者废止。上述关于紧急性的国际临时保全措施的规定，有利于及时保护仲裁庭成立前争议当事方的保全诉求利益。

3. 完善国际仲裁执行措施的规定

对于《中国—东盟投资协议》中规定的"投资者—东道国"仲裁协议执行难的问题，笔者建议可根据中国—东盟自由贸易区内国际投资的实际情况，在《中国—东盟投资协议》中增设仲裁执行方式与程序的专门性规定。具体来说，可规定在仲裁裁决生效之日起一定期限内（60—90 日）由投资者与东道国根据仲裁裁决达成赔偿协议，如双方无法达成协议或东道国拒绝根据仲裁裁决予以赔偿，则可由投资者母国根据《中国—东盟投资协议》第十五章（"利益的拒绝"）相关规定与东道国进行磋商。如果磋商无果，投资者母国可以根据该协议第十五章的授权性规定，在事先通知东道国的情况下，拒绝将该协议的投资利益给予东道国投资者，以此作为反制措施。但应同时限定该反制措施必须在合理程度与合理期限内实施，即投资者母国采取的反制措施应与其投资者受损害程度相称，且该措施仅是临时性措施。如果东道国根据仲裁裁决对投资者给予了赔偿，或投资者与东道国就赔偿事项达成了和解，则应及时停止此反制措施。上述规定既有助于促进中国与东盟"投资者—东道国"仲裁机制的落实，切实维护投资者与东道国的利益平衡，又可将相关反制措施合理限定在《中国—东盟投资协议》框架之内，不影响投资者母国与东道国的国际关系，从而保障中国—东盟自由贸易区国际投资的可持续健康发展。

（二）国际投资仲裁实施程序的完善策略

鉴于本章第二节中已对仲裁庭主席选任方式的完善策略作了阐述，笔者仅就完善国际仲裁内部监督程序的策略进行分析。目前，《中国—东盟争端解决机制协议》缺失关于异议程序、审查程序等内部监督程序的立法规定，难以充分保障中国—东盟自由贸易区国际投资法律机制下的仲裁公正性与公信力，因此增设规定国际仲裁内部监督程序势在必行。对此，笔者建议适度借鉴联合国国际贸易法委员会、国际商会国际仲裁院以及欧盟、北美自由贸易区成员国的立法经验，从中国—东盟自由贸易区国际投资仲裁的实际情况出发，适时修改《中国—东盟争端解决机制协议》，增设规定国际仲裁的内部监督程序，具体来说：

1. 增设规定仲裁异议程序

首先，在国际仲裁异议程序的管辖权方面，笔者建议应当在《中国—东盟争端解决机制协议》中增设规定仲裁庭对国际仲裁异议程序具有管辖权，其理由在于：第一，如果将仲裁异议程序的管辖权赋予法院，实际上就是赋予了法院享有对国际仲裁进行事前干预的权力，显然过早地介入和干预了国际仲裁的正当程序，超出了司法干预仲裁的合理限度，也违背了仲裁庭自裁原则。第二，从司法实践情况来看，仲裁庭是直接审理仲裁案件的机构，对案件最为熟知，由其根据具体案情决定仲裁异议会更加高效合理，而法院和常设仲裁机构由于对案件案情不甚熟悉，因此由其管理管辖异议程序通常需要花费更多时间，容易造成异议程序的拖延，影响相关国际仲裁的效率。第三，由于争议当事方选择仲裁员，常常是出于对于其专业素养与职业道德的信任，因而由仲裁庭管辖异议程序并作出相关裁定，更易于被争议当事方所接受。因此，将国际仲裁异议程序管辖权赋予仲裁庭是较为合理的立法安排。

其次，在国际仲裁异议程序的时限方面，笔者建议应当在《中国—东盟争端解决机制协议》中对提请仲裁异议程序作出如下必要时限规定，以防止当事人借用异议程序拖延仲裁程序。具体来说：第一，争议当事方对仲裁协议效力以及对仲裁庭管辖权提起异议，应当在提交"答辩书"或"反请求答辩书"期限届满日之前提出，这个期限一般不得超过仲裁程序开始后的 30 日，除非仲裁庭认为当事人迟延提起异议具有正当理由，可以准许当事人提出迟延异议。第二，仲裁程序开始后，争议当事方对于仲裁庭超越管辖权的意思表示或行为提起异议的，应当在该仲裁庭表露此决定意图或行为后 3 日内提起异议。仲裁庭如认为迟延有正当理由的，可准许推迟提出抗辩。上述对于国际仲裁异议程序的时限规定，有助于维护仲裁灵活性与确定性之间的平衡。

最后，在国际仲裁异议程序的法律效力方面，笔者建议应当在《中国—东盟争端解决机制协议》中增设规定：第一，对于争议当事方提出的国际仲裁异议，如果仲裁庭认定仲裁协议或仲裁管辖权异议成立，则应当作出撤销案件，终止仲裁程序的裁定，则仲裁程序就此终止。第二，如果仲裁庭认定仲裁协议异议不成立，或仲裁管辖权异议不成立，则应当作出继续仲裁程序的裁定，则仲裁程序继续进行。第三，争议当事方对于仲裁庭的上述异议裁定不予认可的，任何一方均可在收到裁定通知后 30 天内要求具有管辖权的法院对这一问题作出裁定，该裁定不运行上诉。在等待法院裁定结果期间，仲裁庭可以继续进行仲裁程序和作出裁决。如此规定既有利于维护国际仲裁与司法审查的独立性与权威性，也能有效防止争议当事方滥用异议程序而给国际仲裁程序造成不当的"阻滞效应"，从而维护相关国际仲裁的高效性。

2. 增设规定内部审核程序

为了保障仲裁庭裁决书的质量，及时发现和纠正仲裁裁决中违反法律强制性规定，或明显违背公平公正原则的错误与不当问题，维护争议当事方的合法权益，保障国际仲裁的公正性与公信力，笔者建议今后可参照国际商会国际仲裁院《1998 年 ICC 仲裁规则》的有关经验，在中国—东盟自由贸易区今后构建起统一性的常设国际仲裁主管机构以后（如前所述，建议构建"中国—东盟自由贸易区贸易与投资委员会"，下义简称"委员会"），适时修改《中国—东盟争端解决机制协议》，增设关于仲裁机构内部审查程序的规定。

具体来说：建议规定中国—东盟自由贸易区内的国际商事仲裁庭在下达裁决书之前，应将裁决书草案提交给"中国—东盟自由贸易区贸易与投资委员会"审查。委员会主要对裁决书进行形式审查，并在不影响仲裁庭裁决权的情况下，委员会还可以就裁决书中违反法律强制性规定或明显违背公平公正原则的实体问题，提请仲裁庭注意修改。委员会须在 7 个工作日内完成此项审查工作。在委员会未批准裁决书之前，仲裁庭暂时不得下达裁决。

上述内部审查程序的设立有利于保障裁决书的质量，确保裁决更易于得到争议当事方的认可，并获得相关法院的承认与执行，由此维护中国—东盟自由贸易区国际仲裁法律机制下的仲裁公正性与权威性，推动解决自贸区国际投资纠纷，维护该自贸区良好的国际投资秩序。但上述程序的不足之处在于：有违背仲裁庭自裁原则之嫌，并有降低仲裁效率的弊端。为最大限度地消除这些弊端，笔者建议为该内部审查程序设置两项基本限制：一是对审查权限的限制，即规定"中国—东盟自由贸易区贸易与投资委员会"的审查权限仅限于要求仲裁庭修改裁决书中的形式问题，但对于裁决书中的实质问题，仅能提请仲裁庭注意修改，并为之提出修改建议，但不能强令其修改，以此保障仲裁庭的自由裁量权，维护仲裁庭自裁原则。二是对审查时限的限制，即要求委员会必须在 7 个工作日内完成此项审查工作，以免给国际仲裁程序造成不当拖延，以此维护国际仲裁的高效性。

结　　论

　　本书在马克思主义国际法思想、政治经济学理论、系统论与博弈论的指导下，从研究"一带一路"背景下中国—东盟自由贸易区国际投资法律机制的基本概念与构成要素入手，进而系统研究机制的创设基础、发展现状与完善策略，最终得出下述研究结论：中国—东盟自由贸易区国际投资法律机制，是规范中国—东盟自由贸易区国际投资发展的重要法律制度运行系统。它为维护中国—东盟自由贸易区国际投资秩序，促进该区域国际投资的自由化、便利化发展，提供了有力的法治保障。该机制也对推进落实"一带一路"倡议，推动构建中国—东盟自由贸易区公平合理的国际投资新秩序发挥了重要作用。由于该机制创设时间不长，还存在着一系列亟待解决的问题，需要遵循机制发展的基本规律，从自贸区的实际情况出发，适度借鉴域外经验，针对机制现存问题，采取具有针对性的策略，推动机制不断改革与完善，以此激发机制功能的发挥，推动中国—东盟自由贸易区国际投资更快、更好地发展。具体来说：

　　第一，中国—东盟自由贸易区国际投资法律机制，是规范中国—东盟自由贸易区国际投资发展的重要法律制度运行系统。它包含有实施规范要素、实施主体要素、实施方式要素与实施程序要素。其中，实施规范要素涵盖了调整机制的多边条约、双边条约和各国国内法三个层次的规范体系。实施主体要素包含了参与和落实机制的相关自然人、法人和其他组织。实施方式和程序要素包含了运行机制的立法、行政与司法运行方式及其程序。上述各要素在国际投资保护、国际投资促进与国际投资监管三个领域相互联系，相互作用，有机构成了调整中国—东盟自由贸易区国际投资法律关系的法律制度运行系统。因此，本书也是基于上述基本要素与领域，对该机制展开系统性的研究。

　　第二，中国—东盟自由贸易区国际投资法律机制的创设，发生在经济全球化与中国—东盟自由贸易区经济一体化并行发展的背景之下，有着深厚的经济、政治与法律基础，这也为机制的发展与完善提供了重要机遇。由于机制创设时间不久，其实施规范要素、实施主体要素、实施方式与程序要素还存在一系列不足，制约了机制应有功能的发挥。具体来说，在机制的实施规范要素方面，其不足之处体现为：中国与东盟的多边及双边条约不完善，且我国缺少国际投资的专门性保险法律，投资促进与监管法律法规不完善等问题。在机制的实施主体要素方面，其不足之处体现为：缺失常设性的多边投资主管机构与仲裁机构，且我国的投资促进机构不完善。在机制的实施方式与程序要素方面，其不足之处体现为：机制的司法与仲裁实施方式不完善，且我国对投资东盟的境外国有资产监管方式与程序不完善。

第三，完善中国—东盟自由贸易区国际投资法律机制，要在马克思主义国际法思想与政治经济学有关理论指引下，努力追求推动落实"一带一路"发展倡议，解决中国—东盟自由贸易区国际投资发展问题，提升自贸区的法治化水平与经济一体化水平，推动自贸区构建起公平合理的国际投资新秩序，促进区域内各国的合作共赢与共同繁荣。为此要以马克思主义博弈论为指导，推动构建正和博弈型的机制运行模式，根据中国—东盟自由贸易区经济一体化发展情况及其规律，遵循层进式稳态完善的基本路径，采取三步走的发展策略，从投资保护、投资促进与投资监管三个领域着手，对机制的实施规范要素、实施主体要素、实施方式与程序要素进行全方位的完善。其中，在机制的实施规范要素方面，重点采取措施完善中国与东盟的多边与双边投资条约，以及我国的投资法律法规。在机制的实施主体要素方面，重点采取措施构建机制的常设性多边投资主管机构与仲裁机构，完善我国的投资促进主管机构。在机制的实施方式与程序要素方面，重点采取措施完善机制的司法合作方式与程序，国际投资仲裁方式与程序，以及我国对投资东盟的境外国有资产监管方式与程序。通过上述措施，旨在对机制进行系统性地完善，促进机制更好地发挥其应有功能。

综上所述，随着中国—东盟自由贸易区国际投资的快速发展，其法律机制也处于不断发展变化之中，由此决定了相关研究将是一个长期的系统性工作。本书对于该机制的理论与实证研究，仅仅是初步性的探索，受研究资料与能力所限，书中难免有错误和疏漏之处，敬请学术界与相关实务界的专家、同仁海涵，并不吝赐教！笔者今后也愿意与学界同仁一道，对该机制的理论与实践发展问题进行持续性地关注与研究，力求推进相关研究不断走向深入，以此为推动中国—东盟自由贸易区国际投资发展尽一份微薄之力。

参考文献

一、中文专著与编著类

1. 杨丽艳：《东盟的法律制度和政策与现代国际法》，广西师范大学出版社2000年版。

2. 汪慕恒、周明伟：《东盟国家外资投资发展趋势与外资投资政策演变》，厦门大学出版社2002年版。

3. 赵秀文：《国际商事仲裁及其适用法律研究》，北京大学出版社2002年版。

4. 王玉梅：《中国的外国直接投资法律制度研究》，法律出版社2003年版。

5. 乌杰：《系统辩证学》，中国财政经济出版社2003年版。

6. 徐泉：《国际贸易投资自由化》，中国检察出版社2004年版。

7. 呼书秀：《中国与东盟发展相互投资的法律集中研究》，北京大学出版社2005年版。

8. 程信和：《中国—东盟自由贸易区法律模式研究》，人民法院出版社2006年版。

9. 陈志波、米良：《东盟国家对外经济法律制度研究》，云南大学出版社2006年版。

10. 陈安：《国际投资法的新发展与中国双边投资条约的新实践》，复旦大学出版社2007年版。

11. 石慧：《投资条约仲裁机制的批判与重构》，法律出版社2008年版。

12. 梁咏：《中国投资者海外投资法律保障与风险防范》，法律出版社2010年版。

13. 李尊然：《可持续发展的国际投资法》，河南人民出版社 2010 年版。

14. 施本植：《东盟国家投资贸易壁垒及对策研究》，科学出版社 2013 年版。

15. 张树兴：《东南亚法律制度概论》，中国人民大学出版社 2015 年版。

16. 贺富永：《马克思主义国际法思想研究》，东南大学出版社 2016 年版。

17. 苗东升：《系统科学精要（第 4 版）》，中国人民大学出版社 2016 年版。

18. 许杰：《国际商事仲裁实务》，法律出版社 2017 年版。

19. 陈鹏：《马克思主义国际经济博弈原理》，人民出版社 2018 年版。

20. 余劲松：《国际投资法（第 6 版）》，法律出版社 2020 年版。

21. ［美］约翰·冯·诺依曼著，刘霞译：《博弈论》，沈阳出版社 2020 年版。

二、中文期刊类

1. 宋瑞兰：《论法律调整机制》，载《法律科学》1998 年第 5 期。

2. 丁伟：《〈与贸易有关的投资措施协议〉评价》，载《华东政法学院学报》1999 年第 2 期。

3. 解常晴：《国际商事仲裁中临时保全制度及其发展前景》，载《仲裁与法律》2002 年第 3 期。

4. 刘笋：《WTO 框架下的多边投资协议问题述评》，载《中国法学》2003 年第 2 期。

5. 赵蓓文：《国际投资规则的发展与 WTO 多边投资框架建立的可行性分析》，载《世界经济研究》2003 年第 6 期。

6. 解薇薇：《我国外资立法体系的现状与重构》，载《山东社会科学》2004 年第 11 期。

7. 贺小勇：《我国外经贸法律制度与 WTO 规则的融合及其发展趋势》，载《法学》2005 年第 1 期。

8. 张庆麟、彭忠波：《论我国外资法律体系的重构模式》，载《法学评论》2006 年第 1 期。

9. 沈四宝：《中国—东盟全面经济合作框架协议争端解决机制协议》，载《上海财经大学学报》2006 年第 2 期。

10. 沈四宝、伏军：《构建我国境外投资促进立法的若干思考》，载《法学家》2006 年第 4 期。

11. 宋锡祥、吴鹏：《论中国—东盟自由贸易区争端解决机制及其完善》，载《时代法学》2006 年第 5 期。

12. 黄若君：《东盟国家投资法律环境分析》，载《广西财经学院学报》2006 年第 6 期。

13. 李青：《中国与东盟国家外资立法原则比较研究》，载《改革与战略》2006 年第 9 期。

14. 李满枝：《中国与东盟国家外资准入制度比较研究》，载《东南亚纵横》2007 年第 2 期。

15. 潘小玉：《中国与东盟国家外资法律环境比较研究》，载《改革与战略》2007 年第 8 期。

16. 漆思剑：《柬埔寨外国投资法律政策研究》，载《河北法学》2008 年第 2 期。

17. 顾丽姝、王凯庆：《中国对东盟直接投资的风险防范》，载《云南社会科学》2009 年第 5 期。

18. 张昕宇：《中国—东盟自由贸易区仲裁机制研究》，载《河北法学》2010 年第 6 期。

19. 王红晓：《新加坡、马来西亚及菲律宾三国税收征管的特色及借鉴》，载《特区经济》2010 年第 9 期。

20. 魏艳茹：《中国—东盟框架下国际投资法律环境的比较研究——以〈中国—东盟投资协议〉的签订与生效为背景》，载《广西大学学报（哲学社会科学版）》2011 年第 1 期。

21. 张光：《论国际投资仲裁中投资者利益与公共利益的平衡》，载《法律科学》2011 年第 1 期。

22. 陶斌智：《中新外资银行监管比较研究及启示》，载《前沿》2011 年第 2 期。

23. 房沫：《试论中国—东盟自由贸易区投资仲裁机制》，载《广西大学学报（哲社版）》2011 年第 6 期。

24. 陈丽娟：《中国企业海外投资风险的法律保证制度研究——以中国企业在越南投资为例》，载《学理论》2012 年第 17 期。

25. 曹平、杨鹏：《中国—东盟自由贸易区商贸争端仲裁解决机制若干问题研究》，载《东南亚纵横》2013 年第 8 期。

26. 谭家才、韦龙艳：《新加坡投资法律制度概况》，载《经济与法》2013 年第 9 期（下）。

27. 鲁学武：《中国—东盟自由贸易区投资法制评析》，载《广西社会科学》2013 年第 11 期。

28. 戴畅：《我国对外直接投资的投资壁垒研究》，载《时代金融》2014 年第 36 期。

29. 张国平：《外资准入前国民待遇加负面清单的法律解读》，载《江苏社会科学》2015 年第 3 期。

30. 王洋：《基于全球竞争力报告的 EU、CAFTA、NAFTA 投资环境比较》，载《商》2015 年第 27 期。

31. 唐晶晶：《我国投资领域"负面清单"法律制度完善研究》，载《甘肃政法学院学报》2017 年第 2 期。

32. 吴迪、林诗婷：《缅甸投资法》，载《南洋资料译丛》2017 年第 3 期。

33. 王锦意：《中国—东盟框架下涉外投资的法律风险防范研究——以越南〈投资法〉为视角》，载《法制与经济》2017 年第 5 期。

34. 王耀华、李忠：《越南投资法律风险及防范措施研究》，载《管理观察》2017 年第 31 期。

35. 柯静嘉：《中国—东盟投资法律体系下投资者与东道国的利益平衡》，载《东南亚研究》2018 年第 3 期。

36. 温长庆：《我国外商投资准入规则的重构》，载《时代法学》2018 年第 6 期。

37. 刘佳：《个人境外投资外汇管理国际经验及我国开放路径研究》，载《北方金融》2018 年第 6 期。

38. 卫平东、孙瑾：《中国对"一带一路"沿线国家直接投资的风险监管体系研究》，载《国际贸易》2018 年第 11 期。

39. 马俊：《缅甸最新投资法律对投资者的影响研究》，载《商业经济研究》2018 年第 17 期。

三、外文著作类

1. W. Laurence Craig and Willian W. Park, Internaional Chamber of Commerce Arbitration：New York, Oceana Press, 2000.

2. MKoulen, Foreign Investment in the WTO, in E. C. Nieuwenhuys and M. M. T. A. Bros（eds.）：Multilateral Regulation on Investemnt, Cambridge University Press, 2001.

3. Ralph H. Folsom, Michael Wallace Gordon, David A. Gantz：NAFTA and Free Trade in the Americas, Cambridge University, 2005.

4. Gary B. Born, International Commercial Arbitration, Kluwer Law International Press, 2009.

5. Rudolf Dolzer, Christoph Schreuer, Principles of International Investment Law, Oxford：Oxford University Press, 2008.

6. Rymond J. Werbicki, Arbitral Interim Measures：Fact of Fiction AAA Handbook on International Arbitration & ADR：New York, Jurisnet Press, 2010.

7. M. Sornarajah, The International Law on Foreign Investment, Cambridge University Press, 2010.

8. J. R. Weeramantry, Treaty Interpretation in Investment Arbitration, Oxford：Oxford University Press, 2012.

四、外文论文类

1. Alan Redfern and Martion Hunter, "Law and Practice of International Commercial Arbitration", Sweet & Maxwell, 4 (2004).

2. Ali Yesilirmak, "Provisional Measures in Internaitonal Commercial Arbitration", Holland：Kluwer Law International, 3 (2005).

3. Buc Kkley PJ, Clegg LJ, Cross AR, "The determinants of Chinese outward foreign direct investment", Journal of International Business Studies, 3 (2007).

4. Walid Ben Hamida, "Two Nebulous ICSID Features: The Notion of Investment and the Scope of Annulment Control", Journal of International Arbitration, 3 (2007).

5. James Crawford Sc, "Ten investment arbitration awards that shook the world: introduction and overview", Dispute Resolution International, 8 (2010).

6. David Schneiderman. Louist, "Wells And Rafiq Ahmed. Making foreign investment safe: property rights and national sovereignty", European Journal of International Law, 11 (2008).

7. Michael Plummer, "ASEAN Economic Integration Trade, Foreign Direct Investment, and Finance", Wiley/Blackwell Publishing Inc, 12 (2010).

8. Ramasamy. B, Yeung, M. & Laforet, S, "China's Outward Foreign Direc Investment: Loacion Choice and Firm Ownership", Journal of World Business, 1 (2012).

9. Simon Butt&Nicholas Parsons, "Reining in regional governments? local taxes and investment in decentralised indonesia. ", Sydney Law Review, (10) 2012.

10. Tajul Ariffin Masron & Zulkornain Yusop, "The ASEAN investment area, other FDI initiatives, and intra-ASEAN foreign direct investment", Asian-Pacific Economic Literature, 26 (2012).

11. Sara Jamieson. A model future , "the future of foreign direct investment and bilateral investment treaties", South Texas Law Review, 53 (2012).

12. Kamal, M. A. , Li, Z. , Akhmat, G. , Bashir, M. F. &Khan, K, "What Determins China's FDI Inflow to Southeast Asia? ", Mediterranean Journal of Social Sciences, 23 (2014).

13. Karlp. Sauvant, Michael D. Nolan, "China's Outward FDI and International Investment Law", Journal of International Economic Law, 3 (2015).

14. Mohammed Ameen Fadhila & Mahmoud Khalid Almsafir, "The Role of FDI Inflows in Economic Growth in Malaysia (Times Series: 1975-2010) ", Procedia Economics and Finance, 23 (2015).

15. [日] 我由美, "The ASEAN-China Free Trade Area and Investment Policy: The 'Zou Chu Qu' Policy as the Driving Force behind the FTA", Journal of Asian

Studies，3（2016）.

五、法律文件类

1. 世界贸易组织《与贸易有关的投资措施协议》（1995 年 TRIMs 协议）

2.《多边投资担保机构公约》（1988 年《汉城公约》）

3.《解决国家与其他国家国民之间投资争端公约》（1965 年《华盛顿公约》）

4.《中国与东盟成员国政府全面经济合作框架协议投资协议》（2009 年）

5.《中国—东盟全面经济合作框架协议争端解决机制协议》（2004 年）

6.《中华人民共和国政府和泰王国政府关于促进和保护投资的协定》（1985 年）

7.《中华人民共和国政府和新加坡共和国政府关于促进和保护投资协定》（1985 年）

8.《中华人民共和国政府和马来西亚政府关于相互鼓励和保护投资协定》（1988 年）

9.《中华人民共和国政府和菲律宾共和国政府关于鼓励和相互保护投资协定》（1992 年）

10.《中华人民共和国政府和越南社会主义共和国政府关于鼓励和相互保护投资协定》（1992 年）

11.《中华人民共和国政府和老挝人民民主共和国政府关于鼓励和相互保护投资协定》（1993 年）

12.《中华人民共和国政府和印度尼西亚共和国政府关于促进和保护投资协定》（1994 年）

13.《中华人民共和国政府和柬埔寨王国政府关于促进和保护投资协定》（1996 年）

14.《中华人民共和国政府和文莱达鲁萨兰国政府关于鼓励和相互保护投资协定》（2000 年）

15.《中华人民共和国政府和缅甸联邦政府关于鼓励促进和保护投资协定》（2001 年）

16.《中华人民共和国外商投资法》(2019 年)

六、专业网站类

1. 中华人民共和国商务部外国投资管理司网站（http：// wzs. mofcom. gov. cn /article/ gywm/）。

2. 中国驻新加坡大使馆经济商务参赞处网站（http：//sg. mofcom. gov. cn/）。

3. 中国驻泰国大使馆经济商务参赞处网站（http：//th. mofcom. gov. cn/）。

4. 中国驻马来西亚大使馆经济商务参赞处网站（http：//my. mofcom. gov. cn/）。

5. 中国驻菲律宾大使馆经济商务参赞处网站（http：//ph. mofcom. gov. cn/）。

6. 中国驻印度尼西亚大使馆经济商务参赞处网站（http：//id. mofcom. gov. cn/）。

7. 中国驻越南大使馆经济商务参赞处网站（http：//vn. mofcom. gov. cn/）。

8. 中国驻缅甸大使馆经济商务参赞处网站（http：//mm. mofcom. gov. cn/）。

9. 中国驻柬埔寨大使馆经济商务参赞处网站（http：//cb. mofcom. gov. cn/）。

10. 中国驻老挝大使馆经济商务参赞处网站（http：//la. mofcom. gov. cn/）。

11. 中国驻文莱大使馆经济商务参赞处网站（http：//bn. mofcom. gov. cn/）。

后　记

本书为 2017 年广西哲学社会科学规划研究课题《"一带一路"背景下中国—东盟自由贸易区国际投资法律机制研究》（课题编号：17BFX002）的研究成果。

在本书的完成过程中，本人与课题组成员经过集体研究论证，依据课题申报书确立了写作提纲。根据提纲，本人主笔完成了本书初稿，其间充分吸收了李远龙研究员、黄中显教授的宝贵意见和建议，并请王俊、张荣晖与唐芒花三位老师帮助收集和提供了参考资料。初稿完成后，本人在有关专家指导下又对全书先后进行了三次统稿与修改，并请研究生滕皓琳帮忙校对，直至最后定稿，谨向这些专家学者和老师同学们表示诚挚的感谢！

本书完稿之年，恰逢我们的伟大祖国成立 70 周年，谨以此书作为献给我们伟大祖国母亲的生日礼物，诚挚祝愿我们的祖国更加繁荣富强！也希望本书的研究成果能为实现中华民族的伟大复兴尽一份微薄之力！

杨海涛

2021 年 2 月

于广西民族大学相思湖畔